A Continental Overview of Environmental Issues

LATIN AMERICA & THE CARIBBEAN

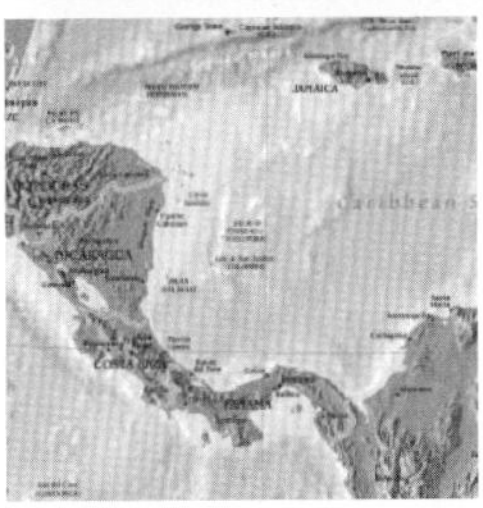

라틴아메리카와 카리브;

녹색환경의 현재와 미래

Kevin Hillstrom & Laurie Colfier Hillstrom 지음
정 경 원 외 옮김

이 책은 한국연구재단의 지원으로 수행되었습니다. NRF 2009-413-B00004

책을 내면서

한국에서 중남미 지역 연구는 1970년대에 시작되어 근 40년째 비약적인 발전을 해 오고 있다. 그동안 중남미 지역 연구는 정치, 경제, 사회, 문화 등 다방면에 걸쳐 다양한 연구자들의 관심으로 많은 연구 결과물을 낳아 왔다. 다방면의 학술적 관점과 시각을 통한 중남미 지역 연구는 국제관계 및 국제정치경제 분야에서도 예외는 아니었다. 여러 학문 영역을 통해 이 지역을 이해, 설명, 해석, 분석하려는 다양한 노력이 있어 왔음을 알 수 있다. 하지만 중남미 지역 연구에서 가장 중심에 있어야 할 '환경'에 대한 관심과 이에 대한 학문적 연구는 그동안 지나치게 협소한 관점에서, 그리고 정치경제적 관점에 밀려 언제나 주변화되어 왔다. 모든 지역학 연구의 논의와 분석을 전개해 나가는 데 가장 중요한 시발점이 되는 것은 그 지역의 자연 환경 및 다양한 환경에 대한 이해와 인식이다. 이런 당위성을 가지고 있으면서도 그동안 한국의 중남미 지역학 연구에서 환경 이슈는 언제나 가볍게 여겨져 왔다. 학자 및 전문가의 부족, 물적 연구 기반의 부족이 그 이유다. 이 책은 이에 대한 통렬한 반성과 성찰의 과정에서 나오게 되었다.

21세기는 환경의 시대다. 인류는 자연환경 속에서 삶의 모든 에너지를 찾고, 자연환경과 인간은 서로 공존의 역사를 살고자 노력하고 있다. 그럼에도 불구하고 다양한 인간 활동을 통해 자연환경을 과도하게 이용함으로써 환경의 파괴라는 문제를 낳고 있는 것도 작금의 현실이다. 중남미 지역도 예외는 아니다. 인구가 증가하고, 토지 이용이 과도해지고, 인간이 마시는 담수와 대기의 오염이 증가하고, 강과 해양은 점점 위기 상태로 내몰리고 있다. 중남미는 세계에서 가장 풍부한 생물다양성을 지닌 대륙이지만 잠재적인 위기의 신호가 감지되고 있기도 하다. 이 책은 이런 현실에 대한 위기의식을 수용하면서 중남미 및 카리브 지역에서 진행 중인 다양한 환경 이슈 및 위기 사례를 10개 정도로 집중 선택해 설명하고 분석한 것이다.

이 책은 중남미 및 카리브 지역의 환경에 관한 연구 성과를 한국의 중남미 지역학 연구에 처음으로 소개하는 책이다. 이 책에서 집중적으로 다루는 내용은 먼저 중남미의 환경과 가장 밀접한 관계를 맺고 있는 이 지역의 인구증가 추세, 환경파괴의 주원인이 되는 무분별한 토지개발과 환경파괴를 야기하는 사회경제 구조의 변화, 소비경향, 그리고 도시화의 문제들이다. 식물과 동물의 서식지 파괴 현상은 이 지역의 환경위기, 생물다양성의 위기를 초래하고 있다. 중남미 및 카리브 지역의 토종 식물과 동물에 대해 외래종이 미치는 영향, 국제 야생동물 거래의 효과와 영향 분석 또한 환경적인 관심의 대상이다. 공원, 야생 지역의 규모, 상태, 그리고 풍요롭고 다양한 생물들과 이들이 지역 생물다양성에 미치는 영향도 빠트리지 않고 있다.

또한 이 책에는 중남미 산림자원의 현황과 상태, 서식지로서의 숲의 중요성 그리고 중남미 국가들의 산림경영 방법이 포함되어 있다. 환경과 농업을 테마로 한 내용에서는 현재 중남미 지역의 주요한 농경법과 이것이 지역, 지방 그리고 국가의 생태계에 미치는 영향을 집중적으로 조명하고 있다. 이와 관련해 특히 중요한 주제로 관개를 위한 수자원의 소비 수준, 중남미 개별 국가들의 농업정책, 오늘날 중요한 이슈로 등장한 유전자변형 농산물에 대한 태도와 의존성, 그리고 중남미 농업 목초지에 대한 내용들을 전반적으로 다루고 있다. 인간 활동의 증가와 관련된 수많은 오염원의 분석에 주목하면서 이 지역의 주요 강과 호수, 그리고 지하수의 생태건강에 대해서도 자세히 조명하고 있다.

이에 국한하지 않고 주요 연구 대상의 범위를 해양으로 확대해 양식장, 산호초 보전 지역, 개발과 침식으로 인한 해안 서식지 파괴, 강어귀와 그 밖의 해안 지역의 다양한 오염원과 파괴 정도를 추적하고 있다. 또한 환경파괴 및 오염의 또 다른 주원인인 에너지 사용과 교통 분야를 조명해 보면서 화석연료에서 원자력으로, 그리고 다양한 재생기술을 통해 에너지원을 변화시킴으로서 나타나는 환경적, 경제적 장점과 단점을 집중 논의하고 있다. 더불어 에너지 이용과 운송수단의 발전 과정, 그리고 최근의 경향을 평가 분석하고 있다.

중남미 지역의 기후변화 논쟁에 관련해서는 오늘날 이 지역의 대기오염 상태와 문제점을 분석함으로써 중남미 및 카리브 지역의 기후변화 대응 정도를 전망해 보고 있다. 특정한 논쟁 영역으로써 산성비와 스모그 같은 대기오염 문제에 책임이 있는 이산화탄소 배출 문제를 포함해 지구 온난화와 오존층 파괴가 이 지역에 어떤 영향을 미치고 있는가를 분석하고 있다. 마지막으로 이런 파괴와 위기에 대해 이를 보전하고 보호하려는 중남미인들의 다양한 노력을 환경운동 관점에서 조명해 보고 있다. 특히 중남미 지역 환경운동의 역사를 간략하게 살펴보고, 오늘날 이 지역의 환경보호를 위한 환경 행동주의는 어느 정도 발전해 있는지를 전망해 보고 있다.

이 책을 통해 중남미 지역의 생태 · 환경문제에 대한 이해와 더 많은 관심이 지역 연구와 연결되기를 소망하면서 그동안 이 책의 출판에 도움을 주신 많은 분께 감사의 말씀을 드린다. 먼저 '한국연구재단(NRF)' 학술지원 사업의 일환인 한국외국어대학교 중점사업단 '한-중남미 녹색융합센터'의 출발이 이 책을 내는 중요한 계기가 되었다. 한국연구재단의 지원은 처음으로 중남미 지역의 환경 분야를 연구할 수 있는 커다란 힘이 되었다. 또한 물심양면으로 성원해 주신 '한-중미 카리브 경제인 협회'의 김종건 회장님과 중남미연구소 조구호 박사, 임소라 책임연구원, 그리고 한국외국어대학교 출판부에 감사를 전하며, 편집 과정에서 수고를 아끼지 않은 성효정, 연정화, 박진구, 이장섭,

손소담 조교에게 고마움을 전한다. 중남미 및 카리브 지역의 인간과 환경에 대한 사회적 관심이 이 책을 통해 좀 더 고조되기를 바란다.

2010년 7월

역자 대표 정경원

머리말

세계의 환경들

21세기에 들어 세계의 많은 국가는 다양한 환경적 이슈에 직면해 있으며, 이에 대한 관심도 증가하고 있다. 이 중에 중요한 몇몇 환경 이슈를 보면, 담수의 오염과 해양 자원, 야생 거주지의 파괴, 유한한 환경 자원을 더 많이 요구하는 인구 증가의 가속화 등이 세대가 거듭될수록 더욱 문제시되고 있다. 또한 세계 기후변화, 유전자변형 농작물과 다른 유기물의 잠재적 위협과 혜택의 문제, 지속 불가능한 형태의 담수 자원 소비 등이 핵심적인 이슈들로 등장해 있다. 이런 이슈들은 현재 가공할 만한 도전에 직면해 있는데, 특히 다른 세기에 비해 환경보호라는 인식이 가장 저조한 새로운 천년에 모든 인류가 풀어야 할 숙제가 되고 있다. 하지만, 오늘날 부정적인 환경 데이터들이 많이 존재함에도 불구하고, 긍정적인 조치들이 지방, 지역, 국가, 그리고 국제적인 범위에서 이루어지며 새로운 환경보호 모델들을 개발하거나 찾고 있다. 바로 경제성장과 환경보호 사이의 균형을 맞추기 위한 노력들이다. 몇몇 지역에서는 이런 모델이 상당히 성공을 거두고 있기도 하다. 세계는 현재 이런 새로운 지속가능한 발전 모델에 많은 희망을 걸고 있다.

〈세계 환경 시리즈〉는 21세기 인류가 직면한 수많은 환경적 도전에 대해 다양한 정보를 제공하며, 올바른 방향과 현재의 평가에 대한 일반적인 참고 자료로 활용하기에 충분하다. 이 책은 오늘날 중남미 및 카리브 지역이 안고 있는 다양한 환경 이슈, 생생한 환경적 경향 등에 대한 정보와 지식을 좀 더 상세한 데이터를 통해 제공하기 위해 마련되었다. 가장 중요하게 역점을 두고 분석한 내용은 이 지역에서 거주지의 파괴, 수질오염, 자연자원의 고갈, 에너지 소비, 그리고 개발과 발전에 관한 것들이다. 이에 더해 전세계적인 이슈인 지구 온난화에 대한 중남미의 상황과 이에 대한 각 지역의 대응 등에 대해서도 자세히 다루고 있다. 이런 복잡한 이슈들에 대한 정보는 이해 가능한 범주에서 설명되고 있다. 이 책은 각국 정부 및 비정부기구들(NGOs), 유엔 산하의 다양한 국제 환경연구단체들로부터 나온 생생한 최신 정보와 데이터를 기반으로 연구 분석되었다.

구성

이 책은 오늘날 이 지역의 환경 이슈들 중 가장 중요한 현안으로 부상하고 있는 문제들을 중심으로 다음과 같이 10개의 장으로 구성되어 있다.

인구와 토지이용

이 장은 중남미 대륙의 인구증가 추세, 주민들의 사회경제적 배경, 소비경향, 그리고 발전과 도시의 스프롤 현상[1] 문제를 포함하고 있다.

생물다양성

이 장은 식물과 동물, 그리고 이들이 생존하기 위해 필요한 서식지의 상태에 대해 보고하고 있다. 이 책에서는 토종 식물과 동물에 대해 외래종이 미치는 영향, 산림파괴의 결과, 다른 형태의 서식지 파괴, 그리고 국제 야생동물 거래의 효과를 포함하고 있다.

1) 도시 개발이 근접 미개발 지역으로 확산되는 현상이다.

국립공원과 보호구역들

이 장에서는 공원, 보존, 야생지역의 규모, 상태, 그리고 생물풍부성과 이들이 지역의 생물다양성에 미치는 영향에 대해 기술하고 있다.

산림

이 장에서 다루는 문제는 산림자원의 정도와 상태, 서식지로서의 숲의 중요성, 그리고 산림경영방법을 포함하고 있다.

농업

이 장에서는 주요 농업방법과 이것이 지역, 지방, 국가의 생태계에 미치는 영향을 집중적으로 다루고 있다. 이 장의 특별히 중요한 주제로 관개를 위한 담수 소비의 수준, 농업정책, 유전자변형 농산물에 대한 태도와 의존성, 그리고 중남미 농업 목초지에 대한 내용을 포함하고 있다.

담수

이 장에서는 특히 물의 오염과 소비문제에 주목하면서 강, 호수, 지하수의 생태건강에 대해서 상세히 보고하고 있다.

해양과 해안지역

이 장에서는 대륙의 바다 지역의 생태건강을 검토하고 있다. 주요 연구대상 범위는 양식장, 산호초 보전지역, 개발과 침식으로 인한 해안서식지 파괴, 강어귀와 그 밖의 해안지역에서의 수질문제를 포함하고 있다.

에너지와 교통

이 장에서는 화석연료에서 원자력으로, 그리고 다양한 재생기술로 에너지원을 변화시킴으로서 나타나는 환경적, 경제적 장점과 단점에 주목하면서 지역의 에너지 이용과 운송수단에 대한 역사, 그리고 최근의 경향을 평가하고 있다.

대기의 질과 대기환경

이 장에서는 논쟁 중인 지역의 공기질의 현 상태와 앞으로의 전망에 대해 말하고 있다. 논쟁 영역은 산성비나 스모그와 같은 공기오염 문제에 책임이 있는 이산화탄소 배출문제를 포함하고 있으며, 또한 지구 온난화와 오존층 파괴에 지역이 미치는 영향을 분석하고 있다.

환경행동주의

이 장에서는 논쟁 중에 있는 지역 환경운동의 역사를 간략하게 소개하고 있다.

이에 더해, 중남미 환경과 환경 이슈를 다룬 각 장은 핵심적인 개인, 단체, 프로젝트, 이벤트, 그리고 특정 환경문제에 관련된 분쟁에 대한 주요 논쟁과 부수적인 정보를 제공한다. 특히 특정한 환경적 "발화점"에 주목함으로써 - 멸종위기에 처한 단일종들의 상태, 석유 개발 대상 지역의 특정 야생동물의 미래, 환경적으로 지속 가능한 농경법을 실시하기 위한 단일 마을의 투쟁 등 - 이 같은 수많은 부수 정보들은 환경문제에 대한 관심을 더 많이 불러일으키고 있다. 각 장의 본문은 월드 와이드 웹(World Wide Web)상에서 환경과 개발에 관련된 각 기관과 조직이 발간한 내용을 발췌한 것이다. 마지막으로 각 장은 이 책에서 논하고 있는 각종 이슈, 이벤트, 그리고 인물에 대한 인용뿐만 아니라 표, 그래프, 도표, 지도, 사진 등의 보충자료를 포함하고 있다.

지리적 지역 범위

"중남미 환경과 환경 이슈"의 각 장은 중남미 각각의 단일지역으로 구분되어 있다. 이 책의 범위는 대개의 경우 모두가 당연하게 받아들이고 있는 지리적 구분을 따랐다. 그러나 일부 국가들의 구분은 문제가 된다. 예를 들어, 멕시코는 북미의 남단, 라틴아메리카의 최북단에 위치한 국가로 인식되고 있다. 더욱이 일부 국제환경조사기구들(정부와 비정부기구 모두) 내에서조차도 멕시코를 북미에 위치시키는 기구들과 중미와 카리브 국가들 사이에 배치하는 기구들이 있을 정도로 일관성이 없다. 우리는 결국 이 지역의 사회적, 경제적, 기후적, 환경적 자원을 인식해 멕시코를 중미와 남미를 포함하는 라틴아메리카 편에 싣기로 결정했다.

차 례

표차례

그림차례

제1장

인구와 토지이용

라틴아메리카와 카리브 지역의 경제발전, 인간개발, 그리고 환경보건에 대한 다양한 지표들은 이 지역의 현재 상황과 미래전망에 대해 엇갈린 그림을 보여주고 있다. 교육과 여성의 권리 분야에서 이루어진 대체적인 개선과 권위주의 정치체제에서 보다 민주적인 정치체제로 현격한 전환은 긍정적인 발전의 측면으로 평가되고 있다. 그러나 여전히 많은 국가에서 경제적, 정치적 혼란이 빈번하게 반복되고 있으며, 극심한 빈곤은 농촌 지역과 도시 빈민가에 그림자를 드리우며 라틴아메리카의 발전에 방해가 되고 있다.

또한 라틴아메리카와 카리브 지역 국가들은 장기적인 관점에서 보았을 때, 명백히 지속불가능한 토지이용 및 개발의 광범위한 패턴을 경제적 번영과 생태계 건강 모두를 위해 엄격히 단속하려 애쓰고 있다. "일반적으로 이 지역에서 점차 증가하고 있는 대기, 토지, 수질 오염과 생태계 건강 악화의 원인은 무계획적인 도시화에 있다"(유엔 라틴아메리카와 카리브 경제위원회와 유엔환경프로그램 2001).

라틴아메리카의 인구동향

2002년 중반의 남미, 카리브 국가들의 인구는 중미의 인구를 포함해 약 5억 3천 1백만 명에 달한다. 1972년 인구통계에서 집계한 2억 9천 9백만 명보다 75% 증가했으며, 단지 1억 명에 불과했던 1950년과 비교하면 500% 이상 증가했다(2002년 인구통계청; 유엔주거센터 2001). 가장 많은 인구가 밀집해 있는 지역은 2002년 중반 기준으로 약 3억 5천 4백만 명이 거주하는 남미다. 브라질 한 지역에만 전체 인구의 거의 절반에 가까운 약 1억 7천 4백만 명이 거주하며, 다른 남미 국가들 중 콜롬비아(4천 4백만 명)와 아르헨티나(3천 7백만 명)의 인구 규모가 크다. 중미에는 1억 4천만 명이 거주하며, 그 가운데 멕시코에 거의 1억 2백만 명이 살고 있으며, 카리브 섬 국가에 약 3천 7백만 명이 살고 있다. 카리브 섬 국가들 가운데 인구가 가장 많은 국가는 약 1천 1백만 명이 거주하는 쿠바다(인구조사청 2002). 브라질과 멕시코의 인구를 합치면 라틴아메리카 인구의 절반 이상이 된다.

라틴아메리카 지역의 인구밀도는 국가마다 상당한 차이가 있으며 개별 국가 내에서도 지역과 주마다 차이가 있다. 예를 들어서 국토 면적은 가장 좁으면서, 인구밀도가 가장 높은 엘살바도르는 중미에서 인구밀도가 가장 낮은 국가인 벨리즈보다 약 3배 정도 높다(유엔 발전프로그램 2002).

라틴아메리카의 인구는, 비록 주요 도시의 연 인구증가율이 1972년에 2.48%에서 2000년에는 1.52%로 낮아졌다고는 하지만, 세계의 다른 지역보다는 빠른 속도로 증가하고 있다. 미국과 다른 국가로의 이민이 인구증가율 감소에 일부 원인으로 작용하였으나 그보다는 라틴아메리카의 가족 규모가 20세기 들어 작아진 것이 더 큰 요인으로 작용했다. 1970년대 라틴아메리카 여성의 평균 자녀 출산율은 5.6명이었으나, 1999년의 통계에 따르면 2.7명으로 급격하게 감소했다. 이와 같은 출생 패턴의 변화를 초래한 주된 요인은 가족계획과 의료정보에 대한 접근성의 향상에 있다(유엔 인구국 2001). 의료 발전 역시 라틴아메리카에서 어린이 사망률을 지난 30년 간 절반 이상 수준으로 낮추는 데 기여했다(세계은행 2002).

평균적으로 라틴아메리카 사람들은 지난 30년 전보다는 훨씬 더 오래 산다. 1970년대 기대수명은, 비록 국가들마다 많은 차이는 있으나, 66세보다 조금 낮은 수준이었다. 30년이 지난 현재의 기대수명은 72

세 이상이다. 현재, 기대수명이 가장 높은 지역은 카리브 지역과(74세) 남미(73.5세)지만, 국가들 간에 상당한 차이가 존재한다. 예를 들어 쿠바와 푸에르토 리코의 기대수명은 오랫동안 빈곤, 폭력, 정부의 부패에 맞서 싸우느라 산산조각이 난 아이티보다 20세나 더 높다(아이티는 서반구에서 영아 사망률이 가장 높다). 한편 남미에서는 베네수엘라와 콜롬비아에 사는 주민들이 볼리비아의 주민들보다도 평균적으로 10년이나 오래 산다.

지역의 급속한 도시화

라틴아메리카 전체 인구의 70%가 대부분의 경제활동이 이루어지는 태평양 연안과 도시 지역에 밀집되어 있다. 사실상, 라틴아메리카와 카리브 지역은 개발도상 국가들 가운데 가장 도시화된 지역이다. 세계인구의 8.4%만이 이 지역에 살고 있지만, 백만 명 이상이 거주하는 도시 비율은 전 세계의 15% 이상을 차지하고 있다(유엔 라틴아메리카

브라질 상파울루

카리브 경제위원회 그리고 유엔 환경프로그램 2001)

50년 전 아르헨티나의 인구는 도시와 농촌 지역에 고르게 분포되어 있었다. 오늘날, 라틴아메리카 사람들의 70-75%는 도시에 거주하고 있다. 이와 같은 도시화의 비율은 미주와 유럽의 개발도상 국가들의 비율과 거의 대등한 수준이다. 세계에서 가장 큰 네 개의 도시 가운데 두 개의 도시, 즉 멕시코시티(2001년 1천 8백만 명, 다른 메트로폴리탄 지역에 1천 2백만 명)와 상파울루(1천 7백 80만 명)가 라틴아메리카에 있으며, 8백만 명 이상이 거주하는 "메가시티" 세 곳도 라틴아메리카에 있다(부에노스 아이레스, 리우 데 자네이루, 리마). 이와 같은 경향이 지속된다면, 라틴아메리카는 약 3천 6백 만 명이 도시에 거주하고, 1천만 명 이상의 시민이 거주하는 네 개의 메트로폴리탄 지역이 있으며, 그리고 전체 인구 약 30%가 백만 명 이상의 도시에 거주하게 됨으로써 적어도 20년 동안은 세계에서 가장 도시화된 지역이 될 것이다(유엔인간정주센터 2001; 유엔 인구국 2001).

라틴아메리카가 도시화로 극적인 변화를 하게 된 원인은 본질적으로 자신과 자신의 가족을 위해 더 나은 삶을 구축하고자 하는 사람들의 기본적인 희망에서 비롯되었다. "사람들이 도시로 이주하는 이유는 분명하다. 도시의 높은 경제적 생산성은 경제적 기회를 낳으며, 도시에서는 의료보험과 다른 서비스를 받을 수 있기 때문에 농촌보다는 더 나은 삶을 누릴 수 있다. 도시 전 지역에 지저분하고 폭력이 난무하는 빈민촌이 자리 잡고 있지만, 도시 거주자들의 기대수명은 농촌 거주자들보다 훨씬 높으며, 교육수준과 그 밖의 대부분의 생활수준 또한 도시가 높다(Vourvoulias, 1999). 그럼에도 불구하고, 도시로 이동하면 증가하게 될 것으로 기대되는 교육과 고용의 기회, 그리고 시민 참여의 혜택은 새로운 이주자들 모두에게 돌아가지는 않는다. 그리고 라틴아메리카의 팽창된 도심은 공기와 수질오염의 문제에서부터 빈민가의 확산, 빈민들에 대한 의료혜택과 범죄에 이르기까지 다양한 문제들에 시달리고 있는데, 날이 갈수록 그 정도가 심각해지고 있다. 예를 들어, 라틴아메리카 국가들이 배출하는 고체쓰레기의 양은 지난 30년 전과 비교해 두 배로 증가했으며, 자연 분해되지 않고 독성이 강한 물질을 대량 포함하고 있는 쓰레기의 비중이 점차 증가하고 있다. 그러나 현재 이 지역의 도시들은 이와 같이 증가하는 유해쓰레기를 처리할 수 있는 기반시설을 가지고 있지 않으며, 이들에게는 폐기물 처리 프로그램을 개선하기 위해서 필요한 충분한 자금도 부족한 형편이다(유엔환경프로그램 2000).

많은 지역에서, 도시 인구의 급격한 증가와 이에 따른 결과로 사람, 주택, 일자리가 미개발 토지로 밀려들었지만, 반면에 주택, 수도, 하수, 전기, 도로, 학교, 그리고 효율적인 법 집행 같은 가장 기본적인 기반 시설 요소들을 제공하는 시 정부의 대응이 부진하자, 모든 토지 소유주들은 상당한 공포감을 느꼈다. 예를 들어, 적도 남아메리카의 대부분을 차지하는 아마존 열대우림과 아마존 지역의 도심 증가율은 60-80%로 추산되며, "이런 현상은 대중교통 노선과 공공시설이 미치지 않는 기존 마을과 도시의 변두리에 주로 위치한 빈민촌에서 두드러진다. 인구의 급속한 증가로 모든 대도시 중심 지역의 교통정체현상이 증가했고, 대기오염 수준이 상당한 정도로 악화되었다. 이용이 가능하고 살기에 적합한 빈터는 무단으로 점유되었는데, 특히 홍수 위험 지역과 같이 생태학적으로 안정적이지 않아 사람이 살고 있지 않은 지역은 결국 불법거주자들에 의해 점유되었다(Browder and Godfrey 1997)."

실제로 라틴아메리카 천연기념물의 보석이라고 할 수 있는 아마존 지역의 도시화가 미치는 영향은 지난 30-40년 간에 걸쳐 상당한 관심사가 되어 왔다.

한 관찰자는 "지금까지 잠자고 있던 고립된 아마존의 강 마을은 겨우 한 세대 이전까지만 해도 인류학자들이나 파악할 수 있었으나, 현재는 아마존 고지대 열대우림의 깊숙한 지역까지도 산업활동으로 들끓고 있는 불안정한 신흥도시가 되어 있다"라고 말했다. 새로운 도시의 중심지는 과거에는 접근할 수 없는 〔저지대〕 산림지역을 가로질러 번창했다. 구도시와 마을은 외곽의 빈민촌으로 둘러싸여 있다. 불확실한 교통과 통신에 어려움을 겪었던 19세기의 미국 개척자들과는 달리 오늘날의 열대우림도시에는 세계의 최신 정보, 무역, 각종 정책이 침투해 있다. 아마존 지역의 전형적인 채취산업 덕택에 반짝 벼락경기를 타고 세워진 일부 유령도시들은 사실상 사라졌다. 지속적으로 경제적 중요성이 있는 다른 도시들은 영구적인 정착지로 자리 잡았다 (ibid.).

라틴아메리카에서의 정치변화와 경제발전

지난 20년 간 라틴아메리카는 군 독재체제로부터 더욱 민주적인 형태의 정치체제로 극적인 전환을 이루었으며, 1980년대 내란으로 혼란스러웠던 일부 국가도 1990년대에는 상대적으로 평화로운 상황을 유

〈그림 1.1〉 일인당GDP(U.S.$1995/Year): 라틴아메리카와 카리브

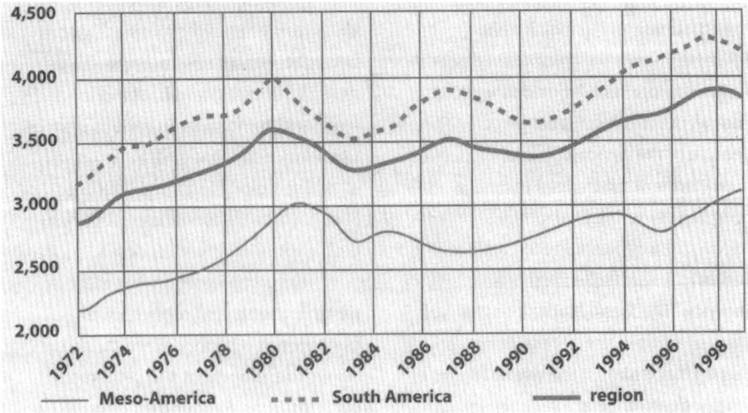

지했다. 특히 중앙아메리카는 1990년대에 정치적, 사회적 영역에서 일반적으로 긍정적인 진전을 보였다. 전쟁과 사회적 갈등으로 경제발전 측면에서 1980년대를 진정 "잃어버린 10년"으로 만들었던 엘살바도르와 니카라과는 경제생산성의 수준을 1970년대와 1980년대 초의 수준으로 결국 회복시켜 놓았다. 한 분석가는 "이 지역이 권위주의와 무력갈등의 시대를 종결지은 중요성을 단순히 경제성장을 향한 길을 새롭게 열었다는 측면에서만 평가해서는 안 된다"고 언급했다. "오늘날, 그 어떤 사회, 정치 집단도 〔중미에서는〕 정치적 안정과 국가안보라는 이름으로 사회적 불평등을 정당화하지 않는다"(유엔개발계획 2002).

심한 날씨가 라틴아메리카 토지변경의 원인이 된다.

인류뿐만이 아니라 날씨 현상과 자연 재해도 현재 라틴아메리카의 정글, 사막, 습지, 해안의 특징을 형성하는 데 중요한 역할을 했다. 중미와 카리브 지역은 특히 심한 날씨가 "끊임없는 위협"이 되는 지리적 영역에

1998년 10월 31일 허리케인 미치(Mitch)로 인해 온두라스 떼구시갈빠의 촐루떼까 강물이 범람하는 모습을 사람들이 지켜보고 있다

자리잡고 있으나(유엔개발계획 2002), 이 지역 전체가 취약한 것은 아니다. "이 지역의 지형적 특징은 재앙을 초래할 수도 있는 자연현상을 일으키는 심각한 위험성을 가지고 있다고"고 유엔 관계자는 덧붙였다. "중미지협과 남북으로 안데스 산맥 전체에 걸쳐 있는 신생화산대인 시에라 마드레(Sierra Madre) 산맥은 거대규모의 지진과 화산분출을 일으키는 활동이 매우 활발한 구조화산(Tectonic)이다. 열대 위도에 위치한 지역은 대서양과 태평양에서 계절적으로 발생하는 열대 폭풍과 허리케인의 영향을 상습적으로 받는다."(유엔 라틴아메리카 카리브 경제위원회, 유엔 환경프로그램 2001). 사실상 중남미 모든 지역이 남부지역에서 빈번하게 발생해 현재는 세계적인 기상현상이 된 엘니뇨(El niño)의 영향을 어느 정도는 받기 때문에, 대형 산불의 위험성을 고조시키는 가뭄과 홍수 역시 라틴아메리카의 여러 지역에서 흔히 발생하는 자연재해 현상이라 할 수 있다.

중미와 카리브 지역이 당면한 심각한 이상기후 현상과 여러 가지 자연재해 현상으로 인해 이 지역의 인간개발과 정착패턴은 더욱 악화되고 있다. 많은 국가의 인구는 특히 허리케인에 취약한 해안을 따라 밀집되어 있다. 더욱이 해안도시 지역의 기반시설은 강풍을 견디기에는 역부족이며, 지속적이지 않은 소비와 발전 양상이 우세하기 때문에 강한 회오리바람을 일으키는 인도양의 열대성 폭풍인 사이클론, 산불, 홍수의 영향을 더욱 악화시키고 있다. "〔지속 불가능한 관행〕에는 쓰레기 처리, 물 낭비, 열악한 하수처리시설, 제초제와 살충제 사용 농업, 산림 벌채, 토질관리와 보전에 대한 계획이 부재한 산간지역의 농업이 포함된다. 일부 국가들은 재앙을 막기 위한 조치들(경고, 철수, 응급처치)을 실행에 옮기기 시작했으나, 일부 국가들은 예방과 대응책 마련을 위한 방안을 전혀 가지고 있지 않다. 대응책에는, 자연재해 현상을 완전히 피할 수는 없다는 사실을 인정하면서도, 근본적인 취약점을 파악해 그 피해를 감소시키기 위한 대처가 포함되어야 할 것이다"(유엔개발계획 2002).

지난 30년 간, 자연재해로 인해 중앙아메리카가 입은 피해액은 500억 달러 이상으로 추산된다(1998년 달러환율). 1998년에 이 지역을 강타했던 허리케인 '미치'는 지난 한 세기 동안 중앙아메리카를 덮쳤던 허리케인 중에서도 가장 강력했다. 일례로 온두라스에서는 이 폭풍이 몰고 온 강풍과 홍수가 국가가 이루어 놓은 10년 동안의 발전을 휩쓸어갔다. 피해액은 온두라스 국내 총생산량의 80%에 버금가는 금액이었다(유엔 라틴아메리카와 카리브 경제위원회, 유엔프로그램 2001).

〈출처〉

UN Development Programme. 2002

Central America and Panama: The State of the Region 2002. New York: UNDP.

UN Economic Commission for Latin America and the Caribbean and UN Environmental Programme. 2001. "The Sustainability of Development in Latin America and Caribbean: Challenges and opportunities." Report prepared for World Summit on Sustainable Development, Rio de Janeiro, October 23-24, Rio de Janeiro: ECLAC.

보다 개방적이고 민주적인 정부기관의 등장으로 시작된 반가운 발전은 사법부에 대한 주요 개혁, 사회적 문제 해결을 위한 시민 참여의 증가, 주민 대응성의 증가, 지역정부와 지방자치단체의 강화, 투자와 기업가의 투자를 촉진하도록 고안된 경제개혁, 대형국영기업의 민영화(그러나 에너지 부문처럼 건실한 채굴산업은 여전히 국가의 통제하에 남아 있다)를 통해 진전되었다. '북미자유무역협정(NAFTA)'을 포함한 '안데스 협정', '라틴아메리카 남미공동시장(MERCOSUR)', '카리브 공동체 및 공동시장(CARICOM)', '중앙아메리카 공동시장', 자유무역협정과 관세동맹의 확산은 경제성장을 위한 매우 효과적인 수단으로 여겨졌다.

이와 같은 변화를 지지하는 사람들은 경제통합이 지난 20-30년 간 라틴아메리카와 카리브 지역의 많은 국가들에서 전형적으로 나타났던

〈표 1.1〉 1972년부터 2001년까지 라틴아메리카와 카리브해 자연 재해

Country and Year	*Type of Disaster*	*Number of Persons Affected*		*Millions of 1998 Dollars*
		Deaths	*Directly Affected*	*Total Damage*
Nicaragua, 1972	Earthquake	6,000	300,000	2,968
Honduras, 1974	Hurricane Fifi	7,000	115,000	1,331
Grenada, 1975	Tropical storm			29
Antigua and Barbuda, 1975	Earthquake		4,200	61
Guatemala, 1976	Earthquake	23,000	2,550,000	2,147
Dominica, 1979	Hurricane David	42	60,060	118
Dominican Republic, 1979	Hurricanes David and Frederico	2,000	1,200,000	1,869
Nicaragua, 1982	Floods	80	70,000	599
El Salvador, 1982	Earthquake, droughts, and flooding	600	20,000	216
Guatemala, 1982	Heavy rains and drought	610	10,000	136
Nicaragua, 1982	Floods and drought			588
Bolivia, Ecuador, and Peru, 1982–1983	El Niño		3,840,000	5,651
Mexico, 1985	Earthquake	8,000	150,000	6,216
Colombia, 1985	Eruption of Nevado del Ruiz volcano	22,000	200,000	465
El Salvador, 1986	Earthquake	1,200	520,000	1,352
Ecuador, 1987	Earthquake	1,000	82,500	1,438
Nicaragua, 1988	Hurricane Joan	148	550,000	1,160
Nicaragua, 1992	Eruption of Cerro Negro volcano	2	12,000	22
Nicaragua, 1992	Pacific tsunami	116	40,500	30
Anguilla, 1995	Hurricane Luis			59
Netherlands Antilles, 1995	Hurricanes Luis and Marilyn			1,112
Costa Rica, 1996	Hurricane Cesar	39	40,260	157
Nicaragua, 1996	Hurricane Cesar	9	29,500	53
Costa Rica, 1997–1998	El Niño		119,279	93
Andean Community, 1997–1998	El Niño	600	125,000	7,694
Dominican Republic, 1998	Hurricane Georges	235	296,637	2,193
Central America, 1998	Hurricane Mitch	9,214	1,191,908	6,008
Colombia, 1999	Earthquake	1,185	559,401	1,580
Venezuela, 1999	Torrential rain	—	68,503	3,237
Belize, 2000	Hurricane Keith	10	57,400	265
El Salvador, 2001	Earthquakes	1,159	1,412,938	1,518
Total		*84,249*	*13,625,086*	*50,365*

경제침체에서 벗어나게 해 줄 것이라고 믿는다. 예컨대 탈규제와 민영화 정책이 금융서비스 분야, 사회기반시설 개발사업, 채굴산업에 대한 급격한 해외직접투자 증가의 원동력이 되었다고 지적한다. 절대적인 측면에서 라틴아메리카와 카리브 지역으로 유입된 순 해외 직접투자액은 1991-1995년의 165억 달러에서 1995-2000년에는 582억 달러로 급증했다(유엔 라틴아메리카 카리브 경제위원회, 유엔 환경프로그램 2001).

해외기업(특히 선진 기술산업 회사)이 보다 친환경적인 생산시스템을 구축함으로써 일부 분야에서는 해외자본의 유입이 몹시 결여되어 있던 기업환경성능 부문 개선에 영향을 미쳤다(Jenkins 2000). 가령, 광업부문에서 일부 국제기업들은 광업이 토질저하, 대기오염, 강과 그 밖의 수자원 오염 등 환경에 악영향을 미친다는 이미지를 개선하기 위해 환경 친화적인 운영 모델과 청정 채굴기술을 도입했다(ibid.). 그러나 페루처럼 광업활동에 대한 환경규제가 없는 국가에서는 여전히 많은 양의 광업폐기물과 찌꺼기가 대기업들에 의해 강과 해안에 버려지고 있는데, 이들 기업은 이런 행위에 대한 처벌을 전혀 받지 않고 있다(Runge et al. 1997).

게다가 새로운 기술과 시설을 구입하고 설치하는 데 드는 비용이 높기 때문에 많은 중소기업이 손을 대지 못하고 있다. 따라서 소규모의 광업활동은 아직까지도 환경을 크게 파괴하고 있다. 이런 현상을 가장 잘 말해주는 사례는 가림뻬이루(garimpeiros: gold seekers)[2]들이 활동하는 브라질에서 찾아볼 수 있다. 이들은 과도한 금채취로 산림, 강, 야생동물에게 끔찍한 손상을 입히고 있다. 가림뻬이루들의 불법 채굴활동으로 인해 깨끗한 강과 숲에 의존해 살아왔던 원주민 공동체들의 생계는 위협을 받고 있으며, 원시부족들은 말라리아, 성병 등 다양한 질병의 위협에 노출되었다. 가림뻬이루들뿐만 아니라 원주

2) 공식적으로 어느 회사에도 고용되지 않은 채 불법으로 금을 채굴을 하는 영세 자영업자다.

민 공동체들 역시도 치명적인 수은중독에 시달리고 있다. 한 예로 로라이마(Roraima)의 야노마미(Yanomami)[3] 원주민 지역에서는 1980년대 후반 불법 금채취로 인한 수은중독으로 전체 주민의 15%가 사망했다고 발표되었다(Macmillan 1993; Browder and Godfrey 1997). 브라질 정부는 아마존의 일부 지역을 원주민 보호구역으로 지정했다. 그러나 원주민 보호구역의 확대가 외부인들의 침입을 막지는 못했으며, 석유, 금, 그리고 그 밖의 귀금속을 마음대로 채굴하지 못하게 된 광산회사들의 강한 저항을 불러일으켰다(De Onis 1992; Place 2001).

지속 가능한 경제성장의 장애물

이 지역에서 경제변화와 개혁을 이루고자 하는 사람들은 정상적이고 활기찬 경제를 확립하는 데 큰 장애물이 존재한다는 사실을 분명히 밝히고 있다. 이들 장애물 가운데 하나는 아메리카와 중앙아메리카 국가들이 여전히 석유와 석유 파생상품, 광물, 목재 관련 상품과 같은 천연자원 수출과 농업생산에만 전적으로 의존하고 있다는 것이다. 다변화되어 있지 못한 이 지역의 경제는 국제시장의 변덕스러운 가격 변동에 취약하며, 천연자원에 대한 의존도가 높고, 더 나아가 생태계와 생물다양성을 훼손하고 있다. 더욱이 경제활동이 해안도심 지역에 과도하게 밀집되어 있기 때문에 많은 농촌 지역 주민들의 경제적 상황은 궁핍할 수밖에 없는 실정이다. 페루의 한 관리는 "우리는

3) '야노마미'는 '인류'라는 뜻을 가지고 있다. 야노마미 족은 브라질과 베네수엘라 국경 부근의 아마존 삼림지대에 거주하면서 오랫동안 서구사회와의 접촉 없이 고립된 채 자신들의 전통적인 생활방식을 유지해오고 있는 인구 약 2만 5천 명의 인디오 부족이다. 지난 1970년대까지만 해도 야노마미 족은 비교적 안정된 생활을 했다. 그러나 그 후 브라질 정부가 추진한 대규모 개발 계획에 밀려 생활 기반이 파괴되었다. 열대 우림 한가운데 도로가 뚫리고 이를 통해 개척민들이 몰려들었으며, 귀중한 목재를 노린 다국적 자본이 밀려 들어왔다. 그리고 지질 조사 결과 엄청난 양의 금이 매장되어 있다는 사실이 밝혀지자 일확천금을 노린 금광부들이 몰려들었다. 이들은 야노마미 족과 분쟁을 일으키고 각종 전염병을 퍼뜨렸다. 또 금 정련에 수은을 남용함으로써 아마존 강 수질을 오염시켰다. 이 와중에 야노마미 족 1천여 명이 목숨을 잃었다.

우리 스스로를 학대해 왔다"고 하면서 안타까워했다. "우리는 증가하는 인구를 해안지역 밖으로 분산시키지 않았다. 다른 지역에 산업을 장려하지 않았기 때문에 지방에는 일자리가 부족했다. 우리나라의 외곽 지역은 발전을 갈망했고, 반면에 해안지역은 발전 때문에 황폐해져 갔다"(Hinrichsen 1998).

반면 카리브의 작은 도서 국가들에서는 채굴산업보다는 관광산업이 경제활동의 핵심이다. 그러나 관광에 기반을 둔 이 지역의 경제구조는 테러, 악천후, 해안오염, 그리고 다른 형태의 환경 악화와 세계 기후 변화에 따른 해수면 상승의 가능성에 대한 국제적 우려에 취약하기 때문에 이들 국가의 향후 경제성장을 예측하기란 쉽지 않다.

이 지역의 경제성장을 방해하는 또 다른 주 요인으로는 라틴아메리카의 천문학적인 외채부담을 들 수 있다. 이 지역 국가들은 1970년대와 1980년대 내내 폭락한 금융자산을 회복하고 와해된 사회기반시설을 강화하기 위해, 그리고 폭동과 전쟁의 상처를 치유하기 위해 외채를 들여왔다. 그러나 1980년대 미국과 서유럽 국가들이 이자율을 인상하면서 외채상환금은 급증했고, 이와 함께 같은 시기 국내 인플레이션을 억제하기 위해 추진되었던 경제정책으로 인해 외채상환을 위한 소득은 감소했다. 게다가 이런 국내경제정책은 인플레이션 억제에도 실패했을 뿐만 아니라 멕시코(1995), 브라질(1998), 아르헨티나(2001-2002)를 비롯한 여러 국가가 심각한 금융위기를 경험했다(유엔 경제프로그램 2002). 1971년부터 1999년까지 이 지역의 외채 합계액은 460억 달러에서 9820억 달러로, 21배나 증가했다.

20세기 말에 라틴아메리카는 세계 전체 외채의 1/3(38%) 이상을 차지했다. 가이아나와 볼리비아를 비롯한 일부 국가들은 중(重) 채무 빈곤국가 이니셔티브(Heavily Indebted Poor Country Initiative) 제도에 따라 부채탕감 대상 국가가 되었으나, 2001년 12월에 역사상 가장 큰 규모의 디폴트를 선언하면서 구제금융을 받았던 아르헨티나 같은 일부 국가의 미래는 불확실하다.

더욱이 라틴아메리카와 카리브 지역에서 소득과 부의 분배는 여전히 불균등하게 이루어지고 있다. 1990년대 남아메리카의 안데스 지역과 남부 지역 국가들 가운데 유일하게 우루과이만이 흑자를 기록했고, 같은 시기 대부분의 중앙아메리카 국가에서는 별다른 진전이 없었다고 알려졌다. "특히 농업과 조립공장 등 전통적인 수출산업과 무엇보다도 섬유산업은 여전히 노동자들이 아닌 소유자들에게만 부의 원천이 되고 있다. 이 지역의 섬유산업에 종사하는 노동자들은 낮은 임금을 받고 있으며, 국가마다 임금에 차이가 있다. 새로운 수출산업, 새로운 서비스산업, 특히 금융산업, 관광산업, 그리고 다양한 현대 산업 부문들 역시 소수에게 집중되어 있다"(유엔개발계획 2002). 이런 불평등이 사회갈등을 유발하고 숲, 강, 연안어업지역, 그리고 이미 심각한 압력을 받고 있는 그 밖의 천연자원들을 장악하기 위한 투쟁을 심화시키고 있다는 것은 놀랄만한 사실이 아니다(Homer-Dixon 1999).

실업률과 불완전 고용률(반실업)은 특히 경제적 위기에 처했던 남아메리카 국가들에서 고질적으로 높게 나타난다. 이런 환경에서 많은 라틴아메리카 사람들은 고용이 보장되지 않고 고용이익도 없는 저임금, 임시 '비정규'직 노동을 강요받고 있다. 칠레와 파나마를 제외한 다른 국가들의 비정규직 노동자 수는 1990년대에 증가했다. 사실상, 이 시기 도시 지역의 10개 일자리 가운데 7개는 비정규직이 차지했다(유엔 라티아메리카와 카리브 경제위원회, 유엔 환경프로그램 2001).

라틴아메리카의 인적자원 개발 동향

여전히 상대적으로 소수에게 집중되어 있는 라틴아메리카의 부(富) 집중현상은 - 경제개혁, 새로운 벤처기업, 낮은 인플레이션, 그리고

멕시코시티의 쓰레기 속에서 돈이 될 만한 물건을 찾는 사람들

1990년대의 공적사회비용의 증가에도 불구하고 - 이 지역에서 계속되고 있는 높은 빈곤율의 주요 요인이다. 유엔 라틴아메리카와 카리브 경제위원회는 "이 지역의 분배 불평등 정도는 세계에서 가장 심각한 수준으로, 수백만 시민들을 극빈곤층에 처하도록 만들었고, 성장을 통한 빈곤의 감소를 심각하게 제한한다"라고 비난했다.

"이는 라틴아메리카와 카리브 지역의 국가들이 2000년 유엔 총회에서 189개 회원국에 의해 채택된 일련의 정책목표인 〈밀레니엄 선언(Millenium Declaration)〉에서 규정한 대로 2015년까지 빈곤율 50% 감소 목표치를 달성하기 위해서는, 빈곤에 긍정적이고 커다란 영향을 미칠 수 있도록 현재 성장패턴의 상당부분을 재수정할 필요가 있음을 의미한다"(ibid.).

21세기 초에 라틴아메리카와 카리브 지역에 위치한 46개 국가 가운데 단지 6개국만이 - 아르헨티나, 바하마, 바베이도스, 칠레, 코스타리카, 우루과이 - 인적자원개발지수가 높은 것으로 평가되었다(유엔개발계획 2001). 나머지 40개국 가운데 39개국의 인적자원개발지수는 '중간' 그룹에 속했고, 경제와 생태계가 완전히 붕괴된 아이티의 인적자원개발지수는 가장 낮은 '하위'그룹에 속했다. 만연된 빈곤은, 그 영향력이 교육, 의료, 정치적 권리를 비롯한 기타 여러 사회영역으로 침투하기 때문에, 이 같이 중위권 정도의 썩 좋지 않은 결과를 가져오는 주원인이 된다. 21세기 초에 집계한 자료에 따르면 라틴아메리카와 카리브 지역 전체 인구의 40%에 달하는 2억 명이 빈곤 속에서 살아가고 있다(아메리카개발은행 2000, 유엔 라틴아메리카와 카리브 경제위원회 2000). 일부 국가들은 빈곤문제의 중요성을 언급함으로써 표면화했다. 예컨대 칠레에서는 낮은 인플레이션, 낮은 실업률, 경제개혁, 국내 가계소득의 증가에 힘입은 경제호황으로 1990년대에 빈곤율이 15%이상 감소했다. 한편, 브라질에서는 1990년대의 경제위기에도 불구하고 1990-1999년 사이에 빈곤율이 30%-42%나 감소했다. 그리고 중앙아메리카의 코스타리카와 파나마에서는 1990년대 빈곤율을 1/4과 1/3 수준으로 낮추었다(유엔 라틴아메리카와 카리브 경제위원회, 유엔 환경프로그램 2001). 남미와 중미의 다른 국가들에서는 큰 변화가 없었다. 콜롬비아, 베네수엘라, 볼리비아. 에콰도르에서는 45% 이상의 가정이 빈곤하며, 중미에서 인구 수가 가장 많은 멕시코의 빈곤율은 1900년대 내내 계속 35%-40% 수준에 머물렀다(ibid.). 그런데, 코스타리카 같은 일부 국가의 상황은 향상되었음에도 불구하고 지난 20년 간 카리브 국가들의 전반적인 생활수준은 낮아지고 있다(World Bank 1996).

지방의 빈곤율은 대도시 지역보다 훨씬 높게 나타나는데, 라틴아메리카 대부분의 국가에서 가장 가난한 지역은 인간건강과 생물다양성을 유지하는 데 반드시 필요한 강가, 숲, 습지 지역에 집중되어 있다. 많은 경우, 이 같은 상황은 풍요롭지만 힘없는 자연환경을 단기적인 경제이익을 위해 약탈할 수밖에 없는 극빈층 지역에서 발생한다. 교육적인 측면에서는, "교육기회의 불평등이 라틴아메리카 사회분열의 가장 큰 요인이라는 사실에 주목한다. 이 지역에서 가장 부유한 계층의 10%는 가장 가난한 계층의 30%보다 평균적으로 학교교육을 7년 더 받는 것으로 나타났다"(Iglesias 1999). 상황이 이렇긴 하지만, 교육은 최근 라틴아메리카에서 실질적으로 눈에 띄게 향상된 분야 가운데 하나다. 이 지역 전체 성인의 문자 해독률은 1980-1999년 사이에 10% 가량 증가해 약 88%를 기록했다. 그리고 많은 국가가 학교, 교사, 교재 등 교육 분야에 대한 신규투자를 증대시켰다. 그러나 과테말라, 니카라과, 아이티 같은 국가들은 여전히 높은 문맹률에 매여 있으며, 실질적으로 모든 라틴아메리카 국가에서 대부분의 여성, 지방주민, 원주민 같은 특정 인구집단의 문자 해독률과 학력은 더욱 낮다(유엔개발계획 2002).

라틴아메리카의 많은 국가에서 의료와 그 밖의 복지서비스에 대한 혜택은 증가하고 있는 추세이기는 하지만 아직까지 기대하는 목표치에는 미치지 못하고 있다. 예컨대 중앙아메리카에서 4명의 어린이 가운데 한 명은 만성적인 영양실조를 앓고 있으며(ibid.), 중앙아메리카

〈그림 1.2〉 라틴아메리카: 분야별 사회 지출

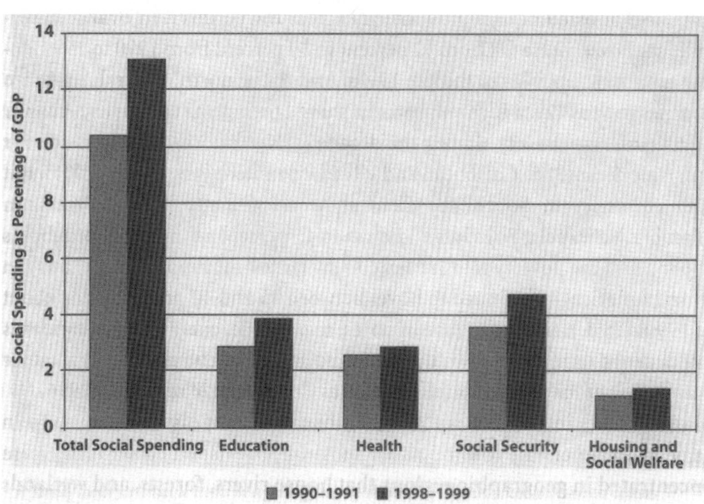

인구의 1/4은 아직 기본적인 위생시설을 이용하지 못하고 있다(유엔 라틴아메리카와 카리브 경제위원회, 환경프로그램 2001). 중앙아메리카와 나머지 지역에서는 개인의 사회경제적 지위에 따라 치료의 질과 치료를 받을 수 있는 기회가 달라진다.

대부분의 라틴아메리카 여성들은 20년 전보다는 더 나은 가족계획을 비롯한 의료혜택을 받고 있다. 그 전보다는 여성에게 고용의 기회가 많아졌으며, 선출직에 출마할 권리, 남성과 동등한 법적 지위를 갖게 되는 등 법적, 정치적 영역에서 상당한 진전이 이루어졌다. 그러나 전반적으로 사회적, 정치적, 경제적인 양성 불평등이 여전히 존재한다. 더욱이, 라틴아메리카에서는 여성과 아동에 대한 가정폭력사건이 증가하고 있어 큰 문제가 된다. 사실상, 라틴아메리카 여성의 절반 정도는 살면서 적어도 한 번쯤은 가정폭력을 경험한 사실이 있을 것으로 예상된다(유엔 라틴아메리카와 카리브 경제위원회 2000).

마지막으로, 특히 아마존 경계 지역과 자원채취산업이 주로 이루어지는 지역에서는 양성 간의 이주와 고용 양상이 아주 상이하게 나타난다. 여성과 아이들은 도심지역에 거주하지만, 남편과 아버지를 비롯한 많은 남성은 광산과 목재 채취산업에 일자리를 얻고자 채취 현장에서 몇 주 혹은 몇 달을 보낸다(Godfrey 1992). 어느 연구 결과는 "집을 떠나 온 기간이 길어지면서 남성들은 흔히 도시의 가정을 책임지지 않게 되고, 어떤 경우에는 아예 집으로 돌아가지 않기 때문에, 생계수단이 없는 여성이 가장인 가정들이 남게 된다."고 말했다. "예컨대, 멀리 떨어진 광산에서 한 남성 광부가 보내는 임금으로는 도시 가정을 유지하기에 턱없이 부족하기 때문에 여성이 가장인 가정은 궁핍할 수밖에 없다"(Broweder and Godfrey 1997).

라틴아메리카에서의 토지이용과 토양오염

라틴아메리카와 카리브 지역의 자연경관은 수천 년에 걸쳐 사람들에 의해 크게 변했다. 오늘날, 이 지역의 농작물 재배면적은 약 1,600만 헥타르(대략 이 지역 전체 토지면적의 8%에 달함)를 차지하는데 반해, 목초지와 축산업을 위한 토지면적은 6,000만 헥타르(이 지역 전체 면적의 약 30%)를 차지한다. 숲과 삼림지대는 9,400만 헥타르(전체 면적의 46%)를 차지하며, 비삼림 식물이 차지하는 면적은 약 2,900만 헥타르에 달한다(전체 토지면적의 15%)(유엔 라틴아메리카와 카리브 경제위원회, 유엔환경프로그램 2001).

토지변경과 사용을 목적으로 한 자원수탈은 인구증가, 경제와 산업활동의 증가(일부지역), 극심한 빈곤(기타 지방)으로 인해 최근 가속화되었다. 1989-1999년 사이 이 지역에서 기르는 소의 수는 8% 증가해 3500만 마리에 달했다(ibid.).

이 모든 것과 함께 일부 국가에서는 지난 20년 간 경작지와 방목지의 면적을 50%(니카라과, 쿠바, 브라질) 혹은 10%(볼리비아와 파라과이) 늘렸다. 사실상 라틴아메리카의 모든 국가는 어느 정도 수준에서 그들의 경작지 면적을 확대했다(Pichón, Uquillas, and Frechione 1999). 1972-1999년을 통틀어 영구작물 토지와 경작가능 토지 면적은 남아메리카에서는 35% 증가했고, 중앙아메리카에서는 21%, 카리브 지역에서는 32% 증가했다(유엔 식량과 농업기구 2001). "라틴아메리카와 카리브 지역에서 산림벌채의 가장 주된 원인은 농업용 토지를 조성하는 데 있다"고 유엔 보고서는 확인시켜 주었다. "현재 이 지역은 거의 절반 이상의 생태계가 농업과 축산업을 위해 쓰이고 있다. 만약 생태계가 지역주민을 위해 소득과 고용을 창출하는 상품을 공급하지 못하게 되고 경제적으로도 이익이 되지 못한다면 문제의 토지는 용도가 바뀐다. 농업 목적으로 전환되는 것이다"(유엔 라틴아메리카와 카리브 경제위원회, 유엔환경프로그램 2001).

자연산림은 가축과 농작물 재배를 위해 토지를 확대하려는 인간의 욕구로 인해 가장 큰 피해를 입었다. 실제로, 현재 라틴아메리카는 지속적으로 증가하고 있는 산림벌채가 중요한 문제가 되고 있는 아시아와 아프리카를 비롯한 세계 어느 지역에서보다도 산림면적 손실률이 높게 나타나고 있다. 1980-1990년 사이 라틴아메리카의 연평균 삼림 손실 면적은 7백40만 헥타르에 달했으며, 1990-1995년 사이에는 열대지역의 삼림손실이 95%에 달하면서 그 면적은 매년 5백80만 헥타르로 늘어났다(ibid, 유엔환경프로그램 2001). 높은 비율의 벌목과 여러 형태의 개간이 행해지고 있음에도 불구하고 라틴아메리카와 카리브 지역은 북아메리카(캐나다와 미국이 전체 면적의 30%를 차지함)와 근소한 차이를 보이며 아직까지는 세계에서 가장 광대한 울폐림(closed forest)지역으로 남아 있다(전체면적의 32%를 차지함)(유엔 라틴아메리카와 카리브 경제위원회, 유엔 환경프로그램 2001). 그러나 현재의 정치적, 사회적, 경제적 압력과 점차 심각해지고 있는 산림면적 감소 추세를 감안한다면 라틴아메리카의 울폐림 감소는 피할 수 없는 사실로 사료된다.

농작물과 가축생산 산업의 확장을 위해 라틴아메리카에서 생태학적으로 가장 중요한 열대우림지역, 특히 브라질의 아마존 지역이 심각하게 훼손되고 있다(Nestad 2001). 오늘날 친환경정책과 방대한 보호구역 지정으로 국제적인 명성을 얻고 있는 코스타리카에서조차도 대대적으로 자연산림지역이 농지로 개간되고 있다. "규제, 환경경영 이니셔티브, 국제적인 재정지원에도 불구하고 과거 울창했던 산림국가 코스타리카는 이제 농업국가가 되었다. 이제 원시림은 도시에서 멀리 떨어진 지역, 보호구역에서나 볼 수 있을 정도로 희귀해졌다. 다국적 기업들의 진출로 많은 지역이 단일작물재배로 전환하면서 토양과 수질오염이 나타났다"(Sturm 2002).

많은 지역에서 산림을 벌채함으로써 생물다양성을 감소시키고 물순환 기능을 약화시킬 뿐만 아니라 토질저하의 주요 원인이라고 앞서 지적했던 토양오염을 유발한다. 남아메리카 토지의 14%, 중앙아메리카 토지의 26%가 오염되어 있다(유엔환경프로그램 2002). 토질저하를 초래하는 다른 원인은 숲을 농장으로 전환함으로써 제초제, 비료, 그 밖의 농화학약품의 사용이 증가하면서 나타나는 화학오염과 잘못된 관개관행으로 토양에 소금이 축적되는 토양의 염분화 현상이다. 1990년대 말, 토양의 염분화로 인해 아르헨티나, 브라질, 칠레, 멕시코처럼 인구가 많은 국가의 토지 1800만 헥타르 이상이 염분을 많이 함유한 토지로 변질되었다(ibid.). 농약의 과도한 사용은 주요 식수원지 오염은 물론이고 강 하류에 위치한 어장 피해를 비롯해 온갖 종류의 수질오염 문제의 원인으로 지적되고 있다.

지속 불가능한 토지이용의 흐름 저지

라틴아메리카의 지속 불가능한 토지 이용 관행의 근본적인 원인은 빈곤, 인구증가, 난개발에 있다. 이 모든 요인은 합법적이거나 불법적인 방식으로, 때로는 영구적으로 변화시키거나 악화시키면서 힘없는 자연계를 파괴한다. 문제의 심각성을 효과적으로 경고하기 위해서는 정부의 모든 부처가 인구증가통제, 토지개혁, 환경보호교육, 보호구역 정책조정, 농지관리향상을 위한 경제적 동기부여 등과 같은 문제에 특별한 관심을 가지고 참여할 필요가 있다.

지속 가능한 토지 관리를 위해서는 환경보호와 보전에 대한 업무를 담당하는 정부부처의 역량개선이 필요하다. 한 전문가는 "대부분의 라틴아메리카 정부기구와 국영기업의 경우 각각의 권한이 다른 부처와 상충되고, 구분이 명확하지 않다"고 지적했다. "한 부처의 업무책임이 중첩되어 있고, 모순적이라고 한다면, 그 부처의 책임성은 희미

해진다. 만약 그 부서가 효율성 혹은 보전과 같은 특정 임무를 잘 수행하지 못했다 하더라도, 그 외 다른 임무를 잘 수행했다면 그 부서의 결점은 일축될 것이다. 예컨대, 온두라스의 산림기업 COHDEFOR의 주된 사업은 목재벌채, 목재산업개발, 산림보호를 위한 산림이용 규제, 산 속과 산 주변에 거주하는 저소득 온두라스 주민의 경제적 상황을 향상시키는 것이었다. 복합적인 이 회사의 사업상 특징으로 인해 어쩔 수 없이 벌목과 산림산업에서도 사업성과를 내야 했기 때문에 산림보호와 빈곤완화 부분에서 나타난 매우 저조한 성과는 무시되었다"(Ascher 2000).

경제와 생태학적 고려에 대한 균형의 문제는 다른 라틴아메리카의 국가들에서보다도 브라질에서 더욱 심각하다. 브라질은 세계에서 가장 큰 습지대인 빤따날(Pantanal), 수종이 가장 풍부한 사바나 밀림(Cerrado), 지구 열대우림의 1/3(아마존)이 존재하는 지구상에서 가장 넓은 생물다양성의 은닉처 가운데 하나다. 그러나 인구분포의 패턴과 상충되는 자원요구의 추세는 이 방대한 영토를 (1) 경제적으로는 유용하나, 환경적으로 스트레스 받는 지역과 (2) 환경 친화적이나 경제적으로는 빈사상태인 지역이라는 두 말이 겨루는 체스 판으로 바꾸어 놓았다.

멸종위기에 처한 과테말라의 자연생태계

지난 30년 간 중앙아메리카의 많은 국가들에서 무계획적인 환경자원개발은 예외적이기보다는 오히려 하나의 룰처럼 행해져 왔다. 대다수 빈곤층의 반대 속에 추진되었던 지속 불가능한 나무, 광물, 토지, 수자원 수확이 대부분의 서민들의 생활수준을 조금도 개선시켜주지 못했다(Place 2001). 이런 역학관계는 자연생태계에 대한 과열된 착취가 고질적인 빈곤을 완화시키거나 서반구 국가들 가운데 가장 높은 인구증가율을 막는 데 전혀 도움이 되지 않았던 과테말라 같은 곳에서 아주 잘 나타난다.

과테말라의 지속 불가능한 토지관리 관행의 대부분은 이미 50년 전 연방정부가 벌목업자, 카우보이, 에너지회사들에게 정책을 펴면서 시작되었다. 이후 일부 숲과 종다양성이 풍부한 지역은 공원이나 보호구역으로 지정되었다. 그러나 많은 경우 높은 가치를 지닌 공원과 자원조차도 적절하게 관리되지 못하고 있다. 예컨대, 과테말라의 여러 공원이 속해 있는 마야 생물권 보호구역(Maya Biosphere Reserve)은 목재채취, 석유, 목장의 이익과 자급자족형 농민, 겨우겨우 살아가는 노동자들 때문에 심각한 위협을 받고 있다. 한 연구자는 "생물권 보호구역법이 파괴를 막고는 있지만, 어디까지나 일부분이다"라고 주장했다. "법규를 노골적인 위반하는 행위는 계속되고 있으며 정부는 이를 종종 묵인한다. 그러나 장기적인 측면에서 환경을 위협하는 가장 위험한 요인은 바로 불법 정착이다. 화재는 산림생태에서 자연적으로 발생하는 것이지만, 정착으로 인해 화재는 생태계를 파괴할 정도로 심각한 위협이 되고 있다(Meyerson 1998). 예를 들어 1998년 한 해에만 산림의 건조로, 그리고 토지개간을 위한 화전농법으로 산불이 일어나 과테말라 북부 열대우림의 1/4이 훼손되었다.

만약 과테말라 정부와 국민이 마야 생물권 보호구역을 지키려는 의지와 미래를 위해 온전하게 생태계를 보호해야겠다는 의지가 있으면 당장 보전보호의 수준을 더 높이고 보다 지속 가능한 토지이용계획을 반드시 수립해야 할 것이다. "최근 촬영한 위성사진을 보면 마야 생태계 보호구역에 대한 희망이 점차 사라져가고 있음을 느끼게 된다. 완충지대가 무분별하게 들어서고 있다. 공원경계지역은 침범당했다. 라구나 델 띠그레(Laguna del Tigre) 〔보호구역 내에 있는 국립공원〕 에는 상류와 하류 지역 모두에서 정착촌이 속속 들어서기 시작했고 (……) 밀빠(Milpa: 옥수수) 화전 농민들과 자금이 충분한 대형 목장이 시에라 델 라깐돈(Sierra del Lacandón) 국립공원의 동쪽을 단단하고 많은 구멍이 나 있는 스위스 치즈처럼 바꾸어 놓았다"(ibid.).

〈출처〉

Mayeron, Fred, 1998. "Guatemala burning." Amicus Journal 20, no.3(fall).

Place, Susan E. 2001. Tropical Rainforests: Latin American Nature and Society in Transition. Wilmington, DE:Scholarly Resources,

UN Development Programme.2002. Central America and Panama: The State of the Region 2002. New York:UNDP.

예를 들어 상파울루 주에는 현재 56개 지자체에 4백만 명 이상의 인구가 삐라시까바-까삐바리-준디아이(Piracicaba-Capivari-Jundiai) 강 유역에 밀집해 살고 있다. 한때 숲으로 뒤덮였던 이 지역은 이제 삼림은 거의 완전히 파괴되었고, 심각한 수준의 대기와 수질오염, 녹지공간과 담수 부족으로 고통받고 있다. 그러나 이 지역은 대학, 연구소, 병원, 최첨단 기술 산업으로 꽉 차 있고, 주민들이 누리는 생활수준은 선진국과 비교될 수 있는 정도이다(Hogan 2000). 한편 리베이라 벨리(Ribeira Valley) 근처에 있는 수종이 풍부한 삼림은 공식적인 보호조치와 비교적 낮은 인구 압력(population pressure) 덕분에 거의 훼손되지 않은 채 남아있다. 그러나 이 지역의 소득과 교육수준은 상파울루 주 내에서 가장 낮으며, 젊은 층이 경제적으로 보다 매력적인 도시로 대거 이동하는 것은 가장 심각한 사회적 문제로 부상했다(ibid.). 흔히 이 문제를 해결하기 위한 방안 중 하나는 공원관리, 생태관광(ecotourism) 혹은 그 밖의 방법을 통해 서식지를 보전하고 생물다양성을 보호하는 데 보다 큰 경제적 동기를 농촌지역사회에 부여하는 것이다. 이런 생각을 지지하는 사람들은 이와 같은 프로그램이 천연기념물을 보호하고 농촌 젊은이들에게 성공적인 경제적 전망을 가능하게 해준다고 믿는다(O'Riordan and Stoll-Kleeman 2002).

그러나 지속 가능한 환경과 경제를 위한 새로운 방향성을 제시하는 데 브라질의 능력은 확실하지 않다. 지난 50년 간, 브라질 정부는 서식지 보전과 환경보호보다는 경제발전에 우선순위를 두었다. 실제로, 1960년대, 1970년대, 1980년대의 대규모의 정부 이니셔티브는 광산 채굴, 산업적 벌목, 철도와 다른 사회기반시설 건설, 다양한 농민정착 프로젝트를 통해 중앙과 북부 지방의 개발을 적극적으로 추진했다. 이런 다양한 개발계획들은 브라질보다 후진국에서 브라질로의 대규모 이민을 자극했다(Egler 2002). 최근 브라질 정부는 아마존 내 포장도로의 길이를 12,000Km에서 18,000Km로(7,400마일에서 11,200마일) 확장하는 경제발전계획을 홍보했다(Nepstad 2001). 도로확장계획이 성공적으로 이행된다면, 농업, 벌목, 광업, 그리고 상업적 이익집단들은 아주 깊숙한 정글에 있는 자원과 시장에까지 접근하게 될 것이기 때문에 브라질의 경제적 생산성은 분명히 증가할 것이다.

그러나 환경, 과학, 개발 단체들은 사회경제적 개선을 위한 이런 계획은 환상에 지나지 않으며, 결과적으로는 파괴를 가져온다고 비난한다. 이들은 이미 해마다 2백만 헥타르에 달하는 아마존 열대우림이 파괴되고 있으며, 이와 같은 추세가 계속된다면 심각한 발전정책 하에서 생물다양성의 감소, 담수 질의 저하, 황폐화된 원주민 공동체, 폭발적인 인구증가로 인한 전반적인 "삶의 질" 저하를 비롯한 부정적 영향이 더욱 가속화될 것이라고 주장한다(Laurrence et al. 2001; Egler 2002). "남미의 거대한 심장부는 열대 서식지를 키워서 인류의 생명연장을 위한 최상의 기회를 제공할 수 있다"고 한 연구자는 주장했다. "만약 아마존에서 활동하는 정치적, 사회적 세력들에 의해 생태학적 대실패가 초래된다 할지라도 피해가 발생한 이후에나 완전히 알 수 있기 때문에 그 대가는 세계 전체가 치러야 할 것이다. 아마존의 주권 국가와 천연원료의 소비자이자 자본의 주체인 산업국가 간의 협력을 위한 윤리적 정당성은 국경을 넘어 환경보호와 성장에 대한 정책에 영향을 미칠 수 있다. 생태계를 파괴하지 않으면서 이 지역의 풍부한 자원을 효율적으로 이용할 수 있는 새롭고 향상된, 유일무이한 경제발전 패턴을 반드시 찾아내는 것이야말로 공통의 목적이 아닐 수 없다"(De Onis 1992).

라틴아메리카 토지개혁

최근 들어 토지소유개혁이 추진되면서 라틴아메리카의 여러 국가들은 빈곤과 환경파괴의 연관성에 대해 고심하고 있다. 최근 특히 멕시코, 파라과이를 비롯한 라틴아메리카 국가들의 토지 소유권은 목장, 농업, 그리고 그 밖의 경제적 목적을 위해 토지를 이용하는 극소수의 사람들에게 집중되어 있다. 이와 같은 불평등한 토지분배방식은 식민지 토지소유제로부터 비롯되었으며, 토지권리증의 부재로 더욱 악화되었고, 농가의 생활수준이 나아질 수 있는 기회를 박탈했다.

농가들은 자신들의 생활이 앞으로 나아질 것이라는 기대를 하지 않기 때문에 자신들이 소유한 땅에서 자원을 고갈시키거나, 이미 존재하는 도시의 사회적 환경적 문제를 더욱 가중시키는 결과인 도심으로의 이주밖에는 다른 선택이 없다고 생각한다. 한 연구에서는 "토지를 소유할 가능성이 없기에 지방의 농부들은 그들의 생활조건을 개선할 수 없다"고 주장했다. "농부는 새로운 기술을 도입하거나, 생산성 향상을 목적으로 농사짓는 방법을 바꿀 수 없다. 토지소유권이 없는 농부는 신용거래, 기술지원, 보다 나은 시장조건을 이용할 수 없다. 성공적인 농업개혁을 통해 이미 토지개혁법이 통과된 국가들의 경험에서 보여지듯이 효율적인 농업정책으로 토지소유 패턴이 변화하면, 국가는 물론 농촌 노동자들에게도 큰 이익이 된다는 사실을 알 수 있다" (Groppo 1996).

실제로 일부 라틴아메리카 국가들은 토지소유권 문제와 관련해 확실한 성과를 내고 있다. 한 예로 코스타리카에서는 국가 전체 토지면적의 약 1/3에 달하는 2백만 헥타르가 다양한 정착 프로그램과 토지등기부등본 변경을 통해 재분배되었다. 북부의 엘살바도르 정부는 토지전환프로그램과 그 밖의 농업개혁에 상당한 예산을 배정했다(유엔라틴아메리카와 카리브 경제위원회, 유엔환경프로그램 2001). 그러나 농촌의 빈곤을 완화시키고 취약한 자연환경을 보호하는 데 토지개혁이 분명 유용함에도 불구하고, 많은 나라에서는 정부의 무관심한 태도와 정치적 영향력이 강한 토지소유주의 반대가 재분배정책과 개혁정책을 가로막고 있다. 사실상 미개발 산림지역을 개간하는 소규모 농지의 증가에도 불구하고 거대농업기업의 몸집은 계속적으로 커지고 있다.

제2장

생물다양성

중앙아메리카, 카리브 지역의 국가들, 방대한 남아메리카대륙을 포함하는 라틴아메리카는 지구상에서 생물다양성이 가장 풍부한 지역이며, 생태계가 자연 그대로 잘 보존되어 있는 지역이다. 유관속(관다발) 식물(이끼와 양치식물을 제외한 모든 식물)과 척추동물까지 감안한다면 라틴아메리카에는 다른 열대지역보다 많은 생물들이 서식하고 있다. 열대지방의 곤충 다양성에 대한 기록은 많지 않으며, 아직까지 우리는 이 지역에 서식하는 곰팡이의 다양성에 대해 아는 것이 거의 없다. 그렇지만, 이들 생물들과 그들의 숙주식물 간의 공동진화 관계는 라틴아메리카의 풍부한 생물다양성을 말해준다.

라틴아메리카의 높은 생물다양성의 근거

이 지역에서 서식하는 생물의 수가 많다는 사실을 말해주는 다음의 세 가지 핵심 요인들이 있다. 첫째, 라틴아메리카의 많은 지역은 지리적으로 생물다양성이 풍부한 열대지방에 속한다. 둘째, 잘 알려져 있는 열대우림 저지대와 더불어 안데스 산악지역과 광활한 사막, 온대지역을 포함한 굉장히 다채로운 풍경과 지형적 특징을 가지고 있다. 셋째, 빙하기 동안 아마존 유역 끝을 따라 펼쳐진 삼림과 대초원의 반복된 확장과 축소의 과정으로 인해 이 지역은 매우 역동적인 변화를 겪게 되었다.

아직까지도 생물학자들 간에는 열대지방에서의 높은 생물다양성의 원인에 대해 의견이 분분하다. 전부는 아니지만 대부분의 분류체계

집단들은 북극, 온대 또는 아열대 지역과 비교해 종의 수는 열대지방에 더 많다. 아마존의 표면적은 미국의 표면적과 비슷하며, 전 세계 면적의 10-17%를 차지하고 있다(Gibson 1996). 세계에서 생물다양성이 가장 풍부한 17개 지역은 아마존 지역 국가들인 브라질, 콜롬비아, 에콰도르, 페루, 베네수엘라다. 지리적으로 상이한 곳에 위치한 열대 국가들 중에서는 유일하게도 인도네시아만이 생물다양성 측면에서 전반적으로 라틴아메리카에 견줄만하다. 그렇다고 아마존 한 지역이 라틴아메리카의 생물다양성에 대한 모든 이야기를 해 주지는 않는다. 앞서 언급했던 다섯 아마존 국가들 가운데 네 개 국가는 안데스 지역 국가이기도 하며, 이들 중 세 개의 국가들은 고유의 식물과 동물들이 서식하는 열대사바나과 관목지(Shrubland) 지역이다. "남쪽 원뿔형(southern cone)" 대륙의 아르헨티나, 칠레, 파라과이, 우루과이에는 온대초원지대와 산악지대 기후에 적합한 생물들이 서식한다. 북쪽 카리브 섬들은 비록 면적은 상대적으로 작지만 많은 고유종과 지역종이 서식한다.

생물다양성의 정의

생물다양성이라는 용어는 매우 다양한 의미로 사용되며, 한 지역의 생물다양성의 정도는 '집계'하는 사람과 기관에 따라 차이가 날 수 있다. 흔히 확실한 종의 수(종 풍부성)와 고유종의 수는 모두 생물다양성 평가를 통해 측정된다. 고유종은 오로지 한 지역에서만 발견되며 다른 곳에서는 존재하지 않는 종을 의미한다. 비록 고유성의 정도, 예를 들어 '동일종은 콜롬비아의 어느 강 계곡 또는 콜롬비아에만 존재하는 종이다'라고 할 수 있는 기준은 정해져 있지 않지만, 이 용어는 흔히 지리적으로 상이한 지역에서 발견되는 종을 구분하기 위해 사용된다.

여러 학자들이 다양성이라는 용어를 각각 상이하게 사용하고 있기 때문에 다양성이라는 개념은 명확하게 정의되어 있지 않다. 본래 이 개념은 종의 수와, 다른 모든 종들에 비례해 숫자가 풍부한 특정 종 두 가지를 모두 포함한 수학적 수치를 의미했다. 따라서 100개의 종 가운데 10개의 종은 매우 풍부하고 90개의 종은 희소하게 분포되어 있는 어떤 지역은 같은 면적의 땅에 100개의 종들이 모두 동등하게 풍부한 지역보다는 덜 다양하다고 여겨진다. 그러나 자연보호집단과 정책집단에 의해 이 생물다양성이라는 용어를 종 풍부성과 동의어로서 사용하는 것은 일반적인 관행이 되었으며, 이 책에서도 이 용어는 이와 같은 맥락에서 사용될 것이다.

종의 수

라틴아메리카의 종 다양성을 이해하기 위해서는 전 세계의 종 다양성을 관찰해 보는 것이 도움이 된다. 종의 표본을 제작하고 종 목록을 작성하는 개발도상국들의 노력이 선진국의 수준에 미치지 못하기 때문에 아직까지 우리는 지구상에 존재하는 수많은 종을 전부 알지 못한다. 개발도상국들 사이에서조차 종과 서식지 모니터링 수준에 있어서 차이가 존재하는 것으로 나타났다. 예를 들어서, 최근 전반적인 종 연구는 아프리카의 콩고 지역보다는 아마존에서 훨씬 더 활발하게 진행되고 있다. 이런 현상은 국가 간 종의 수를 비교할 때 고려되어야만 하는 사항이다. 이런 한계에도 불구하고 과학자들은 지구상에 9,881종의 새, 4,809종의 포유류, 7,828종의 파충류, 4,780종의 양서류와 더불어 약 30만 종의 유관식물이 존재할 것으로 추정한다. 온대 남부지역을 제외한 라틴아메리카 전역의 신 열대지역에만 아프리카 혹은 아시아 열대지역보다 3배가 많은 3만 종 이상의 식물이 서식하고 있다. 여기에는 역시나 아프리카와 아시아 보다 많은 8천 종 이상의 난초가 포함된다(Cody 1996). 아마존 지역은 세계 담수의 20%가 이 지역을 통해 이동할 정도로 하천의 수가 많은 지역이다. 그리고 신 열대지역은 수질과 홍수의 정도, 아마존 강의 많은 지류의 규모가 매우 다양하기 때문에 세계 민물고기 다양성의 진원지이다(Groombridge and Jenkins 2000). 신 열대지역에 서식하는 물고기 3천 종 가운데 2천 종이 아마존유역에서 발견된다. 베네수엘라에서는 주로 오리노꼬(Orinoco) 강[4]에서 1,250종의 물고기가 서식하는 것으로 추정되는 반면, 페루와 콜롬비아에는 각각 1,500종과 900종의 물고기가 서식하는 것으로 추산된다(Mittermeir et al. 1997).

신 열대지역에는 아프리카보다 800종이, 아시아 보다 1,500종이 더 많은 3천종의 새들이 살고 있다고 기록되어 있다. 브라질, 콜롬비아, 페루, 에콰도르는 각각 1,500종 이상의 새를 보유하고 있다. 단지 면적이 단지 15,000 평방미터(9,300 평방마일) 정도인 에콰도르의 마누 국립공원(Manu National Park)에만 적어도 1,000종 이상의 새들이 살고 있다(Cody 1996). 영장류 및 그 밖의 다양한 포유류 집단의 다양성은 모든 열대지역에 비슷한 수준으로 분포되어 있다. 양서류 종의 수는 다른 구 열대지역보다 신 열대지역에 더 많다. 개구리 다양성과 고유종에 있어서는 안데스 지역이 독보적이지만, 뱀과 도마뱀의 경우 열대지방 전역에 골고루 분포되어 있다.

나비는 우리에게 가잘 잘 알려진 대표적인 곤충그룹 중 하나다. 라틴아메리카는 세계에서 가장 나비 다양성이 높은 지역이다. 이 지역에는 세계에서 나비 종이 풍부한 상위 7개 국가가 몰려있다. 페루는 3,532종들로 가장 다양한 나비 종 목록을 보유하고 있고, 근소한 차이로 브라질이 3,132종이다. 에콰도르는 2,200종으로 7번째로 다양성이

4) 남아메리카 북부의 베네수엘라의 국토를 관통해 대서양으로 빠지는 남아메리카 제3의 강이다. 브라질과 베네수엘라의 국경 부근인 기아나 고지에서 발원해 반원을 그리며 콜롬비아와 접경지를 지나 다시 베네수엘라로 들어가서 안데스산맥에서 발원한 아뿌레 강과 합류해 동류하다가 뜨리니닷 섬의 남쪽에 광활한 삼각주를 형성하며 대서양으로 흘러든다.

높다(Mittermeier et al. 1997). 600종 이상의 나비들이 중앙 아마존 한 지역에 서식하는 것으로 기록되어 있다(Brown et al. 1997). 최근에는 캐노피 포깅(Canoppy fogging)이라는 방법을 통해 곤충 다양성을 측정한다. 이는 특정 나무의 캐노피에 살충제를 뿌려서 모든 곤충들이 땅으로 떨어지면 이때 곤충들을 수집하는 방법이다. 곤충학자인 테리 어윈(Terry Erwin)은 파나마에서 살충제를 뿌렸던 세 종의 나무 90그루에서 1천2백 종의 다양한 곤충을 수집했다. 같은 방법으로 다른 지역에서는 하나의 나무에서 50종의 개미를 얻었다. 이 연구로 신 열대림의 경우 적은 면적에 약 300종의 개미가 사는 것으로 추정되었다. 그러나 개미의 다양성은 신 열대지역이나 구 열대지역이나 모두 비슷하다.

호랑나비

라틴아메리카 식물군과 동물군을 위협하는 주요 요인

세계자연보전연맹(World Conservation Union: IUCN)[5)]은 세계 동식물종의 상황에 대해 가장 최근의, 권위 있는 보고서의 개요를 통해 '멸종위기에 처한 동식물종 레드리스트(Red List of Threatened Species)'[6)]를 제시했다. 이 보고서는 포유류, 조류, 파충류, 양서류, 어류, 식물, 연체동물, 무척추동물 등의 상태를 추적했다. 세계자연보전연맹의 2002년 레드리스트에 따르면 메소아메리카(중앙아메리카)에서 위기종이 가장 많은 국가는 면적이 넓은 국가 중 하나인 멕시코다. 멕시코에는 위기종 포유류 70종, 위기종 조류 39종, 위기종 어류 88종, 그리고 멸종위기에 처한 221종류의 다양한 식물을 비롯한 480종의 위기종이 있다. 위기종의 수가 많은 그 외 중앙아메리카 국가로는 파나마(위기종 포유류 20종과 위기종 식물 192종을 포함한 242종), 코스타리카(위기종 포유류 14종, 위기종 조류 13종, 위기종 식물 110종을 포함한 115종), 온두라스(위기종 식물 108종을 포함한 132종)가 있다(World Conservation Union-IUCN 2002).

세계자연보전연맹에 따르면 남아메리카에 더 많은 위기종이 존재하는 것으로 나타난다. 대국 브라질은 가장 많은 655종의 위기종을 보유하고 있다. 브라질의 전체 위기종 수는 381종의 식물, 114종의 조류, 81종의 포유류를 포함하고 있다. 다른 남아메리카 국가들 가운데 페루(269종의 식물과 76종의 조류를 포함한 404종), 에콰도르(197종의 식물과 62종의 조류를 포함한 328종), 아르헨티나(73종의 포유류와 조류 위기종을 포함한 138종), 베네수엘라(67종의 위기종 식물과 50종의 위기종 포유류와 조류를 포함한 138종)는 위기종의 수가 상당

5) 설립 당시에는 IUPN(International Union for the Protection of Nature)이었으나 56년 IUCN(International Union for Conservation of Nature)으로 명칭을 바꿨다가 90년 WCU(World Conservation Union)으로 개명했다. 'IUCN'이라는 약자는 그대로 쓰고 있다.

6) 세계자연보전연맹이 멸종 위기에 처한 동식물에 대해 2~5년마다 발표하는 보고서다.

히 많은 국가들이다. 중앙아메리카와 남아메리카 접경지역에 위치한 콜롬비아 역시 41종의 위기종 포유류, 78종의 위기종 조류, 213종의 멸종위기에 처한 식물을 비롯한 354개의 위기종을 보유한 것으로 전해지고 있다(ibid.).

한편, 카리브 섬 국가들 가운데는 자메이카가 241종으로 다른 국가들보다 더 많은 위기종을 보유하고 있다. 이들 위기종의 대부분은 식물이지만(206종), 자메이카의 경우 12종의 위기종 조류와 8종의 위기종 양서류가 서식하고 있다. 그 외 레드리스트에 포함된 멸종위기종의 수가 많은 카리브 국가는 쿠바(160종의 위기종 식물을 비롯한 250종)와 푸에르토리코(70종), 도미니카공화국(62종), 아이티(58종)이다(ibid.).

사실상 앞서 언급한 모든 사례에서, 종들은 다음 요인들의 복합적인 결합으로 인해 위협을 받고 있다: 인구증가와 지속 불가능한 경제발전, 외래종의 침입, 금광과 그 외 광물 채취, 미생물집단의 형성, 벌목, 생업을 위한 사냥과 야생동물 밀거래, 서식지 파괴 등이다.

인구성장과 지속 불가능한 경제성장

라틴아메리카의 생물다양성이 당면한 가장 큰 위협은 미개척지 개발로 인한 불가피한 영향이다. 미국과 다른 선진국들은 이런 위협으로 인해 자연자산의 많은 부분을 이미 상실했다 - 예를 들어 무차별적인 미국 동부의 삼림 개발과 농업, 목축업을 위해 중앙과 남서부 초원지대를 개조하면서 키 큰 풀로 이루어진 대초원의 생태계, 물소, 검은발족제비를 거의 완전히 사라지게 한 사례가 있다. 다른 무엇보다도 광산 채굴, 벌목, 농업, 서식지의 목장 개조, 수력발전을 위한 댐건설, 효율적인 상품수송을 위한 내륙수로, 석유탐사와 같은 모든 위협은 미국이 당면했고, 지금도 여전히 직면하고 있으며, 현재 라틴아메리카에

〈표 2.1〉 도시 위생시설 비율

Country	*Percentage Collected*	*Percentage Disposed of in Sanitary, Secure, or Other Landfills*
Argentina	—	—
Bahamas	—	—
Bolivia	68	50
Brazil	71	28
Chile	99	83
Colombia	—	—
Costa Rica	66	68
Cuba	95	90
Dominican Republic	—	—
Ecuador	—	—
El Salvador	—	—
Guatemala	—	—
Haiti	30	20
Honduras	20	—
Mexico	70	17
Nicaragua	—	—
Panama	—	—
Paraguay	35	5
Peru	84	5
Suriname	—	—
Trinidad and Tobago	95	70
Uruguay	71	—
Venezuela	75	85

도 역시 영향을 미치고 있다. 그러나 라틴아메리카 인구의 빈곤 정도와 규모가 더 크기 때문에 미국, 유럽, 일본의 자연자원시장에 대한 열망은 이런 위협을 과거 선진국들이 경험했던 것보다 더욱 파괴적으로 만들 가능성이 크다.

라틴아메리카 전역에서 원주민들만이 거주하던 비포장, 비문명지역의 수와 범위가 점차 감소하는 추세에 있다. 아직까지도 많이 남아있는 지역은 북부와 서부 아마존에 위치한 자푸라(Japurá)와 리오 네그로(Rio Negro) 연안의 습한 산림지역을 비롯한 남부 기아나, 남부 베네수엘라, 북부 브라질의 아마존 사바나 주변지역과 고지대 산림지역이다(Dinerstein et al. 1995). 중앙아메리카, 코스타리카와 파나마의 딸라망까(Talamanca)[7] 산악삼림지대, 낀따나 루(Quintana Roo)[8]의 습지대, 니카라과와 온두라스에 있는 모스끼따(Mosquita)[9] 지역으로 비교적 온전하게 잘 보전되어 있으나 아마존과 오리노꼬 강 유역 산림지역의 경우 그 규모를 알 수 없다. 식민지 정책과 벌목 기업과 광산 기업이 이 황무지의 위기를 더욱 악화시키고 있다.

원주민과 비원주민 - 유럽계 이민자 - 을 포함한 라틴아메리카는 인구의 상당 부분이 생계를 위한 농업, 사냥, 어업활동을 하면서 자급자족하며 살아가고 있다. 이들은 인간 활동을 고려한 지역이 아닌 법적 보호구역을 포함한 미개척지에 영향을 미친다. 그러나 이들은 토지에 의존해 살아가고 토지를 보호해야 한다는 의지를 가지고 있기 때문에 라틴아메리카 환경 보존을 위한 큰 가능성을 담보하고 있다. 라틴아메리카의 정부, 비정부 기구들은 공정한 토지보호와 운영시스템을 발전시키기 위해 노력하고 있으나 이런 노력은 최근에 와서야 본격화되었으며, 자원들은 보호구역 내부에서나 외부에서나 여전히 빠른 속도로 유실되고 있다.

외래종의 침입

외래종의 침입은 섬, 호수, 강과 같이 고립된 지역과 방목 혹은 산

7) 딸라망까 지역(Talamanca Range)은 코스타리카와 파나마의 국경 지대에 위치해 있다. 면적 3,584㎢의 중앙아메리카 최대 열대우림지대로, 코스타리카 총면적의 약 7%를 차지한다. 1987년 국립공원으로 지정되었으며, 국경을 넘어 파나마의 서부로 이어져 있는 총면적 5,654㎢의 광대한 '라 아미스땃(La amistad) 생물 보호구'의 일부를 이루고 있다. 이 보호구 가운데 코스타리카 쪽은 1983년에 유네스코(국제교육과학문화기구)의 세계유산 목록 중 자연보호구로 등록되었고, 파나마 쪽은 1990년에 자연공원으로 등록되었다.

8) 멕시코 유까딴반도 동부에 있는 주(州) 가운데 하나다. 주도는 체뚜말(Chetumal)이다. 동쪽은 카리브해(海), 남쪽은 벨리즈(옛 영국령 온두라스)와 접한다. 밀림에 덮여 있는 저지(低地)이며 기후는 고온다우하다. 다공질의 석회암 지질이어서 수분의 침투로 형성된 동혈(洞穴)이 많다. 마야인디오의 자손이 인구의 대부분을 차지한다. 주요 산물은 껌의 원료인 치끌레와 꼬쁘라 등이다. 마호가니 등 경질재(硬質材)도 풍부하나 별로 개발이 되지 않고 있다. 카리브해에 있는 꼬수멜(Cozumel) 섬은 관광휴양지로 유명하다.

9) 온두라스 북동부 빠뚜까 강으로부터 니카라과 동부 블루필드 호(湖)에 이르는 해안지대를 말하며, 대체로 저지대를 이루고 습윤한 열대우림이 우거져 있으며, 연 강수량이 2,500mm를 넘는다.

림벌채로 심각하게 환경이 훼손된 지역에 더 큰 영향을 미친다. 사실상, 외래종 침입보다 민물 생물다양성을 가장 크게 위협하는 요인으로는 서식지 파괴만이 있을 뿐이다.

예를 들어 콜롬비아에서는 다른 지역 혹은 순전히 다른 강 유역에서 도입된 물고기 58종이 토종 물고기의 다양성에 영향을 미치고 있으며, 일부 지역에서는 토종 물고기들을 떼죽음시켰다. 특히 지역 수산업 발전을 위해 아마존 유역으로부터 안데스 강으로 유입된 많은 양의 외래종들은 고유어종을 잡아먹거나 고유종과 경쟁한다(Diaz-Sarmiento and Alvqrez-Leon 1998).

연구자들은 에콰도르에 위치한 갈라빠고스(Galapagos) 섬에 토종 생태계를 위협하는 외래종 침입을 근절시키기 위해 충분한 자금을 지원받아 캠페인을 시작했다. 대상 동물과 식물은 염소, 쥐, 개, 고양이, 돼지, 잡초 식물, 양비둘기, 매끄러운 부리를 가진 열대아메리카산 두견새(smooth billed anis) 등이 있다. 이 종들은 바다 거북이와 거북이 알을 잡아먹고, 파충류와 둥지를 빌려 알을 낳는 새를 죽이고, 먹을 것과 둥지를 트는 장소를 놓고 고유종과 싸우며, 병을 옮기고, 돼지와 염소의 경우 지역 식물들의 씨를 말리고 토종생물의 중요한 서식지를 파괴한다(Kaiser 2001).

금광

수리남을 비롯한 기아나 순상지(Guyana Shield)[10]는 광산업에 몸

10) '순상지(shield)'란 지각 중에서 지질학적으로 가장 오래되며 안정된 부분을 말한다. 영어 명칭인 '쉴드'는 캐나다순상지처럼 선캄브리아기의 지층이나 암석이 노출된 지역이 방패모양을 이루고 표면이 평탄하고 단단한 데서 유래된다. 각 대륙에 1-2개씩 분포하며, 캐나다, 발트, 안가라, 에티오피아, 인도, 오스트레일리아, 기아나, 브라질(아마존), 빠따고니아, 중국대륙 동부에 존재한다. 가이아나 순상지는 남아메리카 판의 3개 지괴 중 하나다. 이 순상지는 대체로 결정암으로 이루어져 있으며, 안데스와는 달리 오랫동안 활동이 정지되어 있다. 남아메리카의 순상지는 기아나 순상지, 중앙 브라질 순상지, 동부 브라질 순상지 등 3개의 순상지로 나누어진다. 기아나 순상지는 오리노꼬 강과 아마존 강 사이에 있으며, 중앙 브라질 순상지는 아마

시 시달리고 있다. 브라질과 기아나의 금광업이 아직까지는 자연 상태에서 수작업으로 이루어지고 있는 반면에 베네수엘라의 금광채굴은 점차 기계화되고 있다. 지역 원주민과 보상합의가 이루어지고 나서 추가 개발의 길을 열어주면서 브라질 아마존 전역에 대한 개발권이 승인되었다.

환경운동가들과 초기 개발사업과 연관된 처참한 수준의 환경훼손을 지적하고 있는 그 외 환경론자들은 이런 시나리오를 심각하게 우려하고 있다. 사실상, 가림빼이루라고 하는 브라질의 영세자영채광업자들은 강과 개울을 훼손시키는 것으로 악명이 높았다. 그들은 작업과정에서 다량의 수은을 사용하기 때문에 많은 수로들이 오염되었고, 육식성 어류, 맹금류와 같은 포식동물들은 위험한 수준으로 수은에 중독되어 있다. 브라질의 로라이마(Roraima) 주의 경우 1987-1992년 사이에 약 4만 명의 광부가 야노마미와 마꾸시(Macuxi) 부족의 영토와 국립공원 접경지역을 침입했다. 이들은 다른 산림지역을 개발하기 시작하면서 질병의 확산, 전통문화의 붕괴, 수은오염과 퇴적물로 인한 대대적인 강 수질저하가 초래한 원주민의 높은 사망률을 비롯한 폐해를 남겼다. 퇴적물은 취사와 난방을 위한 지역의 삼림을 파괴했을 뿐만 아니라 정착지와 도로 건설로 인해 마구 휘저어졌다(Macmillan 1995).

이주정책

브라질, 에콰도르, 페루, 볼리비아에서의 인구증가를 억제하기 위해 주정부와 연방정부는 아마존 밀림으로의 이주에 보조금을 지원하는 이주정책을 대대적으로 실시했다. 이 정책은 1970년대와 1980년대 브라질에서 전성기를 이루었다. 세계은행의 지원으로 진행되었던 이 프

존과 빠르나이바-상프란시스쿠 강 유역, 빠라나 강 유역 사이에 위치하며 파라과이 중부까지 뻗어 있다.

로젝트로 인해 남서부 아마존에 위치한 혼도니아(Rondonia) 주 절반 이상의 지역과 아끄레(Acre) 주 일부 지역의 삼림이 급속도로 파괴되었다. 이주정책의 물결은 또한 도시 빈곤층을 산림지역으로 이주시키거나 혹은 이미 훼손된 지역에서 나와 밀림지역으로 이주토록 하는 방향으로 동시에 추진되었다. 이주민 정착지를 따라 최근에는 수천 킬로미터에 달하는 교통로가 뚫렸다. 비료를 구입할 소득이 전혀 없는 영세 농민들은 땅이 척박해지면 이전까지 사람이 손이 전혀 닿지 않았던 다른 땅으로 옮겨가 계속해서 작물을 재배하는 방식으로 농사를 짓는다.

산림벌채

라틴아메리카 열대우림의 지속 불가능한 벌목은 최근 국제적인 관심을 집중시키고 있는 문제다. 최근 베네수엘라의 가이아나 지역에서는 예컨대 금채광과 삼림벌목으로, 그리고 채광업자들과 삼림벌목업자들이 거주하는 불법주거지가 우후죽순으로 생겨나면서 종이 풍부한 삼림에 심각한 타격을 입혔다(Miranda et al. 1998). 이로 인한 방대한 아마존 열대우림의 파괴는 세계 언론의 집중조명을 받았다. 아마존의 산림파괴율에 대한 가장 정확한 정보는 위성사진을 통해 산림벌채와 산불을 정확하게 감시하는 브라질의 아마존연구국립연구소(National Institute for Amazonian Research)와 이 연구소의 국제적 협력기관들이 제공하는 것들이다. 1995년에서 1998년 사이 브라질 아마존의 산림 파괴율은 연평균 190만 헥타르에 달했다(Laurance 2000). 콜롬비아와 에콰도르에서는 이주와 석유채굴이 산림파괴의 중요한 요인인 반면, 기아나와 중앙 아마존에서는 기업적인 산림벌채 요인이 점차 중요해지고 있다. 산림은 선별벌목(selective logging)[11]과 화전으로 인

11) 선별벌목은 불법 벌목업자들이 주로 사용하는 수법으로 한 지역의 나무를 모두 베는 것이 아니라 숲에서 몇 그루씩 골라 베는 방식이다. 때문에 일반적인 위성사진으로는 거의 식별되지

<그림 2.1> 1990 - 2000 지역별 연간 산림지역 변화

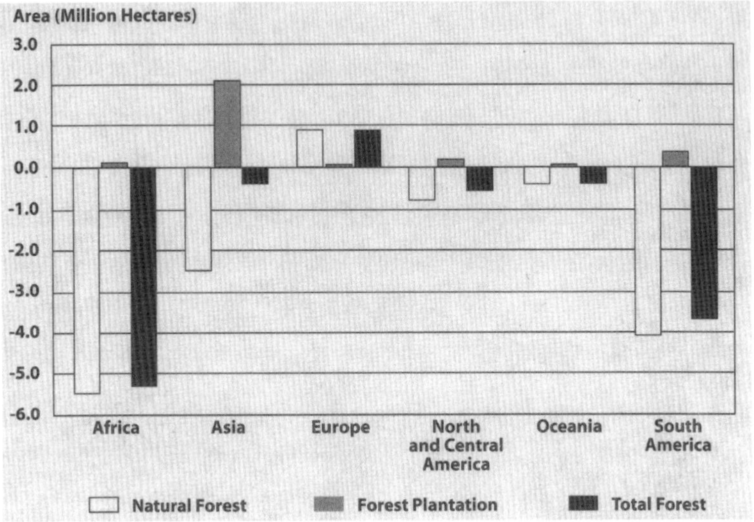

해서도 훼손되고 있으며, 이 두 요인은 앞으로 일어날 화재에 대한 숲의 민감성과 나무의 사망률을 증가시킨다. 피해지역들은 위성사진으로 발견되지 않으며, 벌목지역의 범위는 더욱 두드러지고 있다(Nepatad et al 1999). 사냥과 산림훼손으로 인해 동물들이 입는 피해는 위성 혹은 산림보고서만으로는 측정할 수 없으며, 그 난해함과 샘플작업의 어려움 때문에 문서화되어 있지도 않다.

과거의 삼림벌목과 이주는 남서부와 서부, 주로 브라질 아마존 지역에 집중되었다. 그러나 현재 브라질 정부는 이주와 개발을 목적으로 중앙아마존 지역에 새로운 고속도로와 교통로를 건설했다. 산림벌채와 하층목[12]의 화재로 인한 산림훼손과 더불어 새로운 도로를 건설하면서 12만에서 27만 평방킬로미터(46에서 104 평방마일)에 달하는 산림이 추가적으로 파괴되었다(Nepstad et al. 2001).

환경보존 비정부기구들(NGO)은 정부와 함께 새로운 보호구역의

않는다.

12) 우림의 캐노피 층 아래의 식물들이다.

일광욕하고 있는 갈라빠고스 거북이

통로(corridor)를 만들기 위해 노력하고 있으나 이를 위한 시스템이 아직은 준비가 되어 있지 않다. 이 계획의 최종 형태는 브라질의 환경운동가들, 기업, 정치인들 간의 논의를 통해 결정될 것이지만, 분명한 것은 이 지역에서의 개발은 계속될 것이라는 데 있다.

이 지역의 온대림 역시 지속 불가능한 산림벌채와 농업, 목축, 산업활동, 정착, 도로건설을 위한 끊임없는 토지개발로 심각한 위협을 받고 있다. 예를 들어 칠레에서는 광범위한 동식물군을 받쳐주고 있는 토착산림이 일본시장과 그 밖의 세계시장을 겨냥한 우드칩 수출품을 생산하기 위해 사용되는 소나무와 유칼립투스로 대체되고 있다(Neira et al 2002). 그리고 중앙아메리카 북단에 위치한 엘살바도르와 니카라과, 벨리즈 같은 나라에서는 산불, 주로 정부정책과 프로그램의 지원을 받아 추진되고 있는 농업확장, 흔히 주요 에너지원으로 장작을 사용하는 도시의 주거지 확장으로 인해 매년 제한산림이 상당한 비율로 소실되고 있다(UN 식량농업기구 2001).

석유탐사

생태학적으로 석유탐사와 정유추출의 파괴적인 방식은 베네수엘라와 에콰도르와 같은 지역에서는 야생서식지 훼손의 가장 중요한 요인이다. 예를 들어서 에콰도르의 경우 1972년 이래 미국과 에콰도르 기업들에 의해 에콰도르 아마존 저지대("오리엔떼")에서 석유추출이 계속적으로 이루어져 왔다. 우발적인 기름유출뿐만 아니라 독성물질을 강으로 방출하는 행위는 이 지역의 심각한 환경오염의 원인이 되었다(Jochnick 1995). 추가적으로 정유회사가 건설한 도로는 이주의 공식적이고 자연스러운 구실이 되었다. 석유탐사회사들은 이 지역 내에 있는 국립공원과 다른 보호구역도 침범하고 있다. 1994년 맥서스 정유회사(Maxus Oil Company)는 유엔에 의해 생물보존지역으로 지정된 주요 보호구역 중 한 곳인 야수니 국립공원(Yasuní National Park) 내에서 천공(穿孔: drilling) 작업을 시작했다.

인간 활동의 흔적과 이에 따라 종들이 받는 압력은 앞으로 더욱 심해질 것으로 보인다. 현재 건설 중인 한 오일 수송관은 산을 횡단해 오리엔떼로부터 태평양 연안까지 운영될 것이며 이미 오리엔떼 유전에 대한 투자 증가가 고무되었다. 일단 완성되면, 수송관은 이 지역 토착 조류 군집이 나타나는 주요 조류지역으로 여겨지는 '민도 남비요 클라우드 삼림보존림(Mindo Nambillo Cloud Forest Reserve)'을 관통해 운영될 것이다. 이 프로젝트 비판자들은 열대우림 석유탐사 회사의 형편없는 서식지 및 종 보존 실적을 지적하면서 환경훼손이 심각해질 것이라고 주장한다. 수송관 엑세스는 야수니 공원과 꾸야베노 야생동물보호구역(Cuyano Wildlife Reserve)을 비롯한 그 외 여러 보호구역에도 영향을 미칠 것이다. 접근도로를 따라 주거단지가 형성되는 것은 라틴아메리카에서는 아주 흔한 광경이다. 도로를 만드는 것이 그 지역을 위해 좋은 의도로 이루어진다고 할지라도, 산림은 인간이 산림을 훼손하고 사냥을 하는 것과 더불어 인간의 급습에 문을 열 것인데, 이는 아마존 산림 파괴의 고전적인 형태다(Amazon Watch 2002).

생계와 시장을 위한 사냥

지난 30년 간 남미의 야생동물은 가죽과 고기 거래를 위해 자행된 지나친 사냥의 위협에 시달려 왔다. 거북, 거북이 알, 악어, 해우, 모피 포유류, 대형 조류들은 가장 많은 피해를 받았다. 예컨대, 1946년부터 1966년까지 페루의 이끼또스(Iquitos)에서만 2백만 마리의 남미산 멧돼지(collared peccary)의 가죽이 팔렸다. 1950년대와 1960년대에는 브라질의 아마존 주에서만 연간 5백만에서 1천만 마리의 악어가죽이 거래되었다. 1976년에서 1979년 사이 아르헨티나 부에노스 아이레스 항구는 약 3백 5십만 마리의 잿빛여우가죽, 9백만 마리의 늪너구리(nutria)가죽, 5백만 마리의 도마뱀가죽, 40만 마리의 작은 고양이 2종의 가죽, 3천 5백 마리의 푸마 가죽을 수출했다. 칠레는 1910년부터 1984년까지 32만 마리의 털실쥐(Chinchilla) 생가죽, 3만 5천 마리의 야생라마(guanaco) 생가죽, 36만 마리의 바다사자 생가죽을 수출했다(Redford and Robinson 1991). 몇몇 경우에서 야생동물에 대한 위협을 감소시키는 데 큰 진전이 있었지만, 희귀종들에 대한 위협은 여전히 강하게 남아 있다. 비록 최근의 통제와 거래 감소에도 불구하고 많은 포유류, 조류, 파충류가 여전히 사냥의 위험에 크게 처해 있다. 특히 마마우스나 이끼또스와 같은 대도시 부근의 아마존 어류는 남획으로 영향을 받았고, 많은 종의 수와 크기가 줄어들었음을 보여주고 있다.

애완동물의 거래 역시 특히 앵무새, 도마뱀, 양서류에 유사한 영향을 미칠 수 있다. 예를 들어 1990년대 미국이 수입한 살아있는 도마뱀의 90%가 중앙아메리카와 남아메리카에서 서식하는 그린 이구아나 브레드였다. 그리고 활발했던 라틴아메리카 마호가니와 약용식물 무역에 대한 감시가 최근 증가했다. 멸종위기에 처한 야생 식물과 동물종에 대한 국제무역 협정의 사무국과 제휴해 일하고 있는 무역 감시기구 TRAFFIC은 "무역규모[약용식물과 파생품에서의]가 매우 크며, 순판매 수익이 연간 수백만 달러를 넘어서고 있다는 증거가 있다"고 단언했다(CITES). "이런 식물들을 건강관리에 이용하고 있는 많은 지역 공동체들과 함께 야생식물 수확의 증가추세와 이런 자원들에 대한 현재의 무역패턴이 단지 종을 지속시키는 데에만 부정적인 영향을 미치는 것이 아니라 인간의 건강에도 악영향을 미친다는 사실을 알리고 있다"(TRAFFIC 2003).

거대규모의 사냥시장뿐만 아니라 규모는 작지만 광범위하게 퍼져 있는 생계형 사냥 역시 많은 동물에게 영향을 미친다. 특히 맥과 같은 포유류, 흰주둥이페커리, 사슴, 거미, 울리(wooly), 짖는원숭이를 비롯해 봉관조, 큰부리새, 앵무새, 물새 같이 몸집이 큰 조류, 그리고 악어, 까이만(caiman)[13], 강거북 등이 피해를 입는다. 단백질을 얻기 위해 인간이 동물을 잡는 방법은 다양했다. 일부 원주민 부족은 낚시와 사냥으로 잡은 동물에서 모든 고기를 얻었으며, 유럽계 이주민들은 흔히 이주지 경계선 안으로 소와 돼지를 끌어들여 왔기 때문에 단백질 섭취의 20% 정도를 야생동물로부터 얻을 수 있었다. 한 연구는 브라질의 아마조나스 주에서만 1980년대 초 60만 명의 주민이 매년 3백50만 마리 이상의 포유류, 조류, 양서류를 먹고 살기 위해 죽였다고 추산했다(Redford and Robinson 1991). 멸종위기에 처한 라틴아메리카의 일부 조류 종들은 사냥꾼들이 선호하는 크고 닭과 유사한 조류로 이루어진 봉관조과와 티너무새(Tinaminae)아과(亞科)에 속한 새들이다. 많은 연구들은 종 풍부성이 사냥금지지역보다는 사냥지역에서 훨씬 더 낮으며, 사냥만으로 혹은 사냥으로 인한 서식지 파괴가 지역의 종 멸종으로 이어질 수도 있다는 사실을 보여주었다. 친칠라와 오리노꼬악어와 같은 동물은 광범위한 영역에서 행해지고 있는 사냥으로 멸종위기에 처해 있다. 많은 지역에서 맥, 흰주둥이페커리, 거미원숭이, 울리원숭이, 자이언트수달은 지역적으로 멸종되었다.

비록 1975년 멸종위기에 처한 동물의 국제무역에 관한 협약이 체결된 이후 관리방안이 모색되고 있지만 생물학적 자료와 집행능력의 부족으로 통제가 항상 효과적으로 이루어지지는 않으며, 까삐바라(capybara)[14]와 까이만을 합법적으로 잡을 수 있는 사람의 수조차 지나치게 많다. 많은 라틴아메리카 국가들은 부족을 유지하기 위해 사냥을 하는 원주민의 경우를 제외하고는 생계를 위한 사냥을 공식적으

13) 파충류 악어목 앨리게이터과의 악어를 통틀어 이르며, 몸의 길이는 1~4.5미터이며, 중앙아메리카에서 남아메리카의 파라과이에 걸쳐 분포한다.

14) 까삐바라는 중남미의 강가에 사는 큰 토끼같이 생긴 설치동물이다.

로 금지하고 있다. 그러나 이런 관행은 완전히 통제되고 있지 않으며, 거의 문서화되어 있지도 않다.

조각난 서식지

최근 파나마, 브라질의 중앙 아마존, 베네수엘라 기아나 지역의 구리 댐(Guri Dam)에 관한 세 개의 광범위한 연구는 생태학자들이 신열대삼림 파괴의 영향을 연구하는 데 도움이 되었다. 일부 사례에서 일부 종들은 지역적으로 멸종되었다. 그 이유는 남아 있는 서식지가 매우 적거나, 이들이 서식할 수 있는 서식지의 다양성이 충분하지 않기 때문이다. 뜨겁고, 건조한 지역에서 잘 견디는 식물과 곤충 종들은 종종 항속림[15]의 내부 등 축축한 곳에 사는 다른 종들과 과도하게 경쟁한다. 파괴된 지역은 당장은 종 멸종에 영향을 미치지 않으나, 현재 진행 중인 서식지 파괴는 수십 년이 지난 후 종 멸종에 큰 피해를 입힐 수 있다. 예를 들어서 1911년에서 1913년 사이 가뚠 호수(Gatun Lake)는 파나마 운하에 물을 공급하기 위해 매몰되었다. 물이 차오르면서 고립된 산꼭대기 한 곳은 바로 꼴로라도 섬(Barro Colorado Island)[16] 천연기념물로 보호되고 있는데, 스미소니언 연구소(Smithsonian Institute) 과학자들이 집중적으로 연구하고 있다. 고립된 이래 서식지 면적이 소실되고, 환경이 거대 군집생물보다 작은 군집생물에게 더욱 취약해지면서 100여종의 조류가 이 지역에서 사라졌다(Sieving and Karr 1997). 흰주둥이페커리, 맥, 거미원숭이, 재규어,

15) 산림은 주로 임목 이외에 지상식물, 산림토양 속 미생물, 그밖의 야생동물 등의 유기적 관계의 건전한 조화에 근거해 유지되는데, 항속림은 임지의 보호와 임목의 보육에 중점을 두면서 산림의 건전성을 유지하기 위한 택벌사업 등이 이루어지는 산림을 말한다.

16) 바로 꼴로라도 섬(Barro Colorado Island)은 파나마운하 중간에 있는 가뚠 호수(Gatun Lake)에 위치해 있다. 이 섬은 전 세계 동식물 학자들이 가장 동경하는 섬으로, 자연 동식물 연구의 메카다. 파나마 운하를 만들면서 생긴 이 섬은 언덕이던 바로(Barro) 지역에 물이 차면서 각 종 동물이 정상 부위로 몰려 지구상에서 열대 동식물 밀도가 가장 높은 지역이 되었다.

푸마를 비롯해 다양한 포유류군 역시 사라졌다. 푸마는 현재 이 지역에서 다시 서식하고 있으며 맥과 거미원숭이는 다시 들여왔다. 이 동물들은 수가 적기 때문에 지역적으로 멸종될 가능성이 크고, 종의 수가 정상적으로 풍부한 상황에서 이루어지는 종자의 번식 또는 피식자(被食者) 종 집단의 제어와 같은 핵심적인 생태서비스를 제공하지 못하게 된다.

다양성 취약 지역

지난 수년 동안 여러 국제동식물보존기구들은 벌목, 광업, 대기와 수질 오염물질 유발과 같은 인간의 활동으로 인해 위험에 처해 있는 지역, 특별히 생물다양성이 높은 지역을 보호하는 일을 활발히 진행하고 있다. 이런 입장을 따르는 주목할 만한 연구는 특히 생물다양성이 위협을 받고 있는 전세계 25곳의 지역을 밝혀낸 비정부 기구인 국제보존(Conservation International) 단체와 위험에 처해 있는 238곳의 생물다양성 집중지역의 목록을 작성한 세계자연보호기금(World Wide Fund for Nature)에 의해 수행되고, 주장되었다. 종 풍부성, 토착성, 진화현상, 독특한 생태계의 대표성과 생태학적 과정, 인간 활동에 대한 취약성과 같은 영역에서 특별한 특징을 가지고 있는 지역을 증명하는 데 역점을 두고 작성된 이 목록의 내용은 라틴아메리카와 카리브 지역이 세계 생물다양성의 센터로서 중요하다는 점을 강조하는 것이다. 사실상 국제보존단체가 지정한 세계 생물다양성 집중지역 25곳 가운데 6곳(전체의 24%), 세계자연보호기금(WWF)이 작성한 238개의 주요 생태시역 가운데 53곳(목록 전체 장소의 22%)이 라틴아메리카에 있다. 다음으로는 앞서 언급한 두 환경보호 단체의 연구와 그 외의 환경보존 연구들에서 확인된 가장 주목할 만한 일부 생태지역/서식지 유형에 관한 설명이 간략하게 이루어질 것이다.

안데스 열대지역

베네수엘라, 콜롬비아, 에콰도르, 페루, 볼리비아, 아르헨티나 북부(안데스 온대지역은 칠레와 아르헨티나 남부로 이어진다)를 포함하는 약 1백26만 평방킬로미터(50만 평방마일)에 달하는 이 지역은 서쪽으로는 태평양해안 삼림이, 동쪽으로는 아마존 저지대가 뼈대를 이루고 있다. 지배적인 서식지 유형은 열대우림(연중 매달 비가 내리는 지역으로 연간 강우량이 최소 2,000mm(79인치)에 달함), 건조한 삼림(연간 강우량이 2,000mm이하로 뚜렷한 건기를 겪는 활엽수종의 비율이 높음), 고원(건조하고 고도가 높은 초원지대), 빠라모(paramó: 습하고, 고도가 높은 초원지대)가 있다. 세계 유사지역보다도 더 많은 유관식물 종들(거의 토착생물의 절반에 달하는 4만 5천 종)이 이곳에 서식하고 있다. 이곳에서 자라는 유관식물 종 중에는 경제적으로 인간에게 중요한 식물인 감자, 담배, 끼노아(quinoa)[17], 친초나(chinchona)[18] 나무가 있다. 친초나 나무는 말라리아 예방과 치료에 사용되는 키니네(quinine)의 원료이기도 하다. 또한 안데스 열대지역 전역이 1,666종의 조류(고유종 677종), 830종의 양서류(고유종 604종), 479종의 파충류(고유종 218종), 414종의 포유류(고유종 68종)의 삶터이기도 하다(Mittermeier et al. 1999).

17) 남아메리카 안데스산맥의 고원에서 자라는 곡물로서 쌀보다 조금 작은 둥근 모양으로 조리가 쉽고 단백질 · 녹말 · 비타민 · 무기질이 풍부해 영양 면에서 우유에 버금가는 곡물로 인정되었다. 잉카제국의 '슈퍼곡물'로 불리던 끼노아는 지난 수천 년 동안 에콰도르 · 페루 · 볼리비아 등 안데스 지역의 주요 농산물이었으나 근세에 와서 겨우 일부 농가에서 자급자족으로 명맥만 유지해왔다. 그 후 영양학적 가치가 새로이 평가되면서 세계적인 식품회사와 남아메리카 민간단체들의 품종개량과 보급노력에 힘입어 1980년 이후 빠른 속도로 국제곡물시장에서 판매되고 있다.

18) 친코나(Chinchona)는 키니네를 지칭하는 아메리카 인디오의 용어로 '껍질 중의 껍질'이라는 뜻을 가지고 있다. 남아메리카 인디오들은 말라리아를 치료하기 위해 신코나(chinchona) 나무의 껍질로부터 키니네(quinine)를 추출해 사용했다.

페루 고원의 야마

융가스(yungas), 혹은 페루와 볼리비아, 아르헨티나 북부의 구름으로 덮인 산은 라틴아메리카에서는 유일한 곰 종인 안경곰과, 세계에서 유일하게 남아 있는 네 종의 맥 중 한 종인 산(山) 맥의 서식지다. 다양한 벌새(아메리카의 고유한 조류집단)와 아름다운 "독화살"개구리들은 이 지역에서 가장 많이 발견된다. 독성이 강한 양서류들은 서부 아마존과 중앙아메리카 지역에서도 발견되지만, 안데스와 차꼬(Chacó)지역에서 가장 다양하다. 독이 있는 이들 양서류는 피부색을 위장해 개미, 딱정벌레, 노래기, 그 외 곤충들을 잡아먹음으로써 알칼로이드를 섭취한다(Daly et al. 1994). 원주민 사냥꾼들은 몸집이 큰 포유류도 죽을 만큼 강력하고 오래 지속되는 독성을 가진 맹독을 화살촉에 발라 동물을 사냥한다. 적어도 하나의 진통제로서 인간에게 유용하게 쓰인다는 사실만으로도 이 개구리 종들은 이미 다른 종들과 구분되었다. 한 환경보호 생물학자의 말에 따르면 "이 개구리 연구는 현대사회에 필요한 약물을 찾는 지름길이기도 하다." 이 종들과 다른 산개구리들은 아주 위험에 직면해 있으며, 여러 종의 이들 개구리는 비교적 오염되지 않은 일부 산간지역에서 발생하는 이유를 포함, 아직까지 완전히 알려지지 않은 이유로 인해 최근 멸종되었다.

빠라모와 고원 초원지대의 높이는 3,000m(9,800피트) 이상, 만년설의 최저경계선까지는 적어도 4,500m에 달한다. 고원지대는 야마(llama), 알빠까(alpaca), 구아나꼬(guanaco), 비꾸냐(vicuña)와 같은, 남아메리카에서 자생하는 낙타과 동물 4종이 서식하고 있다. 비록 야마와 알빠까는 집에서 자라고, 비꾸냐와 구아나꼬는 야생에서 자라지만 모두가 고품질의 울을 생산하는 데 중요한 원재료가 된다. 초원지대와 숲에 사는 구아나꼬는 사냥과 서식지 변경, 아마도 지난 기후 변화로 인해 페루, 칠레 북부, 아르헨티나에서 점차 감소하고 있는 추세다(Redford and Eisenberg 1992). 생태학적으로 적응력이 약한 비꾸냐는 높은 고원지대에서는 전혀 살지 못한다. 최근 페루 정부는 공동체에게 비꾸냐 소유권과 관리를 일임하는 털깎기(live-shearing) 프로그램을 제도화했다. 각 공동체는 일 년에 한 번 커다란 울타리를 짓고 그곳으로 동물들을 몰아넣어 털을 깎고 다시 내보낸다. 어쩌면 동물들에게는 스트레스가 될 수도 있지만, 이 제도는 야생동물들을 지속적으로 이용하는 데 비교적으로 성공한 사례다.

원래 안데스 생태계의 약 25%는 상대적으로 사람의 손이 닿지 않은 원시상태이며, 원래 면적의 6.3%는 국립공원 또는 그 외의 보호구역에 포함되어 있다(Mittermeier et al. 1999). 마누국립공원(Manu National park)[19]과 이곳을 둘러싼 생물권보호구역은 약 80군데의 안데스 지역 보호구역 가운데 한 곳이며, 안데스 지역에서 종-풍부성이 특히 높은 지역이다. 1백50만 헥타르에 달하는 공원은 안데스 고지대에서 아마

19) 페루 마드레데디오스주(州)의 주도 뿌에르또말도나도 서쪽에 있는 국립공원으로서 해발 4,200m 높이에 위치한 이 지역은 다양한 생물종의 서식지다. 아마존 강의 지류인 마누 강 강변에 펼쳐져 있는 전체면적 1만 5328㎢의 울창한 열대우림지대로, 인적미답의 지역도 포함되어 있다. 쿠스코에서 버스나 배로 36시간, 비행기로 25분 걸리는 거리에 있다. 1973년에 국립공원으로 지정되었다. 1977년 유엔 국제연합교육과학문화기구(United Nations Educational Scientific and Cultural Organization: UNESCO)에 의해 생물권 보호구로 지정되고, 1987년 세계유산 목록 가운데 국립공원으로 등록되었다.

존의 범람원 저지대까지 펼쳐져 있다. 오랜 기간에 걸쳐 이 공원을 보호하고 연구하려는 노력이 있었음에도 불구하고 현재 이 공원은 이주자들이 쇄도하면서 위험에 처해 있으며, 또한 그곳에서 살던 원주민들마저도 변화를 갈망하게 되면서 상황이 더욱 악화되었다. 이런 상황은 라틴아메리카의 많은 공원들이 공통적으로 안고 있는 문제점이다. 그 외에도 페루의 땀보빠따(Tambopata) 보호구역과 볼리비아의 마디디(Madidi), 베니(Beni), 삘론 라하스(Pilón lajas)의 현재 혹은 앞으로 지정될 보호구역에서는 산림과 인접 저지대를 보호하기 위한 일부 조치들이 취해지고 있다.

콜롬비아의 안데스 지역, 특히 보고따(Bogotá)와 깔리(Cali)와 같은 대도시와 시골에서는 기계화된 농업 때문에 위험에 처해 있다. 페루와 에콰도르에서도 마찬가지로 아레끼빠(Arequipa)와 끼또(Quito)와 같은 도시가 심각한 영향을 미치고 있다. 추가적으로, 방목지, 화재, 유독 가스 시설이 고원지대와 빠라모의 생태계를 파괴하고 있다. 고지대 강과 냇가로 들어온 무지개송어는 토종의 어류군에 영향을 미친다. 반면에 외래종인 미국 황소개구리는 토종 양서류와 양서류의 먹잇감들을 잡아먹는다. 최근에는 안데스 저지대 비탈지역의 아편과 다른 불법작물을 제거할 목적으로 공기 중에 살포한 고엽제가 토양과 수질을 오염시키는 위험요인이 되고 있다.

메소아메리카

대규모의 건조초원지대와 관목지가 멕시코에서도 발견되기는 하지만 열대우림과 건조우림은 중앙아메리카의 지배적인 식생(vegetation)[20] 유형이다. 안데스 열지점(hotspot) 지역(1,159,912㎢)처럼 아주 덥고 건조한 기후적 특징을 가진 메소아메리카 지역에는 식물 2만 4천 종

20) '식피(植被)', '식의(植衣)'라고도 하는데, 지표를 덮고 있는 식물적 생물공동체의 전체를 말한다.

(그중 500종은 고유종)과 1,193종의 조류(고유종 251종), 521종의 포유류(고유종 210종), 685종의 파충류(고유종 391종), 460종의 양서류(고유종 307종)가 서식하고 있다. 멕시코는 호주 다음으로 파충류 다양성이 세계에서 두 번째로 풍부한 나라이며, 파충류 510종 가운데 약 절반 정도의 종은 지구상 어느 곳에서도 찾아 볼 수 없다. 마찬가지로 멕시코의 치아빠스(Chiapas) 지방과 과테말라와의 접경지역은 도롱뇽의 발생지로 여겨지며, 이 지역 도롱뇽 40종 가운데 33종은 원래 이곳의 고유종이다(ibid.).

중앙아메리카의 인구밀도는 매우 높으며, 특히 도시에서 강한 성장세를 나타내고 있다. 많은 경우, 빠르게 증가하는 인구성장률 때문에 자급농업과 기초적인 주거문제로 인한 개발의 필요성이 증가하고 있으며, 선진국의 수요 증가로 커피, 바나나, 팜 오일의 재배가 증가했다. 중앙산맥의 태평양 쪽에 있는 원시림의 대부분은 이미 개간되었는데, 벌목과 땅 개발 작업은 이 지방을 덮고 있는 원시림의 대부분이 사라져 버린 대서양쪽 산맥에 치중되고 있다. 이런 삼림들이 사라지는 중요한 요인 중 하나는 "중앙아메리카의 목을 조이고 있는 파괴적 생태순환의 중심에 있는 천진난만한 육우다"(ibid.). 소농들은 화전농법으로 땅의 영양분이 소실되면 몇 년 후에 자신들의 땅을 대형 소목장 주에게 판다. 현재 중앙아메리카의 농업용 부지 가운데 약 2/3 가량이 소목장으로 전용되고 있다.

남부 멕시코와 북부 중앙아메리카(엘살바도르, 과테말라, 온두라스, 니카라과) 지역의 소나무와 참나무 숲은 지방종과 지역 고유종 비율이 매우 높아 지구상에 존재하는 가장 풍부한 아열대 침엽수림지대 중 한 곳으로 여겨진다. 그러나 임페리얼딱따구리(이제는 거의 멸종되었음)에서 멕시코토끼(화산토끼라고도 함)와 물까치(dwarf jay)까지 모두 상업적 벌목, 농업의 확장, 과도한 방목으로 큰 타격을 받았다(World Wide Fund for Nature 2003).

초꼬-다리엔(Chocó-Darién) 습윤림

남아메리카 태평양 연안에 위치한 260,000㎢(100,400평방마일)면적에 달하는 이 지역(콜롬비아, 에콰도르, 파나마)의 삼림은 강우량이 많고 빽빽한 저지대라는 것이 특징이다.

안데스 산맥에 가로막혀 아마존으로부터 떨어져 있는 이 지역은 세계적으로 중요한 고유 생물종의 보고이다(ibid.). 이곳에는 9천 종의 식물(고유종 2,250종), 약 830종의 조류(고유종 135종), 235종의 포유류(고유종 60종), 210종의 파충류(고유종 63종), 350종의 양서류(무려 이 중 60%가 이 지역의 고유종)가 서식한다(Mittermeier et al. 1999). 멸종 위기 종에는 재규어, 흰 죽지 구안(white-winged guan), 1977년 페루남부에서 다시 발견된 큰 새, 콜롬비아의 목화머리타마린이 있다.

콜롬비아의 초꼬와 파나마의 다리엔은 인구밀도가 낮아져 자연 상태가 비교적 잘 보전되어 있는 지역이다. 반면 에콰도르와 페루의 해안림은 심각하게 훼손되어 있다. 이 지역은 서반구에서도 가장 비옥한 토양을 자랑하는 곳이지만, 이 지역의 삼림은 농업과 많은 에콰도르 사람들의 거주로 인해 심각하게 훼손되었다. 이 지역 중 에콰도르에 속한 곳은 단지 원시림의 2%만 남아있는 정도이다. 벌목, 과도한 방목, 사냥은 페루의 건조림(dry forest)에 심각한 영향을 미쳤고, 반면 새우양식과 땔감과 목재를 얻기 위한 벌목은 페루와 에콰도르 해안의 맨그로브(mangrove forest)[21] 숲을 크게 훼손시켰다.

대체로 아주 덥고 건조한 지역의 24.2%는 비교적 훼손되지 않은 지표식생(地表植生: vegetation cover)이지만 단지 6.3%만이 공식적인 보호구역으로 지정되어 있다(ibid.).

21) 정기적으로 바닷물에 잠기는 아열대나 열대의 해변이나 강 하구의 습지, 늪지에서 자라는 관목이나 교목으로, 뿌리가 지면 밖으로 나와 있다.

〈그림 2.2〉 라틴아메리카와 카리브해의 주요 환경 지역

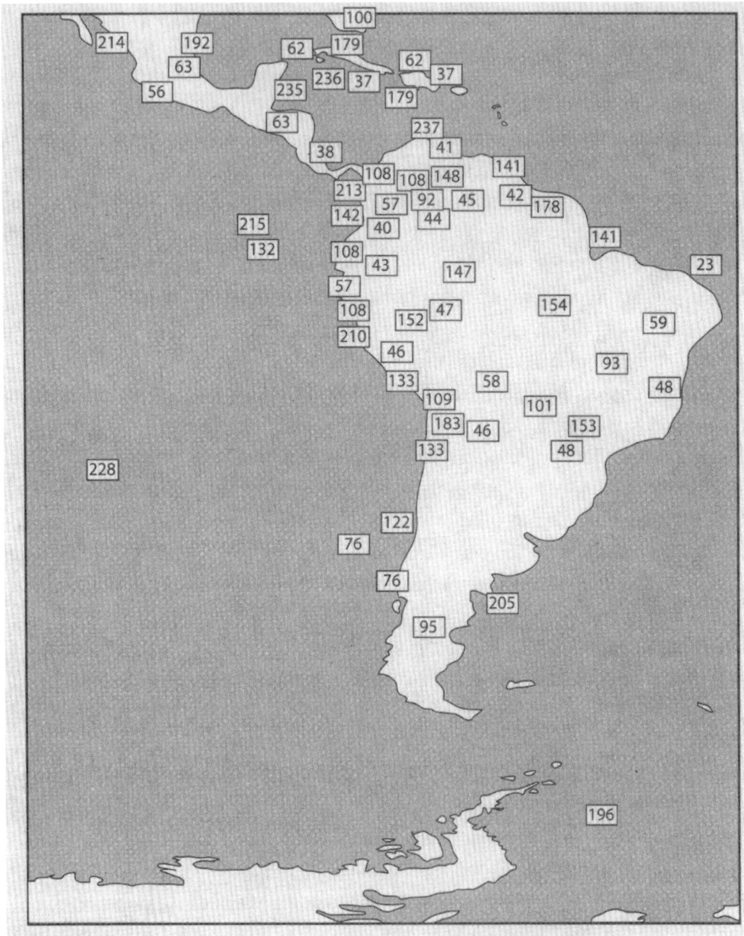

Amazon River and Flooded Forests **147**
Antarctic Peninsula and Weddell Sea **196**
Atacama-Sechura Deserts **133**
Atlantic Dry Forests **59**
Atlantic Forests **48**
Brazilian Shield Amazonian Rivers and Streams **154**
Central Andean Dry Puna **109**
Central Andean Yungas **48**
Cerrado Woodlands and Savannas **93**
Chilean Matorral **122**
Chihuahuan Freshwater **194**
Chihuahuan-Tehuacan Deserts **131**
Chiquitano Dry Forests **58**
Chocó-Darién Moist Forests **39**
Coastal Venezuela Montane Forests **41**
Galápagos Islands Scrub **132**
Galápagos Marine **215**
Greater Antillean Freshwater **179**
Greater Antillean Marine **236**

(continued)

Greater Antillean Moist Forests **37**
Greater Antillean Pine Forests **63**
Guayanan Highlands Moist Forests **45**
Guianan Freshwater **178**
Guianan Moist Forests **42**
Guianan-Amazon Mangroves **141**
Gulf of California **214**
High Andean Lakes **183**
Humboldt Current **210**
Llanos Savannas **92**
Mesoamerican Pine-Oak Forests **63**
Mesoamerican Reef **235**
Mexican Dry Forests **56**
Mexican Highland Lakes **192**
Napo Moist Forests **43**
Northeast Brazil Shelf Marine **238**
Northern Andean Montane Forests **40**
Northern Andean Paramo **108**
Orinoco River and Flooded Forests **148**
Panama Bight **213**
Panama Bight Mangroves **142**
Pantanal Flooded Savannas **101**
Patagonia Southwest Atlantic **205**
Patagonia Steppe **95**
Rapa Nui **228**
Rio Negro-Juruá Moist Forests **44**
Sonoran-Baja Deserts **130**
Southern Caribbean Sea **237**
Southwestern Amazonian Moist Forests **47**
Talamancan-Isthmian Pacific Forests **38**
Tumbesian-Andean Valleys Dry Forests **57**
Upper Amazon Rivers and Streams **152**
Upper Paraná Rivers and Streams **153**
Valdivian Temperate Rain Forests / Juan Fernández Islands **76**

카리브 지역

카리브의 생물지역의 전체 면적은 263,535㎢이며, 이 지역은 섬으로 이루어져 있다. 세계의 구석에 있는 이 수많은 작은 섬에는 다른 지역에서 찾아볼 수 없는 종이 하나 이상 서식하고 있기 때문에 전체적으로 이 지역은 고유하고 풍부한 생물종이 서식하고 있는 지역이라고 할 수 있다. 카리브에는 497종의 파충류와 189종의 양서류가 서식하는데, 섬이라는 지리적 특성상 생물들이 덜 유동적이기 때문에 그중 418종의 파충류와 164종의 양서류가 고유종으로 분류되는 고유성과 풍부성이 나타난다. 가장 알려진 이 지역의 고유종 파충류로는 발 없는 도마뱀, 바위 이구아나, 보아뱀(Epicrates Boa), 아놀 도마뱀(anolis lizard)이 있다. 카리브 지역에는 또한 1만 2천 종의 식물들(고유종 7000종), 668종의 조류(고유종 149종), 164종의 포유류(고유종 49종)가 살고 있다. 그러나 이런 현황은 생태학적으로 카리브 영역 내에 속하는 플로리다 주 최남단 지역까지도 포함하고 있다. 열대우림, 건림, 건조한 관목지 토양[22]은 이 지역의 주된 식생 유형이다.

외래종은 카리브 토착동물들에게는 큰 위협이 되고 있다. 몽구스, 야생고양이(feral cat), 시궁쥐(Norway rat)와 곰쥐(black rat)는 모두 유일하게 카리브에서만 찾아볼 수 있는 아프리카 대나무쥐(hutia)와 시궁니땃쥐(soledon) 같은 작은 고유종 포유류를 비롯한 조류, 포유류, 파충류를 잡아먹는다. 야생 돼지와 염소는 고유종 식물과 동물을 공격해 토착 식생을 파괴한다. 외래종 앵무새 종은 둥지와 먹잇감을 놓고 고유종 조류와 경쟁한다. 세계자연보존연맹 - 국제자연보호연맹이 멸종 위기 종으로 지정한 푸에르토리코 앵무새는 가장 심각한 사례 중 하나다. 사냥과 서식지 감소로 인해 카리브의 다른 앵무새 종들과 마찬가지로 이 앵무새 종의 수도 이미 줄어들었다. 사실상, 이 지역에서만 발견되는 26종의 앵무새 중에서 17종은 이미 멸종되었으며 (마꼬앵무새 포함); 생존해 있는 10종 가운데 9종은 세계자연보전연맹에 의해 매우 위태로운 멸종위기 종으로 간주되었다(Snyder et al. 1997; World Conservation Union-IUCN 2002).

이 지역의 많은 보호구역은 인간 활동에 의해 심각하게 훼손되었고, 또한 많은 종을 효과적으로 보호하기에는 현존하는 보호구역이 턱없이 모자라기 때문에 이 지역의 토종 지표식생은 대략 11%만이 남아있는 상황이다(Mittermerier et al. 1999). 예를 들어서, 인구밀도가 1평방미터 당 270명인 아이티와 그 외 지역에서 일어나는 광범위한 산림벌채는 높은 인구밀도에서 비롯된다. 농업확장은 쿠바에서 두드러지며, 보크사이트 광산은 자메이카의 삼림에 큰 위협이 되고 있다. 많은 섬나라에서는 계절적으로 하천부지(seasonal riverbed)와 해안에서 콘크리트와 건설 산업에 필요한 모래가 채굴된다. 뿐만 아니라 작은 섬에서의 대규모 관광개발은 고유종의 생존에 기본적인 토착서식지

22) 작은 나무가 자라는 토양이다.

전체를 파괴한다.

이런 이유로 인해, 게다가 지역적 멸종은 곧 섬 고유종의 세계적 멸종을 의미하기 때문에 흔히 육지보다는 섬의 멸종 비율이 더 높다. 세계자연보전연맹이 발표한 멸종 위기종 레드리스트에 따르면 중앙아메리카와 남아메리카에서는 각각 24종과 28종이 멸종된 것과 비교해 카리브에서는 역사상 최소 59종이 멸종되었다. 물론 이런 수적 현황에는 과학자들에 의해 발견되고 관찰되기 이전에 멸종된 벌레, 버섯, 작은 식물종들은 감안되지 않았다(World Conservation Union-IUCN 2002).

깔리포르니아 해협

멕시코의 깔리포르니아 해협은 세계에서 생물학적으로 가장 주목할 만한 아열대 해역 가운데 한 곳이다. 역사적으로 꼴로라도 강의 영양분이 쌓여서 활성화된 멕시코 본토와 바하 뻬닌술라(Baja Peninsula) 사이를 지나는 툭 튀어나온 동태평양 코너의 온대류는 대왕고래, 긴수염고래, 대모[23], 태평양 해마, 멕시코 볼락, 또또아바[24]를 비롯한 광범위한 바다생물들에게 중요한 서식 장소이자 양육장이다. 그러나 해양자원탐사와 생태지역에 심한 손상을 입힐 수도 있는 지나친 남획이 이 지역에 만연하고 있다(World Wide fund Nature 2003).

갈라빠고스 섬

갈라빠고스 군도는 가마우지와 바다 이구아나를 비롯해 멸종위기에 처한 희귀 육지 생물과 바다생물의 천국으로 세계적인 명성을 향

23) 바다거북과에 속하는 거북의 일종이다. 열대지방에 사는데, 등껍데기는 황갈색에 검은 반점이 있으며 대모갑[玳瑁甲]이라 하여 공예 재료로 쓰인다.

24) 민어과에 속하는 어류로, 큰 것은 길이 2m, 무게 100kg에 달한다.

유한다. 야생동물이 세계의 다른 지역과 격리되어 진화한 곳인 갈라빠고스 섬의 숲 혹은 해안가에 서식하는 동물들은 웨이브드 알바트로스, 갈라빠고스 펭귄, 갈라빠고스 자이언트거국, 갈라빠고스 매, 검은부리 뻐꾸기, 회색목숲새매, 캘리포니아 바다사자, 수많은 고래 종(밍크고래, 긴 수염고래, 곱사등고래 등), 범고래, 다윈의 핀치 새가 있다.

그러나 인간 활동은 이 에콰도르 오지의 서식지 보존에도 악영향을 미쳤다. 구체적으로 과도한 가축방목과 수년 간 섬으로 유입된 외래종의 악영향, 밀렵과 해양자원의 과도한 수확, 환경을 파괴하는 관광, 지속 불가능한 벌목, 인간의 정착지 확장이 초래한 서식지 손실과 파괴, 계속된 이동경작 관행이 위협적인 요인들에 포함된다(ibid.). 최근 이 생태지역에 가장 치명적이었던 사건은 2001년에 에콰도르의 기름 탱크가 이 바다에서 좌초되면서 3백만 리터의 원유가 유출된 사건이었다.

과학자들은 이 사건으로 인해 지구상 다른 곳에서는 찾아볼 수 없

갈라빠고스 섬의 바다 이구아나

는 희귀종인 갈라빠고스 바다 이구아나의 60% 이상이 죽은 것으로 추정했다.

대서양 삼림

브라질과 북부 파라과이, 아르헨티나의 해안림은 제대로 된 운영방침과 보존계획이 없는 개발이 어떻게 열대 서식지를 파괴하고 훼손하는지 경고해 주는 단적인 예이다. 이 지역은 단지 7.5%의 자연산림만이 훼손되지 않았으며, 이마저도 대부분 흩어져 있어서 생태계가 완전해지기에는 너무 작은 면적이다. 이 삼림지대의 북부는 1%에 불과한 원시 지표식생만을 유지하고 있다. 현재 이곳에는 14개의 국립공원, 20개의 생물자원과 생태기지, 브라질의 다양한 주립, 시립 공원, 아르헨티나와 파라과이 지역의 9개의 기타 공원이 있다. 그러나 연방정부와 주정부의 금지구역은 자연림의 2.7%만을 차지하며, 일부 남아 있는 삼림 중 가장 큰 구역은 현재 보호되지 않고 있으며, 사유지로 관리되고 있다(Mittermeier et al. 1999).

한 예로, 브라질 남부와 서부 지역 대부분의 삼림은 사유지의 형태로 소수 부유층에 의해 관리되고 있으며, 자연자원과 생물다양성이 크게 훼손되어 사회적 불안이 가중되고 있는 상황이다. 현재 연방정부와 주정부의 국유지와 사유지 모두 브라질의 무토지농민운동(Movimiento dos Trabalhadores Sem Terra, 또는 "Sem Terra")의 확산으로 위험에 처해 있다. 이들 농민은 현재 절실하게 필요한 토지개혁을 제도화할 것을 정부에게 강요하고 생계를 유지하기 위해서 "생산성이 낮은" 토지에 정착했다. 이들은 숲속에 정착하기 위해 산림을 개간하고 식량을 위해 멸종 위기에 처한 동물들을 사냥한다. 한편, 브라질의 한 NGO단체는 셈 떼라(Sem Terra)와 함께 토지를 친환경적으로 운영하는 방법을 농민들에게 교육시키고 있으나, 당장의 이익을 위해서 지속 불가능한 방법으로 자원을 수확하려는 압력은 여전히 지배적이다.

브라질 동해안을 따라 펼쳐진 좁고 긴 모양의 대서양 삼림지대의 면적은 약 1,227,680㎢(474,000평방마일)에 달한다. 브라질에서 가장 많은 동식물이 서식하던 지역에 현재는 세계에서 가장 큰 도시 중 하나인 상파울루와 리우 데 자네이루가 들어서 있으며, 브라질 전체 인구의 2/3가 그곳에 거주한다. 주된 식생 형태는 현재 대부분 성냥개비 생산을 위해 거의 소실된 남부지역의 남양소나무 숲(araucaria pine forest)이 있는 열대와 아열대우림이다. 이 지역을 뒤덮고 있는 낮은 산은 주로 남부 주에 몰려 있다.

비록 대서양 산림이 브라질 영토 면적에서 차지하는 비율은 겨우 13% 정도에 불과하지만, 브라질에서는 아마존에 이어 두 번째로 생물다양성이 풍부하며, 상당히 아름다운 고유종*이 서식하는 지역이다. 2만 종의 식물 중에서 6천 종이 고유종인데, 이 지역 나무종의 50% 이상이 사실상 고유종이다. 620종의 조류 중에서 73종이 고유종이며, 200종의 파충류 중에서 60종이, 380종의 양서류 중에서는 253종이 고유종이다. 설치류의 절반과 영장류(primate species)와 아종(subspecies)의 80%를 포함한 포유류의 절반 이상이 고유종(261종 가운데 160종)이다(Mittermeier et al 1997).

이 지역 영장류 중에서 가장 잘 알려져 있지만, 심각하게 멸종위기에 처한 동물은 사자원숭이(lion tamarin)다. 이들 네 종 가운데 한 종은 멸종위기에 처해 있고, 나머지 세 종은 멸종위기에 처하기 전의 상태다. 30년에 걸쳐 이루어진 교육과 보호를 위한 노력의 결과, 미국동물원이 인공 번식해 다시 자연으로 돌아간 개체들까지 포함해 대략적으로 600마리의 황금사자원숭이가 자연 속에서 살고 있다. 약 1천 마리의 검은사자원숭이가 이 지역에 남아 있을 것으로 추정되기도 하지만, 현재 집계된 검은사자원숭이의 숫자는 400마리 이하로 감소한 것으로 나타난다. 원숭이 종 가운데 현존하는 수가 가장 많은 원숭이는 황금사자원숭이지만, 그마저도 서식지 파괴로 인해 개체 수가 1천1백 마리로 대폭 줄어들었다. 대부분의 황금사자원숭이들은 자연에서 살고 있지만, 이들의 서식지는 해안을 따라 위치해 있는 뽀쏘 다스 안따스(Poço das Antas) 생물보호구역과 모로 도 디아블로(Morro do Diablo) 국립공원 두 곳의 보호구역에 한정되어 있다(Dietz 1996; National Zoological Park 2003).

브라질 밀림

면적이 1,783,169㎢에 달하는 방대한 자연생태계인 밀림은 열대초원(savanna), 사바나 삼림지대와 폐쇄 캐노피 건조숲(Closed canopy dry forest)으로 구성되어 있으며 브라질 면적의 21%를 차지한다(Mittermeier et al. 1999). 일부 지역에서는 연간 강우량이 1,600㎖나 되기 때문에 이 지역의 연간 강우량이 반드시 낮다고 할 수는 없지만, 6개월 이상 지속되는 건기로 인해 습윤림이 되기 어려워, 많은 식물이 가뭄에 적응되어 있다. 강을 따라 자라는 하변림(河邊林: gallery forest)[25]과 냇가는 건기에 많은 동물에게 중요한 쉼터가 되며, 진화를 거치면서 열대초원의 바다에서 고립되어 살아가는 산림생물들에게는 안식처를 제공해왔다. 하변림은 동쪽에 있는 대서양 산림과 인접해 있는 산림서식지와 밀림을 연결하는 통로 역할을 해왔다.

이 지역의 식물다양성(1만 종)과 고유종(4,400종)의 비율은 매우 높으며, 놀랍게도 특산속(特産屬: endemic genera)의 비율이 39%나 된다. 잘 흩어지지 않고 야생에서도 적응력이 뛰어난 초본식물의 고유종 비율은 관목, 나무, 풀보다 훨씬 높다. 조류의 경우 837종 가운데 29종만이 이 지역 고유종으로 분류되지만, 다양성은 매우 높다고 할

25) 대초원 강을 따라 띠 모양으로 형성된 숲이다.

수 있다. 또한 밀림에는 5종의 사슴 종을 포함한 161종의 포유류 종이 살고 있으며, 120종의 파충류, 150종의 양서류도 살고 있다(Mittermeier et al. 1999). 큰개미핥기, 타조와 유사한 큰 새 레아, 갈기 늑대와 같은 대초원 동물들을 쉽게 찾아볼 수 있다. 갈기 늑대는 아름다운 붉은 털의 여우와 비슷하게 생긴 늑대로, 주로 과일을 먹고 살기 때문에 밀림의 관목과 나무의 종자번식에 중요한 역할을 한다. 멸종위기에 처한 조류 종들로는 스픽스 마코앵무(Spix's macaw), 붉은다리 세리에마(red-legged seriema), 풍금조(cone-billed tanager), 티나무(dwarf tinamou)가 있다(World Wide for Nature 2003).

밀림의 생태계는 벼락과 원주민들이 사냥하기 위해 사용하는 불에 적응해 왔다. 그러나 최근에는 목장주, 농민, 원주민들은 연중 불을 내야 하는 시기에 불을 내지 않는다. 연구자들은 근래에 산림을 태우는 이유가 지역의 생태계 유지보다는 주로 개간을 위한 수단에 있다는 사실에 큰 우려를 나타낸다. 1960년대 중반 이후 밀림은 특히 소, 콩, 쌀 재배를 위한 브라질의 가장 중요한 농업개척지였다. 1963년 브라질의 대통령 주셀리누 쿠비체크(Juscelino Kubitscheck)는 내륙지방을 개방하고 이 지역의 잠재력을 활용한다는 목적을 가지고 수도를 밀림 중앙에 위치한 브라질리아로 이전했다. 수도 이전 이후 자연서식지의 겨우 1%에 해당하는 일부 소수 지역만 보호구역으로 지정되었을 뿐이었다. 에마스(Emas) 국립공원, 세라 다 까나스뜨라(Serra da Canastra) 국립공원을 비롯한 일부 공원은 인간 활동으로 인한 화재, 도로건설, 불법적인 소 방목으로 위협받고 있다. 최소 80%의 밀림이 주로 목장과 농업을 목적으로 용도로 변경되었다. 브라질 곡물생산량의 정확히 1/4이 이 지역에서 생산되며, 브라질이 세계에서 콩을 가장 많이 수출하는 미국과의 경쟁을 계속하는 이상 토지개간은 계속될 것이다.

칠레 중부지역

겨울 강수와 건조로 특징되는 "지중해" 기후 지역에는 주로 가뭄과 화재에 적응된 식물이 분포한다. 칠레 중부의 아주 덥고 건조한 지역에는 겨울에 비가 적게 내리는 사막지대와 지중해 관목지대가 포함된다. 건조한 기후와 제한된 범위 탓으로 전반적으로 종 다양성은 낮은 편이지만, 고유종의 분포는 상대적으로 높다. 식물 3,429종 가운데 1605종이 고유종이며, 55종의 파충류 가운데 34종, 26종의 양서류 가운데 14종이 고유종이다. 그러나 조류 198종 중에는 4종만이, 포유류 56종 중에서는 9종만이 이 지역의 고유종이다(Mittermeier et al. 1999).

지중해 서식지가 인간에게는 최적의 서식지이기 때문에, 칠레의 국가 경제가 빠른 속도로 성장함에 따라 높은 인구밀도와 벌목, 산불, 과도한 방목, 해안지역 관광개발, 그리고 염소, 유럽산 토끼, 유럽 지중해 식물, 아카시아 관목과 같은 외래종이 칠레 중앙 지역에 부정적인 영향을 미치고 있다. 유칼립투스와 다른 외래종 나무식물들이 자연산림을 조각조각으로 분열시켜 놓았다. 이 지역에서는 일찍부터 이주와 무자비한 벌목이 시작되었고, 현재 산림지역에서는 원시 지표식생보다는 2차 재생식물(secondary regrowth)을 심고 있다. 원시 지표식생의 약 30%만이 훼손되지 않고 남아 있으며, 3%가 조금 넘는 지역이 보호구역에 포함되어 있다(사막지대의 약 1,8%와 관목지대의 4.2%가 보호되고 있다). 설치류인 친칠라와 파충류, 도마뱀 같은 토종동물들은 모피, 가죽, 애완동물의 무역으로 인해 심각한 위기에 처해 있으며, 토종 개구리는 다양한 외래종 어류 종들과 제노푸스개구리(아프리카 발톱개구리) 유입으로 멸종위기에 놓여 있다.

게다가, 칠레에서 가장 종이 풍부하면서도 멸종위기에 처한 종들 또한 가장 많은 삼림은 이 지역의 남부에 있는 '행정구역 10'이다. 이 지역은 알래스카 다음으로 세계에서 가장 큰 해안 온대우림지역이다.

이 지역은 나무종의 고유종 비율이 높은 지역이었지만, 목재용 소나무와 유칼립투스나무를 단일경작 방식으로 생산하기 위해 많은 토종나무들을 베었다.

빤따날 지역

습지대에 대한 정의가 다양하고 습지의 경계를 규정하기가 어렵기 때문에 빤따날(pantanal)의 경계를 정확하게 규정하는 것은 다소 모호하다. 그러나 빤따날은 브라질 중서부, 볼리비아 동부, 파라과이 북부에 걸쳐 17만㎢에 달하는 면적을 자랑하는 세계에서 가장 큰 습지대다. 이 지역은 북반구의 미국남부에서 자란 철새들과 제비(swallow-tailed kites)들의 겨울도래지로서 중요하다.

빤따날은 인간의 재화에 대한 지나친 욕심 때문에 수가 감소한 여러 종을 비롯해 많은 야생동물에게 대단히 매력적인 서식처다. 예를 들어, 파라과이의 까이만은 사냥꾼들이 연간 1천 톤에 달하는 가죽을 수출한 1970년과 1980년에 극감했다가 현재에 와서야 회복되고 있다. 과거와 현재의 사냥으로 인해 위기에 처한 다른 동물로는 재규어, 자이언트 수달, 늪사슴(라틴아메리카에서 가장 큰 사슴), 그리고 애완동물의 무역으로 심각하게 착취당하고 있는 히아신스 앵무새가 있다.

대부분의 빤따날 지역은 소목장주들과 그 외 지주들이 소유하고 있다. 약 0.3%의 빤따날만이 정부가 보호하는 지역이다. 이런 토지소유 형태가 환경에 미치는 영향은 다양하다. 식생은 방목에 의해 불안정해졌고, 서식지가 개간되어 대부분 거래되면서 토종사슴은 서식지가 줄어들었고 소와 먹을 것을 놓고 경쟁하게 되었다.

그러는 한편, 환경단체는 밀림에서 파라과이의 주요 항구까지 콩작물 운송을 용이하게 하기 위해 빤따날을 가로지르는 강변수로를 정비하고 확장하는 계획이 서식지 손실과 파괴를 가져올 것이라며 우려를 나타냈다. 이 밖에도 농업확장, 숯생산, 금광으로부터의 수은오염, 남획, 도로건설과 개발산업 자체가 유발하는 서식지 조각화와 손실이 빤따날 파괴의 위협으로 언급되었다.

베네수엘라의 사바나 평원

베네수엘라 평원은 빤따날에 비하면 규모는 작지만, 세계자연보호기금에 따르면, "남아메리카에서 지역적으로 식물 다양성과 서식지 다양성이 가장 잘 보존되어 있는 가장 모범적인 열대 사바나지역"이다(ibid.). 사실 이 사바나 지역은 무수히 많은 섭금류[26]와 물새들, 북미에서 날아오는 겨울철새(쇠오리를 비롯한 8종의 오리류), 그리고 흰얼굴 거미원숭이, 오리노꼬 악어, 거대한 아나콘다와 같은 외래종들에게는 천국이다(14종의 왜가리류, 3종의 황새류, 도요새, 물떼새류 등 다양한 강변·바닷가 새류).

그러나 이런 귀중한 서식지가 무자비한 사냥, 방목과 재배지로의 토지개간, 담수자원의 전환과 다른 용도로의 변경을 포함한 모든 방법의 인간 활동으로 인해 위기에 처해 있다. 최근 연구에서 모든 종의 오리류가 식용을 위한 과도한 사냥, 살충제 살포, 대규모 쌀 농장에서 살포하는 살충제에 의한 오염 때문에 평원지대에서 감소하고 있다. 정부와 민간차원에서 추진되고 있는 보호계획에도 불구하고 이 지역에서는 까이만과 까삐바라의 가죽과 고기가 상업적으로 거래되고 있으며, 그 결과 지난 몇 년간 이 두 종의 수가 급격하게 감소했다.

26) 황새목 · 두루미목 · 도요목이 이에 속한다. 이들은 부리가 가늘고 길며 곧다. 다리와 발가락이 유별나게 길며 물갈퀴가 발달되어 있지 않다.

빰빠스 초원

습하고 건조한 빰빠스 초원지역에는 공식적인 자연보호구역이 없는데, 아르헨티나의 가장 높은 인구밀도에 따라, 방목과 농업으로 심각하게 훼손되었다. 그 결과 24종의 바다포유류 다수와 빰빠스의 해안가에서 발견되는 300종 이상의 바닷새, 해안 새들이 위험에 처해 있다(World Wildlife Fund). 빰빠스 내륙에는 중요한 철새도래 습지가 있다. 칠레 플라밍고(Chilean flamingo) 둥지를 비롯해 빰빠스의 남부와 서부의 건조한 에스삐날(espinal)과 몬떼(monte) 지역에는 민물과 바닷물 습지가 많다. 새들의 중요한 부화장소이기도 한 포클랜드 섬까지 펼쳐지는 남쪽의 빠따고니아 초원과 습지는 과도한 방목으로 인해 사막화되었다.

발디비아(Valdivia) 온대우림

남아메리카에서는 유일하며 세계에서도 다섯 군데 중 한 곳인 주요 온대우림은 아르헨티나와 칠레의 서해안과 해안에서 떨어진 후안페르난데스 섬을 따라 한적한 곳에 위치해 있다. 이 생태지역에는 키가 굉장히 크고 독특한 나무들이 자란다. 특히 지구상 존재하는 세 개의 주요삼림 중 하나인 남해안 삼림은 주목할 만하다(다른 삼림은 호주와 뉴질랜드에 있다). 칠레 삼나무와 안데스 사슴은 이 지역에서 자생하는 종이지만, 이들과 다른 동식물들은 대대적인 벌목과 단일경작을 위한 인공조림지 조성 및 토지개간에 의해 위험에 처해 있다.

제3장

국립공원과 보호구역들

라틴아메리카는 사람의 손에 의해 해를 입지 않은 자연, 생물학적 다양성, 라틴아메리카에만 존재하는 다양한 생물을 자랑한다. 이런 자연적 풍요는 멕시코의 유까딴 반도와 시에라 마드레 산맥의 남쪽부터 적도 선에 가까운 남미의 아마존 부근과 안데스 산맥을 걸쳐 험한 아르헨티나의 빠따고니아 지역까지 라틴아메리카 전체에서 보이는 현상이다. 하지만 이런 생태 환경에 대한 라틴아메리카와 카리브 지역의 보호방침은 효과적이지 못했다. 보호방침이 올바르게 행해지지 못한 이유는 첫째로 예산의 부족이 가장 컸다. 두 번째로는 이런 생태환경 속에서 늘어나는 인구의 자원 소비량이 무시할 수 없을 만큼 커졌기 때문이고, 마지막으로 생태환경을 보호하는 데 부적절한 법률조항들이 자연환경보호 체계를 무너뜨렸기 때문이다.

라틴아메리카의 생태환경 보존과 관련된 변화

라틴아메리카에서 사람들이 국립공원에 대해 갖는 인식은 북미, 유럽, 다른 나라 사람들이 국립공원에 갖는 인식과는 확연한 차이를 보인다. 북미에서 국립공원은 거의 침범되지 않은 상태에서 보존되는 반면, 중남미에서 국립공원은 여러 가지 이유 때문에 관리된다. 예를 들면, 베네수엘라에서 가장 오래 된 헨리 삐띠에르 국립공원(Henri Pittier National Park)은 생물의 다양성과 조류 서식지 때문에 국제적 차원에서 보호구역으로 지정되었다. 43% 이상의 베네수엘라 조류와 전 세계의 7% 정도의 조류가 헨리 삐띠에르 국립공원에서 서식하고 있다. 아이러니한 것은 헨리 삐띠에르 국립공원 주변에는 조류 서식지뿐 아니라 인간들이 사는 마을 또한 존재하고 있다는 사실이다. 대부분의 마을은 전통적 농사법을 고수하는 농민 공동체로 이루어져 있으며 그중 일부는 관광객을 위한 리조트로 사용되고 있다(Parks Watch 2002).

국립공원과 보호구역에서 거주하는 사람들이 일으키는 문제 같은 경우, 라틴아메리카 환경활동가가 받아들여야 할 현실이며 해결해야 할 부분이다. 현재 라틴아메리카의 환경적 문제는 심각한 빈곤문제, 불공평한 땅의 분배, 사회적 불안정성 때문에 초래되었다. 이는 곧 사람들이 이용 가능한 땅, 즉, 주인이 없는 땅을 추구하게 만들었다. 하지만 환경적 문제는 앞에서 언급된 이유뿐만 아니라 문화적, 역사적 사실에 근거해 초래되기도 한다. 예를 들면, 미국에서는 사람과 자연의 경계가 확실한 반면 라틴아메리카에서는 아직도 많은 사람이 자연으로부터 식량을 얻기 때문에 인간과 자연의 경계가 확실하지 않다. 또한 라틴아메리카에서 종교적인 이유로 사람과 자연을 엮는 문화는 북미에서 자연과 인간의 관계를 해석하는 것과는 확연한 차이를 보이고 있다. 자연에 대한 라틴아메리카의 이런 태도와 만성적인 자연보호 예산부족의 문제가 합쳐진다면 결과는 엉망이 되고 자연보호에 대한 위협 대처능력이 없는 인간들의 모습일 것이다.

하지만 1980년대와 1990년대에 들어서면서, 두 가지의 새로운 방법이 라틴아메리카의 자연보호 시스템을 변화시키기 시작했다. 첫 번째는 자연보호를 위해 국제사회에서 지배적 패러다임으로 떠오른 지속적인 재원 및 재정 지원이다. 두 번째는 국가 차원의 비정부 기구들이 라틴아메리카에 확산된 것이다. 즉, NGO시대에 접어들면서 비정부 기구들은 자연보호구역 확장을 위해 다양한 방법을 시작했고, 이미 지정된 보호구역에는 자연보호 시스템을 개선함으로써 자신들의 역할을 개척해 나가기 시작했다.

이런 방법들의 결과 중 하나는, 많은 국가가 자연보호구역의 범위를 국립공원과 삼림구역뿐만 아니라 공동체 지정 보호 지역(Communal reserves and extractive reserves)과 같이 지역주민과 토착민들에 의해 보호되는 지역까지 확장시켰다는 것이다. 두 가지 변화는 지역주민과 토착민에게 국립공원을 포함한 보호구역들을 보존하는 데 예전보다 중요한 역할을 부여했다. 아직도 국제 조항은 이런 변화에 유동성이 부족하고 또한 법적인 제재와 현실적인 차이 때문에 발생하는 문제들과 충돌하고 있지만, 앞에서 언급된 두 가지 변화가 참여적 자연보호 시스템과 보호구역 확장이라는 뚜렷한 결과를 보여주고 있는 것은 확실하다.

그러므로 오늘날 라틴아메리카 지역에 대한 토의는 상호협조에 관한 논쟁, 지속적인 재원의 조달문제 때문에 토착지역과 보호구역 내에 발생하는 분쟁, 참여적 관리 패러다임에 관한 논쟁들이 주를 이룬다. 인간의 권리와 자연보호의 교차점에서 획기적인 방안이 탄생할 수 있는 가능성에 대한 인식 또한 증가하고 있는 추세다.

반면 엄격히 자연을 보호해야 한다고 주장하는 사람들은 현대사회에서 인간과 자연이 공존하면서 생물학적 다양성과 생태계가 불가피하게 퇴화되었다고 주장한다. 또한 그들은 지정보호구역에 대한 예산을 적절하게 조달하고 보호구역을 확장함으로써 자연보호에 더욱 많은 관심을 가져야 한다고 말한다. 이런 빠른 변화가 일어나는 시점에서, 과학적 개념과 문화적, 정치적 개념이 자연보호의 개념을 설명하기 위해 서로 경합한다는 가정 하에, 자연보호 정책의 발전과정을 밝혀내는 것은 굉장히 재미있는 일이다.

라틴아메리카의 자연보호 네트워크

라틴아메리카는 서구에서 가장 크고 원래의 자연 상태로 보존된 구역을 가장 많이 보유하고 있다. 예를 들면 베네수엘라의 까나이마 국립공원(Canaima National Park)과 볼리비아의 그란 차꼬 국립공원(Gran Chaco National Park)은 각각 300,000㎢(300만 헥타르 이상)를 포함하고 있다.

이런 넓은 자연보호 구역의 존재는 라틴아메리카의 긍정적인 자연보호 네트워크의 일부다. 넓은 보호구역은 적은 보호구역보다 생태계를 보호하는 데 훨씬 더 효과적인데, 그 이유는 특정 지역의 식물군과 동물군이 외부와 접촉할 확률이 낮고, 숲 속에 살고 있는 식물과 동물, 다른 생물체가 멸종을 맞을 확률이 적기 때문이다. 또한 넓은 보호구역은 동물들이 필요로 하는 자원이 넓은 지역에 분포되어 있기 때문에 이들이 번식하는 데 최적의 지역이기도 하다. 마지막으로 많은 개체 수는 더 많은 유전적 다양성을 유발하기 때문에 미래에 많은 진화 과정이 일어날 것으로 기대된다.

〈표 3.1〉 1997년 자연 지역 보호

	Square Kilometers Protected	*As Percentage of Total Land Area*
North America	2,147,140	11.7
Latin America and Caribbean	1,438,070	7.2
Europe	1,052,090	4.7
Africa	1,540,430	5.2
Asia	1,628,770	5.3
Oceania	603,820	7.1
World[1]	*8,410,410*	*6.4*

라틴아메리카 자연보호구역의 정의

전 세계의 자연 생태계는 과학적 연구, 자연보호, 생태계와 동식물 종의 보존, 환경보호 서비스의 지속, 특정한 자연적·문화적 특성의 보호, 관광과 휴양, 교육, 자연 재원의 지속적 사용, 문화적·전통적 속성 유지와 같은 많은 이유들 때문에 보호된다. 자연보호 정책의 도안, 목표, 조건, 관리방식은 특정 국가의 문화적, 정치적, 경제적, 생태학적 모습에 따라 달라진다. 실제로 각 국가의 분류 시스템은 자연보호 정책의 목표와 보호단계에 따라 다르며, 명칭 또한 국가마다 차이를 보이고 있다. 그러므로 한 지역의 국가와 다른 지역 국가의 자연보호구역을 비교한다는 것은 굉장히 고된 작업이기도 하다. 현재 세계자연보존연맹(World Conservation Union)이 제시한 기준은 세계적으로 특정 국가가 어떤 지역을 어떻게 보호구역으로 지정하고 어떻게 자연보호정책의 목표를 설정하며 목표에 도달하기 위해 어떤 관리방식을 설정하는지의 기준이 되었다. 지역을 상관하지 않고 지정보호구역을 특정 관리방식에 적용하는 방법 또한 세계 각국의 정보를 비교하는 데 이용되고 있으며, 이는 각국의 자연보호 관리방식이 얼마나 효과적인지 평가하는 데 객관적인 정보를 제공하고 있다. 세계 대부분의 보호구역에 관련된 정보는 현재 세계보호지역위원회(World Commission on Protected Areas)에 의해 수집되고 있으며, 유엔 지정보호구역 목록(United Nations List of Protected Areas)을 만드는 데 사용되고 있다(World Commission on Protected Areas).

세계자연보존연맹은 공식적으로 지정된 보호구역을 여섯 개의 카테고리로 구분하고 있다.

카테고리 I

과학연구와 자연보호를 위해 지정된 국립공원과 보호구역을 말한다.

a. 엄격한 보호구역은 생태학적 보호구역, 생물학적 보호구역과 그 외의 지정구역으로서 생물학적 다양성 보호와 과학연구를 위해 과학자 이외 사람들의 방문을 허용하지 않는다. 라틴아메리카에서는 브라질이 적극적으로 이 카테고리를 활용했다.

b. 자연보호구역은 자연생태계 보호만을 위해 지정된 보호구역을 말한다. 즉, 인간의 방문을 허용하되 도로와 건물을 설립할 수 없는 것과 같이 엄격한 제재를 두는 것이다. 이 카테고리는 미국에서 적극적으로 활용되는데, 라틴아메리카에는 존재하지 않는다. 북극과 남극, 대양 지역을 제외한 세계의 지역 중 가장 넓은 자연구역을 보유하고 있는 곳이 라틴아메리카임에도 불구하고, 이런 제재가 라틴아메리카에 존재하지 않는 이유는 자연이 숭고한 존재이며 유한하다는 개념 자체가 북미보다 덜 확산되었기 때문이라고 볼 수 있다.

카테고리 II

생태계와 인간의 휴양을 목적으로 지정된 국립공원과 같은 보호구역을 말한다. 라틴아메리카를 포함해 대부분의 경우가 이 카테고리에 속하는데, 그 이유는 이 카테고리가 가장 오래되었기 때문이며, 자연보호와 휴양이라는 대중의 가장 큰 관심을 충족시키기 때문이다. 하지만 이 카테고리에서는 인간의 휴양이라는 점이 강조되기 때문에 인간과 자연 사이에서 발생하는 충돌은 대부분의 경우 자연을 보호하는 쪽보다는 인간의 욕구를 충족시키는 쪽으로 해결된다. 대부분의 땅을 인간이 차지하고 있는 국가 같은 경우, 국립공원에 인간이 서식하는 것은 불가피한 일이다. 이런 경우는 인구가 많은 유럽에서 일어나며 라틴아메리카의 경우 숲에 거주하는 토착민들이 국립공원에 서식하는 경우가 있다.

카테고리 III

자연 기념 건조물 또는 경계표를 보호구역의 카테고리로 구분하는 경우다. 이런 구역은 독특한 자연적 특징 때문에 보호구역으로 지정되는데, 인상적인 지리적 특징을 형성하는 산맥, 협곡 또는 호수들을 말한다. 이렇게 소수로 존재하는 구역들은 대부분의 경우 개발로부터 엄격하고 강력한 보호를 받지만, 라틴아메리카에서는 비교적 적은 예산과 관심을 받고 있다.

카테고리 IV

동식물 종과 이들의 서식지 보호를 위해 지정된 구역으로, 벌목 또는 다른 자연생태 파괴 행위에 취약한 지역을 말한다.

카테고리 V

보호와 휴양, 두 개의 목적으로 지정된 땅과 바다 지역을 말한다.

카테고리 VI

자연으로부터 추출한 자원의 관리를 위해 지정된 보호구역을 말한다. 이 카테고리는 카리브 지역을 제외한 라틴아메리카에서 가장 많이 활용되는 방식이다. 이 카테고리에서 보호구역들은 자연으로부터 자원을 추출하는 데 쓰인다. 즉, 벌목과 광산 채굴 같은 형태의 활동이 허용된다는 것이다. 라틴아메리카에서는 이런 허용이 특정 지역의 원주민들에게 특정 지역을 관리하는 역할을 부여한다는 것을 뜻한다. 북미에서는 이 카테고리가 벌목과 사냥을 위해 개방된 구역을 위해 활용되는 반면, 라틴아메리카에서는 벌목과 사냥뿐만 아니라 고무 생산, 과일 재배, 낚시 등 다른 형태의 생존활동을 포함한다.

중미에서는 멕시코가 거의 대부분의 땅을 보호하는 데 책임을 지니고 있고, 범위는 160,000㎢(멕시코 전체 면적의 8%)에 달한다. 하지만 이 면적의 절반 이상이 카테고리 VI에 해당된다. 중미에서 멕시코 이외에 코스타리카와 과테말라가 넓은 지역을 서식지와 보호를 위해 따로 지정했다. 코스타리카는 자연보호를 위해 25%의 면적(12,000㎢)을 보호구역으로 지정했다. 이 중에서 절반은 카테고리 I과 카테고리 II에 포함되어 있다. 한편 과테말라는 20%의 면적(22,000㎢)을 따로 보호구역으로 지정했다. 또한 면적의 대부분이 카테고리 I, 카테고리 II, 카테고리 III에 포함되어 있다. 카리브 지역 국가들의 자연보호에 관한 정보는 해양 보호에 관한 항목들에 초점이 맞춰져 있기 때문에 심각하게 왜곡되어 있는 상태다. 이 지역의 보호구역을 고려할 경우 도미니카, 쿠바, 바하마가 자연보호의 선두에 있다고 볼 수 있다(ibid.).

남미에서는 브라질이 공식적으로 526,000㎢ 이상의 면적을 보호구역으로 지정했는데, 이 구역들은 세계자연보존연맹(International Union for Conservation of Nature and Natural Resources)이 기준으로 발표한 여섯 개의 카테고리에 골고루 포함된다. 카테고리 III에 포함되는 자연 기념 건조물과 같은 형태는 소수인 반면, 카테고리 V와 카테고

코스타리카 몬떼 베르데(Monte Verde) 산림보호 구역

리 VI에 포함되는 국립공원과 보호구역은 광대하다. 브라질 외에 넓은 면적을 따로 보호구역으로 지정한 국가들로는 베네수엘라(560,000㎢), 볼리비아(178,000㎢), 에콰도르(156,000㎢)와 칠레(141,000㎢)가 있다. 하지만 브라질과 마찬가지로 보호구역의 대부분에서 벌목, 광산업, 농사 같은 형태의 활동이 허용되고 있다. 남미 국가들을 대상으로 지정한 보호구역을 비율의 개념으로 살펴보면, 에콰도르가 33% 이상의 면적으로, 가장 많은 지역을 보호구역을 설정했다. 이 외 보호를 명목으로 많은 지역을 보호구역으로 설정한 국가는 칠레(19%)와 볼리비아(16%)다(ibid.).

법적 구속력이 없는 보호구역의 카테고리와 국제조약

라틴아메리카에서 생물권 보호지역(Biosphere Reserves)과 같이 국제적으로 지정된 보호구역의 수는 굉장히 많다. 유네스코의 인간과 생물권 프로그램(Man and the Biosphere program: MAB)에서 지정된 생물권 보호지역은 일반적으로 국립공원 또는 엄격히 보호되는 구역을 중심으로 위치한 아주 넓은 지역을 말한다. 생물권 보호지역은 농업, 방목지, 나무 조림지와 심지어 거주 지역까지 포함할 수 있다. 예를 들면, 브라질 상파울루의 마따 아뜰란띠까(Mata Atlantica) 생물권 보호지역은 상파울루의 도시 그린벨트와 농업지역을 포함하고 있다. 이 보호지역의 총면적인 2억 9천 6백만 헥타르 중, 고작 4백만 헥타르가 인간과 접촉 없이 원래의 자연형태로 보존되고 있다(UN Educational, Scientific and Cultural Organization 2002).

만약 생물권 보호지역이 퇴화해 법적으로 구속력 있는 보호구역으로 유지될 수 없는 경우, 당연히 자연보존의 중요성에 대한 대중의 관심을 얻게 되며, 이는 곧 정부에게 자연을 보호해야 한다는 의무를 부여하게 된다. 또한 생물권 보호지역의 지정은 대중에게 자연의 지속적이고 다양한 활용을 위한 관리방식의 가능성을 알리는 데 큰 역할을 한다. 대부분의 경우 생물권 보호지역이 인간의 거주 지역을 포함하기 때문에 이 지역은 인간의 권리와 환경권의 관계를 강조한다. 이런 이유 때문에 생물권 보호지역으로 지정된 구역은 종종 라틴아메리카 자랑의 원천이기도 하며, 비정부 기구들이 동식물과 그 밖의 생물체를 보호하는 체계가 향상됨으로써 이에 대한 인식이 높아지고 있다.

가장 적절한 예로 베네수엘라에서는 1991년도에 860,000㎢에 이르는 오리노꼬 고지대생물권 보호지역(Upper Orinoco Biosphere Reserve)이 확립되었다. 오리노꼬 고지대 지역은, 이웃 국가 브라질 야노마미 원주민들이 거주하는 지역에 지나친 금 채광이 이루어짐으로써 그들이 심각한 피해를 입게 되자, 그들과 같은 상황에 처할 수 있다는 사실 때문에 생물권 보호지역으로 지정되었다. 야노마미 원주민들의 심각한 피해가 국가적, 국제적 차원의 노골적인 묵살로 인해 대중의 반감이 커짐으로써 오리노꼬 고지대 지역은 생물권 보호지역으로 지정될 수 있었던 것이다. 오리노꼬 고지대 생물권 보호지역은 세 개의 국립공원을 포함하고 있으며 이는 보호지역의 절반 이상을 차지하고 있나. 이 지역에는 아직도 야노마미, 사네마(Sanema), 예쿠아나(Yekuana) 원주민들이 살고 있으며, 그들은 자신들의 전통적 삶의 방식을 유지하면서 각자 자연보호 조직을 형성해 이 지역을 관리하고 있다. 오리노꼬 고지대 보호지역의 중심부가 아닌 지역에서는 실 난초, 바나나, 코코넛과 같은 과일과 농산물을 재배하는 것이 허용된다. 이런 활동이 허용된 지역에서도 광산 채굴과 벌목 형태의 활동이 확장되지 못했는데, 그 이유는 지리적인 고립 때문이다. 한편으로, 현재 베네수엘라에서는 각종 채광관련법이 제정되고, 토지개발이 빠른 속도로 진행되고 있는 상태이며, 정부의 주도로 생물권 보호지역마저 채광과 같은 자연자원 추출사업이 진행될 위기에 처해 있다. 하지

환경 파괴는 야노마미 족 문화의 미래를 회의적으로 만들었다

만 오리노꼬 고지대 생물권 보호지역의 존재는 개발사업의 자연 파괴 문제가 대중으로부터 많은 관심을 얻도록 보장할 것이다.

적은 면적임에도 불구하고 쿠바에서는 현재 여섯 개의 구역이 생물권 보호지역으로 지정되었다. 모든 보호지역이 공히 자연, 생태계, 야생동물 보호구역을 기반으로 한 핵심구역이다. 쿠바의 생물권 보호지역은 지금까지 사람들에게 지속적인 자원 활용을 위한 교육을 시키기 위해 사용되어 왔다(쿠바의 모든 보호지역은 대부분 자원을 추출하는 약간의 활동이 허용된다). 멕시코, 벨리즈, 과테말라 같은 중미 국가들의 경우, 많은 생물권 보호지역에 고대문명의 건축물이 위치해 있어 수많은 관광객이 모여들고 있다. 2001년 라틴아메리카에 지정된 유네스코 생물권 보호지역(UNESCO Biosphere Reserves)은 총 65개로 아르헨티나(12개)와 멕시코(10개)가 가장 많은 지정구역을 포함하고 있다.

또한 많은 국가의 여러 지역이 세계자연보존연맹에 의해 체결된 국제습지조약(Ramsar convention: 람사르 협약)에 의거해 습지보호구역으로 지정되었다. 1975년부터 전 세계의 약 1,100개에 달하는 장소가 습지보호구역으로 지정되었으며, 라틴아메리카에는 무려 100개의 습지보호구역이 있다. 국가 지정 보호구역이 생물권 보호지역의 대부분을 차지하는 것처럼 습지보호구역 또한 생물권 보호지역 내에 위치한 경우가 대부분이다. 국제습지조약은 습지보호에 대한 국제적 협력을 유발하고, 습지대 생태계에 관련한 전문가들의 수를 증가시키는 데 도움을 주며, 특정 지역에 대한 효율적인 정책의 탄생을 촉진시킨다.

라틴아메리카의 보호구역에 대한 위협의 개요

일반적으로 남미국가들은 중미국가와 카리브 지역 국가들보다 일관성 있는 보호 시스템을 구축하고 있다. 즉, 남미국가들의 법률 조항과 중앙정부는 중미와 카리브 지역 국가들의 정부보다 훨씬 더 강력한 권력을 갖고 있다. 이는 자연보호를 하는 데 더 이상 민간 기업이 참여하지 않는다는 것을 의미한다. 하지만 어디에나 예외는 존재하듯 라틴아메리카 대륙에도 예외는 있다. 세 개의 국가가 예외인데, 그중 두 국가는 최근 식민지 통치로부터 독립한 국가들인 가이아나와 수리남이다. 나머지 한 국가는 아직도 프랑스에 속해 있는 프랑스령 기아나다. 프랑스령 기아나는 현재 자연보호체계를 재검토하고 있는데, 2년 전까지만 해도 자연보호에 관련된 법률조항은 열대지방의 국가보다 유럽에서 실용적인 조항들로 구성되어 있었다. 수리남에서는 1998년 과거에 지정된 세 개의 보호구역을 포함해 설정된 중앙수리남 자연보호구역(Central Suriname Nature Reserve)과 함께 더욱 강력한 자연보호정책이 추진되고 있다. 보호구역 전체 중 두 개만이 인간과의 접촉 없이 원래 상태로 보존되고 있으며, 나머지는 카테고리 IV 이상에 포함된다. 마지막으로 가이아나는 카이테우르 국립공원(Kaiteur National Park)이라 불리는 하나의 보호구역만을 가지고 있다. 카이테우르 국립공원은 60,000㎢의 아주 적은 면적으로 이루어져 있으며, 인간의 접촉이 없는 남부의 우림과 사바나를 포함하고 있다. 역사적으로 가이아나는 채광사업에 기반을 두고 있고 여러 가지 이유로 원주민들 또한 보호구역 확장을 반대한다. 채광사업 회사들은 광물이 많이 있을 가능성이 있는 땅의 채광을 위해 보호구역으로 확장되는 것을 원치 않으며, 원주민들과 같은 경우, 그들의 능력과 전통 생활방식을 보존하기가 어려워질 것을 두려워한다.

카리브에서는 자연보호에 대한 부적절한 예산지원이 다른 환경문제보다 더욱 심각하다. 예를 들면 세계환경모니터링센터(World Conservation Monitoring Centre)에 따라 제대로 된 자연보호를 추진하기 위해서 필요로 하는 예산 현황을 살펴보면, 카리브 지역이 평방킬로미터 당 2,190 US달러, 남미는 142 US달러, 중미는 336 US달러가 되는 것으로

〈그림 3.1〉 1990년대 세계 토종 식물의 지역별 비율

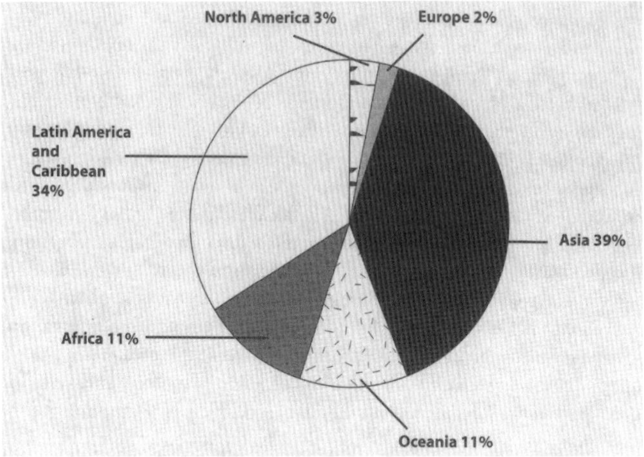

나타났다.

"카리브 지역의 자연환경보존 문제는 아주 기초적이며 뚜렷하다. 문제의 겨우 절반이 채 넘는 경우만이 지역차원에서 관리될 수 있으며 효과적인 예산조달방안이 확립되지 않는다면 지역사회의 참여, 민간기업의 참여, 완충지대의 발달, 과학의 사용, 당면한 위협에 대한 개선방안, 국경을 초월한 방안과 같은 이차적 문제가 발생했을 경우 해결능력을 갖는다는 것은 불가능하다"(McNeely et al. 1994).

카리브 지역에 위치한 국가들 중에서 쿠바가 아마도 가장 체계적이고 일관성 있는 자연환경보존 시스템을 구축했을 것이다. 16% 이상의 면적이 보호받고 있으며, 잘 훈련받은 국립공원 직원들과 강력한 중앙정부를 자랑하고 있다. 그러나 대부분의 보호구역은 자원조달과 생식품을 얻기 위해 사용되고 있다. 카리브의 다른 거대한 섬들 중에서는 에스빠뇰라(Española) 섬이 본래의 자연환경을 가장 많이 잃었다. 도미니카는 23% 정도의 면적이 보호구역으로 지정되었으나, 이 중 많은 지역이 자연적 황폐를 맞았다. 아이티 섬과 같은 경우 자연환경보존의 상태는 더욱 심각하다. 아이티 섬 전체면적의 0.35%에 불과하던

보호구역조차도 사라져버린 상황이다. 빈곤의 문제 때문에 사람들은 필사적으로 자연으로부터 자원을 얻으려 하며, 불안정한 정부가 자연보호관련 조항을 실행하는 것은 거의 불가능하다(Green and Paine 1997; McNeely et al. 1994). 카리브 지역의 가장 작은 섬 같은 경우에도 자연환경보존 상태는 최악이라고 볼 수 있다. 예를 들면 세인트빈센트 그레나딘 같은 경우 고작 멸종 위기에 처한 앵무새를 보호한다는 명목으로 야생보호구역이 지정되었다. 이조차도 환경보호 단체의 로비와 예산 지원을 통해 실현될 수 있었다.

카리브에 존재하는 해양보호구역들은 굉장히 중요한 요소로 여겨지는데, 이는 카리브가 관광지, 휴양지로 꼽히는 지역적인 특성 때문에, 그리고 관광이 이 지역 국가들의 유일한 수입원이기 때문이다. 실제로 이 지역에서는 국가들이 소유한 지역보다 해양보호구역으로 지정된 지역이 더 크다. 하지만 카리브 지역 보호구역 내의 산호초와 해양동물은 지역 거주 인구 때문에 위기에 처해 있는 실정이다. 지나친 고기잡이, 환경오염, 침전과 같은 문제는 이 지역 보호구역에 존재하는 구체적인 문제들 중 일부이며, 자연환경보존 정책이 체계적으로 잡혀있는 다른 정부와는 확연한 차이점을 보여주고 있다.

"일반적으로 카리브 보호구역들은 다른 부문의 발전 추진계획에 효과적으로 연결되어 있지 않다. 어업, 임업과 관광업과 같은 몇몇의 독립적인 경우에는 생산적으로 연결고리가 형성되었다. 하지만 관광과 교육부문, 물 생산 및 공급 기관, 농촌 및 어촌 개발 프로그램 같은 장기 생산적 협력이 탄생했을 수 있음에도 불구하고 현재는 고작 소수의 메커니즘만이 존재하고 있다"(McNeelyetal 1944).

중미에서는 정치적 불안정과 인구의 증가가 자연보호구역을 관리하는 데 문제를 유발했다. 과테말라에는 지정보호구역의 절반 정도가 뻬뗀(Peten)에 위치해 있으며, 1백 70만 헥타르 정도의 일부분이 마야 생물권 보호지역(Maya Biosphere Reserve)으로 지정되어 있다. 하지만 불법 벌목과 계획된 도로의 형성이 이 지역들을 위협하고 있다. 멕시코는 전체 면적의 8%에 가까운 면적을 보호구역으로 지정했으나 정부와 법적 차원에서 일관성이 부족하며, 벌목꾼, 농장주, 사냥꾼들과 이외 사람들의 침략이 끊이지 않는 문제로 대두되고 있다. 실제로 멕시코 국립공원의 25% 이상이 앞서 언급된 이익집단에 의해 영향을 받고 있으며, 멕시코 영토에 비교적으로 적은 국립공원들이 실질적으로 위협을 받고 있다(ibid.). 또한 중미에는 지속적이며 해결되지 않은 문제들이 각 국가가 구축한 자연보호 시스템과 국가 소유지(에히도: ejido) 사이에서 중복되고 있는 상황이다.

한편 니카라과와 온두라스에서는 각각 전체 면적의 10%를 국가 차원에서 보호하기로 선언했지만 대부분의 국립공원들 내에는 직원이 없고, 이 면적의 경계가 분명하지 않다. "서류상의 국립공원" - 국립공원으로 지정되었음에도 불구하고 밀렵꾼, 농장주, 벌목꾼과 같은 다른 이익 집단으로부터 전혀 보호되지 않는 - 들은 이 지역의 공통적인 문제다. 1990년대 중반에 세계자연보존연맹은 멕시코를 포함한 이 지역의 보호구역 중 30% 이상에 이름만 부여했으며, 이들 가운데는 파나마의 다리엔 국립공원(Darien National Park), 온두라스의 세로 아갈따 국립공원(Cerro Agalta National Park), 과테말라의 볼깐 빠까야 국립공원(Volcan Pacaya National Monument)과 같이 자연보호구역으로 지정된 국립공원들이 포함되어 있다.

"대다수 보호구역의 경우, 실질적인 제재가 불분명하며, 합법적인 명목조차 갖고 있지 않다. 최악 중의 최악은 보존 작업과 방안을 착수시킬 수 있는 영구적 단체가 존재하지 않는다는 것이다. 또한 경험상으로 알 수 있듯이 코스타리카와 온두라스가 선언한 자연 환경보호 시스템과 같은 정책은 전혀 효과적이지 못하다(ibid.)."

중미 보호구역의 또 다른 결점은 지정된 산맥보호구역이 많은 관심을 받은 반면, 특정지방의 동식물 보호와 같은 다른 생태계는 전혀 관심을 받지 못했다는 것이다. 마지막으로 중미에 위치한 국가들의 가장 큰 문제점은 미래에 일어날 수 있는 위협에 대처할 능력이 전혀 없다는 것이다. 관광 사업을 위한 개발, 기름과 천연자원 추출, 가난한 이주민들의 불법적 정착, 불법 삼림 벌채, 밀렵과 불법 어업, 생태계의 연결선인 강과 호수의 오염, 해양사업에 따른 해양보호정책의 고립과 같은 위협들은 멕시코부터 파나마까지 중요한 자연 생태계와 서식지를 파괴하고 있다. 실제로 엘살바도르와 니카라과의 자연 환경보호 기관들은 현재 생태계가 심각한 위험에 처해있다고 경고했다(ibid.).

중미에서 야기되는 부적절한 문제는 세계에서 가장 넓은 자연생태계를 보유한 남미에서도 마찬가지다. 예를 들면 '브라질 세계야생기금(World Wildlife Fund-Brazil)'은 1999년도에 인간의 접촉이 없는 지역과 특정 지역 국가들이 생태계를 보호할 수 있는 능력, 그리고 국립공원의 상태를 개선하기 위해 필요한 예산을 정의하기 위해 설문조사를 실시했다. 설문조사의 결과는 라틴아메리카에 존재하는 모든 국립공원들을 보호하는 데 실용적으로 사용될 수 있다. 세계야생기금은 1996년 이전에 확립된 86개의 엄격한 보호구역들 중 그 어떤 국립공원의 보호정책도 실행되지 않았다고 밝혔다. 정책의 완전한 실행이란 실현 가능한 정책 계획, 요구되는 땅의 결산, 보호 구역의 경계확립, 환경보호 위원회와 기관 설립, 필요 인력 준비, 예산지원과 필요장비의 구축을 말한다. 관련 연구는 보호구역 전체 면적의 54.6%에서 보호정책이 실행되지 않았으며, 37%는 약간의 변화가 발생했고, 고작 8%만이 적절히 실행되어 생태계 보존이 가능하다고 결론지었다(Ferreira et al. 1999). 연구에서 가장 흔한 문제로는 관리 계획의 부재, 뚜렷한 보호구역 경계의 부재, 보호구역의 실질적 사용과 구분된 카테고리의 불일치, 예산부족 등이 언급되었다. 이 외의 다른 문제점들로는 부적절한 인프라와 특정활동에 필요한 재료, 부적절한 법적 소유권 등이 있다.

이런 결점들의 결과로, 남미의 보호구역 대다수가 지나친 채광사업과 벌목, 이민자들과 농민들의 불법정착, 밀렵꾼들의 활동, 많은 수의 관광객들 때문에 재생 불가능한 피해를 입었다. 예를 들면 베네수엘라의 국립공원들은 관광사업 때문에 막대한 피해를 입었다. 이들 국립공원은 국내외로부터 많은 관광객을 유치했는데 관광객을 위한 적절한 시설을 공원에 구축해 놓고 공원에서 준수할 사항을 교육시킨 국립공원은 소수에 불과했기 때문이다. 또 다른 예로 까나이마 국립공원의 사바나 근처에 위치한 유명한 폭포를 방문하기 위한 산악자동차(Off-Road Vehicles)들의 행렬은 심각한 문제가 되고 있다. 브라질 남부의 이구아수 국립공원(Iguauç National Park)에서는 관광객들이 너구리 같은 동물들에게 무차별적으로 음식을 주어 동물들의 수가 급증했고, 이는 이 지역 생태계의 균형을 완전히 파괴해 버렸다.

남미의 국립공원 대다수가 밀렵 때문에 생태계의 균형이 깨지고 특정 동식물 종은 멸종위기를 맞는 등 많은 피해를 겪고 있다. 예를 들면, 이구아수 국립공원 부근에서 활동하는 밀렵꾼 때문에 표범은 야생 먹잇감을 잃었고, 이는 표범을 자연스레 국립공원 밖 인간의 서식지로 몰아내어 사람과 표범 사이에 갈등이 빚어지게 되었다. 브라질에 있는 다른 국립공원처럼 이구아수는 숲의 일부로, 콩 농장, 옥수수 농장, 목장으로부터 떨어져 있다. 이구아수 국립공원은 표범과 다른 육식동물의 수가 유지될 수 있을 정도로 크지만, 다른 지역의 많은 국립공원은 표범, 독수리, 멧돼지 같은 동물이 더 이상 서식할 수 없을 정도로 상태가 악화되었다. 미래에는 면적상 넓은 국립공원과 보호구역만이 다양한 동물 종을 유지할 수 있을 것이다.

하지만 이런 국립공원과 보호구역들조차도 근교의 사냥꾼들에 의해 동식물의 개체수가 낮아질 수 있다(어떤 학자들은 이를 '텅 빈 숲'이라고 지칭하기도 했다). 예를 들면 도로가 열려 있지 않은 아마존 지역도 밀렵으로부터 절대 안전하지 않다. 밀렵꾼들이 자신들의 목표를 달성하기 위해 수단과 방법을 가리지 않기 때문이다. 이들은 주로 강을 통해 아마존 지역으로 밀려들고 있다(Peres and Terborgh 1995).

국립공원 보호시스템은 이와 같은 국립공원 내부의 문제뿐만 아니라 주변에서 일어나는 파괴적 행위 - 벌목, 자연광물 탐사, 광산업, 농업, 도시 확장 - 와도 힘겨운 싸움을 하고 있다. 이런 파괴적 행위는 국립공원을 가로지르는 강을 오염시키고 주변 공기를 악화시킴으로써 자연 생태계뿐만 아니라 자연보호구역 같은 지역을 다각적으로 위협할 수 있다. 이들 문제의 심각성에 대한 인식이 높아지면서 생태계를 보호하는 울타리 역할을 하는 "완충지대(buffer zones)"의 설정 같은, 생태계 파괴를 완화시키는 방법이 증가했다. 하지만 아직도 많은 국가의 경우, 국립공원 주위에서 일어나는 외부요인은 줄어들기보다는 증가하고 있는 추세다.

마지막으로, 합법적이고 경제적이며 대중의 지지를 받는 자연보호 시스템은 국가마다 많은 차이를 보이고 있지만, 아직도 남미의 소수 국가만이 적극적으로 보호시스템을 확장시키고 실행하고 있다. 한 연구 분석 결과에 따르면 "많은 국가들이 보호구역으로 지정해 놓은 지역이 국가 전략적 요충지이기 때문에 보호구역으로 설정된 경우가 많다"고 설명한다.

"일반적으로 남미의 정책 성향을 살펴보면 자연보호 지정구역은 생태계 보호를 위한다고 볼 수 없는 경우가 대부분이다. 이런 결과는 지리적으로 자연보호구역이 골고루 분배되어 지정되지 못했기 때문이며, 이는 실질적으로 보호를 필요로 하는 많은 자연지역이 위협을 받게 되는 요인이다"(McNeelyetal 1994).

원주민과 자연보호구역

라틴아메리카에서 비교적 자연보호 상태가 온전한 지역은 원주민들에게 집과 같은 존재로 여겨지는데, 일부 원주민은 정부의 자연보호구역 지정 시스템에 대한 반감을 갖고 있다. 그들은 자신들의 거주지역이 보호구역으로 지정됨으로써 자신들이 자연으로부터 자원을 얻어 생활하는 데 제재를 받고, 자신들의 권리가 무시되는 것을 우려한다. 그러므로 환경보호 활동가와 인권을 지지하는 사람 사이에서 자주 충돌이 빚어진다.

에콰도르-아마존 지역에는 6개 종족, 총 100,000명의 원주민이 거주하고 있는데 이 지역의 2/3 이상이 원주민의 영토로 지정되어 있다. 또한 가이아나의 인구 7% 정도가 이런 지역에서 거주하는 원주민들이다. 브라질의 자연보호구역에는 206개의 각기 다른 종족의 원주민 약 300,000명이 거주하고 있는데, 이들 대부분이 브라질 영토의 12%에 달하는 지역에 분포되어 있다(통계 자료에는, 종족에 상관없이, 등록되지 않은 인구는 포함되지 않았다)(Ramos 1998).

라틴아메리카에서는 이런 원주민들의 존재가 자연보호 문제에서 굉장히 예민한 부분이다. 라틴아메리카 국가들이 1940년대와 1950년대에 처음 국립공원과 자연보호구역을 지정하기 시작했을 때 인간의 활동으로부터 자연을 보호하는 데 중점을 맞춘 미국식 시스템과 관리 방식을 모델로 삼았다. 따라서 이 방법은 대부분의 국립공원에서 원주민의 벌목과 농업 같은 활동을 제재할 수 있었다. 미국적 철학은 몇몇의 국가에 의해 지속적으로 유지되었으나 베네수엘라와 다른 몇몇 국가에서는 시스템이 변형됨으로써, 자연이 지속적으로 유지될 수 있는 한도 내에서 원주민의 활동을 허락하기도 했다.

오늘날 자연보호구역지정을 원하는 라틴아메리카 정부들은 원주민 거주 문제에 대한 두 가지 선택 사항을 갖고 있다. (1) 콜롬비아와 볼리비아처럼 정통 자연보호 및 관리법을 채택해 원주민들과 함께 관리하는 방법. (2) 원주민들이 거주할 수 있는 지역을 지정하는 방법. 아마존 근처에 위치한 국가들은 주로 두 번째 방법을 채택했다. 콜롬비아, 브라질, 에콰도르, 페루와 볼리비아는 자연보호구역으로 지정된 곳보다는 원주민들이 거주할 수 있는 구역이 훨씬 더 넓다. 실제로 콜롬비아 정부는 원주민이 거주하는 지역을 그대로 두는 것이 자연을 보호하는 데 훨씬 더 도움이 된다는 자신들의 믿음을 공식적으로 발표했으며, 60% 이상의 아마존 지역을 원주민들의 영토로 지정, 인정했다(Colchester 1996).

멕시코 사유지 관할 자연보호체계

멕시코처럼 국가의 재정이 자연보호 관련 문제에 투입되기 힘든 개발도상국의 경우는 토지의 개인 소유자들이 자연보호를 책임지고 있는 실정이다. 실제로, 개인 또는 지역사회 차원의 자연보호 체계는 멕시코 내에서도 크게 이슈화되었으며 국제사회와 국제 자연환경 보호단체, 환경 NGO의 관심을 이끌어내고 있다. "비정부단체는 예전과는 다르게 사유지에서 발생하는 모든 형태의 자연보호 활동의 장점을 100% 활용한다. 비정부단체와 그들과 동질성을 띠는 사람들의 영향력이 사유지에서 발생하는 자연보호 활동에까지 미치면서 멕시코의 자연환경 보호를 위한 노력은 예전보다 훨씬 강화되었다"(Jolly 2002).

멕시코시의 주변 도시들은 그들의 땅과 자원을 국가적 차원에서 관리하는 것에 대한 모든 합법적인 권리를 행사하고 있다. 어떤 곳에서는 그들에게 주어진 이런 권리가 정부가 지정한 보호구역에 부과되는 세금을 거부하는 데 쓰이고 있다. 예를 들면, "오아하까(Oaxaca) 주에서는 지역사회들이 정부의 보호구역 시스템에 대한 회의를 갖고, 즉 그들 사회에 악영향을 미칠 것이라고 보고 정부의 시스템을 거부했다. 이런 지역사회의 태도는 때로는 정부의 시스템을 거부하고 자연을 보호하는 데 그들만의 방법을 채택하는 방향으로 나아가기도 했다"(Oveido 2002).

하지만 멕시코 정부가 1910년 멕시코 혁명의 결과에 따라 1992년에 개인에게 매각한 공동체 구역을 개인 또는 단체의 동의 하에 매각 및 매입할 수 있다고 발표하면서, 사유재산으로 보호구역이 채택되었다. 이를 지켜보던 보존단체들은 정부의 발표가 자연을 보호하는 데는 위험할 수도 있지만 한편으로는 자연보호를 뒷받침할 수 있다고 전망했다. 반면 개발자와 자연재원을 이용하려는 사람들은 정부의 발표를 혜택으로 받아들였다. 자연환경 보호단체 또한 이 같은 정부의 발표가 자연을 보호하는 데 뒷받침이 될 수도 있다고 보았다. 그들은 정부의 선언을 사유지를 개발하지 않은 채 보존하는 동시에 경제발전에 기여할 수 있는 "특별한 기회"로 여긴 것이다(Jolly 2002). 환경보호 단체의 전략과 방법은, 경제적 이익을 추구하는 주인들이 규제가 완화되어 아무런 조건이 없는 자신들의 사유지를 자발적으로 보호하는 것 또한 포함되어 있다. 즉, 여태까지 환경보호 단체는 멕시코의 복잡한 자연보호 시스템과 타협점을 찾으려는 지역사회 주민들에게 굉장히 중요한 역할을 해왔던 것이다(ibid.).

멕시코의 사유지 관할 자연보호체계는 멕시코 전 영토뿐만 아니라 주변국가에도 퍼져나갔다. 바다사자, 900가지의 어류, 세계 65% 정도의 고래와 돌고래 같은 수많은 해양동물 종이 서식하고 있는 깔리포르니아의 만에서 니빠라하(Niparaja) 같은 환경보호 단체는 무분별한 어업, 관광개발, 환경보호 규제 완화 같은 무익한 요소들과 싸우고 있다. 꼬아우일라(Coahuila)에 위치한 치우아우아(Chihuahua) 사막에서는 친환경적 관광사업 같은 사유지 관할 자연보호체계가 샘, 초원, 나무가 있는 꾸아뜨로 시에네가스(Cuatro Ciénegas) 같은 지역을 효과적으로 보호하는 데 기여하고 있다. "갈라빠고스(Galapagos) 같은 사막 분지에는 지리적으로 외진 곳에 위치한 지역 특성 때문에 지구 어디에서도 찾아볼 수 없는 77가지의 동물과 식물종이 서식하고 있다"(ibid.).

멕시코에서 종의 다양성이 풍부한 오아하까에서도 사유지 관할 자연보호 체계가 대세를 차지하고 있다. 이 지역에는 멕시코의 40% 정도의 퓨마, 재규어, 수달과 같은 포유류 종과 식물종이 서식하고 있으며 60%

정도의 조류종이 서식하고 있다. 이런 오아하까는 대부분의 땅(80%)이 사유지로 등록되어 있으며, 사유지 관할 자연보호체계를 채택하고 있다. 다행히 친환경적 관광시스템과 환경보호를 중요시하는 세대는 많은 지역사회의 경제적 혜택 추구를 넘어설 수 있었다. "최근 몇 년 간 오아하까 지역사회에서 생물학적 다양성을 보호하려는 다양한 시도는 늘어나는 추세를 보였다. 60건 이상의 사건이 등록되었으며(2002년까지) 200,000 헥타르에 이르는 땅이 보호시스템의 혜택을 입었다"(Oveido 2002).

〈출처〉

Jolly, Mark. 2002. "Lands of Opportunity." Nature Conservancy 52 (Winter).

Oviedo, G., ed. 2002. "The Community Protected Natural Areas in the State of Oaxaca, Mexico." Glnad, Switzerland: WWF.

브라질에서는 국립공원 내에 사람들의 거주를 금지하는 법이 심각한 문제를 야기했다. 브라질의 북쪽에 위치한 로라이마 국립공원(Mount Roraima National Park)에서는 이런 법이 1989년도에 채택되었는데, 유엔에서 재정적 지원이 나온 2001년 전까지는 아무런 조치도 취해지지 않았다. 국립공원이 서류상으로만 존재하던 당시에 국립공원 반경 내에 거주하던 원주민들에게는 심각한 절망감을 안겨주는 계기가 되었다. 브라질의 환경보호 기관인 이바마(IBAMA)는 본부를 설치하고 사람들을 국립공원 밖으로 이주시키는 방안을 모색하기 시작했다. 인가리코(Ingariko)와 마꾸시와 같이 오랫동안 국립공원 내에서 거주하던 종족은 IBAMA의 이런 방법에 강하게 부정을 표했다. 정부가 원주민들이 국립공원 내에서 자연과 공존하는 방안의 법을 채택하기 전까지는 이런 문제를 해결하기란 쉽지 않았을 것이다.

베네수엘라의 까나이마 국립공원(Canaima National Park)의 거대한 영토(3백만 헥타르)에는 10,000명의 사람들이 거주하고 있으며 이

베네수엘라 까나이마 국립공원의 폭포를 보러 가는 관광객으로 가득 찬 배

중 대부분을 이루고 있는 뻬몬(Pemón) 족이 사바나 지역에서 거주하고 있다. 그들은 자연이 재생 가능한 한도에서 농사와 사냥 활동을 하고 있다. 비록 소소하지만 현재 국립공원 내의 원주민들은 관광객들이 이용하는 부대시설을 관리하고 있다. 작년에는 구리(Guri) 지역과 브라질의 북쪽과 남쪽을 연결하는 송전선이 건설되었다. 송전선의 설립은 더 많은 방문객들을 몰아 올 것이며, 이 같은 발전은 앞으로 있을 더 많은 발전과 채광사업을 두려워하는 원주민들과 심각한 충돌을 야기했다.

메소아메리카의 생물학적 회랑지대

메소아메리카의 생물학적 회랑지대(Mesoamerica Biological Corridor: MBC)는 자연을 보호하기 위해 과거에 지정된 보호구역과 자연 환경 재생 가능 개발방법을 발판으로 삼은 중미의 야심찬 계획안이다. MBC 계획안은 지속적인 환경 파괴에 대해 강화된 정책을 선보이고 있으며, 사회 경제적인 요소를 무시하고서는 절대 야생을 보호할 수 없다고 말하고 있다.

지난 몇십 년간, 자연보호를 주장하는 생물학자들은 세계의 자연이 분열될 수 있다는 점을 주지해 왔다. 농업의 확장으로 인한 분열, 도시화와 산업화, 도로개발 사업, 벌목, 채광과 같은 활동을 생물학자들이 말하는 분열이라고 할 수 있다. 이 분열은 바다에 위치한 섬에서 서식하는 야생 동식물 종까지 감소시킨다. 많은 섬들에는 동식물이 필요로 하는 적절한 먹이와 물, 서식지, 번식을 위한 자원이 부족하다. 이런 현상의 결과로, 섬에서 서식하는 야생종은 포식자 동물부터 시작해 먹이사슬의 마지막 부분을 차지하고 있는 동식물 순서대로 서서히 사라지기 시작한다. 또한, 동식물 종이 존재하는 평범한 지역이라고 할지라도 이들은 "눈 깜박할 사이에 사라지는" 부분 멸종에 취약한 상태다(Soule과 Terborgh, 1999). MBC는 단독적으로 보호구역을 설정해 자연환경을 보호하는 것은 제로섬 게임이라는 사실을 인식하고 자연환경의 적절한 사용이 환경을 보호하는 데 더욱 도움이 될 것이라는 확신에 의해 탄생되었다(Miller et al. 2001).

MBC의 구체적인 초안은 1980년대에 모습을 드러냈다. 과거에 플로리다 표범의 회랑지대를 다시금 탄생시키려던 환경 보호가들이 중미 전역을 커버하는 회랑지대에 대한 구상을 발의한 것이다. 빠세오 빤떼라(Paseo Pantera)로 불리던 이 프로젝트는, 훨씬 더 복잡하고 구체적인 MBC의 탄생을 유도하게 되었다. MBC는 1992년에 개최된 '중미의 생물다양성 보존과 우수 야생지역 보호를 위한 협약(Convenio para la Conservación de la Biodiversidad y Proteccion de Areas Silvestres Prioritarias en America Central)'의 제12차 중미 의장회의, 1994년의 '아메리카의 지속 가능한 발전 동맹(Alliance for Sustainable Development in the Americas)'에 의해 시작되었다. '동맹(Alianza)'이라고 알려져 있는 후자의 협정은 중미가 인위적으로 설정된 정치적 경계에 위치한 7개의 연계 열대지역 생태계로 이루어지지 않았다는 사실을 인식시켰다. 이 협정은 생태계가 연계되어 있다기보다는 각각을 국가 통치권과 정치계의 안중에도 없던 포유류, 조류, 파충류, 식물류를 포함하는 독립적인 생태계로 받아들이게 했다. 현재 보고된 바에 따르면, MBC는 멕시코의 남동쪽 지역(Chiapas, Tabasco, Campeche, Quintana Roo, Yucatan)부터 남쪽으로 벨리즈와 과테말라의 대서양 연안을 포함하고 온두라스, 니카라과, 엘살바도르 지역까지 퍼져 나가 있다. 앞에서 언급했듯이, MBC는 대략 768,000 평방킬로미터에 이른다. 이 땅은 전 세계 면적의 0.5%만을 포함하는데 그쳤지만, 세계 생태계의 8%를 포함하고 있으며, 24,000개의 식물 개체와 500종 이상의 포유류를 포함하고 있다. MBC에서 제안된 가장 중요한 지역은 소위 '핵심지대(core zones: 과거에 지정된 보호구역)'이다. 현존하는 국립공원과 보호구역은 이 지역의 11%를 차지하고 있지만 MBC를 지지하는 사람들은 향후 몇 년 안으로 이 면적이 두드러지게 증가하기를 원한다. 국립공원과 보호구역에 바로 위치한 '완충지대(buffer zones)' 같은 경우에는 핵심지대 근처에서 일어날 수 있는 파괴적 행위를 저지하고 야생 구역과 재생 가능한 형태의 활동이 만나는 지점의 역할을 맡아 보완할 것이다. 한편 '회랑지대(corridor zones)'는 구역 내 토지 이용의 형태가 환경적으로 불안정하다는 사실을 강조함으로써 핵심지대를 다른 지대와 연결하는 역할을 할 것이다. MBC의 초안에서 언급하는 마지막 제안은 '다용도 지대(multiple-use zone)'로 불리는데 이 구역은 생태계를 파괴하지 않는 한에서 인간의 모든 활동을 허용하는 지역이다(ibid.).

MBC는 중미뿐만 아니라 전 세계의 환경 보호가들로부터 많은 관심과 지지를 얻고 있다. 하지만 MBC의 초안을 열정적으로 지지하는 활동가들조차도 이를 실행하기 위해서는 수년 간 지속적으로 재정적인 지원과 많은 업무를 처리해야 한다는 사실을 분명하게 알고 있다. MBC를 실행하는 데 가장 큰 방해물은 이 지역에 존재하는 심각한 빈곤 문제다. 세계은행(World Bank)에 따르면 메소아메리카 지역에 거주하는 약 4천5

백만의 인구 중 약 2천7백만(60%) 명이 빈곤에 시달리고 있다. "이 지역은 세계에서 가장 풍부한 생물학적 다양성을 자랑하지만, 자연 자원들은 인구 증가에 따른 압박과 개발사업, 사회적 양극화에 의해 위협을 받고 있다"고 한 세계 정보 기구에서 언급했다. "자연환경과 사회경제적 퇴폐에 따른 악순환 때문에 불경기가 존재한다"(ibid.).

이런 점을 인식한 상태에서 MBC의 자연보호 목표는 자연 환경이 재생 가능한 선에서 개발되어야 한다는 사실과 뒤섞였다. 실제로, MBC의 많은 부분이 이 지역에서 대체적으로 많은 경제적 전략을 추구하도록 장려하는 데 초점이 맞춰져 있다. (1) 환경 악화와 자연 재원의 손실을 최소화하는 것, (2) 빈곤에 시달리는 사람들과 지역사회의 상태를 개선하는 것이다. 경제적 전략을 구체적으로 살펴보면 친환경적 관광사업, 친환경적 농업, 교토의정서(Kyoto Protocol)에서 장려하는 이산화탄소 줄이기를 말한다. 마지막으로 MBC의 제안자는 회랑지대 네트워크가 올바로 작동한다면 메소아메리카에서 역사 유적을 기반으로 한 사람들이 재정적, 문화적 혜택을 얻을 수 있다고 주장한다. 예를 들면 MBC가 제안하는 네트워크는 과테말라가 성공적으로 환경을 보호하고 동시에 적절한 자연 재원을 사용할 수 있는 메커니즘으로 각광받고 있다. 메소아메리카 지역 사람들이 다시 나무를 심는 노력 또한 MBC의 프로그램에 의해 지원받고 있다. 또한 환경보호 목표와 적합한 농업 방식도 사람들의 관심을 받고 있는 추세다. 예를 들면, 엘살바도르에서 위치한 커피 농장에는 400종 이상의 조류가 살고 있으며 이 방식을 중미의 많은 지역에서 채택하고 있다.

성공의 열쇠

자연보호를 주장하는 생물학자, 환경보호 활동가, 인권주의자, 경제학자들은 메소아메리카의 회랑지대 네트워크가 성공적으로 유도되기 위해서는 몇 가지 문제가 효과적으로 다루어져야 한다고 주장한다(ibid.;

World Bank, n.d.).

지속적인 재정지원: 여태까지 MBC는 국제재정기구와 해외정부 같은 기부단체들로부터 많은 재정적 지원을 받을 수 있었다. 2002년 12월에는 세계은행 개최 하에 중미의 정부 관료들과 대표들이 한자리에 모여 47억 달러를 2007년까지 지속적으로 지원하기로 협의했다. MBC의 목표가 현실화되기 위해서는 이런 종류의 지원이 지속적으로 가능해야 할 것이다.

중재 역할이 가능한 이해 관계자의 관심: 현재 중미의 많은 정책 결정자들과 이해 관계자들(사업가들, 농부들, 원주민들)은 MBC에 대해 굉장히 조심스러운 입장을 채택해 왔다. 한 세계 정보 기구의 분석결과에 따르면, "MBC 의 시작이 성공적이기 위해서는 MBC의 목적과 기능의 발전에 대한 다각적 시각을 필요로 하고 있다. 여기서 다각적 시각이란 생태계 및 사회·경제의 발전이라는 두 마리 토끼를 잡기 위해 많은 이해 관계자들로부터 나오는 다양한 의견과 가치 추구를 일컫는다. 다양한 이해 관계자들 사이에 안정적이고 신뢰적인 관계를 형성할 수 있게 하는 MBC의 능력은 후에 MBC의 운명을 좌우할 것이다"(Miller et al. 2001).

교육이 보다 넓은 지역에 확산될 수 있도록 하는 능력: MBC의 지지자들은 프로그램 집행사들이 지역사회 주민들과 이해관계자들에게 관련 정보를 얼마나 잘 분석해 설명하고 교육시키는지에 MBC의 성공여부가 직결되어 있다고 주장한다.

평등권에 대한 존중: 세계 정보 기구는 "땅의 사용에 관한 장기적인 접근법은 원주민들이 중요하게 생각하는 보안 문제가 인지되었을 때 성공적이 될 것이다"라고 언급했다(ibid.). 이를 이루기 위해서는 민주적인 정부와 적극적인 시민 참여가 장려되어야 한다.

부의 번영: 친환경적 재화와 서비스로부터 발생하는 이익은 지방 소도시와 원주민들에게 의미있는 재화가 될 수 있음에도 불구하고, 그들에게 전혀 돌아가지 않았다. 친환경적 활동에 대한 투자의 증대는 친환경적

활동에 참여하는 사람들의 삶의 질을 높일 뿐 아니라, 자연보호 프로그램에 재투자를 할 수 있는 재화를 산출한다. 이런 투자활동은 생태계의 보호와 지역 주민의 삶의 질을 확실하게 높일 수 있다.

하지만 MBC의 대규모적 시도는 아직도 많은 사람들로부터 과연 멕시코부터 콜롬비아에 이르는 넓은 면적을 보호하는 것이 현실화될 수 있을지 많은 의문이 제기되고 있다. 최근 한 분석에 따르면, 회랑지대 네트워크가 "발상과 현실의 문턱에 와 있다"라고 언급하고 있다(ibid.). 하지만 많은 환경 보호가들은 메소아메리카 회랑지대에 소속된 보호 구역들은 땅을 사용하는 것과 환경 악화 문제의 위협으로부터 안전하며 이 문제들을 이겨낼 수 있을 것으로 전망하고 있다.

〈출처〉

Miller, Kenton, Elsa Chan, and Nels Johnson. 2001. *Defining Common Ground for the Mesoamerican Biological Corridor*. Washington, DC: World Resources Institute

Soule, Michael, and John Terborgh. 1999. *Continental Conservation*. Washington, DC: Island

World Bank. N.d. *Central American Environmental Projects Home page*. http://worldbank.org/caenv (accessed February 2003).

한편 콜롬비아는 라틴아메리카에서 국립공원을 설정하는 데 원주민과 발생하는 문제를 효과적으로 다룰 수 있는 혁신적인 시스템을 개발했다. 국립공원과 원주민이 공존하는 구역은 특별한 관리방법과 합법적인 법을 필요로 한다. 현재 비정부기구, 각국의 정부, 원주민은 원주민 자신의 목적과 원주민 보호의 목적을 동시에 이룰 수 있는 관리방법을 찾기 위해 협력하고 있다.

남미에서 원주민의 권리가 보장되지 않던 때(1962년) 설립된 베네수엘라의 까나이마(Canaima) 국립공원과 달리, 최근에 설립된 라틴아메리카 국립공원들은 원주민의 존재와 입장, 그들의 권리를 고려한다. 이와 관련된 좋은 예로는 볼리비아의 카이야 델 그란 차꼬(Kaa-Iya del

Gran Chaco) 국립공원과 1995년에 설립된 종합관리지역(Integrated Management Area)이 있다. 3천4백만 헥타르에 이르는 지역의 중심부가 집중적으로 보호받으며 그 주변을 관리지역으로 설정하는 방식으로 지정되었다. 추가적으로, 국립공원 주변에 거주하는 이소세노-구아라니(Izoceno-Guarani) 원주민을 위해 원주민 보호구역 또한 설립되었다. 지역 주민들이 국립공원의 중심부를 포함한 이 지역의 공동 관리인이며, 이들은 사슴, 멧돼지, 앵무새, 다른 야생동물을 보호하기 위해서 연구자들과 함께 정보를 수집하기도 한다.

하지만 환경 친화적 활동, 특히 동물에 관련된 이슈는 많은 국가들이 가장 다루기 어려운 문제다. 북미에서는 사슴, 물새, 칠면조 같은 보호 종을 보호하는 활동이 어려운 것으로 잘 알려져 있다. 고도의 훈련을 받은 동물 보호 요원들은 주기적으로 설문조사를 하고 알맞은 목표와 규칙을 정한다. 라틴아메리카에서는 페커리, 맥, 조류, 설치류 종에 대한 정보 분석이 충분히 되어 있지 못한 상황이다. 그 이유는 숲에 사는 동물의 개체 수를 파악하기 어려울 뿐만 아니라, 밀렵으로 인한 개체 수 증가율에 관한 정보가 이제 겨우 수집되고 있기 때문이다. 그러므로 자연보호 구역을 관리하는 방식이 아직 실험적 단계에 있기 때문에 정보 수집 활동에 지역 주민의 참여가 필수적이다. 지역 주민은 생물학자 이상의 역할을 맡아 훈련 받은 과학자들에게 수집한 정보를 제공한다. 과학자들은 수집 정보를 바탕으로 '스포츠' 개념의 적합한 사냥 활동의 예시를 제시함으로써 인간과 자연이 공존할 수 있는 방법을 제시한다. 하지만 거의 대부분의 지역에서는 아직도 인간과 자연이 공존할 수 있는 방법이 겨우 시작 단계에 이르렀을 뿐이다. 현재 실험 단계에 있는 이런 자연환경 관리 방식을 두고 환경보존 운동가들은 자연보호 구역 내에서는 사냥 형태의 모습을 띠는 어떤 활동도 허용하지 않아야 한다고 주장한다. 하지만 자연보호 구역을 실용적으로 사용하자는 사람들은 지역 주민들 또한 자연환경으로부터 이득을 얻는 단체에 해당되기 때문에 남획의 위험을 무시할 수 없다고 주장한다.

자연보호 구역에 살고 있는 원주민의 영향은 현재도 광범위하게 토론되는 주제다. 라틴아메리카의 많은 원주민 부족은 그들만의 관리체계, 지정보호구역, 시스템을 통해 자연환경 사용의 범위를 제한하고 있다. 또 어떤 원주민 단체들은 지역사회 네트워크와 환경보호 전문가의 의견을 토대로 광범위하고 체계적인 보호 시스템을 구축하기도 했다. 몇 개의 환경보호 프로젝트들은 원주민의 전통적인 보호 방식과 환경보호 전문가의 의견을 토대로 구축된 시스템의 공통점을 찾아 올바른 관리방식을 찾고자 한다. 하지만 원주민 단체들의 보호 하에 있는 자연보호 구역들이 위험에 처해 있을지도 모른다는 염려 또한 존재한다. 땅에 대한 권리를 찾고 국립공원에 다시 발을 딛게 된 원주민들 중에는 현대문명에 완벽히 동화되어 버린 경우도 적지 않은데, 이들이 과잉개발을 하는 경우도 허다하며 전통적인 관리 방식조차도 현대문물 때문에 축소되고 있는 현실이다. 소수의 원주민 단체들이 이런 압박 속에서 자연환경을 효과적으로 보호하기는 역부족이다. 한 연구에서는 "자연환경에 대한 과잉 개발은 원주민 문화유산과 조화를 이룰 수 없다. 하지만 정치적 요소와 영토적 권리가 결합한다면 이는 곧 이들 부족에게 엄청난 압박이 될 것이며, 원주민들조차도 일반 사람들과 똑같이 경제적 이득을 절실히 원한다. 이런 상황을 이해하지 않고서는 이 문제에 대해 논하는 것이 불공평할 뿐만 아니라 비현실적일 것이다"(Van Schaik et al. 1997). 실제로 브라질의 카야뽀(Kayapo) 원주민들과 멕시코의 라깐돈(Lacandon) 인디오를 포함한 원주민들은 그들의 영토에 관한 권리를 얻고부터 벌목과 채광 사업을 집중적으로 시작했다(ibid.).

채취가능 보호구역과 공동 보호구역

"지속적인 사용"이라는 패러다임은 사실 보호구역 외에서 환경을 파괴하지 않고 삶을 의지하는 의미로 사용되기 시작했다. 그 이후로 이는 항상 보호구역 설정 계획에 포함되었으며 지정된 보호구역은 국가적 차원의 전략으로 포함되기까지 이르렀다. "국가적 차원의 자연보존 전략은 환경문제에 대한 정책을 만들고 정책이 만들어지기까지는 특정 국가의 보호구역 설정계획과 같은 비슷한 맥락의 상정에 의존하기 때문에 국가의 법이 개정되는 시점에서 자연보호 관련법도 실행된다. 그렇기 때문에 지역사회 주민에 의해 실행되는 이런 정책은 장기적으로 덜 강조되는 성향을 띠기도 한다"(Colchester 1996).

라틴아메리카에 위치한 몇몇 국가에서 최근 설립된 채취가능보호구역과 공동보호구역의 등장은 학계에서 존재하는 신념을 바꾸려는 조짐을 내비치고 있다. 공동보호구역은 공동체 구성원들의 "지속적인 사용"이라는 패러다임이 장기적인 자연환경 보호를 이끌어 낼 것이라는 것을 전제로 한다. 자연환경을 보호하기 위해서 가해지는 제재는 공동체 구성원들이 정부와 비정부기구의 지원을 받아서 하고 있다. 예를 들면 페루의 담시야꾸 따우아요 공동보호구역(Reserva Comunal Tamshiyacu Tahuayo)은 1991년 초기의 공동체 구성원들에 의해 만들어졌는데, 이들은 수년 간 밀렵꾼과 수렵꾼을 견제해 왔으며, 그들 자신에게도 사냥할 수 있는 양을 정해 엄격히 지켜왔다. 생물학자들은 현재 이들을 위해 적절한 사냥의 정도와 계절을 알려주거나 때로는 모든 사냥 활동을 금지해야 될 경우를 귀띔해주는 역할을 맡고 있다.

당연히 이런 지역은 엄격히 지정된 보호구역만큼 보호를 받지 못한다. 이런 상황에서 경제적으로 많은 이윤을 남기는 식물이나 동물 밀렵에 대한 심각성이 완화되는 상황은 아직도 환경보호 법안의 시행과 같은 외부 요인에 따라서 달라진다. 또한 자연에 대한 착취가 이루어질 수밖에 없게 만드는 인구 증가 현상은 이 지역 전체에서 풀리지 않는 문제로 남아 있다. 몇몇 연구자들은 페루의 마누(Manu) 국립공원에서처럼 극단적으로 나타난 이런 추세가 결국 생물학적 다양성에 많은 위험을 가할 것이며, 장기적으로는 국립공원이 감당할 수 없을 만큼 인구가 증대될 것이라고 예측한다(Van Schaik et al. 1997).

하지만 원주민들이 그들의 토지를 사용할 권리가 있다는 사실은 정부가 전통 사회를 재배치하면서 발생하는 심각한 사회적, 경제적, 정치적, 환경적 반향을 피할 수 있게 해준다. 추가적으로, 이런 종류의 보호구역이 설립된다는 것은 지역사회에 올바른 환경 관리 방식을 교육할 수 있으며 국가의 정치적 과정에서 모든 지역 시민들까지 통합시키고 참여시킬 수 있다.

지역사회 공동 보호구역의 설립은 아마존 유역의 생태계를 보호하는 데 굉장히 중요한 부분을 차지하고 있다. 예를 들면 브라질의 마미라우아(Mamiraua) 보호구역은 1993년 민물 어업을 관리하기 위해 11,240 평방킬로미터의 면적을 포함해 설정되었다. 2,000명 가까이 되는 사람들이 이 지역의 23개의 공동체에 거주하고 있었으며 이 지역 밖에 거주하는 40,000명에 가까운 사람들이 이 지역의 자원에 의존하고 있었다. 또한 이 주역 주위에서 상업 어부가 들어와 그물을 사용해 대량의 물고기를 잡아갔다. 1990년대 초에는 지역 주민들이 매년 300-320톤에 달하는 물고기를 식용과 상업적인 이유로 잡아들였다. 추가적으로 상업 어부들에 의해 220톤에 달하는 물고기가 잡혔다. 공격 받기 쉬운 어종만 보호한다면 이 정도의 어업은 친환경적으로 여겨졌다. 1996년도에 발표된 관리 방식과 현재 실험중인 방안은 상업 선박의 출입을 금지하고, 호수마다 개인 소유권을 부여하고, 각 마을이 호수를 번갈아 사용하고, 멸종 위기에 처한 어종은 포획을 금지하고 있다. 이 프로그램은 환경보호 시스템에 채택되기 적합하며 친환경적인 이유에서 브라질의 과학기술부에 의해 단독으로 채택되었다 (SCM 1996).

라틴아메리카 보호구역의 미래

라틴아메리카는 엄청난 생물학적 다양성을 자랑하고 있지만 보호구역이 중심이 되어 환경보호를 위한 막대한 투자를 하지 않는다면 자연파괴를 피할 수 없을 것이다. 현재 카리브해 지역, 중앙아메리카, 남아메리카의 환경보호 체제는 예산 부족 때문에 심각한 위기에 처해 있는 상황이다. 국가 또는 지역 차원에서 마련한 정책이 올바르게 시행되고 있지 않기 때문에, 환경보호와 관리, 개간을 위해 활동하는 단체의 특성상 많은 고역을 치르고 있다. 또한 현재 보호구역과 국립공원 시스템은 생물학적 다양성이 풍부한 지역에 대한 적절한 보호방법을 채택하지 않고 있다. 관리자들의 부패 성향과 공격적인 성향 또한 내부적으로 무차별적 관광, 농업활동, 합법과 불법적 벌목과 같은 굉장한 위협을 가하고 있으며 외부적으로는 국립공원 주변에서 무차별적 토지 사용 등의 위협이 존재하고 있다. 공동 보호구역을 통한 협력 프로그램과 국제단체들과의 협력 프로젝트, 다른 보호 메커니즘은 미미하게 요구되고 있다.

만약 라틴아메리카의 국가들이 이런 최악의 추세를 반등시키고 싶다면 확고하고 결정적인 단계가 필요하다. 이 단계는 보호구역 시스템에 대한 국가적, 지역적 차원의 전폭적인 지원과 보호구역 설립의 필요성과 환경보호 관련 교육에 대한 관심, 정책적으로 환경보호에 헌신할 수 있는 마인드가 필요하다. 또한 많은 국가들은 보호구역을 더욱 넓은 범위로 팽창시킬 필요가 있으며 현재 생물학적으로 풍부한 지역에 더욱 많은 관심을 갖고 이웃 국가와 경계에 위치한 야생구역을 보호하기 위해 협력할 필요가 있다. 마지막으로, 만약 라틴아메리카 국가들이 빈곤문제와 자연에 해를 가할 정도로 급격하게 증가하는 인구 문제를 완화시킨다면 보호 구역과 야생 환경의 상태는 개선될 것이다.

제4장

산림

유럽 사람들이 미주 대륙에 발을 딛기 전에 중남미와 카리브 지역 토지의 대부분은 숲으로 뒤덮여 있었다. 하지만 북미에서 나타났던 현상과 마찬가지로, 식민지화가 본격적으로 진행되면서 숲의 나무들은 농업과 토목공사 같은 활동을 위해 사용되기 시작했다. 접근이 용이한 건조한 삼림, 기후가 온화한 삼림, 해안 삼림, 강가 주변에 형성된 삼림은 사람들의 첫 번째 희생양이 되었다. 식민지화와 벌목활동은 많은 열대 우림이 아직도 벌목되고 있는 중미와 남미의 아마존 내륙까지 진행되기에 이르렀다. 이런 변화의 표적이 된 많은 지역에는 소나무와 유칼립투스 나무가 조림되었으며 칠레와 파라과이 같은 국가는 현재 이 조림지로부터 많은 양의 나무를 수출하고 있다. 수백 년 동안 벌목과 파괴로부터 버텨온 삼림과 황무지조차도 기하급수적으로 늘어나는 인구와 무차별적 벌목 활동, 적절한 관리시스템의 부재 때문에 최대의 위기에 처해 있다.

산림의 가치

현재 중미 열대 우림의 산림벌채에 가장 강력한 자극제는 불공평한 토지사용권 시스템과 정부의 지원, 삼림과 사람이 살지 않는 지역으로 이주를 강요하는 사회경제적 압력으로부터 온다. 사람들이 이 지역으로 이주를 하면 막대한 농업 활동과 벌목이 진행된다. 역사적으로 산림벌채의 비율은 국내 경제와 국제 경제의 변동에 영향을 많이 받았다. 예를 들면, 1980년대 후반 브라질에서는 벌목 활동이 둔화되었고

1990년대 초반 경기 침체와 농업 부문에 대한 정부의 지원이 삭감되면서 국토 개발에 대한 투자 또한 감소했다. 비슷한 양상으로 프랑스령 기아나, 가이아나의 동양 국가들에 대한 목재용 수목 판매는 1990년 중반 아시아의 금융공황 때문에 줄어들었다(Veening and Groenendijk 2000).

이런 변동은 남미에서 미래에 발생할 산림벌채를 정확히 예측할 수 없게 한다. 또한 국내 경제 및 국제 경제적 측면에서 몇 십 년 후, 어떤 시스템이 확립되느냐에 따라 삼림의 역할은 상당한 변화를 맞이할 수도 있다. 하지만 현재만을 바라보면, 삼림에 대한 압박은 심각한 수준인데, 특히 열대 다우림의 수목을 수출하는 나라가 가장 심하다.

일반적으로 오늘날 세계의 지배적인 경제, 사회 시스템은 삼림을 나무 심고 벌목하는 일종의 금전적 가치로만 바라본다. 하지만 여기서 가치란, 이산화탄소를 정화시키는 것부터 날씨와 기후 변화의 균형을 맞추고, 동물의 개체수가 유지될 수 있도록 하며 과일, 씨앗, 기름, 송진, 약초 같은 것을 제공하는 것을 말한다. 삼림에서 재배되는 생산물은 이들이 사고 팔릴 수 있는 시장이 형성되어야만 상품 가치를 갖게 된다. 하지만 전체적으로 봤을 때 생태계가 갖는 경제적 가치는 인정을 받기에 굉장히 미미한 단계에 있다. 건강하고 풍부한 삼림의 중요성을 인식하지 못하는 국가들도 있다. 마지막으로 삼림 생태계의 미학적, 문화적 재산은 아직도 많은 삼림 관리 계획에서 과소평가되고 있다.

산림의 종류와 보존상태

라틴아메리카에는 열대우림만 있는 것이 아니다. 지난 40년 간 아마존 유역에서 진행된 산림벌채 때문에 아마존만 위험에 빠진 것이 아니다. 라틴아메리카에서는 건조한 삼림이 아마도 주요 삼림 중에서 가장 많은 손상을 입었고(Dinerstein et al. 1995), 그 다음으로 브라질과 아르헨티나의 동부에 위치한 대서양 해안림이 많은 손상을 입었다. 이 지역에 존재하는 다른 종류의 삼림을 보면 기후가 온화한 지역의 삼림이 칠레와 아르헨티나에 있으며, 침엽수와 오크나무 숲이 멕시코와 과테말라에, 운무림(습기가 많은 열대 지방의 삼림)이 안데스 산맥에, 가장 건조한 숲이 안데스 계곡의 내륙에 위치해 있다. 이 지역들의 생태계 대부분이 사람들의 무차별적인 개발, 식민지화, 벌목 활동을 수 세기동안 견디어 왔다. 안데스 산맥 지역과 중미의 마야 문명 지역은 이런 활동에 맞서 수천 년간 싸워왔다.

비목재 임산물(Non-Timber Forest Products: NTFP)

목재와 더불어 인간은 나무로부터 목재 말고도 음식물 같은 상품을 창출해낸다. 목재 이외의 상품이란 먹을 수 있는 과일류, 견과류, 식물성 기름, 송진, 고무, 염료, 향신료를 말한다(Smith et al. 1992).

또한 이런 경제적인 이유로 열대 지방의 식물이 재배되고, 다양한 품종 개량이 시도되었다. 라틴아메리카의 상품화된 과일은 아마존 주변에서 자란 파인애플, 중미의 아보가도, 중미와 남미 열대지방의 반석류, 아마존 서쪽과 안데스 산맥 동부 지방에서 자라는 빠빠야, 남미의 시계꽃 열매, 중미와 남미 북부지방의 사뽀디야(zapodilla: 껌의 원료), 브라질과 아마존 유역의 카카오인데 이들은 국제 시장 무역에서 주요 역할을 맡고 있다. 경제적인 가치를 가진 과일류는 국제 시장에서뿐만 아니라 지역사회에서도 사람들이 섭취하는 주요 음식이기도 하다.

역사적으로, 라틴아메리카에서 생산되는 비목재 임산물의 대부분은 아마존의 고무나무(Hevea brasiliensis)에서 생산되는 고무가 차지했다. 고무나무의 유액은 그 어떤 인조 고무보다 뛰어난 품질을 자랑한다. 아마존의 원주민들은 항상 소량의 고무나무 유액을 사용했는데, 18세기와

19세기에 이를 유럽 정착민들에게 소개해 유럽으로 유통되는 길을 개척했다.

유럽에서 찰스 굿이어(Charles Goodyear)가 1839년에 고무를 경화시키는 과정을 발견하기 전까지 고무는 지우개와 다른 비주류 상품에 쓰이는 데 그쳤다. 하지만 그의 발견은 19세기 중반 라틴아메리카에서 고무가 호황을 맞는 데 큰 역할을 했다. 많은 기업가와 발명가들이 아마존 삼림에 거주하는 원주민들에게 자금을 대어 고무를 끌어 모으고, 사냥과 농업을 작은 규모로 시작했다. 이 활동들의 대부분을 노예주가 주도했고, 빚 때문에 노예가 되어 일하는 노동자들에게 의지했다. 이것이 현재 브라질 서부 대부분의 영토를 지배하고 있는 고무액 채취업자의 조상 세링게이루(seringueiro)의 시초다.

브라질, 볼리비아, 페루, 에콰도르, 콜롬비아 아마존 유역에서 생산되는 고무의 대부분은 마나우스(Manaus)를 통해 수출되었다. 마나우스는 이런 역사적 배경 속에서 조용한 마을에서 거대한 항구가 들어서는 활기찬 도시로 변했다. 수 천 톤에 달하는 고무가 1850년에 마나우스에서 수출되었는데, 1900년까지 20,000톤이 수출되었고, 1908년부터 1910년까지는 가장 많은 80,000톤이 수출되었다. 수출액이 당시 브라질 국채의 40%에 해당할 정도로 그 규모가 컸다(Gheerbrant 1992). 고무의 호황은 고무 재배가 아시아에서 시작되면서 끝났다. 남미에서 엽고병(葉枯病)[27]으로 알려진 병이 아시아에는 없었기 때문에 나무가 굉장히 높이 자라날 수 있었다.

오늘날 고무 재배는 아직도 엽고병이 적은 아마존 부근에서 진행되고 있으며, 엽고병에 면역력을 지닌 나무를 개종하기 위해 노력하고 있다. 안타깝게도 아마존의 서부유역에서 심각하게 진행되고 있는 산림벌채 때문에 품종 개량에 필요한 나무가 멸종되었다. 환경적 결과 외에 이런 양상은 경제에 골칫거리가 되었다. 고무 사업이 20세기 초에 시작된 것

27) 잎의 일부분이나 전체가 말라 죽는 식물 병의 이름으로, 여러 종의 진균 세균에 의해 발생한다.

을 감안하면 이 사업이 주춧돌이 될 수는 없어도 아마존에서는 무시할 수 없는 규모의 시장을 이루고 있으며, 세링게이루들은 브라질에서 막강한 정치적 사회적 영향을 미치고 있다. 실제로, 많은 영토가 이들의 지속적인 사용과 관련된 철학적 이념으로부터 많은 영향을 받고 있으며, "삼림의 정부"는 이 철학을 국가의 영토 사용과 경제적 발전 정책에 적용하고 있다.

〈출처〉

Gheerbrant, A. 1992. *The Amazon: Past, Present and Future*. New York: Abrams.

Hall, A. 2000. *Amazonia an the Crossroads: The Challenge of Sustainable Developement*. London: Institute of Latin American Studies, University of London.

Smith, N.J.H., et al. 1992. *Tropical Forests and Their Crops*. Ithaca, NY: Cornell University Press.

이 때문에 아마존의 북부 지역의 보존 상태는 훌륭하다. 서양 문명에 물든 사람들의 갑작스러운 등장조차도 이 지역에서는 사소한 일에 불과했으며, 삼림은 아직도 외부 세상과 단절되어 사는 원주민 부족들이 차지하고 있다.

"아마존" 또는 "열대 우림"이라고 지정된 지역에서조차 삼림의 종류가 여러 가지로 나뉘는데, 이는 강수량, 계절적 변동에 따른 강수량, 강가로부터의 근접도, 흙의 종류, 고도에 따라 각기 구분된다. 아마존의 다양한 삼림 중에서 강가를 따라 뻗어 있는 침수삼림과 지류는 대규모로 파괴되었다. 그 이유는 이 주변의 흙이 비옥해 농업활동을 착수하기에 알맞았고 운송수단이 접근하기가 용이했기 때문이다(Barros and Uhl 1997). 강수량이 줄어들고 날씨가 건조한 날이 늘어나면서 낙엽성 수목이 상록수를 대체하기에 이르렀다. 낙엽성 수목이 번식하자 건조한 계절에는 마른 나뭇잎이 바닥에 떨어지고, 자연스레 태양광이 삼림을 점점 마르게 했다. 이런 건조한 삼림은 인간 벌목 활동의 가장 빈번한 대상이고, 산불이 나기도 가장 적합하고, 인간이 농업과 가축업을 위해 가장 먼저 없애 버리는 대상이다. 보통 적도에서 멀어질수록 열대 우림이 건조 삼림과 초원에 둘러싸이는 양상의 역학을 형성하면서 강수량과 계절적 변동의 정도가 줄어든다. 가장 적절한 예로 칠레의 온대 기후 해안림과 브라질의 대서양 열대 기후 해안림을 들 수 있다. 이 지역 근처 산을 올라가면 올라갈수록 수분의 양이 늘어나고, 여기서 운무림과 다우림이 형성된다.

초목에 영향을 미칠 수 있는 다른 요인으로 흙의 종류와 배수를 들 수 있다. 브라질의 가이아나 쪽 영토와 베네수엘라, 가이아나의 오래된 토양들은 수만 년 동안 영양분이 침출되었기 때문에 아마존 서쪽 지역의 가장 안 좋은 토양들보다 영양 공급이 안 되어 있다. 이런 땅에 분포되어 있는 삼림은 생산성이 낮고 초목의 종류도 한정되어 있다. 한편 범람원에 위치한 "침수삼림"의 생태계를 보면 대부분의 초목 종들이 계절별로 물에 잠길 때에도 버틸 수 있는 뿌리와 줄기를 갖고 있다. 바레사(Vareza) 삼림은 안데스 산맥으로 빠지는 강 급류 쪽에 있다. 이 급류는 워낙 빠르기 때문에 바닥의 흙이 올라와 물이 불투명한 고동색을 띠고 물과 함께 이동하는 영양소들은 강물이 불어난 지역의 토양에 영양 보충을 해주는 역할을 한다. 이가뽀(Igapo) 삼림과 같은 경우에는 유속이 완만한 물이 브라질과 가이아나 지역으로 흘러가는데, 물살이 약하기 때문에 영양소가 거의 없고 흙이 일어나지 않아 물도 맑고 투명하며 나뭇잎으로부터 나오는 타닌과 화학물질이 물을 산성화시킨다. 아마존 유역에서 주기적으로 범람하는 다른 종류의 삼림으로는 저지대에 위치하고 있고 물이 잘 빠지지 않는 야자나무 늪지대가 있다. 가장 흔한 야자수 늪은 페루의 아마존 유역이나 베네수엘라의 오리노꼬 강 유역까지 뻗어 있는 거대한 부리티 야자수(Mauritia flexuosa)[28]로 이루어져 있다. 이 늪으로 이루어진 삼림은 사람과 동물에게 과일과 섬유질, 짚, 녹말 같은 중요한 자원을 제공한다.

28) 아마존 원주민들은 이 나무를 '생명의 나무'라 부른다.

전체적으로 보아, 라틴아메리카와 카리브 지역에 위치한 숲의 종류는 다섯 가지 카테고리로 나뉠 수 있다(Dinerstein et al. 1995).

열대습성 활엽삼림

열대습성 활엽삼림(Tropical Moist Broadleaf Forests)은 라틴아메리카와 카리브 숲의 거의 38%를 차지하고, 멕시코의 남부부터 중미와 남미의 북부지방을 지나 안데스 산맥과 브라질 해안으로 분포되어 있다. 특히 카리브의 에스빠뇰라 섬과 쿠바령 섬에 넓게 분포되어 있다. 이 카테고리에는 나무 전체의 50% 이하를 차지하는 나무들이 계절마다 주기적으로 나뭇잎을 떨어뜨리고 우림과 계절적 변동이 있는 삼림, 비가 거의 내리지 않는 숲이 포함되어 있다. 또한 저지대 지방의 침수삼림과 높은 곳에 위치한 산간삼림도 포함되어 있다.

이 중에서 현재 가장 큰 위험에 처한 숲들은 브라질에 위치한 대서양 해안림, 코스타리카와 니카라과의 계절습성삼림, 콜롬비아와 에콰도르의 안데스 산맥 북부 지방에서 찾아 볼 수 있다. 이들 지역에는 많은 인구가 밀집해 있고 대규모 농업 활동이 진행되고 있는데, 이런 인간의 활동이 숲 생태계를 망쳐 놓았다. 하지만 비교적 인간이 손을 뻗치지 못한 숲 또한 라틴아메리카의 가이아나 고지대, 자뿌라(Japura)와 네그로(Negro) 강 유역, 주루아(Jurua) 유역의 습성삼림에서 찾아볼 수 있다. 이 지역들은 최근 들어서야 식민지화와 농업화를 맞이했는데, 이 때문에 현재는 다른 지역보다 손해를 덜 입은 상태다.

열대건조 활엽삼림

열대건조 활엽삼림(Tropical Dry Broadleaf Forests)은 50% 이상의 나무가 낙엽수인 경우를 말한다. 이 종류의 삼림은 거의 라틴아메리카의 4.8% 정도에 해당하는 지역에 분포되어 있다. 주로 멕시코 남부, 태평양 부근 미대륙, 앤틸리스 제도, 브라질의 중부와 동부, 볼리비아의 동부, 남미의 북서부에 널리 분포 되어 있다. 이 부근의 많은 숲들 또한 심각한 위험에 처해 있기 때문에 앞으로 체계적인 보호와 관리 시스템이 없이는 보존되기 힘들 것으로 보인다. 이 지역들은 곡식을 재배하기 적합한 흙과 갈수기에는 단순히 태워버리는 것으로 쉽게 일을 마무리 지을 수 있다는 이유로 수십 년간 농업활동을 위해 쓰였다. 현재 심각한 위험에 처한 숲으로는 사탕수수, 목화, 콩과 수수가 대량으로 재배되고 있는 볼리비아의 저지대를 가장 먼저 꼽을 수 있다(Pacheco 2002). 현재까지 남아있는 위험에 처한 건조 삼림의 대부분은 중미에 위치해 있으며, 특히 가축방목 활동으로 인한 지형변화가 심각하게 일어나고 있는 태평양 연안과 콜롬비아-안데스 산맥의 북부지방이 가장 심각하다고 볼 수 있다(Kaimowitz 1996). 열대건조활엽 삼림으로 분류된 생태지역 중 고작 1/30 정도가 안정적이며 손상되지 않았다고 판단되었다. 멕시코의 바하깔리포르니아 건조삼림 같은 경우다.

온대림

온대림(Temperate Forests)은 남미에서도 1.5% 정도의 남부지역에서만 존재하는 삼림이다. 세계은행의 '라틴아메리카의 지상생태지역 보존 평가(Conservation Assessment of the Terrestrial Ecoregions of Latin America)'에서 규명한 삼림의 세 가지 생태 지역 중에서, 하나는 위험에 처해 있고 나머지 두 지역은 인간의 활동에 굉장히 취약한 상태다. 즉, 인간의 활동에 의해 천연자원이 추출되고 영향을 받고 있으나, 그 피해가 다른 심각한 지역보다는 덜하다는 것이다.

열대 및 아열대 침엽수림

열대 및 아열대 침엽수림(Tropical and Subtropical Coniferous Forests)은 중미의 중부지역(멕시코 남부, 벨리즈, 온두라스), 브라질 남부와 앤틸리스 제도에만 분포되어 있으며, 지역의 3.6% 정도를 차지하고 있다. 멕시코, 벨리즈, 과테말라, 온두라스, 엘살바도르가 원산지인 소나무들은 대부분이 라틴아메리카의 대규모 소나무 조림지의 종자로 쓰이고 있다. 조림지에서 가장 많이 심어지는 나무는 카리브해의 소나무인데, 이 소나무는 카리브해 섬들과 중미에서 자라난 본토산이다. 하지만 본토에서 진행되는 삼림 벌채 때문에 이 지역 소나무들의 유전자적 다양성은 심각한 위험에 처해 있으며, 과학자들은 이 종자들이 본토 이외의 곳에서도 자랄 수 있도록 연구를 진행하고 있다(Smith et al.1992; CAMCORE Cooperative 2000). 이 종류의 삼림 중에서 가장 심각한 위험에 처한 숲은 멕시코와 브라질 남부의 아라우까리아 삼림에 위치해 있다.

맨그로브 숲

맨그로브 숲은 라틴아메리카에서 생태학적으로 가장 중요한 천연자원 중 하나에 속한다. 맨그로브 숲은 많은 어류, 조개류, 식물류에게 중요한 서식지를 제공한다. 예를 들면 맨그로브 숲은 바닷물의 범람과 침식이 일어나는 해안가에 기반을 두고 있어 무수히 많은 어류가 산란하는 장소다. 또한 이 삼림은 남미의 대서양 연안의 어귀에서 흔히 볼 수 있으며, 남미 대륙의 태평양 부근에서도 종종 볼 수 있다. 남미에서도 브라질이 가장 많은 맨그로브 숲을 보유하고 있다. 맨그로브 숲은 브라질 이외에 주로 카리브해의 섬들에 위치해 있다. 모두 합해서 남미에는 총 29억 3천만 헥타르에 달하는 맨그로브 숲이 있으며, 중미와 카리브해에는 15억 1천만 헥타르에 해당되는 맨그로브 숲이 있다(World Resources Institute 1990-1999 date).

삼림상태 보존에 대한 지역적 추세

세계식량농업기구(UN Food and Agriculture Organization)에서 보고한 남미와 카리브해 삼림의 총면적은 2000년도를 기준으로 총 9억 5천6백만 헥타르에 달하며, 1천 1백 70만 헥타르가 목재 생산을 위한 조림지와 커피, 설탕, 고무 등을 재배하는 대규모 농장으로 쓰이고 있다(UN Food and Agriculture Organization 2000a). 이 지역의 45%에 달하는 면적 중에서 7억 2천만 헥타르가 나무로 뒤덮인 삼림으로 분류되었다.

라틴아메리카는 아시아와 아프리카를 포함한 세계의 다른 어느 지역보다도 빠르게 매년 산림 면적이 줄어들고 있다. 1980년부터 1990년까지 매년 평균적으로 줄어든 산림 면적은 740만 헥타르에 이르며, 1990년부터 1995년까지는 매년 580만으로, 95%가 열대지방에서 일어났다(UN Economic Commission for Latin America and the Caribbean 2001; UN Food and Agriculture Organization 1999). 하지만 라틴아메리카에서 이렇게 빠른 속도로 산림 면적이 줄어드는데도 불구하고, 라틴아메리카와 카리브해 지역은 아직도 세계에서 가장 많은 천연 산림이 위치해 있으며(전 세계 삼림의 32%), 이는 북미(30%)보다 조금 더 많은 수치다(UN Economic Commission for Latin America and the Caribbean 2001).

국제적인 연구가 밝힌 바에 따르면 라틴아메리카와 카리브해의 산림 면적이 이렇게 빠르게 줄어드는 이유 중 가장 주된 요인은 인간의 농업활동 때문이라고 한다. “이 지역 천연 생태 지역의 절반이 농업활동을 위해 사용되고 있다. 생태 지역에서 발생하는 모든 위험요소

〈표 4.1〉 중앙아메리카, 카리브 해, 남아메리카

Country/Area	Land Area (thousands of hectares)	Forest Area, 2000				Wood Volume in Forests (m^3/ hectares)	Wood Biomass in Forests (t / hectares)
		Total Forest (thousands of hectares)	Percentage of Land Area (%)	Area per Capita (hectares)	Forest Plantation (thousands of hectares)		
Central America							
Antigua and Barbuda	44	9	20.5	0.1	0	116	210
Bahamas	1,001	842	84.1	2.8	—	—	—
Barbados	43	2	4.7	n.s.	0	—	—
Belize	2,280	1,348	59.1	5.7	3	202	211
Bermuda	5	—	—	—	—	—	—
British Virgin Islands	15	3	20.0	0.1	—	—	—
Caribbean							
Cayman Islands	26	13	—	0.4	—	—	—
Costa Rica	5,106	1,968	38.5	0.5	178	211	220
Cuba	10,982	2,348	21.4	0.2	482	71	114
Dominica	75	46	61.3	0.6	0	91	166
Dominican Republic	4,838	1,376	28.4	0.2	30	29	53
El Salvador	2,072	121	5.8	n.s.	14	—	—
Greenland	34,170	—	—	—	—	—	—
Grenada	34	5	14.7	0.1	0	83	150
Guadeloupe	169	82	48.5	0.2	4	—	—
Guatemala	10,843	2,850	26.3	0.3	133	355	371
Haiti	2,756	88	3.2	n.s.	20	28	101
Honduras	11,189	5,383	48.1	0.9	48	58	105
Jamaica	1,083	325	30.0	0.1	9	82	171
Martinique	107	47	43.9	0.1	2	5	5

(continues)

(continued)

Mexico	190,869	55,205	28.9	0.6	267	52	54
Montserrat	11	3	27.3	0.3	—	—	—
Netherlands Antilles	80	1	n.s.	n.s.	—	—	—
Nicaragua	12,140	3,278	27.0	0.7	46	154	161
Panama	7,443	2,876	38.6	1.0	40	308	322
Puerto Rico	887	229	25.8	0.1	4	—	—
Saint Kitts and Nevis	36	4	11.1	0.1	0	—	—
Saint Lucia	61	9	14.8	0.1	1	190	198
Saint Pierre and Miquelon	23	—	—	—	—	—	—
Saint Vincent and Grenadines	39	6	15.4	0.1	0	166	173
South America							
Argentina	273,669	34,648	12.7	0.9	926	25	68
Bolivia	108,438	53,068	48.9	6.5	46	114	183
Brazil	845,651	543,905	64.3	3.2	4,982	131	209
Chile	74,881	15,536	20.7	1.0	2,017	160	268
Colombia	103,871	49,601	47.8	1.2	141	108	196
Ecuador	27,684	10,557	38.1	0.9	167	121	151
Falkland Islands	1,217	—	—	—	—	—	—
French Guiana	8,815	7,926	89.9	45.6	1	145	253
Guyana	21,498	16,879	78.5	19.7	12	145	253
Paraguay	39,730	23,372	58.8	4.4	27	34	59
Peru	128,000	65,215	50.9	2.6	640	158	245
Suriname	15,600	14,113	90.5	34.0	13	145	253
Uruguay	17,481	1,292	7.4	0.4	622	—	—
Venezuela	88,206	49,506	56.1	2.1	863	134	233

는, 이 생태 지역이 지역 주민들에게 소득과 직장을 만들어 줄 수 있는 생산품과 경제적인 이득을 제공해 주지 않을 때 발생하며, 이럴 경우 땅의 사용 용도가 바뀌는데, 이런 이유 때문에 대부분의 땅이 농업 활동 형태를 위해 사용되고 있다"(ibid.).

이런 시각은 수십 년 동안 이들 지역에서 단단히 자리 잡고 있는 것이다. 가장 지배적인 생각은 숲을 "채굴"하는 것이었다. 즉, 모든 경제적 가치를 숲으로부터 추출해낸 뒤 버리거나, 땅의 용도를 아예 바꾸어 버리는 것이다(ibid.). 이에 더해서, 이런 파괴적 행위가 주와 국가 단위의 정부로부터 승인을 받았다는 것이다. "열대 지방의 산림 면적이 급격히 줄어드는 데에 개인 또는 국가 단위의 대규모 벌채가 가장 큰 악영향을 미쳤다. 이에 대한 가장 적합한 예로는 1970년대와 1980년대에 멕시코(Chontalpa, Tenosique, Uxpanapa)와 브라질(Rondonia)을 꼽을 수 있다"(ibid.).

카리브해 지역

카리브해 지역의 산림 - 플로리다의 남쪽 끝(Bahamas, Cuba)에서부터 남미의 본토(Grenada, Trinidad, Tobago, Saint Vincent, Grenadines)까지 이어진 섬 국가들로 이루어져 있다 - 은 풍부한 식물군과 동물군, 생태계를 자랑한다. 또한 이 지역 숲 속에서 서식하는 다양한 야생동물은 카리브해 지역의 많은 국가들에게 경제·사회적으로 굉장히 중요한 요소다. 세계식량농업기구의 연구 결과는 "이 지역 국가들은 아름다운 자연경관 때문에 찾아오는 관광객들로부터 얻는 소득에 아주 많이 의존한다"라고 밝히고 있다. "하지만 관광산업이 산림에 해가 될 수 있는 시설을 개발하도록 촉발하는데, 이는 현재 카리브해에서 실행되고 있는 자연보호와 관광산업 사이에 많은 충돌을 야기하고 있다"(UN Food and Agriculture Organization 2001a; Fripp 2000).

실제로, 카리브해 지역의 산림 면적은 지구 전체 면적의 0.1% 밖에 되지 않지만 경제적, 생태적인 부분에서 굉장히 중요하게 여겨지고 있다. 이 지역에서 앤틸리스 제도(쿠바, 자메이카, 에스빠뇰라 - 아이티와 도미니카 -, 푸에르토리코)의 총 면적은 2,100만 헥타르에 해당하며 이 중 22%에 해당되는 4백만 헥타르가 산림으로 간주된다. 앤틸리스 제도를 제외한 카리브해 지역의 섬들은 2백만 헥타르에 가까운 면적을 보유하는데, 그중 59%가 삼림으로 이루어져 있다. 카리브해 지역의 국가들 중에서 가장 심각한 산림 남벌은 세인트 루시아(Saint Lucia)와 아이티에서 일어나고 있는데, 심각한 빈곤과 늘어만 가는 인구가 농업 활동 팽창의 촉매제 역할을 하고 있다. 한편 쿠바는 산림 면적이 팽창했다고 전해졌는데, 이것은 자연적인 현상이 아니라 쿠바가 생산을 목적으로 조림지를 조성하기 때문에 나타난 현상이다(UN Food and Agriculture Organization 2001a).

중앙아메리카

중앙아메리카 내에서는 멕시코의 산림자원이 그 어느 국가들보다 많다. 1억 9천만 헥타르에 달하는 멕시코 전체 면적의 약 29%의 땅이 숲으로 뒤덮여 있다. 이와 비교해 중앙아메리카에 위치한 벨리즈, 과테말라, 엘살바도르, 온두라스, 니카라과, 코스타리카, 파나마를 다 합치면 5천 1백만 헥타르 정도가 되는데, 이 중 1/3이 숲으로 간주된다. 이들 국가의 산림면적을 다 합하면, 전 세계의 2%가 채 되지 않는 것을 알 수 있다(ibid.).

이들 삼림은 분수령(分水嶺: watersheds)을 보호하는 것부터 많은 동물군과 식물군에게 서식지를 제공하는 것까지 생태적으로 굉장히 중요한 기능을 맡고 있다. 실제로, 이 작은 면적이 지구의 7%에 가까운 유전적 다양성을 보유하고 있는데, 대부분은 열대지방의 소나무 숲

브라질 혼도니아의 벌목 지역의 항공사진

과 맨그로브 숲에 집중적으로 서식하고 있다(Calvo 2000). 또한, 중앙아메리카에 위치한 삼림들은 북미와 남미를 이어주는 중요한 회랑지대로 여겨지고 있다. 하지만 중앙아메리카의 많은 지역이 심각한 위험에 처해 있다. 멕시코와 니카라과에서 가장 많은 삼림 벌채 현상이 나타났다. 예를 들면 이 국가들의 삼림 벌채 비율은 1990년대 초 군사적 충돌이 중단되면서 식민지화와 개발이 이뤄지자 급격히 상승했다(Kaimowitz 1996). 삼림 파괴 현상의 비율이 가장 높은 국가는 엘살바도르, 니카라과, 벨리즈였다. 이 지역에서 일어난 삼림 벌채 현상의 가장 큰 요인은 건조한 날씨 때문에 일어난 산불이었다. 또한 과테말라와 엘살바도르 같은 국가에서는 80%에 달하는 인구가 불을 피우기 위해 나무를 벌목하고 있으며 소규모와 대규모의 정착지가 팽창하고, 니카라과 같이 정부에서 벌목을 지원하는 곳에서는 농업활동이 빠른 속도로 팽창하고 있다(ibid.).

남아메리카

남아메리카에는 전 세계 삼림의 23%에 가까운 삼림이 위치해 있다. 콜롬비아부터 남아메리카 대륙의 남쪽 끝에 위치한 띠에라 델 푸에고(Tierra del Fuego)의 아르헨티나 섬까지 8억 8천 5백만 헥타르에 이르는 숲이 분포되어 있다. 하지만 남아메리카 대륙의 삼림 대부분이 열대지방의 중간 부분, 즉, 아마존의 다우림에 위치해 있다. 실질적으로 아마존 열대 다우림의 존재는 남아메리카가 지구의 54%에 달하는 열대 다우림을 보유할 수 있게 해주었다. 아마존의 생태계는 홀로 남아메리카의 삼림 전체 면적의 85%를 차지하며, 이 지역 면적의 60%를 차지한다(ibid.).

남아메리카의 열대 지방에 위치한, 일반 국가들의 8배에 이르는 브라질 또한 많은 양의 산림을 보유한 국가로 여긴다. 아마존의 열대 다우림이 길게 뻗은 브라질은 거의 65%에 달하는 면적이 동물 분포구의 아구(亞區: subregion)로 간주되고 있다. 이렇기 때문에 브라질의 산

〈그림 4.1〉 세계에서 대규모 삼림을 가진 국가들

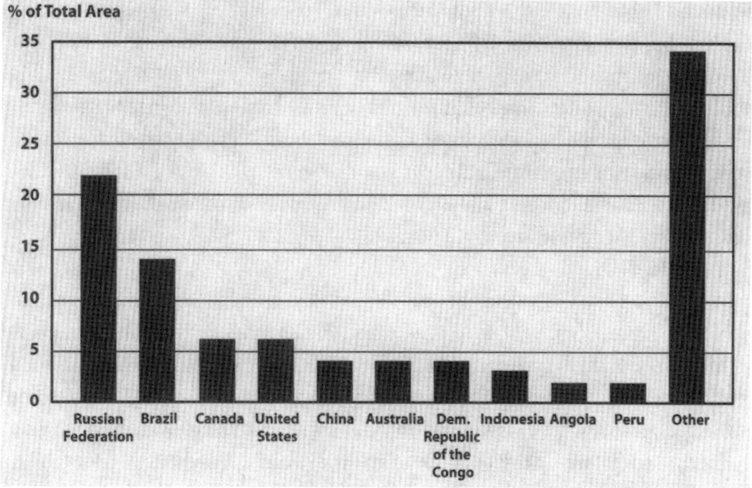

림 관리 시스템과 정책은 남아메리카 산림 보호의 체제를 대표한다고 볼 수 있다. 지금까지 브라질은 산림 보호의 체계적인 정책을 구축하지 못했고 삼림 벌채의 주요 요인인 벌목과 농업활동을 효과적으로 제재하는 데 실패했다.

대체로 남아메리카 열대 지방은 지난 반세기 동안 아마존 유역을 들쑤시며 산림자원을 함부로 다루었다. 1970년대 아마존 유역에 사람들의 접근을 용이하게 하기 위해 트랜스 아마존(Trans-Amazon) 도로가 건설되면서 산림 면적이 본격적으로 감소하기 시작했다. 농업 활동과 가축 방목 활동에 대한 정부의 지원 또한 삼림 벌채에 많은 악영향을 미친 요소 중 하나이다(Wood and Porro 2002).

오늘날, 매년 남아메리카에서 발생하는 삼림 손실은 대략 370만 헥타르로 측정되고 있다. 이런 시점에서, 과거에 착수되었던 관리 체계와 보호 네트워크의 팽창이 중요하다고 증명되자 남아메리카에서는 산림보호의 중요성에 대한 인식이 상승하는 추세다. 하지만 산림관리와 환경보호에 영향을 미치는 정책의 결정적인 변화가 요구된다. "더욱 안정적이고 일관성을 갖춘 정책과 천연자원 관리 부처가 긍정적인 추세에 기여할 수 있지만 대체 소득 자원의 부재와 심각한 빈곤문제가 농업활동의 지속적인 팽창에 따른 삼림 벌채를 정당화시킬 것이다"(UN Food and Agriculture Organization 2001a).

남아메리카의 온대 지역에 해당하는 "남미 원뿔꼴 지역(브라질, 파라과이, 우루과이, 아르헨티나, 칠레로 이루어진 지역)"의 산림자원은 북부 지역에 비해 그다지 대단하게 여겨지지 않는다. 아르헨티나, 칠레, 우루과이, 포클랜드 제도에 분포되어 있는 자연 삼림은 고작 남아메리카 삼림의 5%에 미치지 못하며 이는 전 세계 삼림의 0.85%만 해당된다. 이 지역은 전 세계 난대림의 10%를 포함하고 있지만 칠레, 아르헨티나, 우루과이 국경의 해당 면적은 수년 간 줄어들고 있는 추세다. 예를 들면 칠레에서는 고작 1/3의 삼림만이 프론티어 삼림[29]에 해당하는 요건을 갖추고 있다. 또한 칠레에서 이 삼림에 해당하는 숲 중 고작 27%만이 보호를 받고 있으며 과거에 숲으로 여겨졌던 면적은 이주민의 거주 지역 또는 사냥터로 사용되고 있다(Neira et al. 2002).

라틴아메리카의 농장과 조림지

칠레와 라틴아메리카에 위치한 많은 국가에서 많은 숲이 농장과 조림지 용도로 전용되고 있으며 일부는 타국의 식물군 또는 동물군 번식을 위해 사용되고 있다. 실제로 라틴아메리카에서는 천연자원을 가꾸는 것보다 농장과 조림지를 통해 재배를 하는 것이 더 많은 이득을 남긴다. 라틴아메리카에서 재배되는 대부분의 나무는 카리브해 소나무 또는 유칼립투스 나무이며 몇몇의 국가에서는 티크와 원목을 재배하기도 한다.

티크와 하얀 티크는 모두 아시아에서 온 이국 종이며 아메리카 대륙에서는 가장 최근부터 재배되기 시작했다. 티크 나무의 자재는 가구를 만들기 위해 쓰이며, 하얀 티크 같은 경우는 굉장한 고품질로 평가받는다. 많은 경우에 정책 결정자들은 삼림을 다시 가꾸는 등 지원을 통해 이런 농장과 조림지를 적극적으로 지지한다. 예를 들면 아르헨티나, 칠레, 우루과이 같은 경우에는 22,000헥타르에 달하는 삼림을 1992년부터 1998년까지 조림했는데, 이는 35,000개에 해당하는 새로운 직장을 만들고 삼림부문에 미화 1억 2천 달러에 해당하는 투자를 유치했다(UN Food and Agriculture Organization 2001a).

브라질은 라틴아메리카에서 가장 많은 조림지를 보유하고 있는데, 거의 5백만 헥타르에 달한다. 이밖에도 칠레는 총 2백만 헥타르, 베네수엘라는 총 1백만 헥타르에 달하는 거대한 규모의 조림지들을 보유하고 있다. 브라질은 가장 많은 원목을 재배하고 있지만 대부분은 지

29) 완전한 삼림 또는 5천 헥타르 이상의 면적이 온전히 나무로 뒤덮인 삼림이다.

역의 토종이 아니라 유칼립투스 나무이다. 베네수엘라를 제외하고 라틴아메리카의 조림지는 대부분 개인 소유다. 한편 현재 우루과이에서는 급격한 추세로 조림지가 형성되고 있는데 1990년대에만 50,000헥타르에서 360,000헥타르로 조림지 면적이 팽창되었다. 우루과이 내 조림지는 대부분 세계은행과 유럽과 북미의 투자자들에 의해 지원을 받았다. 우루과이와 브라질 같은 지역에서는 이런 농장과 조림지의 팽창이 줄어들고 있는 자연생태계와 삼림에 대한 눈속임 역할을 하기도 했다.

안데스 산맥 북쪽에 위치한 국가들 중에서는 콜롬비아만 활발하게 소나무, 유칼립투스, 몇몇 토종나무를 재배하고 있다. 에콰도르와 페루는 안데스 산맥 내에 유칼립투스 조림지의 기반을 두고 있다. 볼리비아는 고작 40,000헥타르 정도의 땅이 조림지와 농장을 위해 사용되고 있으며, 나무 원자재는 거의 대부분 본래부터 있던 천연 숲에서 생산된다.

카리브해 지역에서는 쿠바가 가장 많은 나무를 재배하는데, 그 이유는 쿠바 정부의 재식림 정책과 농장과 조림지에 대한 투자, 자립적인 쿠바의 국제부문 정책 때문이라고 볼 수 있다. 중앙아메리카에서는 멕시코가 이 지역의 다른 어느 국가보다도 많은 토지를 조림을 위해 사용하고 있지만 이에 대한 투자는 중간 정도에 머무르는 것으로 나타났다. 다른 곳에서는 코스타리카가 티크와 하얀 티크 나무를 활발히 재배하는 반면 벨리즈, 엘살바도르, 온두라스, 파나마에서는 소량의 소나무와 유칼립투스를 조림한다. 전체적으로, 중앙아메리카의 국가들이 지닌 조림지는 전 세계 조림지의 1%에도 못 미치는 것으로 보인다.

산림파괴의 주원인

1970년대부터 라틴아메리카에서 일어나는 산림파괴의 가장 큰 원인은 농업 활동의 전선이 삼림의 경계까지 팽창한 것이라고 볼 수 있다. 정부의 식민지 사업(빈곤층 시민들을 개발되지 않고 사람들이 별로 많지 않은 곳으로 이주하게 만들었다)과 가축사업 개선을 위한 정부의 지원(토지소유자들이 단순한 추측으로 많은 양의 땅을 투기하게 만들었다), 도로의 확장 모두 삼림 파괴의 진행에 영향을 미쳤다. 또한 경제적 이득을 얻기 위해 진행된 벌목은 최근 브라질과 다른 국가들의 삼림에 심각한 압박을 가했다.

중앙아메리카 - 가축 네트워크

쇠고기에 대한 국제 시장의 수요는 중앙아메리카에서 일어난 삼림파괴의 일등공신이다. 1960년대부터 1970년대 초까지 미국에서 쇠고기 소비가 급격히 상승하자 미국은 수요에 대한 공급원을 수입에 의존하고자 했다. 몇몇 중앙아메리카 국가, 특히 코스타리카, 니카라과, 온두라스, 과테말라는 이런 수요에 반응을 보이기 시작했다. 원래부터 있던 가축 농장은 열대 다우림까지 확장되기 시작했고 쇠고기 생산을 위해 새로운 공장이 건설되었다. 과테말라에서 목초지로 쓰이는 땅의 면적은 삼림 벌채를 통해 1979년부터 1996년 사이에 200,000헥타르 이상으로 늘어났으며, 온두라스에서는 275,000헥타르로 늘어났다.

중앙아메리카에서 1958년부터 1978년까지 가축의 수가 두 배 이상으로 늘어났다가 다시 감소하기 시작했다. 1970년대 후반부터 미국에서 쇠고기의 수요가 하락해 쇠고기 산업의 성장이 더뎌지자 가축 농장의 팽창이 멈추고 삼림 파괴도 줄어들었다. 본래 가축 농장으로 쓰이던 일부 지역은 다시 숲이나 농장의 모습을 띠기도 했다. 하지만 이런 과정을 거쳐 다시 숲의 모습을 띠게 된 삼림 같은 경우는 본래의 삼림과 다른 성격을 띠게 되며 동물군과 식물군도 다양하지 못한 편이다.

그 와중에 소량의 토지를 소유하고 있던 자들은 매년 농작물 재배와 목초지 확장을 위해 삼림 벌채를 일정한 속도로 진행했다. 전체적으로 보았을 때 이런 경우가 여럿 모여서 삼림 파괴에 많은 힘을 실어주었을 것이다. 예를 들면, 1996년도 온두라스에서는 43%에 이르는 가축 농장을 이런 소규모 토지 소유자들이 골고루 갖고 있었으며, 코스타리카와 파나마에서는 33% 정도의 가축 농장이 이 경우에 속했다. 이렇게 소규모 토지 소유자들이 지역 환경에 악영향을 미쳤을지 모르지만 대량으로 가축 산업을 하는 소유자들에 비하면 전체적으로 큰 악영향을 미친 것은 아니라고 볼 수 있다.

아마존 유역: 숲 - 작물 - 목초지 시스템

라틴아메리카에서 가장 많은 삼림 벌채가 일어난 곳을 꼽자면 브라질-아마존 유역인데, 이 지역에서는 국립공중조사청(Instituto Nacional de Pesquisas Espaciais: INPE)이 1990년대 초부터 위성사진을 통해 지역 일대를 연구하고 있다. 브라질-아마존 유역은 대략 5백만 평방킬로미터에 이르며, 유럽이 처음 이 지역을 정복했을 때는 80% 이상이 숲으로 뒤덮여 있었다. 1997년도에는 이 지역의 13%, 즉 530,000평방킬로미터(프랑스의 면적) 정도가 농업활동과 인간의 이득을 위해 파괴되었다. 1970년에는 트랜스 아마존(Trans-Amazon) 도로가 건설되면서 거의 82% 정도가 파괴되었다. 그 이후에는 17,000평방킬로미터 정도 되는 면적에서 삼림 벌채가 진행되었는데 이는 1988년부터 1997년까지 진행된 평균 규모와 비슷한 수치다. 이렇게 자연의 땅을 사람들이 사용하기 위해서 바꾼 모든 형태의 파괴는 소량의 나무를 베어

내는 것 같이 작은 것부터 목초지 확장을 위해 전부 태워버리는 것까지 모두를 포함한다. 이 외에 벌목과 산불 같은 형태로 손상을 입고 있는 숲도 있는데 이들은 추가적인 손상을 입는데도 불구하고 삼림 벌채의 통계수치에 포함되지 않는다.

현재 연구 결과에 따르면 인구가 집중해 있는 곳과 가깝거나 도로로 접근이 가능하다거나 건기에 산불이 잦은 지역이 가장 큰 위험에 처해 있다고 보고 있다. 대부분의 삼림 벌채는 불법이다. 일반적으로 도로가 열리자마자 불법거주자와 땅 투기업자가 물밀듯 쏟아져 들어온다. 또한 작물 재배 또는 목초지 확장을 위해 진행되는 삼림 벌채는 흙의 질과 배수 시설의 형태에 상관없이 진행된다. 즉, 농업활동에 적합하든 적합하지 아니하든 모든 땅에서 삼림 벌채가 진행된다.

지역 원주민과 대대로 이 지역에 머무는 지역주민을 포함한 이 지역 전통 농민들은 보통 2, 3년 동안 재배를 하면 10년에서 20년 정도는 해당 토지를 휴경지로 지정한다. 일단 이차림(二次林: secondary forest)[30]이 조성되면 땅이 깨끗해져서 다시 곡식을 재배할 수 있게 된다. 여기서 땅을 깨끗하게 만드는 것은 오래된 숲을 깨끗하게 만드는 것보다 더 쉽고, 그 지역에는 여전히 유실수들과 다른 유용한 식물들이 남아 있게 된다. 이런 식으로 오래된 숲이 매년 소규모만 제거됨으로써 농사를 짓기 위한 음모로부터 유실수들이 살아남게 된다. 하지만 이 지역으로 유입해오는 이주민들이 이 지역 주민들의 전통 관리 방식에 익숙해 있지 않거나 받아들이지 않아 파괴 행위가 심각하게 진행되는 것이 일상적인 다반사였다.

비록 소규모 토지 소유자들이 삼림 벌채에 어느 정도 영향을 미칠

30) 미국 대부분의 숲과 온대지역에서 볼 수 있다. 주로 목재 목적으로 벌채되거나 농장으로 이용된 후 버려져 있다가 다시 성장한 숲이다. 열대림의 40%가 이에 속한다. 흔히 볼 수 있는 2차림이 바로 나무농장(tree farms)이다. 비슷한 연령에 있는 한 종의 나무를 관리 재배하다가 상업적 가치가 있을 정도로 자라면 수확하고, 다시 심고, 베어내는 과정을 반복한다. 연구 결과에 따르면 나무가 반복적으로 벌채, 제거되는 지역의 숲은 토양의 영양물질이 고갈되고 가뭄이나 질병, 전염병 등의 교란이 닥칠 때 대처하는 생태계의 탄성력(resilience)을 잃어버리게 된다.

브라질 빠라(Pará). 목재 위에 앉아 있는 작업자들

수는 있지만, 적어도 브라질-아마존 유역에서 1990년대에 진행된 삼림 벌채의 70% 이상은 대토지 소유자들에 의해 이루어졌다(ibid.). 1970년대와 1980년대 브라질에서는 세금 감면과 저렴한 가격 덕분에 사람들이 굉장히 쉽게 토지 매매를 할 수 있었고 특히 아마존 유역은 남부 지역보다 땅 값이 훨씬 쌌다. 아마존 유역의 토지는 거의 대부분 미래에 부여될 가치 때문에 투기 대상이 되었다. 또한 비생산적인 땅(숲)에 대해 세금을 부과하고자 하는 정부의 정책은 토지 소유자들이 땅을 갈아엎고 활발한 생산 활동을 하도록 동기를 부여했다(Wood and Porro 2002). 그 이후 대부분의 삼림 벌채는 대토지 소유자들이 전통적으로 가축산업에 종사하고 있는 아마존 유역 남부에 위치한 마또 그로쏘(Mato Grosso)에서 진행되었다.

벌목과 목재 생산

1990년대 라틴아메리카에서 가장 많이 수출된 목재의 종을 살펴보면 스페인삼나무, 마호가니, 브라질산 체리나무, 장식용 나무와 아라우카리아(Araucaria) 나무가 있다. 이 외 22종의 나무 목재가 수출되었지만 이 중에서 4종만이 10만 입방미터 이상 수출되었다(Jansen and Zuidema 2001).

아시아와 아프리카의 경우와 비교해보았을 때 라틴아메리카의 천연 숲에서 생산되는 목재의 수출량은 그렇게 많은 편이 아니다. 예를 들면, 1994년부터 1996년까지 라틴아메리카는 990만 입방미터 정도에 달하는 목재를 수출했는데, 같은 시기에 아시아는 4,600만 입방미터에 달하는 나무를 수출했다. 하지만 몇몇 국가 같은 경우 엄청난 양의 목재를 국내 소비를 위해 생산한 경우도 있으며, 최근에 브라질 목재 생산의 국제적인 위상은 급격히 상승하는 추세다. 실제로 브라질은 라틴아메리카에서 가장 큰 목재 생산 국가일 뿐만 아니라 전 세계에서 가장 많은 열대 지역 목재를 생산하고 있다(ibid.; UN Food and Agriculture Organization 2001b). 목재를 상업적으로 생산하는 라틴아메리카의 다른 국가들로는 칠레, 콜롬비아, 과테말라, 에콰도르, 파라과이, 페루가 있다. 당연하게도 이 국가들은 라틴아메리카에서 가장 많은 면적을 나무 재배 농장과 목재 생산을 위한 조림지로 개발시켰다.

현재 목재 산업이 가장 활발하게 팽창하고 있는 지역은 아마존이다. 아마존 이외의 다른 지역에서는 예외도 있지만, 대부분의 경우 목재 산업이 산림면적 축소의 주요 이유는 아니다. 아마존 유역의 삼림에는 다양한 동식물군이 서식하고 있다. 아시아나 아프리카에서 찾아볼 수 있는 것보다 훨씬 다양한 나무 종자가 서식하고 있다. 하지만 아마존의 다양한 나무 종자가 다 경제적인 가치를 갖고 있는 것은 아니기 때문에 모든 벌목 활동은 "높은 가치"가 부여된 나무만을 대상으로 이루어졌다. 이런 현상의 결과로 아마존 유역의 서부에서 나무가 잘려 나가는 비율은 1헥타르당 0.12그루 밖에 되지 않는다(Putz et al. 2001).

친환경 공동체에서는 선택적 수확이 나무를 무차별적으로 모조리 잘라 버리는 것보다 덜 공격적이고 덜 파괴적이라고 여겨진다. 하지만 선택적 수확이라고 하더라도 올바르게 실행되지 않는다면 삼림에 심각한 악영향을 미칠 수가 있다. 한 가지 문제를 꼽자면 식민지 주민들은 정착을 할 때 보통 벌목 사업을 주도하는 회사가 미리 낸 도로를 기반으로 정착하면서 주변에 농장을 만든다는 것이다. 이런 모양새로 형성된 토지들은 결국 대토지 소유주들에 의해 더 큰 농장 또는 목초지로 개간된다. 또한 선택적 벌목이 실행되는 삼림은 외부에 훨씬 더 쉽게 노출되어 있으며 건조하기 때문에 산불이 날 위험성도 굉장히 높다. 이런 지역에서 산불은 심각한 손상을 가할 수 있다. 이런 식으로 큰 나무들이 없어지게 되면 그 밑에 있던 작은 나무, 넝쿨들은 햇빛을 받아 광합성을 통해 자랄 기회를 얻게 되고 결국 삼림이 재생하는 패턴을 형성하게 되는 것이다. 마지막으로 번식 대상인 나무와 그렇지 않은 나무들의 재생 기회는 토양 압축의 정도에 따라 늦어지거나 일어나지 않을 수도 있으며 근처의 씨앗 또는 묘목을 우발적으로 없애버리거나 실수로 재생에 필요한 양의 종자를 남겨두지 않았을 경우 재생이 되지 않을 수가 있다. 예를 들면 브라질 동부의 빠라고미나스(Paragominas)에서는 불도저가 한번 지나가면 1헥타르 당 51그루의 나무를 베어낸다고 한다. 하지만 최근 연구 결과에 따르면 적합한 계획 하에 이차적으로 나무를 베어낸다면 삼림이 재생하는 데 많은 도움이 된다고 한다. 불필요한 도로 건설을 피하기 위해 적합한 계획을 세우는 것, 나무를 베기 전에 넝쿨을 제거하는 것, 작은 기계 또는 동물을 사용하는 것, 씨앗을 재생해내는 나무를 심는 것 모두 벌목의 악영향을 최소화하는 데 도움이 된다(ibid.).

아마존에서 무차별적으로 진행된 벌목은 불법 활동과 원래 존재해오던 고질적인 문제 덕분에 더욱 심각해졌다(Wood and Porro 2002; Veening and Groenendijk 2000). 거의 모든 국가 내에서 관리 계획은 필수 요건이지만 이런 요건은 무시되기 일쑤고 필요하지 않은 지역에 적용되기도 한다. 또한 벌목 사업체에게 장기적으로 적합한 관리 방식을 도입하기에는 벌목 허가 기간이 너무 짧기 때문에 효과적이지 못한 경우가 많다.

그 결과로 삼림 벌채 및 파괴 행위는 라틴아메리카의 생물학적 다양성에 많은 상처를 남겼다. 직접적인 영향을 미치는 것은 아니지만 벌목으로부터 생기는 중요한 영향 중에는 이런 활동으로 인해 동물들이 섭취할 수 있는 과일과 씨앗의 수가 눈에 띄게 줄어들었다는 것이 있다. 키가 큰 나무의 개체수가 줄어들면서 나무 위에서 서식하는 동물들이 섭취할 음식과 그들이 필요로 하는 안전지대의 수 또한 줄어들었다. 밀렵꾼들 또한 동물의 개체수가 줄어드는 데 한 몫하고 있다. 문제는 동물들이 씨앗이 골고루 분포될 수 있도록 하는 중요한 역할을 맡고 있는데 그들의 개체수가 줄어들고 있다는 것이다. 이런 현상은 숲이 올바르게 재생할 수 있는 가능성을 현저히 낮추고, 생태계 또한 수많은 방향으로 달라질 것이다.

연료 나무와 숯

라틴아메리카의 많은 국가에서 나무는 연료와 숯 생산에서 굉장히 중요한 에너지 요소다. 브라질과 콜롬비아는 남아메리카에서 가장 많은 나무 연료를 소비하고, 페루와 파라과이가 그 뒤를 잇고 있다. 중앙아메리카, 온두라스, 니카라과, 엘살바도르는 나무 연료에 많은 의존을 하는데, 나무 연료의 70% 이상을 온두라스에서 사용하고 있다. 아이티 또한 나무 연료가 많은 가정에서 난방과 조리 용도로 쓰이고 있으며 자메이카에서 추출한 나무의 80% 이상이 나무 연료를 위해 쓰이고 있다(UN Food and Agriculture Organization 2001a).

개선된 관리방식과 보호구역 네트워크를 통한 산림보호

라틴아메리카 삼림과 아마존의 미래는 개선된 관리방식과 산림자원의 통제, 더 나은 삼림 생태계 모니터링과 연구, 보호구역 네트워크에 대한 많은 투자에 전적으로 달려있다고 볼 수 있다.

남아메리카에서는 몇몇 국가가 1990년대 초부터 삼림 관련 법안을 통과시키고 본래 존재하던 법안을 강화시키는 등 많은 노력을 했는데, 그 이유는 해외 투자자들이 산림보호의 중요성을 깨닫고 강압을 했기 때문이라는 해석이 있다. 실제로 아르헨티나, 볼리비아, 칠레, 파라과이, 브라질은 모두 목재 생산에 조금 더 섬세하고 견고한 시스템을 구축했다. 예를 들면 볼리비아에서는 산림법(Forestry Law)이 1996년도에 통과 되었는데, 이 법안은 모든 벌목 활동에 구체적이고 적합한 계획을 필요로 하고, 산림에 심각한 손상을 끼치지 않는 선에서 벌목을 허용하고 있다(Rumiz and Aguilar 2001). 이런 변화를 계기로, 토착민 단체는 그들의 영토 내 산림보호를 위해 관리방식을 개발했다. 아르헨티나와 칠레에서는 주요 삼림들이 실험에 착수했다. 한편 브라질에서는 정부가 2010년까지 국립공원 시스템을 통해 국립공원을 5,000만 헥타르까지 늘리겠다고 발표했다(2001년도에 국립공원은 총 1,650만 헥타르에 달했으며 그중 99%가 아마존 유역에 포함되어 있다). 이 삼림들은 목재와 비목재 상품을 생산하고, 유역과 생태계를 보호하며, 환경교육과 야외활동이 이루어지는 다용도 목적으로 관리되고 있다. 국립공원 시스템이 설정한 목적을 달성하기 위해서는 정부가 불법적인 벌목을 제재하고 강력한 정책을 실행시킬 필요가 있다.

브라질의 이런 노력은 정부 소속의 삼림 모니터링 프로그램에 의해 지원을 받는데, 이 프로그램은 남아메리카에서 가장 신뢰성이 높고 완벽하다. 하지만 다른 국가들 또한 그들만의 모니터링 프로그램을 자체 개발했는데, 이는 삼림과 환경을 보호하는 중요한 결단을 내릴 때

많은 혼란을 초래하기도 한다(UN Food and Agriculture Organization 2001a).

보호구역 네트워크 또한 손상을 입은 생태계와 천연 삼림을 보호하는 방법으로 쓰일 수 있다. 이 방법은 현재 전 세계적으로 많이 쓰이고 있는 것이다. 1990년도 당시에는 라틴아메리카의 열대 삼림 중 10%에도 못 미치는 지역만이 보호구역으로 지정되었지만 10여 년이 지난 지금은 14%로 상승했다. 특히 볼리비아는 보호구역 네트워크를 삼림을 보호하는 주요 장치로 채택했다. 넓은 지역을 보호구역으로 지정한 또 다른 국가들을 살펴보면 가이아나(25%), 콜롬비아(24%), 에콰도르(20%), 브라질(17%)이 있다(UN Food and Agriculture Organization 2000b).

중앙아메리카의 국가들은 천천히, 조금씩, 지속적으로 산림을 관리하겠다는 철학을 따르고자 했지만, 특정 정책 또는 관리 시스템이 착수되는 데 항상 예산이 부족했기 때문에 실패하고 말았다. 실제로, 관리방식과 관리체제를 개선하고 승인하는 과정이 국제비정부기구의 지원의 여부에 따라 바뀌는 경우가 허다했다. 그럼에도 불구하고 관리방식이 개선되고 더 나은 방법이 필요하다는 인식이 증가하는 추세이며 벌목 산업체와 국가 삼림 공사, 농민들은 이런 정책에 협력하고자 하는 의지를 표명하고 있는 추세다(UN Food and Agriculture Organization 2001a).

카리브해 지역에서는 삼림 관리 단체와 환경단체가 삼림과 야생의 상태 개선을 위해 다양한 프로그램을 착수시켰다. 프로그램은 토양과 물을 관리하는 것부터 생물학적 다양성 보존 프로그램처럼 지역 공동체에 뼈와 살이 되는 관광 산업과 모두 연관성을 갖고 있다(ibid.).

이산화탄소 배출권을 통한 삼림 파괴 견제

많은 비정부기구, 연구기관, 정부들은 삼림 파괴를 막으려는 국가에게 경제적 이득을 주고자 특정 방안을 만들고자 한다.

라틴아메리카의 마호가니 숲

중앙아메리카, 카리브해, 아마존 유역에서 진행된 마호가니 추출의 전례는 재생을 위한 투자 없이 좋은 결과를 낸 전형적인 예다. 마호가니는 열대지방 나무로서 평균 30-40미터 정도 자라는데, 때로는 70미터까지 자라기도 한다. 이 나무는 건조 삼림에 가장 많이 서식하고 있지만, 다우림에 서식하기도 하며 여러 종류의 흙에서 번식이 가능하다. 마호가니 숲은 멕시코부터 중앙아메리카의 대서양 연안, 콜롬비아, 베네수엘라, 에콰도르, 페루, 볼리비아, 브라질까지 분포도가 굉장히 다양하며 그 개체수도 많은 편이다. 마호가니 나무는 1헥타르당 한 그루씩 저밀도로 자라는데 강가나 다른 방해물이 없는 곳에서는 조금 더 밀집해서 자라기도 한다. 하지만 마호가니 숲이 넓은 범위로 분포해 있음에도 불구하고 라틴아메리카에 있는 마호가니 숲의 일부는 멸종 위기에 처했다. 재배가 가능할 정도로 큰 마호가니 나무 같은 경우 대부분은 이미 베어져 나갔고 재생을 위한 대책 마련의 필요성은 턱없이 부족한 것으로 평가되었다.

1970년대부터 상품 가치가 있는 마호가니 나무는 벌목 회사들에 의해 잘려졌는데, 대부분의 회사는 숲 재생을 위한 대책을 마련하지 않은 채 숲의 다른 부분으로 넘어가 작업을 착수했다. 정부 소유의 많은 토지와 토착민들의 토지에서 정부의 허가 없이 불법 벌목이 실행되었다. 오늘날, 브라질에 남아 있는 마호가니 숲은 아끄레(Acre) 주(州)의 서부와 벌목 산업으로 가장 많은 영향을 받은 파라(Pará) 주의 남서쪽에 위치해 있다. 볼리비아에서도 비슷한 상황이 전개되고 있는데, 대부분의 숲에서 시장성이 있는 마호가니 나무는 모두 추출되었으며, 고작 묘목과 작은 나무들만이 남았다. 그린피스(Green Peace)는 1980년대와 1990년대에 마호가니 나무의 멸종을 막기 위해 국제적 캠페인을 벌였다. 캠페인의 효과로 브라질에서는 1990년대에 불법 착취를 없애기 위한 정책이 실행되었으며, 2001년도에는 당시에 존재하던 모든 관리 방식이 악용되자 정부가 이를 없애버리는 데에 이르렀다. 또한 수출을 위해 생산되었던 마호가니 목재가 수출되는 것을 전면 금지시켰다. 마지막으로 2002년도에는 '멸종위기에 처한 야생동식물의 국제거래에 관한 협약(Convention on International Trade in Endangered Species of Wild Fauna and Flora: CITES)'에서 마호가니 나무를 무차별적인 수입과 수출 때문에 멸종위기에 처한 종으로 지정했다. 이렇게 지정이 됨으로써 모든 마호가니 나무는 수출과 수입을 할 때 정부의 허가를 받아야 하며, 모든 마호가니 목재는 원산지 표기가 되어야 한다. 마호가니를 생산하는 국가는 이 방법에 맞서 마호가니는 멸종위기에 처한 것이 아니라며 수년 동안 싸워왔다. 하지만 해당 주제에 관련된 적합한 연구가 없었기 때문에 마호가니 나무가 멸종위기에 처하지 않았다는 것은 근거 없는 주장이라는 평가를 받고 있다.

〈출처〉

Grogan, J., P. Barreto, and A. Verissimo. 2002. *Mogno na Amazonia Brasileira: Ecologia e Perespectivas de Manejo [Mahogany in the Brasilian Amazon: Ecology and Perspectives on Management]*. Belem, Para, Brazil: Imazon.

UN Food and Agriculture Organization. 2001. *Global Forest Resources Assessment 2000*. Rome: FAO.

Wood, C.H., and R. Porro, eds. 2002. *Deforestation and Land Use in the Amazon*. Gainesville: University of Florida Press.

삼림이 지닌 경제적인 이익 측면에서 삼림 보호를 지지하는 사람들은 삼림이 세계 생태계에 굉장히 중요한 역할을 하고 있기 때문에 국제적인 투자와 보호가 필요하다고 주장한다. 예를 들면, 삼림은 지구 온난화에 가장 큰 요인인 이산화탄소를 효과적으로 제어한다. 이런 기능 덕분에 삼림은 "탄소 탱크"로 여겨지고 있다. 반대로 생각해보면, 이런 숲이 사라진다면 이산화탄소 제어 기능은 축소될 것이고 자연스레 공기 중에 많은 이산화탄소가 머무르게 된다.

삼림에 의해 제어되고 배출되는 이산화탄소와 탄소의 양은 나무를 불태우는 것, 불에 탄 나무가 썩는 과정, 땅에 묻혀있는 생물량 또는 흙에 포함되어 있는 탄소 같은 다양한 변수에 따라 달라진다 (Fearnside 2000). 삼림으로부터 배출된 탄소는 생태계적으로 굉장히 중요한 역할을 한다. 어떤 국가에서 삼림 벌채로 인해 발생하는 이산화탄소의 양이 화석연료를 소비하는 데서 발생하는 양과 같지는 않지만, 브라질 같은 경우 삼림 벌채로 인해 발생하는 이산화탄소가 다른 에너지를 소비하는 데서 발생하는 것의 두 배에 가깝다고 한다 (Chandler et al. 2002).

삼림 벌채가 이산화탄소와 연관되어 있다는 이유 때문에 유럽의 많은 국가들이 이산화탄소 배출량에 따라 세금을 부과하기 시작했으며, 다른 한편에서는 국제적으로 교토의정서를 통해 세금을 부과하고 있다. 이에 "삼림 벌채 방지" 항목이 청정개발체제(Clean Development Mechanism: CDM)에 덧붙여졌다. 이 제안을 기반으로 환경보호에 적극적으로 참여하는 국가들은 이산화탄소 배출권을 얻을 수 있게 되고 배출권은 합의하에 매매도 가능하다. 하지만 이런 방안에 유럽의 몇몇 국가들은 반대의사를 표명했다. 이 국가들은 환경보호라는 맥락에서 이산화탄소 배출량을 감소시키는 방법은 오직 화석연료 소비량을 줄이는 수밖에 없다고 주장한다. 또한 삼림과 환경을 보호하는 데서 이런 방안을 채택할 경우, 이는 이산화탄소 배출량을 줄이기보다는 이산화탄소를 배출하는 것을 합리화시키는 등 이기적인 면모만을 보일 뿐이라고 주장한다.

하지만 국제적 정책의 맥락에서 많은 유럽 국가들과 다른 지역 국가들은 효과적으로 이산화탄소 배출량을 줄이고 생물학적 다양성을 보존하는 데 "삼림 벌채 방지" 방안이 적합하다는 입장을 표명하며 적극적으로 지지하는 모습을 보여주고 있다(Fearnside 2001). 실제로 세계은행은 최근 기업과 공공부문의 단체들이 '나무 심기 제도' 같은, 이산화탄소 배출량을 줄이기 위한 프로젝트에 투자함으로써 효과적으로 환경보호에 참여할 수 있도록 '친환경 이산화탄소 기금(Bio Carbon Fund)'을 설립했다. 투자자들은 이 기금을 통해 이산화탄소 배출권을 얻을 수 있으며 이 배출권은 기업 또는 공공부문 단체들이 설정해 놓은 배출량에 도달하는 데 쓰일 수 있다(McDowell 2002). 관련 프로젝트들은 이산화탄소를 배출하는 것 외에도 생물학적 다양성을 보존하고 통합적인 보호정책과 빈곤층 문제를 해소하는 데 기여할 것이다.

헥타르당 배출되는 이산화탄소의 양에 대한 계산과 지구 온난화가 생태계와 인간에게 미칠 영향이 어느 정도인지는 항상 불확실하다. 하지만 세계적으로 일어나는 삼림 벌채에 관해 어느 학자는 다음과 같이 말하고 있다. "세계적인 현상으로 나타나는 삼림 벌채 같은 기본적인 문제는 생태계와 인간에게 엄청난 영향을 미칠 것이며, 연구가 진행된다고 하더라도 문제의 근본과 상황은 바뀌지 않을 것으로 보인다. 현재 진행되고 발표되는 연구 결과조차도 단순히 우리가 알고 있는 근본적인 문제의 세부사항에 지나지 않는다"(Fearnside 2000).

제5장

농업

라틴아메리카 지역의 국가경제 부문에서 가장 중요한 것은 농업이다. 이는 실질적으로 모든 농촌 공동체에서, 농작물 경작과 방목 활동 등을 통해 이 지역 토지이용의 거의 40%를 담당하는 가장 지배적인 경제 활동이다(ECLAC 2001). 라틴아메리카 사람들은 농업 생산과 식량 생산을 위해 다양한 방법을 이용해 왔는데, 아마존 지역 같은 커다란 숲에서 사냥과 어업 활동에서부터 아르헨티나나 멕시코의 라티푼티움(대농장) 같은 토지에서 좀 더 복잡하고 현대적인 농업 기술들을 활용하기도 했다. 이 지역의 농업과 가축 사육이 점점 증가하면서 다양한 변화가 발생하기 시작했다. 담수자원의 다양한 용도에 대한 높은 의존성, 농화학품의 지나친 사용, 삼림의 무분별한 이용과 전환, 야생 서식처의 농업 이용 등 많은 이유들이 라틴아메리카 지역의 강과 습지, 삼림, 다른 동식물들의 서식처를 파괴해 그들의 미래를 위험에 빠트렸다.

라틴아메리카 환경에 미치는 농업의 영향

라틴아메리카 미래의 경제발전과 환경은 농업 부문의 '지속 가능 발전' 모델의 도입과 유지에 달려 있다. 1990년대 말 라틴아메리카의 농업생산은 9백억 달러를 상회했다. 이는 이 지역 총 GDP의 10%를 약간 넘는 수준이다. 게다가 농장 및 방목 활동 부문은 운송, 소매업, 가공업 등에 여러 가지 긍정적인 파급효과를 불러왔다. 이처럼 식량과 농업 시스템이 라틴아메리카 국가들의 경제 활동에서 20%를 넘는데, 이는 산업화된 국가들, 예를 들어, 멕시코와 아르헨티나의 경제 활동에서도 10% 이상을 점유하고 있다. 하지만 이런 농업 생산은 엄청난 규모의 생태학적 비용을 수반했다. 유엔환경계획(UNEP)의 계산에 의하면 라틴아메리카 전체 총 면적의 15%에 해당하는 3억 헥타르 정도의 토지가 1972년에서 2002년까지 생태학적 쇠퇴를 겪었는데, 이는 주로 지속 불가능한 토지 이용과 영양소 결핍, 화학적 오염, 과도한 방목과 삼림 황폐화 등으로 토양의 침식이 가져 온 결과라고 보고하고 있다(UNEP 2000).

이처럼 농업 부문은 환경에 부정적인 영향을 미친 역할을 담당해 왔는데 이는 코코아, 커피, 사탕수수, 담배, 쇠고기, 면화 등 많은 농업 생산 과정에서 환경적으로 지속 가능한 방법으로 경작된 경우가 드물었기 때문이다.

오늘날 라틴아메리카의 1억 6천만 헥타르(이 지역 총토지 면적의 18%에 해당)의 토지는 농작물 생산에 이용되고 있는 반면, 방목장이나 가축 농장의 경우는 6억 헥타르(이 지역 총토지 면적의 30%에 해당) 정도를 점유하고 있다. 하지만 여전히 아마존 밀림지대를 포함해 다양한 곳에서 농작물 생산과 방목 활동을 위해 많은 지역의 삼림이 제거되고 있다. 예를 들어, 1990년대 동안 라틴아메리카에서 농업생산을 위한 토지 이용은 7.3% 정도로 상승했다(ECLAC 2001). 경작지의 과도한 남획과 생산 가능 토지의 지속적인 침식은 강과 호수, 하구 유역 등에 토사를 만들어 낸다. 몇몇 지역에서는 농화학 제품들, 예를 들어, 비료, 살충제, 제초제의 과도한 사용으로 강과 호수, 지하 대수층을 오염시켜 인간 공동체 거주지의 중요한 식수원인 담수체계의 오염을 증가시키고 있다. 관개를 위한 물의 전환은 수질을 떨어뜨리고 수중 생태계의 변화를 가져 온다. 사실, 라틴아메리카에서 농업은 단일 부문으로서는 수자원의 최대 소비원이다. 카리브에서 농업 부문에 이용되는 총 배수는 수자원의 56%이며, 중미 지역에서는 78%에 달한다(Nishizawa and Uitto 1995; UNEP 2000).

농업 부문의 사회 및 경제 불평등은 지난 30년 동안 라틴아메리카 사회경제 발전에서 가장 큰 장애물 가운데 하나였다. 몇몇 방목장과 농장 활동은 중미 및 남미 지역에서 엄청난 부를 생산해 냈다. 하지만 농민의 대부분을 차지하는 1천 6백만 소작농은 불모지의 땅에서 생계에 필요한 적은 양의 농작물을 재배하며 살고 있고, 그들의 빈곤 정도는 모든 종류의 농촌 지역 환경 악화와 연관을 맺고 있다. 일련의 생태학적 가치를 지닌 산림지역의 파괴는 점차적으로 식물이 자랄 수 있는 산언덕 및 산비탈 지역의 침식을 가져오고 이는 강 유역에 많은 토사를 증가시킨다(Groot and Ruben 1997; Schioler 2002).

역사적으로 중미와 남미 지역 농촌 공동체들은 병원, 학교, 도로 교통과 전력, 다른 인프라 등의 공공 서비스 혜택을 그리 많이 받아오지 못했다. 게다가 이들 공동체에 대한 이런 서비스 혜택은 농촌을 떠나 도시로 이주하는 도시화의 영향으로 가까운 미래에도 그리 크지 않을 것으로 예상된다(Huber and Safford 1995). 하지만 만일 라틴아메리카의 지방정부들이 농촌 발전 문제에 관심을 갖고서 기본적인 의료서비스나 교육 프로그램들에 지속 가능한 형태로 투자를 강화한다면 농촌에서 도시로의 이주는 진행이 점점 더딜 것이고, 심지어는 역전되기도 할 것이다. 이런 시도는 또한 자연 생태계 파괴에 대한 압력을 줄이는 혜택까지 선사해 사회 전체에 대한 긍정적인 결과를 낳을 수도 있다. 상업적으로 가치가 있는 어업과 탄소를 흡수하고 오염원을 흡수하는 야생 동식물의 유지 등을 통해 이런 혜택은 발생한다. 한 연구의 결과에 의하면, 현재 "비록 사람들이 자연적인 본능에 따라 토지를 보존하지만, 가난한 소농들은 생존을 위해 투쟁하면서 많은 토지를 소모하고 있다" "이를 방지할 만한 적당한 기술이나 경제적 기회의 부족은 빈곤한 농촌을 더욱 힘들게 노동하도록 만들 것이고 그들의 허약한 토지로부터 그들의 삶은 더욱 궁핍해 질 것이다. 그리고 이들이 농촌 사회에 뿌리를 내리지 못했을 때에는 이들은 새로운 산언덕이나 산림지역, 도시들로 이동해 갈 것이다. 물론 빈곤을 제거한다고 해서 자동적으로 환경파괴가 없어지는 것은 아니다. 정부들과 부유한 생산자들 또한 환경 악화를 방지하는 데 최대로 노력해야 한다. 1980년대 부적절한 거시경제 및 사회 정책들 때문에 방목 활동이 브라질의 아마존 밀림으로 확대해 들어간 일을 기억해야 한다"(Garrett 1998).

몇몇 라틴아메리카 국가들은 이런 문제를 해결하기 위해 토지개혁이라든지 혹은 농업정책들에 변화를 가해 대응해 오고 있다. 게다가 지방, 국가, 지역 차원의 수많은 농업관련 에이전시 또한 지속 가능한 모델 만들기에 많은 노력을 해 오고 있다. 빈곤 감축 같은 이슈처럼, 경제 및 사회 발전 목표들과 함께 토지 관리와 농업을 포함시킴으로써 이를 통합적으로 해결하고자 노력하고 있다. 정부의 탈중앙화는 지방과 중앙 정부 수준에서 행해지고 있으며 빈곤 감축과 지속 가능한 농업 프로그램 개발에 공동체들과 비정부기구(NGOs)들의 자발적인 참여도 독려하고 있다. 하지만 "이런 힘든 실험들이 성공하기 위해서는 반드시 시민 참여가 강화되어야 한다. 시청들은 그들의 발전 프로그램을 관리하거나 디자인하는 데 중앙 정부나 개발기구들의 기술적 지원을 받을 필요가 있다. 멕시코의 경우는 이런 개발 프로그램을 운용하는 데 탈중앙화 상태로 농촌발전 프로그램들을 시행한 경험이 있다. 만일 서비스가 민영화된다면 정부는 반드시 그 정책들이 지속적으로 시장 경쟁력을 갖도록 도와 최소한의 서비스라도 모두에게 돌아가도록 해야 한다"(ibid.).

중미의 농업

중미 지역은 기후나 지리 면에서 매우 다양한 지역이다. 이 지역은 멕시코와 남미 지역 사이 아열대 지역에 위치해 있다. 현재 7개의 국가들 - 벨리즈, 코스타리카, 과테말라, 엘살바도르, 온두라스, 니카라과, 파나마 - 로 구성되어 있다. 이 지역의 영토는 523,870평방킬로미터 정도 된다. 비교해 보면 이 지역은 미국에서 세 번째로 큰 주인 캘리포니아보다 약간 크며 때로는 중미의 한 부분으로 여겨지는 멕시코의 4분의 1 정도다.

중미는 특징적으로 산악지대가 많기 때문에 많은 지역이 해발 900미터와 2,400미터 사이에 위치해 있다. 화산지대 역시 40군데로 많으며 몇몇은 여전히 살아있다. 전체 면적에서 오직 13%만이 농작이 가능하고 가축을 키울 수 있는 토지다. 고산지대의 냉온과 많은 강수량이 몇몇 농작물이 잘 자랄 수 있는 기후 조건을 제시한다. 공동체들은 산맥에서 흘러나오는 많은 수원지대(작지만 많은 강 지류들)를 가지고 있는 지역에서 발전해 있으며 몇몇 지역에서는 집중적으로 큰 규모의 농업 활동이 이루어지고 있다. 우림지대와 습지들은 저지대에 위치해 있으며 특히 동쪽 해안을 따라 연결되어 있다. 역사적 관점에서 보면 이 지역은 태평양 연안과 비교해 인구는 적은 편이며 개발도 덜 되어 있다. 이런 이유는 인구가 많이 거주하는 중심지와 멀리 떨어져 있거나, 말라리아를 포함하는 다양한 질병에 굉장히 취약한 지역이기 때문이다.

지난 2세기 동안 중미의 풍경은 엄청난 변화를 보여 왔다. 농부들과 방목주들은 자신들의 농작물 생산과 가축 사육 및 여타의 목적으로 수많은 계곡과 산림지역을 제거해 왔다(Groot and Ruben 1997; Pelupessy and Ruben 2000). 1972년부터 1999년 사이만 해도 중미지역(멕시코 포함)에서만 경작 가능한 토지 및 농경지가 21%나 늘어났다. 이전처럼 농업 활동이 이 지역의 삼림 황폐화를 주도하는 것으로 평가되었다.

19세기 및 20세기 동안, 중미 지역에 많은 수지를 가져다주는 미국시장이 가까이 있었기 때문에 농업발전을 통한 경제성장은 이 지역에

코스타리카의 커피 농장

중요한 요인이었다. 1990년대에 농업 생산은 이 지역 GDP의 15-30%를 점유했고 인구의 30-35%가 이 부문을 통해 일자리를 찾았다. 오늘날 중미 지역의 농업 생산은 바나나, 커피, 면화, 설탕, 육류(쇠고기) 등 5개의 수출상품으로 집중되어 있는데, 농업 생산물의 절반 정도는 미국 시장으로 수출되고 있다(World Bank 2001).

바나나의 경우는 카리브 연안 저지대에서 생산되며 주로 미국으로 수출된다. 바나나 생산에는 비숙련 집중 노동력을 확보하고 기반설비 구축을 위한 큰 자본의 투자가 요구된다. 때문에 이 지역에서는 규모가 큰 회사나 혹은 외국회사의 자본투자사가 대부분의 바나나 플랜테이션 사업을 소유하고 있다. 사탕수수 생산은 과테말라, 엘살바도르, 니카라과에 집중되어 있는데, 모두 이 농작물 생산에 오래된 전통을 가지고 있다. 1990년대까지 대부분의 설탕 생산은 이 지역에서 작은 규모의 사적 경작지에서 뿐만 아니라 큰 규모의 플랜테이션 방식으로도 경작되어 소비량을 늘려왔다. 중미 지역의 커피 플랜테이션은 세계의 다른 어떤 지역보다도 더 많은 커피를 생산하고 있지만 대부분의 수익은 이 산업을 발전시키고 있는 다국적 회사들과 플랜테이션 소유주들에게 돌아간다. 면화와 쇠고기의 생산은 20세기 중반부터 세계 시장의 수요 증가로 인해 이 지역에 주요 소득원으로 부상했다.

이런 농작물의 생산은 몇몇 관점에서 환경에 대해 부정적인 결과를 발생시키고 있다. 면화의 경우 다양한 비료와 농약(살충제)의 사용은 강과 호수를 오염시키고 토양에 화학적 오염을 집중시키고 있다 (Murray 1999; UNEP 2000). 니카라과와 온두라스 같은 곳에서는 소 방목을 위해 넓은 삼림지대가 사라지고 있으며 과도한 형태의 방목은 고지대 계곡의 환경을 악화시키고 강 유역에 심한 해를 주고 있다.

멕시코의 농업

멕시코는 라틴아메리카에서 영토가 넓은 국가 중 하나다. 멕시코의 국토는 1,970,000평방킬로미터(758,000평방마일)로 미국에서 가장 큰 주, 알래스카 보다 조금 더 방대하다. 멕시코의 기후와 지리는 다양성 그 자체다. 멕시코의 영토 대부분은 굽이치는 산과 해발 고도에 따라 다채롭게 나타나는 기후로 가득 차 있다. 멕시코 북부는 건조한 사막지대여서 선인장, 사막 관목, 풀 등으로 덮여 있다. 멕시코 중부는 북부보다 고도가 높은 지역이여서 오크나무, 소나무, 전나무가 무성하다. 뿐만 아니라 이 지역에는 광활한 초원이 넓게 펴져 있다. 고도가 낮은 멕시코 남부는 한때 열대 우림지로서 중요한 지역적 역할을 차지했지만, 계속되는 벌목작업으로 남부의 자연산림은 급속하게 파괴되고 있다.

건조한 기후 때문에 멕시코 영토의 14% 만이 경작지로 활용된다. 농업은 매년 국가 GDP의 5%를 생산할 뿐이지만, 전체 인구 대비 25%에 달하는 고용을 창출한다. 가뭄이 지속되면서 몇몇의 식품을 수입해야 하는 상황에 놓였지만, 전통적으로 멕시코의 농업은 국내 식량 소비를 충족시키기에 충분한 식량을 생산해 왔다.

멕시코의 농업 종사자들 대부분은 1920년대와 1970대 국가로부터 지급받은 경작지를 기반으로 자급농업(subsistence agriculture)을 일삼는다. 많은 소작농들은 극도의 빈곤에 시달리며 신기술의 농업장비나 기계를 구입할 수 없는 지경에 처해 있다. 뿐만 아니라 양질의 종자나 비료를 구매하는 데도 어려움을 겪고 있다. 이런 소작농들은 주로 옥수수, 콩, 밀, 대맥, 쌀, 대두, 채소, 감귤류 과일 등을 재배하고, 이런 수확물들은 주로 집에서 직접 소비되거나 근교 시장으로 유통된다. 이와는 대조적으로 거대한 자본으로 세워진 농산품 수출 기업들은 현대식 농업기계나 생산기술 뿐만 아니라 고도의 마케팅 기술을 동원한다. 멕시코 남부 치아빠스와 오아하까에 주로 자리잡고 있는 이런 대농장은 상업 작물, 즉 커피, 감귤류 과일, 설탕, 토마토를 재배하고 수출한다. 멕시코 북서부에서는 면 작물이 생산된다.

이처럼 소작농과 대농장 형태로 진행되는 농업은 멕시코 주변 환경을 급속하게 변화시켰다. 농업과 목축업에서 비롯되는 삼림 벌채, 사막화, 식수 부족, 토양 염분화, 토양 침식 등은 심각한 환경문제를 야기한다. 지속 가능한 경작이나 목축이 제대로 실천되지 못하는 것이 사실이지만, 국제기부단체, NGO 및 지방자치정부의 노력으로 점차 환경문제를 고려하는 실천들이 확산되고 있다.

남미의 농업

세계에서 네 번째로 큰 대륙, 남미는 북반구의 아열대 지역에서부터 적도를 지나 서반구의 극지방을 가로지른다. 이처럼 광활한 영토의 특성상 남미에서는 지역마다 다채로운 기후와 지형이 나타난다. 따라서 남미 각 지역의 농업 종사자들은 다양한 자원과 방식으로 농업에 임한다. 예컨대, 대륙의 중부 열대지방은 토양이 비옥하고 다양한 종류의 작물이 경작 가능하다. 반면 빠따고니아를 비롯한 다른 지역은 토양이 건조해 다양한 작물이나 가축이 서식하기에 비효율적이다.

농업발전의 역사

남미 원주민들은 유럽인들이 도착하기 이전부터 작물 경작의 전통을 유지하고 있었다. 원주민들은 개인 소비나 부족 간 물물교환을 목적으로 자급 형태의 농업 및 목축업 전통을 가지고 있었다. 토지나 가축에 대한 사적 소유의 개념은 존재하지 않았다.

그러나 구세계(the Old World)에서 개척자들이 들어오면서 남미 대륙의 농업적 특색은 급속도로 변했다. 부유했던 개척자들은 일정 규모 이상의 영토를 소유하고 농장을 세웠다. 18세기에서 19세기에 접어들며 이런 현상은 가속화되었는데, 운송수단의 발전과 함께 남미 내 농산품은 세계 각지, 특히 유럽과 미국으로 수출되었다. 동시에 남미의 자급농들은 빠따고니아 및 아마존 지역으로 경작과 목축을 확대해 나갔다.

제2차 세계대전 이후 남미의 농업분야는 거대한 변화를 맞이한다. 중요한 변화 중 하나는 국제시장에서 농산품의 가격이 급락한 것이다. 이로 인해 남미 국가들의 경제는 심각한 타격을 받았고, 특히 농산품의 50-60% 가량을 국제시장에 수출하는 국가들의 경제적 손상은 더욱 심했다. 생산량을 증가시키는 기술력 향상에도 불구하고 기하급수적으로 증가하는 인구 또한 농업에 압박을 가중했다. 동시에 산업화는 고용창출과 경제 원동력으로서의 농업적 역할을 퇴색시켰다. 그럼에도 불구하고 20세기 말까지도 남미 내 국가들에서의 농업은 GDP의 10% 이상을 차지했다. 그리고 볼리비아, 에콰도르, 파라과이, 페루 노동력의 30%가 농업에 종사했다.

오늘날 대부분의 남미 국가들은 옥수수, 콩, 감자, 고구마, 밀, 땅콩류 등의 식량 생산에서 국내 수요를 충족시킨다. 여전히 남미 대륙 전체 식량 생산의 50% 가량은 수출을 목적으로 한다. 남미 내 식량 수출의 주요 품목은 곡물과 쇠고기(아르헨티나, 브라질, 칠레), 커피와 면직물(볼리비아, 브라질, 콜롬비아, 페루), 설탕(브라질), 담배(브라질, 콜롬비아), 와인(칠레, 아르헨티나)이다.

남미 농업의 두 기둥

1800년대 브라질, 콜롬비아, 에콰도르, 페루, 베네수엘라에서 커피는 주요 상업 작물로 자리매김했다. 이들 국가의 고지대에 사는 커피 농부들은 세계에서 가장 훌륭한 품질의 커피를 생산한다. 브라질은 세계 최대 커피 생산 국가다. 그러나 1970년대 이래로 국가 경제에서 커피가 차지하는 중요성은 급격하게 감소한다. 예컨대, 커피 수출을 통한 콜롬비아의 수입은 1970년대 80%였지만, 1990년대 25%로 급감한다. 이런 현상은 커피의 국제가격 하락, 커피 원두의 해충 피해, 베트남과 인도네시아 같은 저렴한 커피 공급자의 등장 등에서 비롯되었다.

목축업은 식민시대 때부터 남미의 문화와 경제의 일부로서 절대 필요한 부분이었고, 오늘날 아르헨티나, 브라질, 파라과이, 볼리비아에서 사용되는 토지의 상당 부분을 점유하고 있다. 예컨대, 목장주들은 5천5백만 마리의 소, 1천4백만 마리의 양, 3백2십만 마리의 돼지, 3백3십만 마리의 말을 소유했다. 육류, 가축 및 관련 상품을 수출함으로써 얻는 수익은 연간 14억 달러에 이른다. 혹은 국가 전체 수출의 14%를 차지한다. 브라질 또한 목축과 가축 사육이 국가 경제에서 주요 역할을 차지한다. 2000년 1억 6천7백만 마리의 소가 사육된다고 추정되었다. 브라질 동부나 남부의 농부들은 고기, 양모, 및 기타 상

아르헨티나 산따 페(Santa Fe) 지역의 소

품을 지역 시장에 내다 팔거나 국제 시장에 수출하기도 하지만 주로 개인적 소비를 위해 가축을 사육한다. 한편 안데스 지역의 농부들은 야마, 알빠까, 양, 염소를 기른다. 칠레에서는 토지의 3% 만이 환금작물 경작지로 이용되고, 목장주들은 4백 1십만 마리 정도의 양과 5십9만 마리의 말을 소유한다고, 2000년에 집계되었다.

밀과 옥수수는 남미 대륙에서 재배되는 가장 중요한 작물이다. 1990년대 아르헨티나는 세계에서 가장 많은 밀을 생산하는 나라 중 하나였고, 브라질은 옥수수와 대두를 주로 생산했다. 면 작물은 남미 대륙 곳곳에서 재배되었는데, 주로 아르헨티나의 차꼬(Chaco), 브라질 북동부, 페루의 해안 지방에 집중되어 있었다. 1980년대에서 1990년대 아르헨티나와 칠레는 세계의 와인 생산을 이끄는 국가로 급성장했다.

빈곤과 제한된 경제적 기회는 남미 내 많은 농부가 불법 마약을 생산하도록 부추겼다. 이런 불법 마약물은 주로 미국과 서구 선진국가로 밀매된다. 20세기 후반 콜롬비아와 페루는 세계에서 가장 많은 코카(coca) 생산국이었다. 21세기로 접어들며 국내외적 마약 근절 활동에도 불구하고 코카 생산은 수십억 달러 규모의 사업으로 성장했다. 가난한 빈농들에게 이런 불법 작물을 재배하는 것은 높은 수익률을 보장했기 때문이다. 또한 몇몇 농부들은 다양한 준군사 조직(paramilitary groups)이나 게릴라 집단에 의해 불법 마약 작물을 재배할 것을 강요당한다.

이처럼 심각해지는 남미 내 마약 생산은 적실한 농업 개혁의 필요성을 시사한다. 게다가 지역 내 농업 분야는 사회적 양극화와 소득 분배의 극적인 대조를 반영한다. 예컨대, 남미에는 신식 장비와 대토지를 소유한 현대식 농부, 라띠푼디아(the latifundias)가 있다. 라띠푼디아는 가족끼리 대(generation)를 이어 형성되어 있고, 지역 수출량의 대부분을 제공한다. 라틴아메리카에서 이런 대지주들의 수는 총 농부의 5%에 불과하지만, 그들이 소유한 토지의 규모는 총 토지의 90% 이상에 달한다. 따라서 대부분의 농부들은 소작농으로서 아주 작은 규모의 토지를 가지고 노동 집약적인 농업 및 목축업을 한다고 볼 수 있다. 사실 남미의 75% 가량의 농부들이 10헥타르(25 에이커) 이하의 농지를 소유하고 있다. 이런 소작농들은 미니푼디아(minifundias)라 불리는데, 가난에서 벗어날 만큼 충분한 양의 생산물을 수확하지 못한다. 이런 현상은 사회적 불안정을 야기하며 콜롬비아, 페루, 볼리비아, 큰 국가의 가난한 지역 등에서 나타난다.

이처럼 토지와 소득의 불평등 분배는 각종 사회 문제를 초래하는데, 브라질이 이런 고질적 문제에 직면해 있다. 브라질에는 대규모의 토지를 소유하지 못한 농촌 거주자들이 존재하고, 이들은 철마다 대지주의 농장에서 노동력을 제공하는 것 이외에 수입이 없다. 반 이상의 토지 소유자들이 최대 25헥타르의 토지 혹은 고만고만한 규모의 토지를 가지고 있는데, 이런 토지의 합은 전체 경작지의 2.5%에 불과하다. 대조적으로 1% 미만의 대지주나 목장주들이 45% 가량의 농지를 소유한다. 보통 1,000헥타르(2,500 에이커)에 다다른다.

이런 불평등한 토지 분배로 야기되는 환경, 경제, 사회적 문제를 타파하기 위해 남미 국가의 정부들은 최근에 사유지 개혁(land tenure reform) 정책을 취하기 시작했다. 예를 들어, 브라질은 세금, 간척(reclamation), 정착 등을 통해 개혁을 시도했고, 토지 차용권(tenancy)과 신용(credit)을 보호했다. 동시에 대부분의 국가들은 농업 보조금을 금지하거나 삭감하고 수입 농산품에 대한 관세를 철폐했다. 농업 종사자들을 위한 보호적 관행을 중단했다. 이런 정책을 옹호하는 사람들은 장기간의 자유 시장 시행과 국제 경쟁의 원리가 농부들로 하여금 생산성을 높이고 농장의 효율성을 증진시킬 것이라고 주장한다. 뿐만 아니라 남미 국가의 국민들에게 적합한 식량과 상품을 생산할 것이라고 설명한다. 반면에 이런 정책에 반대하는 입장은 이런 식의 시장 개혁은 사회 내 취약한 세력들, 즉 도시 외곽 지역이나 소작농들에게 치명적이라고 주장한다.

자메이카 포트 안토니오(Port Antonio) 지역의 바나나

카리브의 농업

대서양에 위치한 카리브해 국가들은 북미와 남미 사이의 4천 킬로미터로 둘러쌓여 있다. 앤틸리스(Antiller) 혹은 서인도(West Indies)라고 불리는 이 군도는 3그룹으로 나뉘어 있다. 바하마, 대 앤틸리스(쿠바, 자마이카, 아이티, 도미니카 공화국), 그리고 소 앤틸리스(바르바도스, 리워드제도, 윈드워드제도, 트리니다드 토바고)이다. 카리브해 국가들이 이렇게 여러 지역으로 나누어진 원인은 영국, 네덜란드, 베네수엘라, 미국에 있다.

카리브해 국가들은 영토의 크기에 따라 상당한 차이를 보인다. 예를 들어, 쿠바가 차지하는 면적은 약 11만 평방킬로미터이고 인구는 약 1천백만 명이다. 반면에 그레나다의 총면적은 378평방킬로미터이며 총인구는 9만 3천에 불과하다. 카리브해 국가들의 지리적 특징과 기후적 특징은 작은 면적, 열대기후, 따뜻한 바닷물이다. 카리브해의 온화한 기후는 다양한 열대작물의 재배를 가능하게 했다. 하지만 이 지역의 농업지역은 정해진 토지와 낮은 토양 비옥도로 인해 매우 제한적이다. 실제로, 이 지역의 10%만이 경작이 가능한 토지다.

토지 자원이 매우 제한적이고 이용 가능한 토지들은 이미 농업 혹은 산업을 지원하기 위해 사용되고 있었다. 1990년대를 맞이하면서 농업 생산으로 인해 카리브해 국가의 GDP가 11%에서 29%로 상승했다. 이 국가들은 바나나, 코코넛, 커피, 설탕, 담배 등 몇몇 상품을 집중적으로 생산했다. 동시에 이 국가들은 쌀, 옥수수, 밀가루 같은 식품을 대량 수입했다. 노동인구 중에서 약 20~25%는 농업 분야에 종사했다(World Bank 2001). 하지만 라틴아메리카 국가들과 마찬가지로 경작과 목축이 주요 경제 활동인 농촌 지역에서의 높은 실업률은 큰 문제였다.

카리브해 국가들은 농촌 사업과 토지의 권리에 대해 다른 철학을 가지고 있었다. 가장 급진적인 시도 가운데 하나는 1958년 혁명을 통해 들어선 쿠바 정부에서 나타났다. 피델 까스뜨로(Fidel Castro)가 정권을 잡은 후, 공산당 정부는 대규모 경작지를 없애고 외국기업이 소유한 토지를 몰수했다. 경제적으로 중요한 쌀과 소를 키우고 있었던 땅은 국가 농장으로 바뀌었고, 설탕 경작을 하는 대규모 토지는 협동농장으로 바뀌었다. 개인의 토지 소유와 경작은 제한적인 경우에만 허락되었다. 아울러 쿠바 정부는 정부가 통제하는 협동농장과 농업조합에 대규모 지원 사업을 하고, 농촌 인프라 구축에도 대규모 투자를 했으며, 설비와 관개 사업 지원, 토지 비옥화 사업을 지원했다. 협동농장은 생산성을 유지하는 데 성공적이었지만, 노동 집약적 작물이 주를 이루었고 품종 다양화를 위한 노력은 미미했다. 이렇게 된 원인은 미국 정부가 실시한 대(對) 쿠바 금수조치 때문이었다. 이 금수조치는 쿠바의 농작물이 서구 세계로 수출되는 것을 금지했다.

푸에르토리코는 전혀 다른 시도를 했다. 대다수의 경작인들은 4헥타르가 되지 않는 매우 작은 토지에서 생필품과 소규모 품목을 생산했다. 40헥타르 이상의 토지를 가진 경작인 1천6백 명은 채소, 사탕수수, 바나나, 파인애플 등을 포함한 수출 상품을 경작했다. 소규모 경작인과 대규모 경작인들은 공통적으로 양계, 쇠고기 등을 서로 다른 규모로 생산했다. 세계에서 가장 빈곤한 국가 중 하나인, 아이티에서는 인구의 약 2/3가 농촌에 거주하고, 대다수는 농업을 통해 생계를 이어 나간다. 하지만 부패, 토지 분배의 불평등, 삼림과 천연자원의 파괴 등은 농업 생산품 이외의 다른 생산품을 만드는 것을 불가능하게 만들었다.

20세기 후반, 많은 카리브해 국가들은 농업에 의존하는 경제 구조를 탈피하기 위해 노력했다. 그리고 급속하게 증가하는 인구에 맞춰 외국인 투자를 유치하기 위해 노력했다. 관광 산업과 제조 산업의 성장은 몇몇 국가에게 삶의 질을 높이는 결과를 가져왔다. 1990년대 후반, 이 지역의 많은 국가들은 중저소득(Low-Middle-Income) 혹은 중상소득(Upper-Middle-Income) 국가로 분류되었다(ibid.).

하지만 그런 '삶의 질' 향상은 도시 지역에서만 이루어진 것이다. 농업 경제의 주체였던 소규모 경작인 들은 아직까지도 사회 경제적인 혜택을 받지 못하고 있다.

라틴아메리카의 미래 농업

빈곤의 문제뿐만 아니라 환경 문제, 동-식물의 멸종, 교육과 의료서비스의 미비, 무절제한 도시화 등은 라틴아메리카가 당면하고 있는 문제들이다. 빈곤한 가정과 지역은 생존을 위해 하루하루를 버텨간다. 물질의 부족은 그들의 자원인 농장, 삼림, 어장 등을 파괴하는 결과를 가져오며 토지의 부족 현상은 되풀이 된다(Schioler 2002). 농촌을 떠나서 기본적 인프라인 교육, 보건, 위생, 도로 등이 갖추어진 도시로 이주하는 사람들이 넘쳐나고 있다.

이런 농촌의 문제를 해결하기 위한 핵심 요소 중 한 가지는 토지의 생산성과 효율성을 향상시키는 것이다. 이를 위해 가능한 대안 중 한 가지는 작물과 가축의 유전자 변형이다. 이 신기술의 지지자들은 유전자 변형을 통해 작물의 수확량을 대폭 증가시킬 수 있다고 말한다. 게다가 유전자 변형 품종, 사료, 백신 등은 가축들을 더 건강하게, 더 생산적으로 만든다. 유전자 이식 옹호자들은 유전자 변형 기술에서 오는 생산성 향상이 라틴아메리카 지역의 농촌 경제를 활성화시키며 인구 증가로부터 발생하는 식량 안보 문제와 열대 우림과 동물 서식지를 초원이나 다른 새로운 분야로 개발하는 것이 가능하다고 주장한다.

하지만 유전자 조작 기술은 환경단체 및 과학 단체를 포함해 많은 국가에서 받아들여지지 않고 있다. 유전자 조작 작물과 가축은 인간의 건강과 환경 시스템에 예상할 수 없는 결과를 가져올 수 있기 때문이다. 아울러 개발도상국의 농업인들이 유전자 조작 기술에 의존한다면 이 기술을 지배하고 있는 생명공학 회사와 국제적인 기업농에 종속될 것을 우려하고 있다(Mc Hughen 2000; Pinstrup Anderson and Schioler 2001).

라틴아메리카와 카리브해의 가난 해결과 환경 자원을 위해서는 농촌 지역에 대한 대규모 투자와 인프라 구축이 필요하다. 큰 도전으로 여겨지는 이것은, 라틴아메리카에서 급속도로 증가하는 도시 지역에서 인프라 구축과 대다수의 지역이 가지고 있는 큰 외채이다. 하지만 농촌 지역 투자는 매우 가치 있는 이윤을 창출할 수 있다고 농촌 투자를 지지하는 사람들은 말한다. 농촌 지역의 삶의 질 향상은 국가 간의 이민(Country-to-Country)을 줄일 것이며, 투자로 인해 농업인들은 환경 친화 작물 재배 및 동물 사육을 할 수 있으므로 경제 활동 활성화에 기여할 것이다.

다양한 환경보호 운동 또한 이 지역의 빈곤 해소와 환경 파괴를 막기 위해 실시되었다. 여러 중미 국가들은 사람의 손이 닿지 않았던 토지를 개발하기 위해 토지 개혁을 실시했다. 하지만 이런 토지 개혁은 사회의 다양한 계층의 정치 사회적 요구 사항에 직면해 중단되었다. 국제 농업개발 기금(IFAD)은 "토지의 접근과 활용은 라틴아메리카에서 심각한 문제를 만들어낸다." 그리고 "농업인 대다수는 소규모 토지에 한정되어 있기 때문에 수익을 거의 창출하지 못하며, 토지의 낮은 생산성은 지역의 천연자원 파괴를 만들어 낸다. 또한 외국으로 이민 간 사람들이 보내는 송금은 가난한 농촌 지역에서 큰 수익이 되었다"라고 밝혔다. 아울러 IFDA는 라틴아메리카의 원주민들이 그들의 정부 관리 혹은 투기자 때문에 비옥한 토지로부터 멀어졌다라고 밝혔다.

사업의 진행에서 차질과 실수가 있었지만 라틴아메리카의 많은 사람들은 빈곤 문제와 무절제한 개발문제를 해결하기 위해서는 그들의 토지 활용 권리와 소유권이 필요하다는 것을 인식했다. “만약 라틴아메리카 빈곤의 기본적 원인이 해결된다면 그들의 토지 문제도 해결될 것이다. 비록 토지 몰수에 바탕을 둔 토지 개혁은 더 이상 유효하지 않지만 지역 삼림과 토지 활용을 위한 새로운 대안인 ‘토지 임대 사업’은 주민들에게 새로운 기회를 제공해준다”(ibid.).

마지막으로, 농업 부문과 다른 부문에서 환경 문제를 위한 지역적 협력은 가장 시급한 사항이다. 이 목적을 위해 만들어진 협정과 연합은 ‘지속 가능한 발전을 위한 중앙아메리카 연합(Central American Alliance for Sustainable Development)’, ‘환경과 발전을 위한 중앙아메리카 위원회(Central American Commission of Environment and Development)’, ‘삼림과 보호구역 중앙아메리카 위원회(Central American Council of Forest and Protected Areas)’ 등이다.

“오는 25년 동안 라틴아메리카의 가장 큰 도전은 정치, 경제를 통해 이 지역의 모두가 혜택을 누릴 수 있게 하는 것”이라고 한 연구는 말하고 있다. “농업 기반 업체에 의존하는 인구가 상당한 만큼 농업과 식품 유통의 중요성을 인지해야 한다. 여성, 원주민, 빈곤층 등이 농산물의 생산, 가공, 유통에 참여도가 높은 점을 고려해 역동적인 농식품 생산, 가공, 유통 시스템을 도입한다면, 사회적, 경제적 평등을 증진시킬 수 있다. 농업 정책은 생산 인프라 구축, 농업 연구 투자 및 꾸준하고 투명한 거시경제 환경 사업을 포함하는 친 환경 기술을 높이는 데 포커스를 두어야 한다(Garrett 1998).

제6장

담수

라틴아메리카와 카리브 지역은 여타 지역과 비교해 담수가 풍부하기 때문에 공급 면에서 많은 이점을 향유해 왔다. 일반적으로 담수의 양이 많지만 몇몇 지방에서는 극히 부족한 상황에 처해 있기도 하다. 특히 빠른 속도로 증가하고 있는 도시 지역이나 중미, 남미 지역의 건조하거나 비가 적은 반(半)건조 지역, 카리브의 강수량이 적은 도서국들에서 담수는 상당히 부족한 편이다. 이 지역에서의 담수 자원의 역할 또한 점점 더 많은 문제에 봉착하고 있다. 도시나 농촌 공동체의 극빈 계층은 안전한 식수나 위생 서비스를 상당히 제한적으로밖에 제공받지 못하고 있다. 지속 불가능한 수준의 담수 소비가 지역 곳곳에서 보고되고 있으며, 담수 분배 시스템이 비효율적이어서 많은 낭비를 초래하고 있다. 이런 문제점과 경향에 대처하기 위한 그간의 제도적 방안이나 정부 차원의 노력은 불충분했다.

게다가 남미 대륙을 통해 지구상에서 가장 크고, 기대 이상의 원시성을 가지고 있으며, 생태학적으로 가장 중요한 강들과 습지들을 지니고 있는 수많은 수로가 산업, 농업, 각 가정에서 배출한 오염원에 노출되어 심각한 오염 상태를 보여주고 있다. 이런 오염화에는 산림 파괴와 광산업, 강 유역에서 이루어지는 다양한 오염 활동 등이 지대한 영향을 미치고 있다. 강 유역에서 실행되는 수력발전 개발 프로젝트들의 경우도 사업의 경제적 성과와 환경적 결과를 놓고 다양한 국제적 논쟁이 확대되어 오고 있다.

담수 공급과 이용

라틴아메리카 및 카리브 지역의 풍부한 담수는 여타 지역에게 부러움의 대상이다. 이는 라틴아메리카 지역만이 세계적으로 유명한 담수 공급지를 확보하고 있기 때문이다. 여기에는 다음과 같은 지역들, 즉 오리노꼬(Orinoco), 빠라나(Paraná), 또깐띤스(Tocantins), 상 프란시스꼬(São Francisco), 그리할바-우수마신따(Grijalva-Usumacinta) 강의 수자원(水資源)이 포함되어 있다. 하지만 이런 엄청난 규모의 강들도 아마존 지역의 분지에 비하면 작은 규모다. 타의 추종을 불허하는 생물다양성의 성역인 아마존이 남미 중앙과 북부 지역을 뒤덮고 있고, 유역이 장장 6백만 평방킬로미터(2백30만 평방마일) 이상을 차지하고, 지구상에 존재하는 모든 강의 연간 총 수량 중 15%를 점유하고 있는 것이다. 아마존 강은 세계에서 두 번째로 많은 수량을 가진 아프리카의 콩고 강보다 4배가 넘는 유수량을 자랑하고 있고, 연간 유수량은 미시시피 강의 10배에 달하고 있다. 아마존의 엄청난 유수량과 결합한 아마존 유역의 작은 지류들은 라틴아메리카 지역에서 식수로 이용하는 물의 약 30%를 보전해 주고 있다. 게다가 종 다양성에 중요한 습지가 남미 열대 지역에 많이 분포되어 있어 이 지역을 '물의 대륙'이라고 부를 정도다. 이런 수자원 덕분에 라틴아메리카와 카리브 지역에 세계 재생 가능 총 수자원의 약 3분의 1 정도를 공급하고 있으며(남미 지역 자체의 유거수는 세계 유거수(流去水: Runoff)[31]의 30% 정도를 점유한다), 토지도 지구 육지 면적의 약 15%에 달한다. 이처럼 풍부한 수자원의 혜택을 세계 인구의 8.5%만이 받고 있기도 하다(세계자원연구소 2001). 이 지역이 보유한 인구를 감안하면, 이런 역동적인 상황은 세계의 여타 지역과 비교해 담수 소비의 집중도가 덜하다는 데서 더 특징적이다.

31) 땅 위를 흐르는 물이다.

담수 공급에는 상당한 변수들이 존재한다. 하지만, 예를 들어, 브라질의 경우만 해도 라틴아메리카 및 카리브 지역 총 담수 자원의 약 40%가 넘는 담수 자원을 확보하고 있다. 어마어마한 아마존 지역의 담수량 덕분에 브라질은 최대의 담수 혜택을 받고 있는데, 이는 브라질의 북쪽 지역까지 다다르고 있다. 반면에 다른 배수 지역들의 경우는(예를 들어 멕시코 만 분지, 남대서양 분지, 리오 델 라 쁠라따 분지), 비록 이 지역이 라틴아메리카 영토의 4분의 1, 인구의 40%를 점유하고 있다 할지라도, 10% 만의 담수를 보유하고 있다. 다른 지역의 경우, 예를 들어 안데스 고원지대, 빠따고니아 사막지대, 여러 카리브 도서 국가들(바베이도스, 아이티)은 담수량이 부족한 실정이다(Shiklomanov 1999, 세계 수자원 위원회, 2000). 또한 국가마다 수자원 유용성의 상당한 차이점이 존재한다. 예를 들어, 아르헨티나의 경우 수자원은 아르헨티나 토지 면적의 30%에만 집중되어 있다(ECLAC: UNEP 2001).

지역에 따른 수자원의 유용성

21세기 초반에 세계건강기구(WHO)와 유엔아동기금(UNICEF)은 라틴아메리카 및 카리브 인구의 85%가 담수 소비에 안전하게 접근하고 있다고 평가한 반면, 공중위생 및 하수도 설비 서비스는 인구의 78%만이 제공받고 있다고 평가하고 있다. 하지만 이런 서비스의 경우, 농촌 주민보다는 도시 주민이 더 많은 혜택을 보고 있다고 보고된다. 라틴아메리카 전 지역에서 도시인구 중 87%가 공중위생 서비스의 혜택을 누리고 있는 반면에 농촌인구 중 서비스를 받는 비율은 49%에 불과하다. 이와 비슷하게, 도시 인구의 약 93%는 안전한 식수를 공급받고 있지만, 농촌 인구는 62%만이 그 혜택을 받고 있다. 아이티의 경우는 이보다 더욱 낮은 수치로, 인구의 절반 이하가 안전한 식수공급을 받고 있는데, 이는 위생시설 서비스의 경우에도 비슷하다. 라틴아메리카의 약 7천 8백만 인구는 안전한 식수 공급 서비스에 접근이 불가능하고 1억 1천 7백만의 인구는 기본적인 공중위생 시설의 혜택으로부터 소외되어 있다. 이렇게 식수공급 및 위생 서비스를 받지 못하는 대다수의 인구가 남미 지역에 전반적으로 분포되어 있다(WHO; 유엔아동기금 2000).

농촌 마을에 비해 도시 지역이 이런 서비스를 더 성공적으로 공급받는다고 하더라도 여전히 많은 도시가 지속 불가능한 물 소비 유형을 보이고 있다. 첫 번째 유형은, 현재 도시 인구 1인당 물소비가 기하급수적으로 증가하고 있기 때문에 지하수면과 유수량이 점점 줄어들고 있다는 것이다. "상대적으로 건조한 지역에 자리 잡은 도시의 중심 지역은 지방이나 지역에서 생겨나는 적당한 물의 공급점을 이미 상회하고 있다. 페루의 연안도시들(수도 리마를 포함해), 아르헨티나의 라 리오하(La Rioja)나 까따마르까(Catamarca), 멕시코 북부의 여

페루 리마의 슬럼가 비야 엘 살바도르(Villa del Salvador)의 주민들은 수돗물을 공급받지 못한다

〈표 6.1〉 라틴아메리카, 카리브 지역: 국가별 물 공급과 위생시설 적용범위(지역 혹은 영토, 1990년 2000년)

국가, 지역, 영토	연도	총 물 공급 적용 범위(%)	총 위생시설 적용범위(%)
앙길라	1990 2000	- 60	- 99
안티구아 바부다	1990 2000	- 91	- 96
아르헨티나	1990 2000	- 79	- 85
아루바	1990 2000	- 100	- -
바하마	1990 2000	- 96	- 93
바베이도스	1990 2000	100 100	100 100
벨리즈	1990 2000	- 76	- 42
볼리비아	1990 2000	74 79	55 66
브라질	1990 2000	82 87	72 77
영국령 버진아일랜드	1990 2000	- 98	- 100
케이먼 제도	1990 2000	- -	- -
칠레	1990 2000	90 94	97 97
콜롬비아	1990 2000	87 91	82 85
코스타리카	1990 2000	- 98	- 96
쿠바	1990 2000	- 85	- 95
도미니카	1990 2000	- 97	- -
도미니카 공화국	1990 2000	78 79	60 71
에콰도르	1990 2000	- 71	- 59
엘살바도르	1990 2000	- 74	- 83
포클랜드 제도	1990 2000	- -	- -
프랑스령 기아나	1990 2000	- 84	- 79
그레나다	1990 2000	- 94	- 97

과델루페	1990 2000	- 94	- 61
과테말라	1990 2000	78 92	77 85
가이아나	1990 2000	- 94	- 87
아이티	1990 2000	46 46	25 28
온두라스	1990 2000	84 90	- 77
자메이카	1990 2000	- 71	- 84
마르티니크	1990 2000	- -	- -
멕시코	1990 2000	83 86	69 73
몬세라트	1990 2000	100 100	100 100
네덜란드령 앤틸리스제도	1990 2000	- -	- -
니카라과	1990 2000	70 79	76 84
파나마	1990 2000	- 87	- 94
파라과이	1990 2000	63 79	89 95
페루	1990 2000	72 77	64 76
푸에르토리코	1990 2000	- -	- -
세인트키츠네비스	1990 2000	- 98	- 96
세인트루시아	1990 2000	- 98	- -
세인트빈센트그레나딘	1990 2000	- 93	- 96
수리남	1990 2000	- 95	- 83
트리니다드 토바고	1990 2000	- 86	- 88
터크스앤캐이커스제도	1990 2000	- 100	- 96
미국령 버진아일랜드	1990 2000	- -	- -
우루과이	1990 2000	- 98	- 95
베네수엘라	1990 2000	- 84	- 74

출처: WHO, 2000 세계 물 공급과 공중위생시설 평가(2000 보고서)

러 도시의 경우는 그중에서도 담수 공급 확장이 심각하게 위축되어 있다"(Hardoy et al. 2001).

멕시코의 경우 지하수가 총 담수 공급량의 3분의 1에 달하며, 대략적으로 도시 식수의 3분의 2를 차지하고 있다(UNEP 2000). 하지만 개별 가정, 농장, 소작농, 공장마저 자연적으로 보충되는 양을 초과해 지하 대수층으로부터 담수를 추출함으로서 많은 문제를 발생시키고 있다. 어떤 대수층은 이미 고갈된 상태로 존재하고, 어떤 대수층은 수량이 점점 줄어들고 있어 자연적인 보충 시스템이 심하게 훼손되어 있고, 담수로 사용할 수 있는 수질을 악화시켜 복원 비용도 증가시키고 있다. 게다가 지하수 공급원의 오염은 여타 다른 지하수를 오염시켜 사용을 불가능하게 만들고 있다. 전체적으로 멕시코는 오늘날 15-20% 정도의 지하수가 과도하게 추출되고 있는 것으로 보고되고 있다(ECLAC; UNEP 2001).

특히, 지속 불가능한 소비의 문제는 세계에서 가장 큰 도시 중 하나인 멕시코시티가 지닌 커다란 문제 중 하나다. 연평균 일정한 양의 강우량과 도시 및 광범위한 메트로폴리탄 지역에 절반이 넘는 담수를 제공하고 있는 커다란 대수층 지하수가 존재함에도 불구하고, 현재 이 지역에 거주하는 인구의 수는 지역의 담수자원 가용 능력을 훨씬 능가하고 있기 때문에 담수의 물줄기 방향 전환 조치가 필사적으로 이루어지고 있다. 오늘날 이 수도는 각각 60킬로미터(37마일), 150킬로미터(93마일) 정도 떨어진 레르마 계곡(Lerma Valley)과 꾸차말라(Cutzamala)로부터 수로를 이용해 엄청난 양의 수자원을 공급받고 있다. 하지만 이와 같은 공급 구조 때문에 지하 저장고가 고갈되고, 이로 인해 지표면이 침몰하는 현상이 발생해 건물과 도로, 배관 연결망, 다른 인프라 구조물에 큰 손상을 입히고 있다. 또한 이 도시는 엄청난 규모의 복잡한 폐수처리 시스템에 의존하고 있다. 수자원 관리와 연관된 건설비용과 유지관리비는 늘어나는 인구 수와 비례하는데, 1인당 소득의 낮은 증가로 인해 지방, 정부 및 연방 공무원들은 효율적인 수자원 활용 및 수자원 보호를 위한 노력을 제대로 하지 못하고 있는 실정이다(Connolly 1999).

그럼에도 불구하고 몇몇 국가들과 지방정부들은 안전한 담수를 확보하고 폐수 처리 위생 서비스를 강화하는 등 많은 진보적 조치들을 발전시켜 왔다. 몇몇 카리브 국가들(안티구아 바부다, 바하마제도, 바베이도스)은 불확실한 강수량을 보충하는 방편으로 염분 제거 담수화 기술을 발전시켜 왔으며, 중미 및 남미 지역 국가들은 임시로 세금이나 물가 조정을 통해 수자원 관리 및 보호를 해 왔다(ECLAC, 2000). 하지만 이 지역이 2015년까지 약속한 목표 - 공식적으로 2002년의 '지속 가능 발전 세계정상회의(WSSD)'에서 채택한 -, 즉 현재 담수 공급과 위생 서비스에 접근하지 못하고 있는 시민의 수를 절반으로 줄인다는 계획을 달성하기 위해서는 더욱 많은 조치와 노력이 필요하다. 현존하는 담수 공급 서비스의 저하는 심각한 문제들 중 하나로, 이는 이 지역의 안전한 담수 저장고를 감소시키고 이에 더해 자연재해에 취약성을 증가시켜 현존하는 담수 및 위생 서비스조차도 사라지게 만들 수 있다. 예를 들어, 실질적으로 1998년에 발생한 허리케인 '미치'는 온두라스의 담수 공급 시스템을 파괴해 인구의 75%에 달하는 450만 명에게 식수 부족 사태를 야기하기도 했다.

마지막으로 안전한 식수 공급이나 기본적인 위생 시설에 접근하지 못하는 인구 수를 줄여 나가는 것은 이 지역의 급속한 인구 증가를 고려할 때 대단한 일이 아닐 수 없다. 만약 '지속 가능 발전 세계정상회의'의 목표에 도달하기를 희망한다면, 2015년까지 도시 지역을 중심으로 약 1억 2천3백만 명에게, 농촌 지역을 중심으로 약 2천3백만에게 추가적인 담수 공급이 필요할 것으로 보인다. 이런 과제는 위생설비 서비스 부문을 고려하면 더욱 막중해진다. 2015년까지 위생설비에 접근하지 못하는 인구수를 절반으로 줄인다는 계획은 이 부문에 대한 서비스를 1억 3천1백만 도시 거주자들, 3천2백만 농촌 거주자들에게까지 확장해야하기 때문이다(WHO; UN 아동기금 2000).

한정된 자원에 대한 경쟁 증가

전 세계에 걸쳐 20세기 동안 수자원의 소비와 추출은 사상 전례 없이 증가했다. 개별 가정의 수요, 산업과 상업 부문에서의 증가와 더불어 특별히 농업 부문에서 더욱 급속하게 증가했다. 몇몇 분석 및 평가 기관의 보고에 의하면, 글로벌 차원의 수자원 추출은 20세기 동안 거의 6% 정도로 증가했는데, 이는 매년 거의 4천 평방킬로미터(1,540 평방마일), 즉 전 세계 강 유수량의 5분의 1 정도에 달한다(Shiklomanov 1999). 소비 부문에서 이런 엄청난 양적 증가는 심지어 세계인구 증가(15억에서 60억으로 증가)를 무색하게 만들고 있다.

심지어 이런 수자원 소비의 표준량과 추출은 라틴아메리카와 카리브 지역에서 20세기 동안 가장 주목할 만하게 증가했다. 라틴아메리카 대부분의 지방정부에서 이미 수자원 공급이 충분한 가운데 - 일반적으로 라틴아메리카에서 수자원은 풍부하며, 궁극적으로는 인간의 활동에 의해 영향을 받지 않을 정도로 - 많은 중미 및 남미 국가들은 다양한 분야에서 많은 양의 물을 관개 사업, 가축, 가정, 공장에서 사용해 왔다. 중미 지역에서 수자원의 추출은 20세기 동안 10배 증가한 반면에, 남미 지역에서는 20세기 말에 처음으로 11배 이상 증가했다(ECLAC; UNEP, 2001). 게다가 이 지역의 수자원에 대한 태도는, 현재 증가하는 인구 수를 고려해 볼 때 더 이상 줄이려는 의도가 없는 것으로 보인다. 게다가 점증적으로 증가하는 수자원의 소비 및 추출 현상은 실질적으로 모든 지정학적 요인, 최종 소비 부문을 고려할 때 향후 25년 동안 더욱 급증할 것으로 예상된다(UNEP 2002).

최근 이 지역의 수자원 이용 현황을 살펴보면, 농업 부문이 단일 부문으로서는 수자원의 가장 큰 소비원이다. 라틴아메리카 전체적으로 살펴보면 약 1천8백만 헥타르의 토지가 현재 관개용수에 의해 경작되고 있으며, 이 양은 카리브 지역에서 실질적으로 56%, 중미 지역에서는 78%에 달할 정도로 방대하다. 남미 지역의 경우 총 수자원 소비에서 농업 관개용수로 사용되는 비율은 69-75%에 달한다. 이 양도 반세기 전의 총 소비 측정치인 95%에서 줄어든 비율이지만 여전히 단일 소비 부문으로는 가장 큰 소비량을 차지하고 있는 실정이다(ECLAC; UNEP 2001). 라틴아메리카 산업 부문은 또 다른 수자원 소비원이다. 이 부문에서 이 지역 전체 수요의 80%가 넘는 막대한 수자원 소비국은 아르헨티나와 브라질이다. 여전히 이 부문에 대한 수요는 증가 추세에 있고 이 이외에 국내 가정에서의 소비도 증가하고 있다. 몇몇 국가, 개별 국가의 국내 차원에서 제한된 수자원에 대한 수요의 증가와 경쟁은 국제 및 국내 수자원 이용자들 사이에서 갈등과 분쟁을 조장해 오고 있다. 많은 전문가들이 분석하고 있듯이, 이런 갈등과 분쟁은 다가오는 미래에 더 많이 발생할 수 있다는 경고가 나오고 있다.

새로운 수자원 관리 모델 등장

수자원과 관련해 이 지역이 당면하고 있는 수많은 문제점, 예를 들어 지표수 및 지하수의 지속 불가능성, 다양한 수자원 수요자들 간의 분쟁과 갈등 증가, 수질 오염, 생태계 파괴 등을 인식함과 더불어 새로운 담수 관리에서 현재 라틴아메리카 지역은 전통적인 부문별 접근법을 벗어나 국경을 넘는 주요 강 유역과 지하 대수층의 관리라는, 보다 개화된 관리 모델을 찾고 있다. 이런 전환 과정이 고통 없이 진행된 것은 아니었다. 강 유역이나 분지에서 다자간 수자원 이용 관리 모델들의 이행에 참여한 다양한 정부, 지방정부, 기구들은 때때로 참여를 거부하거나 보다 통합적인 수자원 관리 시스템을 만드는 데 실패했다. 각 기구들 간의 경쟁 심화, 지방정부들 간의 주권 분쟁, 필요기금, 공동협력, 합법적 권위기구의 부족과 결론적으로 그들이 맡은 각 역할에 대한 융합 노력의 부족 등이 실패 원인이다.

하지만 이런 실패와 후퇴에도 불구하고 이 지역은 담수의 지속적 사용과 보존을 위한 지역 차원의 다양한 시도를 통해 상당한 정도의 진전을 이루어 오고 있다. 예를 들어 남미의 아르헨티나, 브라질, 파라과이, 우루과이는 국제 원조 관련 여러 에이전시의 도움으로 형성된 기금을 사용함으로써 세계에서 가장 큰 대수층인 구아라니(Guarani) 지하 대수층(120만 평방킬로미터; 46만 평방마일) 시스템을 지속 가능한 관리 프로그램을 활용해 개발하고 있다. 에콰도르와 페루는 양국 국경을 통과하는 까따마요-치로(Catamayo-Chiro), 뿌얀고-뚬베스(Puyango-Tumbes) 분수령(watersheds)들을 보호하기 위한 공동 관리 프로그램들을 개발해 시행 중이다. 중미 지역에서는 니카라과와 코스타리카가 양쪽 지역 국경을 통과하는 산 후안(San Juan) 강 유역과 연안 지대 보호를 위해 관리 프로그램을 개발해 서로 협력하고 있다(ECLAC, UNEP 2001). 그리고 2002년 멕시코와 미국은 양국 농업 생산에 중요한 역할을 하는 리오 그란데(Rio Grande) 강의 관리 문제를 놓고 그동안 합법 논쟁 및 정치적 전략 등을 구사해 가며 갈등을 빚어 왔지만 결국 강 유역 수자원 보호를 위한 일련의 공동 조치를 취할 것에 합의했다. 하지만 갈등은 여전히 남아 있다.

담수 오염과 수질 악화 문제

도시에서 수자원 유용성의 감소뿐만 아니라 다른 지방에서의 급속한 인구 및 경제 성장으로 라틴아메리카 국가들은 현재 담수 관리 영역에서 심각한 문제에 직면해 있다. 예를 들어, 산업 폐기물 투척과 광산업, 하수와 오수의 증가 등으로 인해 광범위하게 발생하는 수질 오염, 새로운 토지 개척으로 인한 산림 파괴와 토양 침식, 토사물의 증가, 생태계 파괴, 수질의 부영양화 증가, 농업용 비료 사용과 농약 살충제 사용 증가로 인한 다른 형태로의 생태계 변화가 발생하는 것이다. 인간 공동체, 복잡한 야생 동식물 생태계에 영향을 미치는 이런 문제들은 제반 위협의 증가와 함께 환경기구 및 환경법의 엄격하지 않은 규제 제도로 인해 더욱 악화되고 있다.

인구 증가, 산업 발전, 적절한 수질 완화 조치가 열악하기 때문에 라틴아메리카 및 카리브 지역에서 담수 자원의 퇴화 현상은 지난 30-40년 동안에 더욱 가속화되었으며 오늘날 심각한 위기에 처해 있다. 강과 습지, 지하 대수층의 위험은 표면화되고 있다. 게다가 라틴아메리카 전 지역의 주요 강 체계는 인간 활동의 증가로 인해 육지 및 수중 생물종에 치명적인 영향을 주어 이들을 어느 정도 자연 상태로 되돌리기에는 많은 문제점과 한계를 지니고 있다. 예를 들어, 남미의 오리노꼬 강 유역은 담수어를 비롯해 그 지방의 토착적인 서식지에 적합한 여러 종류의 풍부한 생물 다양성이 존재하는 곳이다. 하지만 오리노꼬 악어의 남획 등 종 다양성 파괴 현상이 발생해 멸종위기에 처한 동식물이 증가하고 있으며, 이 강 유역에서 흔히 발생하는 토지 경작, 목재 생산, 목장 운영을 위한 산림 벌채 증가로 산림 파괴가 가속화되면서 강 유역의 오염 및 토사 현상이 진행되고 있다(Revenga et al. 2003; 자연을 위한 세계야생기금 2003).

빠라나 강과 강 지류에서는 수많은 담수어종이 발견되는 것으로 유명하다. 하지만 이곳 역시 인구 증가와 더불어 강 분수령 주위의 생태계가 심하게 파괴되고 있다. 도시 중심에서 버린 수많은 폐기물과 농업생산을 위해 쓰인 수많은 유해 농약이 강 유역으로 유입되면서 수질은 점점 악화되고 있다. 대체적으로 강 유역의 삼림은 목재 생산업자, 농부, 농장주에 의해 거의 50만 평방킬로미터 정도가 파괴되었다.

용수를 공급하는 수많은 개울과 강이 침식과 침적에 취약한 상태가 되었다. 다양한 지역에서 목재 생산, 금과 보크사이트 채취 등의 광산업이 남미의 산악지대인 가이아나 유역에서 흘러나가는 강들과 안데스 고지대 여러 곳에 위치한 담수호들에 심각한 악영향을 주고 있다. 광산업, 농업, 축산업, 물고기의 남획 등으로 인한 오염과 토양 침식이 위험 요소로 꼽히고 있다. 북쪽으로는, 멕시코의 시에라 마드레 산맥에 위치한 담수 호수들의 수질과 생태계 통합이 인근 공장들, 도시들, 농장들로부터 발생하는 오염 요소들과 관개를 위한 지하수의 지속 불가능할 정도의 유출 등으로 인해 심각한 위험에 노출되어 있다. 콜롬비아의 메데인(Medellín) 강과 보고따 강 유역이 지나치게 오염되어 실질적으로 수심 깊숙한 곳에서는 어떤 생물도 살고 있지 않을 정도다(Castro 1995). 중미 지역의 경우 도심에서 조금 멀리 떨어져 있는 강들은 비밀 코카인 생산과 이로 인한 독성 유해 물질로 인해 토양 및 수질오염이 심각한 상태다.

이와 같은 강, 호수의 체계는 생물 다양성 보존 및 인간 지속성을 위해 중요하다. 특히 아마존 강 유역은 라틴아메리카 지역의 생태 건강을 위한 핵심 지역이며, 실질적으로 농업, 에너지, 어업, 교통과 무역 등 모든 주요 경제 부문을 망라하는 근본이 되는 지역이기도 하다. 하지만 아마존 강 유역은 지난 50년 동안 심각한 환경 파괴의 경험을 지니고 있다. 목재 생산 및 광산 채굴, 방목과 목축 활동, 파이프라인 프로젝트, 도로, 수력발전 프로젝트, 철도 사업, 폭발적인 인구 증가는 이 지역의 강들과 열대 우림의 심각한 파괴를 가져 왔다. 많은 전문가들은 이런 발전 방식이, 다시 말해서, 아마존을 둘러싸고 있는 브라질과 여타 국가들의 경제 발전에 도움이 되지 않은 방법이 생물다양성이 풍부한 이 지역의 황폐화를 가져오고 있다고 믿는다. 또한 과학자들은 이 지역에 대한 환경 보존과 지속 가능 발전 개념, 효율적 관리에 대해 무관심이 지속된다면 궁극적으로는 열대우림과 세계에서 가장 큰 강 체계를 가진 이 지역의 붕괴가 도래할 것이라고 경고하고 있다.

마지막으로 급속한 인구 성장과 이에 수반되는 경제 팽창이야말로 근본적으로 다양한 종들을 변형시키고, 아마존 강뿐만 아니라 다른 강들의 유역 생태계를 파괴한다. "지방민들뿐만 아니라 영리를 추구하는 어민들의 새로운 기술과 도구의 사용은 남아 있는 몇몇 종에게마저 멸종 위기를 가져오게 하고 있다"고 한 분석가는 말한다. "시장경제에 대한 참여가 증가하고 시장성이 있는 종들에만 관심이 증폭되고, 동식물 종 및 그들의 서식지 보호에 대한 전통적인 믿음과 신화, 구비설화 등이 점점 사라지면서 그들 자원에 대한 재평가가 이루어지고 수확량은 급속도로 증가하고 있다. 생물종의 구성은 점점 간소화되고 있는데, 이는 이런 생물종들이 특별한 서식지를 요구하고 있기 때문이며 선별된 종들이 공급시장에서 사라져 가고 있고 그 수요 또한 줄어들거나 없어지고 있기 때문이다"(Nishizawa and Uitto 1995).

라틴아메리카 수질 오염의 주요인

수많은 인간 활동에서 담수 자원 및 그 수질과 생태계 통합에 가장 악영향을 미치는 주요 원인으로는 다음과 같이 세 가지를 고려해 볼 수 있다. 폐기물의 침전물들과 도시나 마을로부터 흘러나오는 오폐수들, 농장과 목장 등에서 나오는 수질 오염물, 그리고 광산 채굴로 발생하는 수질 오염이 대표적인 원인들이라고 할 수 있다.

폐기물과 공장 폐수

대부분의 라틴아메리카 지역에서 발견되는 현상으로, 처리되지 않은 하수의 퇴적물과 산업 폐기물이 강이나 호수, 강 지류로 흘러 들어와 오염을 일으키는 경우다. 1990년대 말 라틴아메리카 지역에서는 오직 13%의 하수만이 처리되어 오염을 방지했다. 이것도 국가별로 심각한 차이를 보였다. 예를 들어, 바베이도스의 경우 하수 및 오수가 100% 처리되는 시스템이 발전한 반면에 멕시코의 경우는 폐수처리가 22% 정도만 가능했다. 아르헨티나, 베네수엘라, 콜롬비아의 경우는 오폐수 처리율이 10% 미만이라고 보고되고 있다(범미건강기구; PAHO 1998). 라틴아메리카 대륙 전체에 걸쳐 일반 가정이나 축산업에서 방대하게 발생하는 오폐수가 처리되지 않은 상태로 수질 오염을 일으키고 있는 것이다. 가축 가공 공장, 도살장, 정육 가공업체 등에서 수많은 오폐수를 방출해 수질 생태계를 파괴함은 물론 지하 대수층으로 스며들어 대장균 유발 박테리아를 발생시켜 식수가 되는 귀중한 담수를 오염시키고 인간 건강에 치명적인 위협을 가하고 있다.

오폐수 처리 인프라 구조는, 비록 남미의 대도시들에서는 세계은행이나 미주개발은행(IDB) 등 국제 에이전시들의 위생시설 프로그램으로 도움을 받고 있다 할지라도 대체적으로는 열악한 형편이다. 하지만 이런 정도의 오폐수 처리 인프라는 현재 오염의 대홍수가 진행되고 있는 비율을 생각한다면 아주 사소한 노력에 불과하다. 이런 오염의 영향은 흔히 도시에서 수 백 마일 떨어진 하류 지역까지 명확하게 파급된다. 게다가 수백만 톤의 오폐수 방출은 수질뿐만 아니라 해양 생태계에도 나쁜 영향을 미치게 된다. 독성으로 오염된 강물이 궁극적으로 다다르는 곳은 태평양이나 대서양 연안이기 때문이다. 강, 운하 등의 수로의 감소 문제 또한 심각하다. 도시나 농촌 지역에서 인간은 대부분이 자신들의 식수원으로 오염된 강이나 강 지류에 더욱 의지하고 있기 때문이다.

남미의 경이로운 빤따날 보존 지역*

빤따날 지역은 세계에서 가장 큰 담수 습지 시스템을 보유하고 있다. 사실 이 지역의 경계를 기존의 습지에 대한 개념과 정의를 기준으로 정확하게 정하는 일은 힘들며, 그 경계를 나누는 일조차 힘든 작업이다. 하지만 빤따날 지역은 미국의 플로리다 주보다 더 큰 규모로 브라질 중서부 170,000 평방킬러미터(65,000 평방마일)를 관통하면서 볼리비아 동부, 파라과이 북동부에 위치해 있다. 육지로 둘러싸인 이 어마어마한 삼각주(delta) 지역은 매년 홍수로 물이 가득 차 있어 몇 달 동안 이 지역에서 서식하는 다양한 식물과 동물들에게 물을 공급하는 일명 '홍수맥박' 역할을 한다(Swarts, 2001). 게다가 많은 전문가들은 빤따날 지역에는 아메리카 대륙에서 가장 큰 식물군이 집중적으로 서식하고 있다고 보고하고 있다. 브라질 국립공원의 전직 책임자는, "브라질의 바깥에 있는 이들은 오직 아마존만을 기억하지만, 이는 굉장히 부끄러운 일이다. 왜냐하면 빤따날 지역은 생태학적 장소로서 매우 중요하기 때문이다"라고 언급하기도 했다(Banks 1991). 21세기가 시작되면서 빤따날 지역은 상대적으로 오염되지 않은 지역으로 남아 있다. 열대우림의 커다란 습지와 초목 지대는 한정된 범위 내에서 새로운 세기를 맞으며 무성하게

남미의 빤따날 습지

발전해 있고, 이곳에서 강의 흐름은 댐이나 인간이 개발한 어떤 고안품에 지장을 받지 않은 채 막힘없이 흐르고 있다. 거주 인구는 극소수에 달하는데, 이마저 넓게 산재해 있다. 울창한 초목 지대는 동물들이 자유롭게 움직이고 뛰어놀기 좋은 환경을 제공하고 있다. 하지만 점점 증가하는 인간 활동과 환경 침해는 환경론자들로 하여금 이 지역의 지속 가능한 이용과 보존을 위해서는 개발에 대한 압력을 넘어서 좀 더 제도적인 차원에서 보호하고 관리 감독해야 한다는 의무감을 지우고 있다. '빤따날 지역의 지속 가능 발전과 보존을 위한 세계회의(WCPSDP)'의 사무총장인 프레데릭 스와츠(Frederick Swarts)는 "만일 빤따날 지역이 온전하게 보존되지 않는다면, 이와 연관된 세계의 다른 생태계도 파괴되는 위험에 빠질 것이다"라고 경고하고 있다. 이 지역에서 걱정되는 문제 하나는 현재 빤따날 생태 시스템의 중심부에 위치한 상류 파라과이 강 유역에서 점차 인구가 증가하고 개발이 이루어지고 있다는 것이다. 이 지역은 중미 및 남미 지역에서 경제 사회적으로 가장 발전이 덜 된 지역으로, 열악한 건강 및 교육 서비스, 열악한 교통·통신 인프라, 넓게 분포된 빈곤 문제가 존재하는 곳이다. 불행하게도 이 지역에 거주하는 많은 사람이 빤따날 지역의 자연 자원을 파괴하면서 생계를 유지해 나갈 수밖에 없는 처지에 있다. 이미 이 지역은 심각한 수질 오염 상태에 직면해 있다. 이에 더해 빤따날 지역의 많은 오염원은 이 지역의 외부에 존재하는 고산지대에서도 발생하고 있는데, 이는 이 지역에 거주하는 사람의 수가 빠르게 증가하고 있기 때문이다. 이런 사례로 대표적으로 떠오르는 지역은 브라질 마또 그로쏘 주의 수도인 꾸이아바(Cuiabá) 시다. 꾸이아바 강 유역에 위치한 이 도시는 쓰레기 폐기물을 완전하게 처리하는 시설을 가지고 있지 않다. 결과적으로 매일 도시에서 나오는 많은 쓰레기가 꾸이아바 강으로 버려지고 이는 빤따날 유역의 담수 동맥 역할을 하는 파라과이 강 하류로 흘러내려가, 강을 오염시키고 있다. 결론적으로 이 강의 상류 지역에 사는 약 2백만 정도의 인구가 매일 빤따날 지역으로 대량의 쓰레기를 방출하고 있는 셈이다. 2025년까지 이 지역에서 증가하게 될 인구 성장을 두 배 정도로 고려한다면 이런 상황은 더욱 악화될 수 있다. 수질 오염의 다른 원인은 이 지역의 광산업의 증가에 있다. 수은, 독성 선광 부스러기 등의 부산물이 강으로 흘러 들어가고, 비료, 제초제, 살충제 같은 농약이 지표수를 따라 습지로 들어가면서 오염을 배가시키고 있다. 이외에도 목재 생산, 농장 경영, 방목, 도로 건설, 여타 다른 활동을 통해 토양의 침식과 오염이 증가하고 있는 추세다. 물론 주위의 연방 정부들이 오염과 토양 침식을 막기 위한 좋은 제도와 법들을 만들어 놓았지만 규제를 통해 이를 이행하는 능력은 현저히 떨어진다. 예를 들어, "강 유역의 토지 소유자들이 산림을 파괴하는 것을 막기 위한 법들이 존재하지만 그 규제는 종종 무시되어 왔다"(Swart 2001). '빤따날 지역의 지속 가능 발전과 보존을 위한 세계회의'는 최근에 이 지역의 습지 보존에 위협이 되는 7가지 사항을 발표했다. 1) 산림파괴 및 강 유역에서 다른 형태의 토지 오염, 2) 포식자를 포함한 야생 동물의 사냥 및 과도한 어업, 3) 마또 그로쏘 주에서 도시 쓰레기의 대량 방출, 4) 비료 및 농약을 통한 오염 증가, 5) 금광개발 등을 통한 수은 같은 화학적 오염물의 방출, 6) 무계획적인 도로건설, 7) 지방의 제방 및 댐 건설(세계 회의 2003) 등을 들 수 있다. 게다가 이 지역에서 실행 중인 두 개의 '메가 프로젝트'가 생태 통합에 잠재적인 위협요인으로 부각되고 있다. 둘 중의 하나가 20억 달러 규모의 '가스볼(Gasbol) 파이프라인'이라고 불리는 브라질과 볼리비아 사이의 가스관 설치 공사다. 이 가스관 설치를 통해 볼리비아의 천연가스가 브라질의 여러 지역으로 운송된다. 가스 파이프라인 건설 사업은 두 지역의 경제적 가치를 재고하고 수백만의 브라질 인에게 싼 값의 천연가스를 공급한다는 취지에 따라 제법 널리 알려진 사업이 되었다. 하지만 현재 부분적으로 시행되고 있는 이 프로젝트는 빤따날 지역의 자연 상태를 훼손하고 그 건설과 관리 및 유지 과정에서 생태 환경을 심각하게 파괴할 것이라는 전망들이 나오고 있다. 두 번째로, 모순적인 개발 프로젝트는 파라과이-빠라나(Paraguy-Paraná) 강 수로 건설 프로젝트로서 일반적으로는 '이드로비아(Hidrovia)' 프로젝트로 알려져 있다. 이 프로젝트는 사실 1980년 후반 아르헨티나, 볼리비아, 브라질, 파라과이, 우루과이 등의 지도자들이 파라과이 강과 빠라나 강 사이를 연결하는 수로 건설을 통해 커다란 무역선도 통과할 수 있는 대운하를 건설하자는 기획에서 출발했다. 이 계획의 주창자들은 빤따날 지역에 넓고 깊은 형태의 새로운 수로 건설은 이 지역의 물류비용을 절약하고, 이 지역 섬들을 연결하는 항구들을 세움으로써 새로운 비즈니스를 창출함은 물론 건설 및 관리와 유지 과정에서 수많은 일자리가 만들어질 것이라고 주장했다. 하지만 이를 반대하는 사람들은 이 프로젝트가 성공하게 되면 빤따날 내부에서 더욱 많은 벌채와 광물 채취를 위해 외부인의 접근이 늘어날 것이며 이로 인해 물의 순환 체제가 변화하고 환경 파괴가 더욱 증가할 것이라고 염려한다. 최근에는 거대한 수로 공사에 필요한 자본이 제대로 투자되지 않는다는 이유로 처음의 계획이 의도한 방향과는 정반대로 점차 매력을 잃어 가고 있다. '빤따날 지역의 지속 가능 발전과 보존을 위한 세계회의'의 사무총장인 스와츠가 지적하듯이, 파라과이 강과 그 지류 등에 영향을 주는 이 프로젝트는 단순한 사업이 아니라 빤따날 생태 전체에 영향을 줄 수 있다. 이런 관점에서 빤따날 지역은 미래의 영향력을 고려하면 활기차고 놀라운 자연의 보고다. 또한 미래가 아주 밝은 지역이다. 하지만 이런 밝은 미래를 보장받기 위해서는 과학적인 차원의 유지 관리가 정확하게 이루어져야 한다. 예전에는 대서양 삼림이 브라질의 해안을 따라 5,000킬로미터 정도로 뻗어 있었다. 현재는 원래 크기의 4%에도 못 미친다.

* 주: 빤따날 보존 지구(Pantanal Conservation Area)는, 브라질 마또 그로쏘 주 남서쪽과 마또 그로쏘 두 술(Mato Grosso do Sul) 주의 북서쪽

에 있는 자연보존지역이다. 2000년에 유네스코가 세계자연유산으로 지정했다.

〈출처〉

Banks, V. 1991. The Pantanal: *Brazil's Forgotten Wilderness*. San Francisco: Sierra Club Books.

Swarts, Frederick A., ed. 2001. The Pantanal: *Understanding and Preserving the World's Largest Wetland*. St. Paul, MN: Paragon House.

World Conference on Preservation and Sustainable Development in the Pantanal. "About the Pantanal."

http://www.pantanal.org (accessed April 2003).

농업용 비료, 제초제, 살충제

이 지역에서 농업은 지배적인 경제 활동 중 하나이며 많은 토지는 다른 목적보다는 방목과 곡물 경작지로 유용되고 있다. 결과적으로 이 지역에 넓게 분포된 농업 활동과 관습은 강, 지류, 지하수 등의 생태를 결정하는 주요 원인들이다. 불행하게도 이 지역의 많은 국가들은 최근에 농업 생산 및 발전을 위해 농약을 과도하게 사용하고 있다. 비료, 제초제, 살충제 등을 과도하게 사용함으로써 직접적으로 심각한 수질 오염을 발생시켜 담수 체제를 파괴하고 있다. 예를 들어, 농업에서 과도한 비료 사용은 호수나 댐, 저수지, 강, 호수 등의 작은 늪지에서 조류(藻類)의 증가를 가져온다. 이와 비슷하게 지하수나 주요 강 체계에서 질산염의 증가는 오늘날 이 지역의 수질 오염과 관련해 많이 보고되고 있는 한 형태다(UNEP 2002). 많은 전문가들은 만일 라틴아메리카 국가들이 농업 부문에 대한 근본적인 변화를 모색하지 않는다면 생태계의 통합적인 보존과 담수 시스템의 보호는 불가능할 것이라고 경고하고 있다. 유엔의 보고서는 "라틴아메리카의 농촌 지역에서 사용되는 농업용수야말로 지하수와 수질 오염의 가장 큰 원인이 되고 있다"고 결론짓고 있다. "무분별한 농약 사용의 증가는 다량의 중금속, 화학 물질, 위험한 농약 잔여물 등을 15년마다 두 배로 증가시키고 있고, 비료 사용만 해도 1990년에서 1998년 사이에 무려 42%나 증가했다"(ECLAC and UNEP 2001). 게다가 농경지 확대를 위한 무분별한 벌목은 고지대에서 토착 식물의 전멸과 다양한 침식의 원인이 되고 있다. 이런 토양 오염원들은 강물과 관개를 통해 강이나 저수지로 흘러들어가 물고기의 산란 장소에 악영향을 주는가 하면, 동적인 수로 시스템을 바꾸거나, 맨그로브, 해변 식물, 산호초, 여타 해안 생물들에게 악영향을 준다.

광산업

몇몇 라틴아메리카 지역에서 주요 수질 오염원으로 등장한 또 다른 활동은 광산업과 깊은 관련을 맺고 있다. 이 지역의 많은 국가들은 여전히 중요한 외자 획득과 경제적 이득을 위해 광산업에 의존하고 있고, 따라서 이들 국가들의 광산업 투자에 대한 규제 장벽은 상당히 낮은 편이다. 하지만 이는 결국 강이나 다른 천연자원에 - 특히 중미와 남미 지역에서 가공되지 않은 광석으로 수송하기 전에 가공과 정제가 필요한 - 심각한 악영향을 미치는 결과를 가져오고 있다. 예를 들어, 이와 같은 초기의 가공과 정제는, 광산 채굴이 이루어지는 현장에서 수은이나 청산가리 같은 물질이 사용하게 됨으로써 나중에 이런 유해 물질이 강이나 저수지로 흘러들어가 강 유역의 동물 및 식물군의 생명을 크게 위협하게 된다. 비록 정도의 차이는 존재하지만, 허술하게 규제해 온 광산 채굴 때문에 강의 자연 상태를 아무 탈 없이 보존하고 있는 라틴아메리카 국가들은 드물다. 볼리비아의 경우, 광산업에서 나온 쓰레기 물질이 강 체계 전체를 오염시켜 왔다. 페루와 칠레 같은 태평양 연안 국가들의 경우, 광산업은 커다란 산들의 측면을 분쇄해

돌무더기 산으로 만들고 강물이 갈라지는 경계가 되는 강의 분수령을 없애기도 했다. 이로 인해 땅의 침식이 이루어지고 강의 토사물이 증가하는가 하면 수백 톤에 달하는 오염된 광산물 쓰레기가 강이나 강 유역으로 쏟아져 들어가 종국에는 해안 연안까지 다다르게 된다 (Hinrichsen 1998). 예를 들어, 칠레와의 국경 지대에 위치한 페루의 대규모 동광 두 개에서 배출되는 연간 7천3백만 미터톤(metric tons)의 광산 폐기물과 쓰레기가 지방의 강 유역을 심각하게 오염시키고 있다. 광산업이야말로 환경 재난의 가장 큰 주범일 경우가 많다. 1996년 아르헨티나와 우루과이의 접경에 위치한 삘꼬마요(Pilcomayo) 강의 대재앙은 이의 경우에 해당한다. 이 대재앙은 폐기물처리 댐이 붕괴되어 40만 톤의 비소와 시안화물(청산염)이 포함된 독성 폐기물이 강으로 방류되면서 발생했다. 강 하류에 서식하는 물고기와 야생 동식물에 치명적인 영향을 주었음은 물론 그 사건을 미리 감지하지 못한 강 하류 거주 원주민 공동체에 많은 질병을 주었고 심지어 이들을 죽음으로 내몰았다.

라틴아메리카에서 소규모 광산업 역시 심각하게 부정적인 결과를 동반했다. 브라질의 경우, 수많은 강과 하천 등지에서 '가림뻬이루'로 알려진 수천 명의 독립 영세 금채취업자들에 의해 이루어지는 수은의 무차별적 사용(광맥에서 금을 분리하기 위해)은 또 다른 환경 파괴의 주원인이 되고 있다. 일단 수은이 강으로 흘러 들어가면 수중의 먹이사슬 구조로 들어가며, 이는 다양한 수중 동식물들의 생태 체계, 예를 들어, 녹조류에서부터 피라미 같은 작은 수중생물, 물총새, 육식조 등의 몸 속에 축적된다. 현재 브라질의 수많은 강에 서식하는 물고기들의 수은 중독 상태는 세계건강기구가 권장하는 인간 소비 안정 수준을 넘어서고 있다. 이 어류를 소비의 원천으로 하고 있는 강 유역의 많은 원주민 공동체들에게는 선택의 여지가 없어 보인다.

그동안 광산업과 관련되어 발생한 수질 오염 문제에 등한시하던 몇몇 라틴아메리카 국가들은 최근 몇 년 동안 이에 대한 대응과 대책 마련에 고심하고 있다. 하지만 라틴아메리카 국가들이 이런 문제를 해결하기 위해서는 근본적으로 규제와 관리 감독, 이를 이행할 메커니즘의 발전 등을 포함하는 제도적인 변화가 이루어져야 할 것이다. 게다가 담수의 질과 공급에 대한 이슈들도 다른 일련의 정책 과정 속에서 통합적으로 관리되어야 할 것이다. "대부분의 국가들은 그동안 수자원 관리에 있어서 부문 간 혹은 여타 환경 관리 절차에서 통합 관리가 중요한 데도 이를 무시해 왔다"고 유엔환경계획(UNEP)은 설명한다. 이와 같은 통합적인 관리 접근의 결여는 수자원과 관련된 넓은 범위의 생태 시스템과 여타 다른 기능들, 생태 서비스와의 상호관계를 무시한 결과이기도 하다(UNEP 2002).

라틴아메리카에서 댐에 대한 찬반 논쟁

수력발전 댐 프로젝트는 라틴아메리카 여러 국가들이 현재까지 중요한 에너지원으로 받아들이고 있는 추세다. 이 프로젝트를 가장 중요하게 여기고 있는 국가는 브라질로, 전력 공급의 90% 정도를 수력발전에 의존하고 있기 때문이다. 20세기 말에 이르러 수력발전을 이용한 전력 공급의 경우 라틴아메리카는 세계 전체 수력 에너지 소비에서 약 21%를 차지하고 있을 정도로 수력발전 의존도가 높다. 종합적으로 고찰해보면 남미에만 이런 수력발전을 위한 50피트(15미터) 이상의 커다란 댐이 약 900개나 존재하며, 이 중 500개 이상은 수자원이 풍부한 브라질에 존재한다.

그동안 산업 및 상업 발전, 개개 가정에 전력을 공급하기 위해 물의 자연력을 통제하고 이를 수력발전으로 이용할 수 있는 인간의 능력은 찬사 받아왔으며, 오늘날 기후가 변화하는 상황에서 다양한 오염원의 역할, 특히 온실가스 배출을 증가시키는 화석연료를 이용한 전력 공급 시스템보다 더욱 선호되어 왔다. 게다가 그동안 몇몇 분석가들이 주장하듯이 지구 온난화에 대비해 거대한 수력발전 댐은 많은 정당성을 확보해 왔다. 모든 댐들은 이 지역에서 가장 중요한 농업 부문에 대한 접근 가능성을 높이기 위해 고안되고, 관개 수로와 연결되어 발전해 왔다. 이런 요인들을 고려해 볼 때, 브라질 및 여타 국가들의 경우 이런 댐 발전 기술에 좀 더 많은 투자를 해야 한다는 압력이 높게 작용해 왔다. 결국 점증하는 인구는 현존하는 에너지원 공급 및 개발 체계에 더욱 많은 압력을 주어 왔지만(특히 커다란 강을 보유한 남미 지역 국가에) 댐을 수력발전 에너지원으로만 이용하는 한계는 벗어나지 못하고 있다. 하지만 라틴아메리카 지역과 세계의 여타 국가들에 현존하거나 제안된 수력발전 댐 프로젝트들은, 환경학적인 문제 때문에 그리고 사회적 이유들 때문에, 이전보다도 더 심한 반대에 부딪히고 있다. 댐 발전에 대한 가치 폄하자들은 커다란 댐들이 종 다양성이 풍부한 삼림과 초원지대를 침수시키거나 야생의 생물 다양성을 훼손하며, 수질 오염은 물론 어류자원의 이주를 막아 수산자원을 고갈 및 황폐화시키고(결국 농촌 인구를 위한 식량 안보에 위협) 있다고 강하게 비판하고 있다(세계 댐위원회, 1999). 이에 더해 더 많은 비판적 관심이 댐으로 인해 강 하류에서 발생하는 영향, 즉 생태학적으로 허약한 강어귀나 연안 등의 수중 서식지에 미치는 영향에 모아진다. "과학자들은, 댐이 호수를 만듦으로서 범람하는 상류와는 별도로, 이제 댐이 일종의 '압박효과'를 일으켜 살아 있는 강에 많은 악영향을 주고 있다는 사실을 인정하고 있다." "댐으로 인해 강물의 유속이 감소해 침전물의 흐름을 차단함으로서 범람원(氾濫原)을 만들어내고, 강 하류와의 소통을 차단하고 있다. 물의 원활한 흐름의 방해는 하류 수중 생물들에게 필요한 많은 양의 물 공급을 방해한다. 댐은 또한 상류에서 하류로 흘러가는 침전물의 이동을 방해함으로서 그동안 하류에서 자연스럽게 축적 및 형성되는 자연 침전물 지형을 파괴해 지형학적 변화마저 일으킨다. 이는 결국 상류에서 홍수로 인해, 하류 서식지에는 변화를 주어 강 유역의 동·식물군에 많은 영향을 주고 있다"(Levy 2002).

댐을 이용한 수력발전을 비판하는 사람들은, 이 지역에 거주하는 빈곤한 원주민 공동체들이 이로 인해 거주지를 강제적으로 떠나거나, 수많은 사회경제적 피해를 고스란히 감수하고 있다고 비난한다. 마지막으로 반대자들은 댐을 이용한 수력발전이 종종 많은 형태의 바람직하지 않은 사회 부작용을 일으킨다고 비난한다. 예를 들어, 브라질의 경우 댐을 이용한 수력발전은 흔히 "수많은 사회 및 공공의 건강과 복지에 문제를 일으키고 있는데, 이는 수력발전을 통한 아마존 도시 지역의 변형에서 비롯된다. 게다가 수력발전 프로젝트는 흔히 첫 단계에서부터 발전 계획으로 인해 실업 노동자들을 끌어들여 복잡한 토지 분배를 포함, 거주 인구의 이주, 도로 및 도시와 마을의 범람 등 지역의 공간 조직과 거주 구조를 변화시키는 데 많은 영향을 준다"(Browder and Godfrey 1997).

뚜꾸루이와 다른 논쟁중인 수력 프로젝트들

지난 30년 동안 라틴아메리카의 몇몇 댐 프로젝트들은 수력발전을 통한 전력생산 능력의 증가와 함께 상당히 많은 논쟁의 대상이 되어 왔다. 예를 들어, 1984년에 발전을 시작한 이래 설치된 용량만 4,000 메가와트를 자랑하는 브라질의 뚜꾸루이(Tucuruí) 수력발전 댐의 경우, 오늘날 전력 수요가 급증하면서 용량을 두 배 정도로 늘려야한다는 계획이 발표되면서 많은 비평가들로부터 환경적 재앙이 될 것이라는 경고의 목소리가 나오고 있다. 아마존 지역 연구를 위한 국가 기관 소속인 필립 페언사이드(Philip M. Fernside)의 보고에 의하면 "뚜꾸루이 댐 건설 프로젝트는 실질적으로 결정이 내려진 이후에 발생할 수 있는 사회적, 환경적 비용을 전혀 고려하지 않았다"고 실토한다(댐 세계위원회, 1999).

처음 계획이 발표되었을 때부터 비밀스러운 장막에 가린 이 프로젝트는 무수한 생물종이 서식하는 열대우림의 커다란 습지를 잠식시켰다. 희귀종이면서 상업적으로 귀중한, 다양한 어종의 이동을 제한했고, 무엇보다도 댐을 만듦으로써 강의 흐름을 따라 하류로 흘러내려가 희석되어야 할 수많은 농약 성분이 포함되어 있는 각종 독성 물질을 제한된 공간에 축적시켜 버렸다. 세계에서 가장 큰 열대 댐 건설이 남긴 사회적 비용은 엄청났다. 17개의 도시와 마을을 침수시키고, 3만 5천 명에 달하는 원주민을 이주시켜야 했다. "전통적으로 강 유역에 거주하는 주민을 수력발전을 위해 이주시키는 것은 가장 불합리한 일이다. 경제적인 논리로 따져 봐도, 이 지역 거주민들의 생활에서 필요했던 강 유역의 자원(물고기, 거북이, 해우 포함)과 삼림 생산물(고무나무 유액, 브라질 호두 등)의 이용과 강을 활용한 수송도 할 수 없게 되어 버렸다. 물론 이들의 이주를 통해 인근 도시나 마을에서 비자발

뚜꾸루이 댐이 건설되었을 때 삼림의 넓은 지역에서 지하수의 오염이 발생했다

적 형태의 도시화가 진행되어 인구밀도를 강화시키는 영향도 배제해서는 안 될 것이다"(Browder and Godfrey 1997).

마지막으로 뚜꾸루이와 여타 라틴아메리카의 댐 프로젝트들은 지역 차원의 경제 발전 및 투자에 대한 파급 효과에도 많은 결점을 안고 있었다. "그동안 정부 보조금을 받아 진행 중이던 브라질 알루미늄 산업에 실질적으로 뚜꾸루이 댐이 생산한 전력의 3분의 2가 소비되면서 전반적으로 브라질의 에너지 경제를 왜곡시킨 것이다. 이는 다른 도시나 지역에 전력을 공급하기 위한 새로운 댐 건설에 엄청난 영향을 주게 되어 수급의 불균형을 초래했다"고 필립 페언사이드는 비판한다. 이는 "뚜꾸루이 댐이 알루미늄 산업을 위한 전력 공급자로 전락했다는 점과 그 사회적 영향을 고려해 보면, 결국 브라질의 재정과 국가의 자원이 좀 더 혜택을 받아야 하는 지방 거주민들을 위해 분배될 수 있는 중요한 기회를 박탈한 것이다"(댐 세계위원회, 1999).

라틴아메리카의 수많은 다른 댐들도 역시 생태학적, 사회적 영향 측면에서 많은 비판을 받고 있다. 예를 들어, 브라질의 마나우스에서 가까운 곳에 있는 발비나 댐(Balbina Dam)의 경우, 아마존에서 가장 최악의 공공정책 재앙이라는 혹평을 받고 있다. 이 댐의 수력발전을 통한 전력 공급량은 뚜꾸루이 댐이 그랬듯 에너지 부문에서 5%밖에 차지하지 않는다. 그럼에도 불구하고 이들 댐은 생물학적으로 종다양성이 풍부한 이 지역의 산림을 대략 2,500평방킬로미터나 침수시켰다. 브라질 북동부에 있는 상 프란시스꼬 강 유역의 이따빠리까(Itaparica) 댐은 저수지 건설을 위해 소농민 15,000 가족의 토지(약 840 평방킬로미터)를 침수시켜야 했다(De Onis 1992). 브라질의 빠라나 강의 야생적 특징은 이 유역에 건설된 수많은 댐들로 인해 영원히 개조되었다. 이 지역에는 지금까지 23개의 댐이 건설되었고 여전히 추가적인 댐 공사가 진행 중이다. 수많은 환경론자들과 인권 활동가들은 이런 유형의 커다란 댐 건설에 소요된 비용도 가치적 측면에서 보자면 동식물의 서식지 파괴와 공동체의 분열에 따른 비용에 미치지 못할 것이라고 주장한다.

작은 댐들에 대한 비난의 화살도 피하기 힘들다. 예를 들어, 과테말라의 치소이(Chixoy) 수력발전 프로젝트는 1970년대 말과 1980년대 초반에 건설을 시작하면서 토지 14평방킬로미터를 침식시켰다. 이 프로젝트의 '생태학적 발자취'는 커다란 다른 댐들과 비교해 작지만 이는 여전히 지방의 자연 생태계에 광범위한 영향을 주고 있다.[32] 이 댐은 삼림의 손실과 더불어 이 지역 원시 야생 공동체를 파괴하고 있는데, 예를 들어, 커다란 강 유역에서 서식하는 수달의 멸종을 불러왔고 여타 다른 생물종들의 생명도 위협하고 있다. 말라리아와 뎅기열에 의한 피해 사건이 증가하고 있으며, 댐 주위에서 발생하는 퇴적층으로 인해 댐의 수명이 짧아지고 자연 퇴적물의 흐름을 방해해 강 하류 지역의 생태 시스템에 악영향을 주고 있다(Levy 2002).

라틴아메리카 국가들은, 오늘날 점증하는 에너지 수요 요구와 잠재적으로 이를 만족시켜야 하는 상황에서 댐 건설의 필요성이 증가하는 가운데 에너지 수요 공급의 균형점 찾기와 더불어 환경문제마저 고려해야하는 과정에서 다양한 사회적 압력과 힘겨운 사투를 벌이고 있다. 아마존 지역에서는 그동안 수많은 댐들이 경제성장과 발전이라는 슬로건을 내걸고 건설되었다. 하지만 이에 대한 반대 논쟁도 다수 존재한다. 이 지역에 거주하는 원주민 공동체들의 문화 지속, 아마존 유역의 생태학적 환경 통합 관리 논리 등이 수많은 활동가들을 통해 힘을 얻고 있다. 칠레의 경우에는 처음으로 6개의 수력발전용 댐 공사가 깨끗하고 경제적으로 유용한 에너지원으로서 각광을 받아 현재 비오비

32) 일명 '생태발자국(Ecological Footprint, EF)'은 1996년 캐나다 경제학자 마티스 웨커네이걸과 윌리엄 리스가 개발한 개념으로 인간이 지구에서 삶을 영위하는 데 필요한 의·식·주 등을 제공하기 위한 자원의 생산과 폐기에 드는 비용을 토지로 환산한 지수를 말한다. 인간이 자연에 남긴 영향을 발자국으로 표현했는데, 지구가 기본적으로 감당해 낼 수 있는 면적 기준은 1인당 1.8ha이고 면적이 넓을수록 환경문제가 심각하다는 의미가 된다. 선진국으로 갈수록 이 면적이 넓은 것으로 나타났으며, 선진국에 살고 있는 사람들 가운데 20%가 세계 자원의 86%를 소비하고 있다(더 자세한 내용은 http://www.footprintnetwork.org 참조).

오 강(Biobío River)까지 확장되어 연속적으로 이루어지고 있지만, 강 유역의 수계에 환경 문제를 유발시키고 원주민 공동체를 내모는 행위는 많은 지탄을 받고 있다. 콜롬비아에서 계획 중인 시누 강(Sinú River) 유역의 우라 댐(Urrá Dam) 건설은 이 지역 원주민 공동체인 엠베라 카띠오(Embera Katío) 족의 문화 훼손 및 강의 어자원에 연명하는 공동체 주민의 삶에 대한 말살 등을 이유로 강한 반대에 부딪혀 있다. 하지만 댐 건설 주창자들은 이 지역에 경제적 기회를 가져다 줄 댐 건설에 박차를 가해야 한다고 강력하게 주장한다. 벨리즈의 마칼 강 계곡(Macal River Valley)에서 추진 중인 수력발전용 댐 건설은 이 지역에서 새로운 에너지 공급에 목마른 대다수의 빈곤 계층들로부터 환영을 받고 있는 반면에, 많은 환경주의자들은 댐의 건설로 인해 이 지역에서 종다양성이 풍부한(재규어, 라틴아메리카에 사는 코가 뾰족한 돼지 비슷하게 생긴 동물, 일명 '맥', 희귀종인 진홍색 마코앵무새의 변종들) 열대우림 35평방킬로미터 이상이 침식당할 것이라는 우려를 표명하면서 강하게 반대하고 있다. 이런 종다양성의 손실은 물론 이 지역의 주요 수입원인 야생 지역과 원시 삼림을 훼손해 관광 산업에 치명적인 타격을 줄 수도 있다. 댐 개발과 환경 보존 사이의 상관관계에서는 일견 모순된 논리가 작동하기도 하지만 이 사이에서 슬기로운 지혜를 도출하기 위한 논쟁은 오늘날 라틴아메리카 및 카리브 지역에서 계속되고 있다.

수력발전을 통한 에너지 공급 잠재성이 큰 댐 건설 프로젝트들은 오늘날 라틴아메리카 사람들의 삶의 질을 향상시킨다는 정당성을 인정받아 다른 모든 고려는 무시되고 있다. 예를 들어, 몇몇 평가에 의하면, 브라질 아마존 강 유역에서 댐은 100,000메가와트라는, 믿을 수 없을 정도의 전기를 생산할 잠재력을 가졌는데, 이는 핵발전소 100개에서 생산하는 전기량에 버금가는 것으로 여겨질 정도라고 한다(Bunyard 1987). 하지만 이는 라틴아메리카 지역 같은 개발도상국들이 이 같은 자원에 의존해 이루어 내기에는 극히 어려운 일이다. 댐 건설 반대주의자들은 이런 전망들이 부정확한 판단과 - 예를 들어, 자연력에 근거한 수력발전 체제가 생태계와 비슷한 혜택을 인간 공동체에 제공하고 있다는 - 이에 근거한 무수히 많은, 그리고 아마 틀림없이 수량화되어 있지 않은 과대한 평가들을 통해 생산되고 있다고 믿는다. "자연 그대로 건강한 생태계를 유지하고 표준적인 경제적 계산에 맞는 조치를 취함으로써 인간이 얻는 혜택은 더욱 많다"는 사실을 인식해야 할 것이다(Abramovitz 1999).

제7장

해양과 해안 지역

라틴아메리카는 - 카리브와 중미, 남미 지역 - 상당히 많은 다양성을 지니고 있는 지역이다. 언어, 인종, 사회 및 정치 발전, 생태계, 종 다양성, 기후 지대 등이 다양하게 분포되어 있다. 북쪽의 열대해안과 열대우림에서 남쪽의 남극까지 포함하고 있으며 일련의 놀랄 만한 거주지 및 서식지는 대부분 대서양과 태평양 연안에 있어 해양의 영향을 많이 받고 있는 지역이다. 쪽빛 바다를 끼고 있는 카리브뿐만 아니라 라틴아메리카 어느 곳이든 수상생활의 영향권에 포진되어 있다. 커다란 상어를 포함해 풍부하고 다채로운 색깔의 어류 및 조개류 등은 해양 및 연안 자원의 보물이다. 이런 풍부한 해양 자원은 수많은 관광객과 모험가들을 불러오고 풍부한 어류는 어업 활동을 증가시켜 많은 일자리 창출은 물론 외화 획득의 주요 원천이 되고 있다. 하지만 이에 대한 환경적 비용도 상당히 높다. 어류의 남획은 이 지역에서 가장 심각한 문제 중 하나다. 이에 더해 어느 곳이나 존재하는 석유 시추 플랫폼과 대형 유조선박도 문제다. 매일 5백만 배럴의 석유가 카리브해양을 통해 수송되는데, 대부분이 이 지역의 석유 수출 중심국인 베네수엘라, 콜롬비아, 멕시코와 연관을 맺고 있다. 종종 대형 유조선에서 발생하는 사건으로 석유가 해양으로 흘러 들어가 오염을 발생시키는데 대부분은 시추 과정과 수송 과정에서 발생하는 오일 누출과 선저 폐수에서 기인한다. 도시들 근처에 있는 해안·연안은 대개 처리되지 않은 오폐수와 도시에서 나오는 쓰레기로 몸살을 앓고 있다. 이런 문제는 해가 갈수록 더욱 심각해진다. 이는 농촌이나 시골 지역 거주자들이 도시의 빈민 지역으로 이주하면서 도시는 성장하는데 반해, 이런 환경문제의 해결은 늘 뒷전으로 밀려나기 때문이다. 해안·연안과 해저 생태계에서 발생하고 있는 환경 위협에 대한 이 지역의 인식은 점차 높아지고 있다. 하지만 이 지역의 해양과 연안을 보호하려는 노력은 종종 국제 경제적 이익, 불평등한 정치 발전, 문제 해결을 위한 이 지역 국가들 간 금융 및 재정 지출에서 노정되는 상당한 차이 등 다양한 이유에 가로막혀 효과를 발휘하지 못하고 있는 실정이다.

라틴아메리카의 해양 시스템

위에서 언급한 바와 같이 라틴아메리카 지역은 다양한 기후 조건과 생태 시스템을 가진 광활한 대륙인 바, 해양 시스템도 이와 유사한 조건들을 가지고 존재한다. 라틴아메리카 해양 시스템의 특징 역시 카리브 및 중미 지역의 열대, 아열대 해양성 기후로부터 남미의 온대 기후 지역까지, 심지어는 대륙의 최남단에 위치한 남극 기후 지역까지 포괄하고 있다.

라틴아메리카의 해양은 물질적으로도 풍부할 뿐만 아니라 지리학적으로도 다양하다는 특징을 가지고 있다. 엄청난 규모의 '켈프 숲(일명 다시마 숲 이라고 함)'과 해초류 군락, 연안 유역의 맨그로브 숲, 산호초, 해안사구와 해변, 수백 개의 강 삼각주와 풍성한 수확을 가져다주는 수많은 강어귀 등이 존재한다.[33)]

라틴아메리카 지역은 대략 64,000킬로미터의 해안선과 1천6백만 평방킬로미터의 해양 영토를 보유하고 있다(1994년 유엔 해양법이 국제법적 효력을 발휘하면서 모든 해양 국가들은 그들의 연안 영토로부터 12마일 이내의 해수와 해저에 대한 주권을 가지고 통제할 수 있으며, 거주 불가능한 영토에서는 200마일까지 확장해 지배할 수 있다. 200

33) 켈프숲은 다시마목에 속하는 커다란 갈조 식물들이 바다 밑에 빽빽이 모여 이루어진 숲을 말한다. 이런 해양 속 숲은 물고기의 산란장이나 생육장이 되어 수산자원 육성에 중요한 몫을 한다.

마일 지대는 흔히 '배타적 경제수역(EEZ)'이라 불리는데, 비록 작은 섬 국가인 카리브 국가들도 주권을 가지고 이 지역을 탐사, 개발, 보존할 수 있으며, 심지어 상당한 규모의 해양 자원을 관리할 수도 있다).

맨그로브 숲의 경우는 라틴아메리카의 해안선을 따라 넓게 분포되어 있으며, 특히 알맞은 기후 조건과 삼각주의 형성, 그리고 연안의 작은 습지가 풍부해 최고로 이상적인 환경을 제공하고 있는 적도지역을 중심으로 집중적으로 분포되어 있다. 이들 숲들은 라틴아메리카와 카리브 지역의 약 40,000에서 60,000 평방킬로미터를 점유하고 있으며, 다양한 해양 생물종(대부분은 상업적으로 가치 있는 많은 생물종 포함)의 서식, 재생산, 그리고 이 생물종들의 영양 공급에 중요한 역할을 하고 있다. 하지만 오늘날 많은 지역에서 이 맨그로브 숲은 수많은 개발 프로젝트에 의해 많이 사라져 가고 있다. 카리브의 경우, 연안 및 해양 생태계 보존을 위해 가장 중요한 것은 산호초인데, 이는 "생물다양성 보존과 생산력에서 중요한 열대우림의 숲과 견줄만한 기능과 역할을 하기 때문이다"(ECLAC 2001). 하지만 세계의 여타 지역들처럼 해양 수질 오염과 기후 변화는 이런 산호초들의 건강한 생존을 막았으며 이들 환경의 미래를 어둡게 하고 있다. 규모면에서는 세계 2위에 해당하는 수많은 메소아메리카 카리브 산호초 생태계(거의 700킬로미터에 달하는)는 오늘날 표백 피해에 심각할 정도로 노출되어 있다(Wilkinson 2000).

남획과 오염에 위협받는 해양어업

세계적으로 보자면, 카리브의 어업 규모는 상대적으로 작다. 세계 총생산의 0.2%도 되지 않는다. 하지만 이 지역에서 어업은 식량 자원으로, 경제적 활동에서 중요한 역할을 하고 있다(유엔 식량 및 농업기구 2002). 북미 대륙의 '그랜드 뱅크 오브 뉴펀들랜드(Grand Banks of Newfoundland)' - 한류와 난류가 만나는 캐나다 동해안의 섬과 래브라도(Labrador) 반도의 일부로 이루어진 세계 황금 어장 지대 중 하나 - 와는 달리, 카리브는 지역을 대표하는 풍부한 산호초, 해초류, 맨그로브 숲 등의 도움을 받아 생산되는 어업 자원(조개류 및 어류) 획득에 상당히 의존적이다. 물론 이 지역에는 해양 지표 밑에서부터 영양이 풍부한 황금어장 지대는 없다. 보다 남쪽인 인도양과 비교해 볼 때 풍부한 어장은 그리 많지 않은 게 사실이다. 그럼에도 불구하고, 현재는 이전보다는 풍부한 양이 아니지만, 참치, 그루퍼(농어목과 식용어), 소라고둥 등 기타 어종들이 카리브 지역에서 발견괴고, 어획되고 있다.

남미의 상황은 이와 사뭇 다르다. 태평양 연안으로 상회하는 한류성 훔볼트 해류(Humboldt Current)로 인해 어류 서식에 좋은 영양가가 풍부한 해양이 형성되어 있기 때문에 칠레나 페루의 연안 어장은 상당히 발전해 있다. 세계적으로 태평양 북서쪽의 풍부한 어장은 어획량에서 남미의 서쪽 해상의 어장을 앞지르고 있다. 정어리, 고등어 등이 대량으로 어획되고 있다. 대륙에서 대서양 유역에서는 브라질이 연간 총 어획량에서 수위를 차지하고 있다.

이와 더불어, 그동안 라틴아메리카의 모든 지역에서 해양의 자연자원 획득, 즉 어획량을 증가시키기 위한 노력은 이 지역의 수산 양식 및 해양 양식에 대한 관심을 증폭시켜 왔다. 예를 들어 온두라스에서 새우 양식업은 폭발적으로 증가했다. 하지만 이런 양식업의 발달은 수많은 질병, 시장의 변동, 태풍과 여타의 자연 재해로 인해 많은 방해를 받고 있는 것도 사실이다. 예를 들어, 1998년에 태풍 위고(Hugo)가 온두라스 새우 양식 산업에 치명타를 가한 적이 있다.

중미 및 카리브 지역의 해양어업

중미 지역은 멕시코 만(Gulf of Mexico) 유역과 카리브 지역의 해양이 지배적이다. 두 지역을 합치면 거의 400만 평방킬로미터에 달한다. 2억에 가까운 인구가 이 지역에 거주하고 있고, 해마다 1억 명에 달하는 관광객이 이 지역의 관광 휴양지와 해변을 찾는다. 해안 연안에 위치한 도시들은 과도하게 도시화가 진행되어 인구가 대략 70%를 넘는다. 많은 카리브 섬 지역 국가들도 높은 인구밀도를 자랑한다. 예를 들어, 바베이도스의 경우 평방킬로미터당 500명이 넘는 인구밀도를 보이고 있으며, 안티구아(Antigua)는 300명에 달한다(세계자원기구 2000). 이런 경향은 미래에도 전혀 변할 가능성이 없어 보이며, 이로 인해 결국 섬 및 연안 지역에 대한 인간의 압력이 지속적으로 증가할 것으로 해석된다. 이런 압력은 이미 해안·연안의 지속적인 황폐화라는 결과를 낳고 있다. 문제를 더욱 악화시키는 것은 섬 내부의 도시화다. 지역 도시들의 끊임없는 팽창은 결과적으로 이 지역의 자연 서식지 파괴와 넓은 범위의 토양 침식을 가져온다. 물고기의 산란과 영양 공급에 많은 영향력을 지닌 델타 지역이나 맨그로브 습지에 막대한 해를 입히는 강의 토사(물에 쓸려 와서 강어귀 · 항구에 쌓이는 가는 모래 · 진흙 등)가 일어나기 때문이다. 이에 더해 산업 생산 과정에서 발생한 수백 톤의 공업폐수가 강의 하류로 흘러들어가 강의 오염도를 높이는데, 이보다 더 문제는 폐수에서 발생하는 독성 물질이 강 하류를 통해 해안·연안으로 흘러 들어가 오염 범위를 더욱 확대시킨다는 것이다.

중미 및 카리브 지역의 어업의 경우, 대부분 단순한 기술을 가진 어부들이 상업적인 목적을 위해 영세한 규모로 행하고 있다. 다른 많은 지역과 마찬가지로 여기서도 남획 문제는 어업 활동의 시스템 변화를 유발한다. 최근에는 어업 방식이 심해저까지 확장되어 이루어지면서 카리브 지역의 해양 어업 생산량이 두 배로 급증하고 있는 반면, 양식업은 정체되어 있다(유엔 식량 및 양식업 기구 2002). 중미 지역에서도 이러 비슷한 양상을 보이는데, 지난 10년 동안 해양 어업 증가를 통한 생산량이 급증해 1996년의 경우 세계 생산량의 4분의 1에 해당하는 2천1백만 톤 이상의 어획량을 획득함으로써 최대의 성과를 기록했다. 이 지역에서 해양 어업 생산의 증가는 어업 종사자들과 어업 관련 공장 노동자들 뿐만 아니라 대규모의 빈곤 계층에게 사회 서비스를 제공해야 하는 정부에게도 만족할 만한 일이었다. 하지만 최근에는 그리 환영받지 못할 개발이 이루어지고 있다. 카리브와 중미 지역의 심해저에 일본이나 한국의 배들이 들어와 포획하는 량이 증가하기 시작한 것이다. 원양 어업을 하는 외국의 저인망 어선은 오늘날 해당 지역 주민들의 분노와 걱정의 원인이 되어 공식적 저항과 비공식적 비난을 하고 있지만, 이들 어선이 속해 있는 국가들의 정부 측 반응은 냉담하기만 하다.

이런 어려움에도 불구하고 카리브와 중미 국가의 정부들은 유사한 언어와 문화를 기반삼아 기존의 분열을 극복하고 그들의 천연자원 향상과 보존을 위해 공동의 노력을 경주하고 있다. 특히, 15개 회원국으로 구성된 '카리브 공동체 및 공동시장'과 28개 회원국으로 구성된 '라틴아메리카 경제체계(LAES)'가 이런 중요한 일들을 담당하고 있다. 이 두 기구는 정부 간 협력체로서 회원국 간의 어업 이슈를 제일 중요한 의제로 다루는데, 여기에는 어업 서식지 보존과 관리 유지에 대한 사항도 포함된다. 이들은 연간 어획량 수준, 어종 고갈, 맨그로브 숲, 해양 목장, 산호초의 중요성과 상태 등에 대한 공동 연구를 집중적으로 하고 있다.

멕시코 만과 카리브해양에 대한 중요성 역시 아열대 산림 보존과 관련이 있다. 하지만 무리한 자원 추출과 화전 농업의 결과로 인해 그 크기가 점점 줄어들고 있다. 산림의 손실은 즉시 표층토의 손실을 가

에콰도르 구아야낄의 이슬라 뜨리니따리오(Isla Trinitario) 슬럼 지역

져온다. 강물이 갈라지는 경계가 되는 분수령의 손실은 맨그로브 습지와 해초지의 생존 능력에 계속해서 악영향을 주게 된다.

남미 지역의 해양어업

중미와 카리브해양 어업의 다양한 특징이 남미 지역에서도 나타난다. 해안의 총 길이는 무려 30,000 킬로미터나 되며, 이 해안 지역에서는 도시화가 집약적으로 확산되고 있다. 이로 인해 분수령이 사라지고, 도시에서 발생하는 산업 오폐수로 생태계가 많은 해를 입고 있다. 남미 대륙에서 콜롬비아를 제외하고, 태평양을 끼고 있는 국가들의 연안 지역은 대부분 내륙에서 발생하는 이런 오폐수 방출로 인해 많은 오염에 노출되어 있다. 예를 들어, 에콰도르의 경우, 인구의 절반 이상이 연안 지역에 거주하고 있어 직접적인 피해가 상당하다. 에콰도르에서 가장 큰 도시인 구아야낄(Guayaquil)은 지난 20년 동안 인구가 2배로 증가해 현재는 약 3백만에 달하는데, 불행하게도 폭발적인 인구 증가, 잘 계획되지 않은 도시화로 인해 환경이 심각한 상황에 직면해 있다. 맨그로브 습지의 파괴, 강 및 해안 유역으로 오폐수의 무분별한 방출(특히 구아야낄 만(灣) 지역), 버섯처럼 뻗어나가는 마을들(바리오: Barrios)의 위생설비 미비로 인한 오염 등 심각한 상황에 직면해 있다.

남쪽으로 콜롬비아와 에콰도르의 연안은 차가운 한류와 영양이 풍부한 지역이면서 동시에 열대 강들의 담수가 흘러드는 지역으로, 연안 어업은 대부분 잘 발달되어 있다. 맨그로브 산림이 넓게 분포되어 있고, 이런 영향으로 콜롬비아의 태평양 연안 지역에는 어획량을 지역 어시장에 바로 공급함으로써 소비자가 직접적으로 소비할 기회를 제공하고 있는 약 12,000명의 전문 어업 인구가 존재한다(Sheppard 2000). 또한 남미의 서쪽 해안으로 진출해 활동하는 심해저 어업이 발달함으로써 지난 5년 간 생산량을 꾸준히 유지하고 있다. 페루와 칠레의 군함이 이들 해양 어업을 보호하고 있다. 직선에 가까운 페루의 해안선은 근 3,000 킬로미터에 이르며, 이 지역에 거주하는 인구만 1천4백만에 달한다(UNDP 2002). 53개에 이르는 강의 담수가 빠른 유속의 훔볼트(Humboldt) 해류 또는 페루 해류로 섞여 들어간다. 일정한 유속으로 남극에서 북쪽으로 흐르는 훔볼트 해류는 풍부한 생물 다양성을 자랑하는 해류다. 이곳은 페루 해양 어업의 요충지로서 700여 종이 넘는 어류 종 가운데 70여 종은 상업적으로 중요하다. 페루 산(産) 멸치, 태평양 정어리, 태평양 연안 산 다랑어, 스네이크 고등어, 남태평양 산 대구가 유명하고, 페루의 경제에 중요한 영향력을 가진 가장 귀중한 자원으로 새우 어업이 유명하다. 최근에는 엘니뇨 남방 진동(El Niño-Southern Oscillation, 일명 'ENSO')의 빈번한 발생으로 인해 해수 표면이 따뜻해지고 영양분이 없는 상태로 바뀌면서 해양 어업이 많이 위축되고 있다. 특히 페루 산 멸치의 경우 이런 엘니뇨 남방 진동에 상당히 취약해 1997-98년의 어획량이 기존의 8백만 톤에서 6백

47만 톤으로 급감했다. 하지만 그 후 어획량은 예전 수준으로 되돌아왔다(UN 식량 및 양식업 기구 2002).

훔볼트 해류는 칠레 해안도 통과한다. 계절적으로 영양분이 급증하는 시기를 따라 칠레의 해양 어업은 상당히 발전해 있으며, 어획량은 연간 7백만 톤을 상회하고 있다. 칠레 해안에서 주로 잡히는 어종은 멸치, 정어리, 다랑어 등이며 이를 통해 어분(魚粉) 산업도 발달해 있다. 어분 산업의 매출은 어업 분야에서 3위를 기록한다. 칠레 어업 분야 종사자들 가운데 전문 기술을 지닌 사람은 약 5% 정도 된다. 페루와 마찬가지로 '엔소(ENSO)'로 인한 어업 피해가 상당하다.

칠레는 해안을 아르헨티나와 공유하고 있다. 아르헨티나의 해안선은 대부분 대서양의 중도에 위치해 있으며, 대륙의 끝인 띠에라 델 푸에고(Tierra del Fuego)에서 수도인 부에노스 아이레스까지 연결되어 있다. 이 지역의 해양 생태계는 남동쪽의 남미 대륙붕에서 지배적으로 발견된다. 이 생태계는 '라 쁠라따 강(Rio de la Plata)' 어귀로 연결되며 빠라나, 파라과이, 우루과이 강들과 네트워크가 형성되어 있다. 이 생태계는 남미 지역에서 아마존 다음으로 크다.

네트워크로 연결된 풍부한 수자원의 영향으로 지역의 해양 생태계는 풍부함과 다양성을 고루 갖추고 있다. 다양한 조류, 포유동물, 특히 남쪽의 바다사자와 코끼리 물범은 이 해양을 대표한다. 아르헨티나에는 상업적인 어업이 대규모로 발전해 연간 어획량의 약 90%인 150만 톤 정도가 수출되고 있는데, 아르헨티나 산 대구는 주력 어종으로, 연간 총 어획량의 60%에 달한다. 폴란드, 대만, 일본, 독일의 원양 어선들이 이 지역에서 많은 조업을 하고 있다. 1982년 영국과 아르헨티나 사이에 벌어진 포클랜드(말비나스) 전쟁 당시 몇 년 동안 이런 조업 형태는 많은 제약을 받았다. 하지만 다국적 원양어선들은 오늘날 이 지역에서 다시 활발하게 활동하고 있다. 이들은 아르헨티나 산 대구, 일종의 작은 대구인 블루 화이팅(blue whiting), 남극 산 대구

등을 약탈하다시피 포획하고 있다.

전문적인 어업 종사자들은 북쪽으로는 아르헨티나의 부에노스 아이레스의 해안, 그리고 남쪽으로는 산따 끄루스(Santa Cruz)와 로슨(Rawson) 지역까지 긴 해안을 따라 넓게 분포되어 다양한 어업 활동을 전개하고 있다. 이런 활동은 아르헨티나의 지방에 연간 약 3,000 - 5,000개 정도의 계절적 일자리를 창출하는 데 중요한 역할을 한다. 전문 어업 종사자들은 남쪽 바다에서 킹크랩, 작고 뾰족한 새우(일명 'stiletto shrimp'), 가리비 조개 등 어획량의 약 80%를 채취한다. 아르헨티나의 북쪽으로는 브라질이 존재한다. 브라질은 남미에서 가장 광대한 영토를 가진 나라로 영토 크기는 세계에서 5번째다. 해안선은 9,000 킬로미터로 모든 해안마다 맨그로브 산림, 절벽, 해안, 바닷물이 드나드는 해변의 해수 소택지, 산호초 등이 존재한다. 브라질의 인구는 1억 7천만 명에 달하며, 그 가운데 4분의 3이 도시에 거주하고 있다. 브라질은 대서양 남쪽 해양에서 활발한 어업 활동을 전개해 2000년에는 90만 톤의 어획고를 올렸다. 하지만 브라질의 어업 활동은 이미 최대 어획의 한계에 이르렀고, 이웃 라틴아메리카 국가들도 비슷한 한계에 봉착해 있는데, 이처럼 라틴아메리카 해양 어업의 미래는 상당히 위협받고 있다.

해양 자원과 해양 오염의 위협

다양한 형태의 오염원들과 다양한 종류의 오염 발생은 이 지역 해양 어업 관계자들에게 지속적인 도전과 위협이 되고 있다. 예를 들어, 카리브 지역에서는 10% 미만의 하수와 오물만이 처리된다. 이런 상황은 사실 중미 지역이나 남미 지역에 비하면 나은 편이다. 처리되지 않고 방치되는 생활 오폐수, 산업 오폐수 및 각종 화학 물질은 인근의 연안 어업에 치명타를 주어 인구 밀도가 높은 산업화된 해안 도시의 삶에 역으로 영향을 미친다. 이런 종류의 오염은 특히 전문 어업에 종사하는 많은 이들을 실업 상태로 머물게 하며 공동체 삶의 많은 부분을 파괴하고 있다.

연안 수송 물동량이 많은 여타 지역들과 마찬가지로, 카리브 연안과 멕시코 만은 오늘날 수백 척의 어업 트롤선, 크루즈선, 유람선 등이 유발하는 오염으로 몸살을 앓고 있다. 이런 심각한 오염원의 대부분은 기름 탱크, 기름 유출, 유전 천공 작업에서 발생한다. 이러 오염원의 위험성에 대한 인식은 1979년 6월 캄뻬체 사운드(Campeche Sound)에 위치한 탐사 유정이 폭발할 때까지는 전무했다. 9개월 동안 유정에서 흘러나온 기름이 멕시코 만으로 유입되었다. 기름 유출은 1980년 5월에 이르러 멈추었지만 거의 150만 톤의 원유가 해양어종, 해양조류, 사운드(Sound) 지역의 수많은 갑각류 생물을 오염시켰다 (Hinrichsen 1998). 캄뻬체의 기름 유출은 엄청난 사건이었다. 지방 생태계에는 적은 규모의 피해를 가했다 해도, 중미 지역과 카리브 지

쓰레기와 화학 폐기물이 페루 리마의 해변을 뒤덮고 있다

역에 지속적으로 심각한 환경오염의 원인이 되었다. 멕시코 만과 연결된 해양을 공유하는 주요 원유 생산국인 베네수엘라, 콜롬비아, 멕시코 지역에 많은 오염을 유발했다. 이런 기름 유출 사건은 오늘날 기름 탱크 경로가 연결되어 있는 남미 국가들, 예를 들어 아르헨티나, 브라질, 칠레, 페루, 에콰도르 같은 국가에서도 언제든지 발생할 수 있는 위험이 도사리고 있다.

카리브 및 중미 지역의 해양오염

이 지역에서 원유 생산은 주요 오염원 가운데 하나다. 이미 이 지역 유정의 파괴와 기름 유출에 대한 위험 및 영향들을 분석한 다양한 모델과 지도제작 등에 대한 과학적 연구가 진행 중이다. 1979-1980년 사이 캄뻬체 사운드에서 발생한 재난은 멕시코 만 지역에 다음과 같은 세 가지 관점의 중요한 영향력을 행사한다. 남쪽의 캄뻬체 유전에서 생산된 원유는 멕시코 원유 생산량의 80%에 달한다. 이렇듯 남쪽의 만(灣)을 따라 형성된 긴 해안에서 발견되는 오일 자원의 가치 때문에 이 지역에 대한 변화의 가능성은 향후에도 없다. 멕시코 정부는 최근 경제 발전 전략의 일환으로 이 지역에, 특히 멕시코 만과 카리브해양 지역의 어업을 육성하고 환경을 보호하면서 국가를 발전시키겠다는 5개년 계획을 세웠다. 계획의 성공 여부는 정부의 강력한 규제, 계획의 이행과 강한 의지 등에 달려 있다(Sheppard 2000).

벨리즈와 니카라과 해안 남쪽으로 나아가면 해상 운송이 미치는 영향과 산업 활동의 감소는 심각한 수준이다. 니카라과에는 대서양에서 가장 큰 녹색거북 서식군락이 존재한다. 엄청난 규모의 해변식물 서식처는 카리브의 여타 관광 휴양지들과 비교해 그리 많은 환경 피해를 입지 않은 채 남아 있다. 카리브해안선 가까이 살고 있는 니카라과 사람들은 주로 대부분 농업에 종사하는데, 강이나 해안·연안 생태계에 큰 환경적 피해를 주는 비료나 농약 사용은 그리 많지 않다. 따라서 니카라과는 상대적으로 오염되지 않은 깨끗한 해안·연안 생태계를 보유하고 있다. 하지만 이는 역으로 정부의 발전 기획자들이 이 지역에 대한 생태 관광의 가능성을 대단히 높게 설정하도록 하는 것도 사실이다. 이들은 아마도 해상 운송, 자원 탐사, 산업 발전으로부터 그리 큰 피해를 당하지 않고 비교적 자연 상태로 존재하는 열대환경을 경험하고자 하는 유럽인들이나 북미인들의 희망을 관광산업으로 연결시키고자 하는 것 같다. 물론, 니카라과가 중미 지역 이웃 국가들이 공통적으로 안고 있는 수많은 환경 문제를 갖고 있지 않다는 것은 아니다. 산림 파괴와 토양 오염 같은 경우는 니카라과에서 발생하는 아주 심각한 문제들 중 하나이며 농촌지역 빈곤의 주범이기도 하다 (ECLAC 2001).

중미 지역과 카리브 지역 어느 곳이든 오늘날 인구의 성장은 해양의 환경 보존에 많은 압력과 부담을 주고 있다. 이 지역이 보유하고 있는 다채로운 색깔의 해양 어류와 해양 조류는 새로운 발전을 위한 자원으로서 많은 인구를 집중시키는 역할을 하고 있으며, 이들 해양 자원을 따라 여러 도시화가 대거 진행 중이다. 그럼에도 불구하고 몇몇 해안 지역은 이와 같은 발전과 인구 집중 경향을 벗어나 있는데, 이는 지리적으로 도시와 너무 멀리 떨어져 있고, 발전 논리를 탈피해 공식적인 환경 보존 지역으로 보호되고 있기 때문이다. 하지만 이런 지역들조차도 생태계가 해양으로부터 유입되는 많은 양의 쓰레기와 오염원들로 인해 상당할 정도의 위협에 직면해 있다.

이런 걱정스러운 경향은 특히 카리브 지역 국가들에게는 상당히 위협적인데, 이는 경제적으로 이들 국가 대부분이 지나치게 관광에 의존하고 있기 때문이다. 이 지역의 대표적인 경제단체인 '카리브 호텔협회'의 전 대표가 "관광이 카리브의 미래"라는 말을 할 정도다. "하지만 이와 동시에 우리는 환경 보존 문제에 깊은 주의를 기울여야 한다. 폐기물 쓰레기 처리는 가장 큰 문제들 중 하나다. 우리의 해양은 심각하게 오염되고 있고 산호초는 죽어 가고 있다. 여러 섬의 경우, 수많은 호텔이 해안 가까운 곳에 난립해 있다. 여기에서 나오는 수많은 쓰레기가 산호초를 죽이고, 해변의 오염을 증가시키고 있다. 만일 우리가 이런 상황을 직시하지 않는다면 머지않아 해변과 관광객이 없어지면서 호텔업은 지역에서 종지부를 찍게 될 것이다"(Hinrichsen 1998).

가까운 미래에 이 지역 생태관광은 국제 관광 부문에서 가장 빨리 성장할 것이다. 생태관광의 팽창은 지역의 환경보호 문제를 위협하게 될 것이고, 정부와 환경보호 단체들의 가장 강력한 환경 규제 및 보호 노력을 능가해 진행될 것이다.

그동안 카리브해 연안의 산호초들은 환경파괴로부터 집중적인 공격을 받게 될 것이다. 환경파괴는 다양한 형태로 진행되는데, 예를 들어 과도한 어업 활동으로부터 태풍에 의한 파괴와 침식, 쓰레기 폐기물의 직접적인 방출로 인한 해양 생물의 영양소 파괴 등 다양하다. 예를 들어, 자메이카의 킹스턴에서는 매일 약 4천만 리터의 지방자치단체 쓰레기와 산업폐기물이 항구를 통해 방출되고 있다. 산호초 군락의 손실은 잠재적으로 수많은 어종과 갑각류 생물을 황폐화시키는데, 이는 산호초가 이 지역에 서식하는 수많은 어종과 해양생물의 영양과 서식처 공급에 지대한 영향을 미치고 있기 때문이다. 이와 유사하게, 수백 개의 해양휴양지에서 서식지를 빼앗긴 바다거북들(녹색거북, 붉은거북, 장수거북 등)에게도 이런 피해는 고스란히 돌아갔다(UNEP 2002).

중미와 카리브 지역에서 산업 폐기물은 지속적인 환경오염 문제를 발생시키고 있다. 도시로의 점증적인 이주와 산업의 집중은 해안·연안의 오염을 무차별적으로 증가시키고 있다. 강이나 대양으로 독성 물질을 직접적으로, 무단으로 방출하는 행위가 광범위하게 진행 중인데, 그 형태는 지역마다 다양하다. 중공업에서 배출되는 납과 구리 같은 물질, 벌목과 산림 파괴에서 나오는 표백제와 수은, 광산업에서 발생하는 카드뮴 등이 대표적이다. 게다가 광범위하게 사용되고 있는 농약의 피해는 이 지역의 건전한 먹이사슬을 심각하게 위협하고 있다. 오늘날 죽은 물고기들이 카리브 지역 해변과 해안에 드문드문 떠오르는 현상은 과다농약 사용의 증거가 되고 있다.

마지막으로 폐기물 처리 시설의 부족은 연안 지역의 생태 통합을 저해하는 주요 원인 중 하나다. 산더미 같은 쓰레기 폐기장은 세계적으로 개발도상국의 도시들에서 나타나는 특징 중 하나다. 중미와 카리브 지역 역시 예외는 아니다. 오늘날 환경 변화에 민감한 풍요로운 어종들은 이 지역의 섬들과 해안을 따라 산적해 있는 이런 쓰레기 더미 속에서 질식사하고 있다. 이런 환경 피해는 또한 이 지역에 서식하는 수많은 토착 동·식물 군락에 영향을 주고 있다. 맹독성 침출수를 비롯해 생체 분해가 안 되는 다양한 형태의 합성물, 모든 형태의 플라스틱 제품, 도시 공동체에 퍼진 병충해들이 환경 파괴의 주원인임에도 불구하고 여전히 저평가되고 있다. 종합적 관점에서 보면, 이런 모든 요인이 오늘날 이 지역 해양오염으로 축적되는 효과를 발휘함으로써 중미 및 카리브 지역의 환경 파괴를 가속화시키고 있다. 물론, 새로운 형태의 환경 및 경제 규제 장치의 도입은 이런 상황을 개선하는 데 도움이 된다. 하지만 이런 개선책이 적용된다고 가정하더라도, 여전히 멸종의 위기에 처해 있는 카리브의 몽크 바다표범(monk seal)과 다른 형태의 해양 의존성 생물종들에게는 큰 도움이 되지 않을 것이다. 다양한 생물종의 멸종과 개체수의 감소, 해안선의 침식, 해저 식물의 상황 약화와 산호초의 파괴 등은 이 지역 해양 환경의 미래를 더욱 악화시키는 원인들이다.

남미 지역의 해양오염

남미의 해양 환경 중미 및 카리브 지역에서 발견되는 해양 환경의 파괴 정도와 비교해 볼 때, 불행하게도 더 나을 것이 없다. 남미 대륙의 크기를 상상해 보면 인간이 거주하지 않는 지역들이 많이 존재한다. 하지만 인간의 거주 방식과 인구 집중은 여전히 이 지역의 환경에 심각한 영향을 주고 있다. 게다가 내륙 지방에서 해안의 도시 지역으로의 이주 문제는 대륙의 해양과 해안 지역에 많은 환경 문제를 발생시키고 있다.

실질적으로 남미 지역에서 하수처리 시설은 드물다. 다시 말해, 대부분의 도시 오폐수와 산업 폐기물들은 처리되지 않은 상태로 태평양이나 대서양에 무단 방출되고 있다. 이런 문제를 개선하기 위해 최근에 미국 국제개발처(USAID), 세계은행(WB), 유엔개발계획(UNDP)의 도움으로 도시 위생시설이 들어서면서 개선을 보이고 있다. 하지만 더욱 많은 노력이 요구되는 것이 현실이다. 이 지역에서 높은 증가율을 보이고 있는 병원성 장염의 경우 대부분 도시 위생시설이 열악해 발생하고 있는데, 남미 지역을 통틀어 모든 병원성 질환의 40-60%를 차지하고 있을 정도다. 게다가 많은 항구들과 연안 해안 지역들은 이런 오염원 때문에 산소가 결핍되어 어자원이 부족한 상태다. 예를 들어, 브라질에서 가장 큰 도시인 상파울루의 인근 산또스 베이(Santos Bay) 연안 지역은 과도한 산업화로 인한 산업 폐기물과 도시 오폐수로 몸살을 앓고 있으며, 이는 지방 생태계 파괴의 주원인이 되고 있다. 오염원인 페놀(물에 녹여 소독제 및 방부제 등으로 쓰는 유독성 화학 물질)과 기타 금속물질이 매달 약 110톤 정도 산또스 지역 강과 바다로 흘러 들어간다. 그리고 매년 5,000톤 가량의 독성 침전물이 해양 바닥에서 수거되어 더 먼 해양인 대서양으로 버려지고 있으나, 생태적 영향에 대한 평가는 이루어지지 않고 있다(Sheppard 2000).

남미 지역에서 수질 상태는 규제되지 않은 산업발전, 무분별한 자원추출, 처리되지 않은 오폐수의 강, 항구, 다른 해안으로의 무단방출 등으로 속수무책인 상황이다. 개별 국가별로 이를 관찰해 보면 오폐수 방출의 정도는 남미 지역 환경이 갖는 비애의 결정판이다. 에콰도르의 경우, 매년 1억 입방미터의 오폐수를 태평양으로 방출한다. 페루와 칠레의 경우 수백만 톤의 해양 찌꺼기들이 강으로 흘러들어가 매년 태평양 지역을 오염시키고 있다. 위험한 DDT를 포함해 살충제 사용은 광범위하게 진행 중인 현상으로, 태평양과 대서양의 긴 해안선을 따라 분포된 바다의 작은 만(灣)들을 심각하게 오염시키고 있다. 더욱 심각한 것은 이런 오염원들이 축적 효과를 나타낸다는 것인데, 죽은 물고기 떼의 등장이라든지, 더 많은 식수원의 오염 등 심각한 부작용들을 낳고 있다(Hinrichsen 1998; 세계자원연구소 2000).

남미 지역의 해상운송로는, 카리브와 중미 지역과 비교해 보면 덜 위험하다. 왜냐하면 오일 플랫폼 드릴링과 오일 탱크 교통량이 상당히 적기 때문이다. 하지만 여전히 남미 주요 도시들을 연결하는 컨테이너선의 교통량과 이들 선박으로부터 방출되는 오폐수 및 쓰레기(엔진 세척 잔여물, 선박 밑바닥의 오수 투기)는 해양오염의 주범이 되고 있다. 크루즈 선들의 증가와 이들이 끼친 환경적 영향은 최근에 와서 또 다른 연구 사례가 되고 있다. 연간 3,000대 정도가 정박하는 남미 크루즈 선들의 중심지인 리우 데 자네이루는 이런 새로운 종류의 관광업으로 상당할 정도의 경제적인 이익을 얻고 있다. 하지만 많은 비판가들은 이런 관광업에 대해 오염과 관련된 강력한 규제나 오폐수 처리와 관련해 어떤 정책적 조치도 취해지지 않고 있다고 비난한다.

남미 지역 해양의 생명력과 건전한 환경 상태 유지 문제는 해양에서 수백 마일 떨어진 내륙의 다양한 인간 활동의 영향도 받는다. 특히 이런 활동들에는 자원이 풍부한 아마존 지역 같은 곳에서의 엄청난 비율의 산림 훼손을 예로 들 수 있다. 1970년에서 2000년 사이 방목과 농업용 토지를 위해 남미의 열대우림 약 1억 헥타르 정도가 사라졌다(세계자원연구소 2000). 벌목회사들이 산림을 파괴하는 과정에서 많은 독소물질을 방출하기 때문에 오염물질이 광범위하게 퍼져나가 델타 지역의 토사물로 쌓이고, 강과 해양으로 연결되어 더욱 많은 오염을 발생시키고 있다. 그리고 일단 산림을 제거함으로써 경작할 농토가 준비되어 농업 생산이 시작되면 다른 형태의 오염원이 혼합된 형태로 오염이 발생한다. 비료나 농약 사용으로 인해 인근 강들이 오염되고, 이런 오염원이 하구로 유입되면 해조류가 무성하게 서식하게 되며 부영양화 현상이 발생하게 된다. 게다가 오염된 강들은 스스로 물고기의 산란을 돕는 능력이 현저하게 떨어지고, 물고기의 자유로운 이동을 제한하기도 한다.

남미 지역의 환경에 대한 전망은 위에서 밝힌 다양한 이유 때문에 그리 밝지 않은 편이다. 남미 지역에 현존하는 다양한 환경 문제와 지속 불가능한 소비의 문제로 인해 - 비록 환경피해를 줄이고자 다양한 노력을 하고 있음에도 불구하고 - 그리고 근래의 급속한 산업발전과 무분별한 자원추출의 관행으로 인해 문제는 더욱 심각하다.

해안연안 지역의 인구집중

내륙 지역으로부터 해안·연안 및 해양도시로 계속해서 몰려드는 국내 이주의 문제는 인구 밀도의 집중화 현상을 낳고 있다. 인구 집중 현상의 원인은 연안도시가 제공하는 많은 경제적 기회(적어도 인식만으로도), 농촌 지역에서의 토지 소유 축소, 내륙 지역에서의 빈번한 가뭄과 자연 재난, 지방 거주지 또는 전통적인 생계 수단의 붕괴 등이다. 하지만 이런 인구 집중으로 인해 이들 연안도시들은 새롭게 이주해 오는 많은 이주자들을 흡수하는 데 곤욕을 치루고 있다. 각 지방의 시 당국은 점증하는 도시 생활 서비스 공급에 대한 압력에서 많은 한계를 드러내고 있다. 특히나 도심 지역을 벗어난 변두리 슬럼 지역에는 일정한 형태의 상하수도 및 위생시설 서비스를 받지 못하는 많은 지역이 존재한다. 하지만 개선될 기미는 보이지 않고 있다. 라틴아메리카 및 카리브 지역 도시화의 전형을 보여주는 중대형 도시들의 성장률이 가파르게 상승해 2002년에는 총인구의 65-70%가 도시에 거주할 정도로 증가했다. 모든 연안도시 지역에서 인구 밀도는 거의 기록적인 수준으로 증가하고 있다(UNDP 2002).

연안도시의 급증하는 인구, 주택, 도로 및 사회 인프라 시설 등으로 인해 몇몇 지역에서는 급속하게 해양 침식과 파괴가 진행되고 있다. 해양 먹이사슬 생태계에 중요한 역할을 하는 산호초의 손실은 가장 심각한 환경오염 사례 중 하나다. 특히 산호초의 손실은 사구제거, 해저 준설작업, 칼슘카보나이트 같은 광산업의 부산물 등을 통해 이루어지며, 해양 생태계 파괴에 직접적인 영향을 미치고 있다. 산호초 파괴의 또 다른 결과로는 종종 지방 주민들이 태풍의 영향에 대해 취약하게 만든다는 것이다.

특히 카리브 지역의 산호초로 이루어진 자연 방파제 근처에 위치한 많은 휴양지와 호텔 등에서 발생하는 오염원들은 산호초에 심각한 악영향을 주고 있고 결과적으로 어종의 다양성과 풍부함을 훼손하고 있다(Wilkinson 2000). 특히 이는 카리브 지역에서 최근에 많이 건설되고 있는 휴양지 근처에서 더욱 심각하다. 대부분이 오폐수 처리 및 위생 처리 관련 시설들에 대한 높은 수준의 관리가 이루어지지 않고 있는 실정이다(UNEP 2002).

라틴아메리카의 모든 해안·연안 역시 근시안적인 개발과 환경의 이용으로 인해 많은 피해를 입고 있다. 예를 들어, 1960년대 이래 중미 지역과 남미 지역에서 거의 절반에 해당하는 맨그로브 숲이 사라졌다. 해양 침식을 조절하는 역할을 하는 맨그로브 숲의 손실은 해양·연안의 위태로운 환경 상태를 나타내는 지침이 된다. 급속하게 팽창하고 있는 휴양지 및 호텔 건설 산업, 주택 개발 산업, 수경 재배 기업들과 오염되지 않은 사구 및 해안에서 이루어지는 채취 산업 등은 해안·연안의 생태계를 급속하게 오염시키고 있으며 이 지역에서 서식하는 조개류, 육식조를 포함하는 다른 형태의 조류와, 다양한 이름으로 존재하는 많은 바다 거북이의 생물다양성에 심각한 위기를 초래하고 있다. 예를 들어, 브라질에서 1970년에 이루어진 브라질 101번 고속도로의 건설은 브라질 남쪽 해안을 따라 엄청난 규모의 산림 벌채를 동반해 이루어졌으며 결과적으로 빈번한 산사태, 지방 강어귀의 토사의 유출 등을 유발시켰다(Sheppard 2000).

최근에도 라틴아메리카와 카리브 지역의 해안·연안은 다양한 개발 프로젝트들의 지속적인 활성화로 인해 심각한 스트레스를 받고 있으며, 이들 지역에 존재하는 개별 국가들도 팽창하는 인구집중 문제에 대응하기 위해, 그리고 점증하는 글로벌 차원의 상업화와 텔레커뮤니케이션 시대에 부응하기 위해 실질적으로 보다 강력한 개발 규제 및 정책적인 대응을 자제하고 있다. 오늘날 라틴아메리카 및 카리브 지역의 연안도시 성장과 더불어, 동시에 고려되어야 하는 해안·연안 관리 프로그램에 대한 의식 전환과 적극적인 환경 정책적 대응은 이제 필수불가결한 일이다. 위와 같이 수많은 과학자들이 라틴아메리카 및 카리브 지역의 해양 환경오염에 대한 주요 문제들을 탐구해 오고 있지만, 경제 발전과 위험에 빠진 생태계를 보전한다는 두 가지 목표를 모두 달성할 수 있는 정책을 시행하기 위해 필요한 자원들과 정치적 의지를 찾는 것이 실질적인 정부의 도전 과제다.

라틴아메리카 기후 변화의 잠재적 영향

지난 10년 동안 라틴아메리카와 카리브 지역에서 기후 변화에 대한 대응과 관련해 가장 큰 행사는 영양소가 풍부한 한류성 해양과 플랑크톤과 수많은 물고기 어종이 사라지면서 동시에 기후 패턴 변화에 가장 큰 영향을 주는 엘니뇨 현상에 대한 대응책 마련을 위해 준비된 1997-1998년 엔소(ENSO) 대응회의였다. 엔소 현상은 태평양으로부터 커다란 규모의 해양 대기 변동으로부터 발생한다. 엔소 현상은 섭씨 6도(화씨 11도) 정도의 수온 상승을 포함해 몇몇 물리적 변화를 동반했다. 대개 이런 엄청난 규모의 수온 상승은 결과적으로 광범위한 수준의 어업(어획량)에 심한 타격을 주며 플랑크톤의 대량 말살과 더불어 먹이사슬 구조가 파괴되어 바다사자 같은 종의 유지에 영향을 주며, 해양의 생물다양성 유지에 심각한 부작용을 초래한다. 물론 미래에 엔소의 영향으로 어종, 서식지 및 해양 생물 공동체에 어떤 악영향이 진행될 지, 어떤 결과가 나올 지에 관해는 과학자들마다 의견이 분분하다.

최근 이 지역에서 엄청난 규모와 범위로 발생하는 엔소의 영향과 더불어 반드시 고려해야 하는 일은 지역 차원의 기후 변화가 향후 엔소의 글로벌 기후 변화에 미칠 영향력이다. 지난 몇 년 동안 과학자들은 대기오염에 의해 유발되는 기후 변화가 '온난화 효과'에 의한 것이라는 공동의 합의에 도달했다. 화석연료의 연소와 더불어 방출되는 이산화탄소, 메탄 등과 같은 온실가스들의 영향으로 발생하는 기후 변화는 라틴아메리카 지역을 포함해 전 세계의 생태계, 경제, 사회 시스템에 심각한 위협으로 작동하고 있는 것이다.

'기후변화 정부 간 패널(IPCC)'은 조만간 온실가스의 축적에 의한 영향으로 지구의 자연 생태계가 커다란 기후변동을 경험할 것이라고 경고하고 있다. 예를 들어, 온실가스 감축 노력을 등한시한다면 지구

서인도 안띠구아에 위치한 세인트 존스 마을

온난화 효과로 인해 지구 평균 표면 온도가 21세기 말에 이르러 섭씨 1.4도에서 5.8도(화씨 2.5도에서 10도)까지 상승할 것으로 보고되고 있다(IPCC 2001). 이런 상황에서 해수면 상승은 불가피한 일이다. 결과적으로 수많은 연안 지역의 침수가 동시에 발생할 수 있다. 극지방 해빙수의 증가로 라틴아메리카와 카리브 지역에서는 해수면이 1미터(40인치) 정도 상승할 가능성이 있다. '기후변화 정부 간 패널'의 보고에 의하면 이는 연안도시가 많은 이 지역에는 거의 치명적인 결과를 가져오게 된다. 상기했다시피, 이 지역에서 급증하고 있는 연안도시들로의 인구 집중 현상은 오늘날 그 어느 때보다도 높다. 해수면의 상승은 이 지역의 대도시들로 꼽히고 있는 리우 데 자네이루나 부에노스 아이레스를 위험에 빠트릴 수 있다. 수많은 해변과 휴양지, 사회 기반 시설들, 심지어 점점 사라져가고 있는 맨그로브 숲들과 여타 생물다양성 보전을 위한 주요 동식물 서식지들이 치명적인 피해를 입을 수도 있다.

엔소(ENSO) 현상이 보여 주듯 기후 변화는 대규모의 어획량 축소를 가져올 것으로 보인다. 카리브 지역의 모든 도서 국가는 국토의 상당 부분이 침수되는 경험을 할지도 모른다. 하지만 더욱 문제가 되는 것은 이보다 작은 섬 국가들, 예를 들어, 세인트 키츠(St. Kitts)나 네비스(Nevis)같은 경우는 인간 거주지마저 침식당할 우려가 있어 더욱 문제시된다. 이 지역의 주요 도시들의 담수 공급은 대수층의 범람에 의해 상당히 위태로운 지경에 처해 있다. 특히 중앙아메리카 저지대의 경우는 산호초의 자연 방파제로서의 기능과 역할이 저하되면서 불균형적인 피해에 노출되어 있다. 강수량의 증가율과 패턴도 바뀔 가능성이 있다. 특히 카리브 남부의 허리케인 벨트는 이 지역에 빈번한 태풍 피해를 가져온다.

해양 및 연안 지역의 보존과 보호를 위한 수단

경제적 관점에서 보자면 라틴아메리카 지역은 여전히 개발도상국이다. 하지만 역내에 분포하는 다양한 개별 국가들 사이에 빈국과 부국의 차이는 엄격히 존재한다. 예를 들어, 풍부한 석유자원, 광업, 산업, 농업 발전을 통해 국부가 탄탄한 국가가 있는가 하면 이와는 대조적으로 도시 빈민 및 농촌 마을 공동체(barrio)의 심각한 빈곤 상태로 세계의 발전 흐름에서 소외된 가난한 국가들이 다수 존재한다. 그럼에도 불구하고 21세기에 접어들면서 수많은 국가들과 시민사회들은 경제성장과 관련해서 가장 중요한 문제로 지역의 해양과 연안 지방의 환경 생태적 상태에 관심을 갖기 시작했다.

지난 25년 동안, 특히 1992년 브라질의 리오 데 자네이루 지구 정상회의 이후 라틴아메리카 국가들은 환경 이슈들을 자신들의 삶의 질 향상, 경제사회적 의미와 관련시켜 인식의 지평을 넓혀 오고 있다. 오늘날 라틴아메리카의 자연 보물들과 환경을 보호하기 위한 대중적 관심과 지지는 그 어느 때보다도 높다. 이런 새로운 정신적 분위기 속에서 이 지역의 국가들은 해양과 해안·연안 지역에 대한 환경보호를 증진시키기 위한 열망으로 가득 차 있다. 비록 각종 언론매체들의 헤드라인으로 등장하는 이 지역의 생태적 재난에 대한 뉴스들이 일반적인 사실이지만 이 와중에서도 라틴아메리카 국가들은 나름대로 생태 보호를 위한 가이드라인을 채택해 오고 있고, 법 제도를 강화하고 있으며, 이를 이행할 다양한 형태의 정부 부처들을 조직해 수로와 연안을 관리하고 있다. 이에 더해 국경을 넘는 협력이 활발하게 진행되고 있다. 예를 들어, 1976년 세워진 '카리브 환경 프로그램(Caribbean Environment Program; CEP)'이 지역 생태환경 보호를 위한 분수령이 되었다. '유엔환경계획(UNEP)'과 유엔의 '라틴아메리카 경제위원회(ECLA)'의 지원으로 설립된 이 기구는 모든 카리브 국가들이 공식적으로 참여하고 있을 정도다.

오늘날 '카리브 환경 프로그램'의 권한 내에서 카리브의 환경은 보존 관리되고 있으며 1980년대 중반부터 정부 정책의 일상적인 문구로 등장한 '지속 가능한 발전'을 추구하고 있고, 동시에 '카리브 환경 프로그램'의 환경 모니터링 능력도 현실적으로 많이 강화되어 있다. 설립 초기에 '카리브 환경 프로그램'의 목적과 성공은 이 지역에서 무분별한 개발과 오염을 막기 위한 공동 대응이라는 국제적 합의를 도출한 것이었다. 범 카리브 지역의 해양환경 보호와 발전에 관한 협정문과 해양에서 석유 유출을 막기 위한 국가 간 협력 의정서의 채택은 여전히 강력한 법적 기반으로 존재한다. 정치적으로 이런 시도는 상당할 정도의 대중적 지지를 받아왔다. '유엔개발계획'의 한 관료는, "이 지역에서 환경에 대한 관심은 각종 선거에서 중요한 부문으로 등장했고 실제로 카리브 지역에서 환경만큼 중요한 이슈도 없다"고 지적한다

(Hinrichsen 1998).

중미와 남미 지역에서 장기적 관점의 경제사회 발전과 관련해 환경이 중요하다는 대중적 지지와 인식의 증가는 이웃 지역인 카리브의 경험과 똑같은 방향으로 진행되고 있다. 하지만 새로운 환경법의 강화와 이에 대한 효율적인 이행은 개별 국가마다 다소 차이를 보이고 있고 실질적인 이행은 더욱 어렵다. 대체로 이런 어려움은 대부분 라틴아메리카 국가들의 상대적 빈곤 때문에, 이런 빈곤이 일반화되어 하루하루를 빠듯하게 살아가는 빈민 계층들의 압력 때문인데, 이로 인해 각 국가가 치르는 환경 비용은 상당하다. 하지만 동시에 많은 성공 사례도 존재한다. 대규모의 환경보호 구역 네트워크가 형성되었는데, 여기에는 주요 국립공원과 보호지의 확대, 토지이용 계획 체제의 채택, 천연자원보호 및 환경보호와 이의 관리를 담당하는 각종 정부 기구들의 탄생이 포함된다. 환경영향평가 및 이에 대한 연구도 개별 정부들의 공통적인 관심사로 발전했다(Sheppard 2000). 물론 이런 환경평가는 정치 및 경제적 압력으로부터 자유로울 때 더욱 소중한 가치를 지니는 것이다. 현재 라틴아메리카 환경평가제도의 발전은 이런 시스템적 접근과 정치경제적 압력의 중간에서 혼재되어 있다.

그동안 중미와 남미 지역에서도 파괴된 해안·연안 지역을 복구하고, 인접한 해양의 오염에 대처하기 위해 정부 간 수준의 몇몇 조치가 취해져 왔다. 1981년 파나마, 콜롬비아, 에콰도르, 페루, 칠레 정부는 두 가지의 중요한 사항에 합의했다. 해양 환경과 남동 태평양 지역 연안 보호를 위한 협정서 채택과 오일 및 탄화수소와 독성물질의 남동태평양 지역의 오염 방지를 위한 긴급 대처에 대한 합의들이다. 이에 더해 모든 라틴아메리카 국가들은 '선박으로부터 발생하는 오염 방지를 위한 협정문(MARPOL)'에 모두 참여했다. 이와 관련된 오염원들은 특히 카리브와 주요 중미 및 남미 지역의 항구도시에서 많이 발생한다.

남미 지역에서 연안 관리는 브라질이 주도해 오고 있다. 30년 전에 이미 환경사무국(SEMA)을 설립한 브라질은 대규모 보호 구역을 지닌 연안 지역들에서 발생하는 다양한 환경문제를 해결하기 위해 많은 창의적 시도를 진행해 오고 있다. 이런 과정 속에서 현재까지 브라질은 29개에 달하는 보호구역들, 예를 들어 국립공원, 국립산림보호지역, 환경보호구역, 생물학 및 생태학적 보호구역 등을 두어 특별히 관리하고 있으며, 1988년에는 국가적 차원의 해안·연안 관리 프로그램을 선포했으며 7년 후에는 좀 더 상세한 국가프로그램들이 발표되었다. 이 모든 경우에 성공적인 해안·연안의 관리와 보존을 위해서는 각 지방정부의 참여는 필수적인 요소이며, 특히 보호와 관리에 낮은 선호도를 보이는 브라질 주정부들의 적극적인 참여가 핵심적인 요소였다.

라틴아메리카 몇몇 국가에서 영향력 있는 환경보호 단체들, 환경 관련 시민사회 단체들의 활동도 증가하기 시작했다. 이런 조직들(기구들)은 점점 특정 환경 이슈들 - 특정지역, 생물종, 수로 등 - 과 연관을 맺고 활동의 지평을 넓혀가기 시작했다. 이들의 활동이나 전망은 국제적 수준의 환경보호단체들인 '세계야생기금(World Wildlife Fund)'이나 그린피스 등과 연계해 발전하기 시작했다.

몇몇 지역에서는 정책 결정자들, 풀뿌리 공동체 그룹들, 국제 환경기구들, 과학자들의 노력으로 인해 연안지역의 수질을 개선시키는 등 가시적인 성과를 거두기도 했다. 하지만 여전히 엄청난 규모의 복원 및 보존 숙제가 해결되지 않은 상태로 남아 있다. 대부분의 어업 지대에서 남획은 장기적 관점의 어장 보호에 위험할 정도로 지속되고 있고, 북적대는 해상 교통로의 문제뿐만 아니라 새로운 오염 규제 및 오염 방지에 대한 제도적 장치가 강화되고 있음에도 불구하고 각종 화물선과 오일 수송선은 여전히 폐기물을 해양에 무차별적으로 투척하고 있다. 농업, 산업, 개별 가정에서 처리되지 않거나 부분적으로만 처리된 폐기 퇴적물은 모든 인구가 집중되어 있는 지역에서 실질적으로 여전히 가장 먼저 해결해야 할 문제로 남아 있다. 게다가 이를 처리하기 위한 금융 재원들이 여타 유럽 국가들이나 북미 국가들에 비해 대단히 한정적이다. 이를 두고 유엔환경계획(UNEP)의 한 관리는 "환경은 포위당해 있다"라고 한탄한다. "만일 단기적-장기적 차원의 변화가 일어나지 않는다면, 지속 가능 발전의 논리는 단지 불가능한 희망에 지나지 않을 것이다"(UNEP 2002).

만일 라틴아메리카 국가들이 자신들의 해양과 연안 지역을 성공적으로 보호하고 회복시키기를 원한다면 지역의 정부들은 단기적인 경제적 이윤을 추구하기 위해 진행 중인 많은 사업에 대한 환경적 논의를 가로막는 일종의 장벽을 극복하기 위한 실질적인 노력들을 기울여야 할 것이다. 이런 관점에서 라틴아메리카 국가들은 국제적 공동체의 도움이 절실하다. 모든 라틴아메리카 국가들에게 부채의 문제는 라틴아메리카 국가들의 목을 쥐고 있는 장애 같은 것이다. 게다가 중미 및 남미 국가들에게 외채부담은 흔히 그들의 해양환경 악화와 연안 지역의 오염과 싸우기 위해 필요한 에이전시의 설립 혹은 이를 위한 기금 조성을 불가능하게 하는 가장 중요한 요인으로 이야기된다. 이 문제가 성공적으로 해결되기 전까지 라틴아메리카 국가들은 환경 및 자연환경의 파괴에서 구제될 수 없을 것이다. 환경법을 강화하고 이행하기 위한 재정과 인적 자원의 필요성은 말할 나위도 없다. 더욱이 빈곤 국가들에게 이런 요구는 더욱 힘든 일임에 틀림없다.

이러는 동안에 맨그로브 숲, 해양식물군, 산호초, 해변들과 물고기를 포함해 다양한 해양생물들, 해양 주위에 서식하는 다양한 포유동물들은 점증하는 환경파괴에 의해 삶과 생존의 압력을 받을 것이고 이런 압박의 강도는 이 지역에서 점점 증가하는 인구성장과도 밀접한 관련을 맺고 점점 증가할 것이다. "이 지역에서 오일 탱크선의 재난적인 오일 유출에 대한 대중들의 격렬한 반응, 해변 오염의 증가, 마구잡이식 고래잡이에 대한 몇몇 약속된 저항행동들이 촉진되고 있다"고 세계 해양 연구 관계자들은 분석하고 있다. 하지만 "대중적으로 높은 관심을 받고 있는 이런 종류의 이슈들이 아직은 세계적으로 영향력을 미칠 만큼 커다란 문제로 부각되지는 않고 있다. 덜 드라마틱하고, 보다 만연한 형태로 그리고 궁극적으로는 파괴적인 경향의 움직임들이 느리고 집요하게 연안 서식지를 파괴하고 있고, 무분별한 어획량 증가만을 부추기며, 넓게 퍼진 오염원들이 궁극적으로는 해양의 위기에 이르도록 돕고 있을 뿐이다. 만일 우리가 해양의 문제를 지속 가능한 발전 차원의 글로벌 의제와 인식 전환의 중요한 이슈로 받아들이지 않는다면 조만간 우리 모두는 똑같은 위협에 직면하게 될 것이며, 해양의 악화된 상태는 하나의 자원을 잃는다는 문제보다 더 큰 문제인 지속 가능한 발전에 가장 큰 장애가 될 것이다"(Weber 1993).

제8장

에너지와 교통

오늘날 라틴아메리카의 개별 국가들은 다양한 형태의 에너지 공급에 필요한 자원들을 보유하고 있다. 좀 더 지역 차원으로 보더라도 기본적으로 석유, 천연가스, 수력이 충족되어 있다. 따라서 중미, 남미, 카리브 지역의 산업, 상업, 개개 가정들의 에너지 요구를 충분히 만족시키고 있다. 남미 지역에서는 석유가 오랫동안 지배적인 자원이었는데 이는 한편으로는 세계 다른 지역에서 가장 많이 사용된 화석연료 중의 하나인 석탄의 매장량이 적었기 때문이고, 다른 한편으로는 이 지역에서 자동차의 활용이 점증적으로 증가하면서 석유의 중요성이 커졌기 때문이었다. 중미 지역에서는 강으로부터 나오는 풍부한 수자원을 이용한 수력발전을 활용해 인구의 절반 이상에게 전기를 공급하고 있다. 하지만 이 지역에서도 폭발적인 인구증가와 경제상황의 호전으로 인해 점증하는 일반 자동차 및 트럭 때문에 유류의 수요가 급증하고 있는데, 이 같은 에너지 소비 경향이 환경에 악영향을 미치는 가장 중요한 원인이 되고 있다. 게다가 점증하는 자동차 사용이야말로 라틴아메리카 지역의 대기오염 발생에서 가장 중요한 요인이 되고 있으며, 세계 기후 변화에 가장 중요한 원인이 되는 온실가스 배출의 주범이기도 하다.

화석연료의 환경에 대한 영향

화석연료에 지나치게 의존하는 환경은 석유, 석탄, 천연가스의 에너지원을 찾아, 추출하고, 운반하고, 소비하게 되기 때문에 그동안 전 세계적으로 환경보호 그룹들, 보건기구, 정책 입안자들로부터 많은 비판을 받아왔다. 비판은 대개 석유, 석탄, 천연가스의 탐사, 추출, 운송활동과 관련된 환경비용이 많이 든다는 데서 나온다. 특히 문제시되는 것들은 산림, 목초지, 습지, 다른 종들이 풍부한 서식지의 파괴와 분열이다. 토양 오염과 침식, 대기오염, 강, 하천, 호수와 해안·연안에서

〈그림 8.1〉 전 세계적 에너지 소비 구성, 1973-1999

지역별 1973

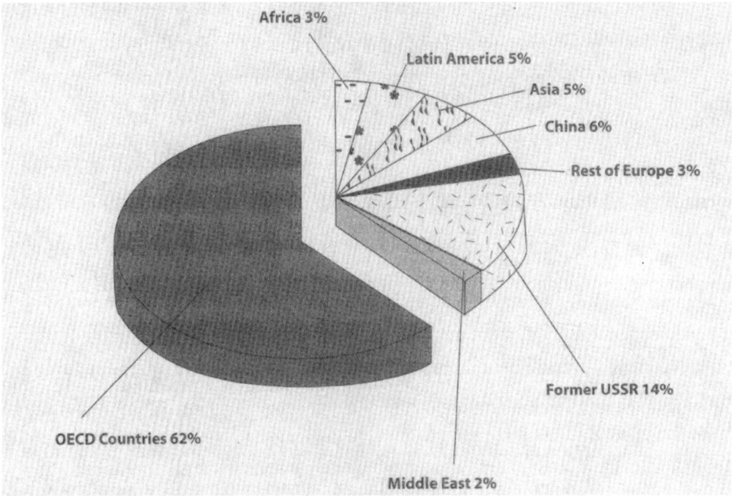

지역별 1999

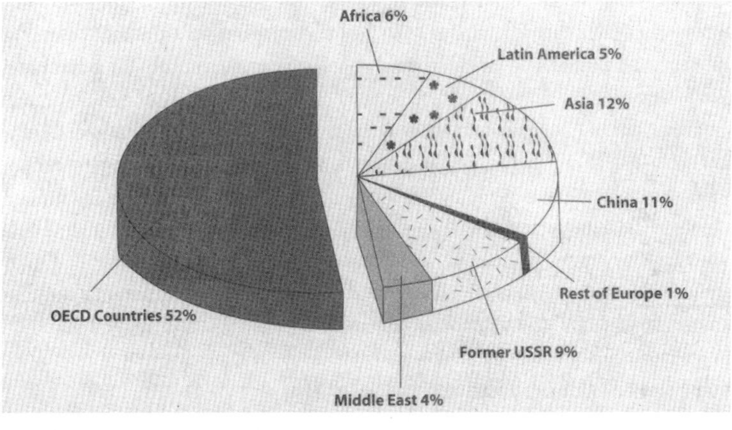

담수의 피해, 지하수의 오염 등이 집중적으로 발생한다. 석유와 석탄의 과소비는 대기오염의 주원인이 되며 대중적으로 잘 알려진 '지구온난화'의 글로벌 기후 변화의 발생 요인으로 작용한다.

〈출처〉

라틴아메리카 및 카리브 지역의 지속 가능 발전: 기회와 도전(LC/G.2145 〈CONF. 90/3〉). 이 자료는 지속 가능 발전에 대한 세계 회의의 지역 분과를 위해 준비된 것이다(남아프리카 요하네스버그, 2002).

브라질의 리우 데 자네이루 2001년 10월 23 - 24(http://www.rolac.unep.mx/foroalc/brasil2001/finales/CRPSusti.pdf), pp. 86.

참조: OECD 국가들에 대한 완벽한 자료들과 데이터는 페이지 251의 부록 B 참조할 것.

이 같은 다양한 화석연료 소비활동으로부터 발생하는 다양한 환경파괴는 라틴아메리카 지역 같은 저개발 국가들에서 오늘날 많이 발견된다. 특히 많은 라틴아메리카 국가들의 천연자원에 대한 국가통제 및 광범위할 정도의 규제강화, 사회경제적 발전에 대한 갈증은 종종 이들 국가들에게 환경보호를 소홀하게 만드는 혹은 악영향을 주는 정책들을 입안하고 이행하게 했다. 게다가 라틴아메리카 국가들의 일인당 에너지소비는 미국이나 경제적으로 발전한 여타 국가들에 비해 아주 적은 반면에, 남미나 중미 지역에서 오늘날 일반적 특징 중의 하나인 급속한 인구성장은, 이 지역의 에너지 비축량과 환경에 막대한 압력을 주고 있다. 예를 들어, 1972 - 1999년 사이에 라틴아메리카의 일인당 에너지 소비량은 0.7 에서 0.9 TOE로 증가했으며 세계 평균 기준인 1.1 TOE에 근접하고 있다(UNEP 2002).[34]

34) TOE(Tonnage of Oil Equivalent)는 kl, t, ㎥, kW 등 여러 가지 단위로 표시되는 각종 에너지원들을 원유 1톤이 발열하는 칼로리를 기준으로 표준화한 단위를 말한다. 예를 들어, 1 TOE는 원유 1톤(7.41 배럴)의 발열량 1,000만kcal가 기준이 되며, 이는 석탄 1.55톤, 천연가스 1,150㎥에 해당된다.

라틴아메리카의 석유 산업

멕시코를 포함해 라틴아메리카는 오늘날 세계석유자원 보유고의 11.7%를 담당하고 있으며, 2001년 세계 석유소비의 약 8.6%를 책임지고 있다(BP 2002). 석유수출국기구(OPEC)의 창립 멤버인 베네수엘라는 라틴아메리카에서 가장 큰 석유 보유고를 자랑한다. 2002년 기준으로 약 770만 배럴의 석유를 보유하고 있는 것으로 추정되었다. 생산에 있어서도 세계에서 6번째 국가로서 생산량의 절반을 미국으로 수출을 하고 있다.

베네수엘라는 1976년에 석유산업을 국유화했다. 오늘날 베네수엘라 석유국영회사인 PDVSA(Petróleos de Venezuela, S.A.)는 세계적인 기업으로, 라틴아메리카 지역에서 가장 큰 석유회사 중 하나다. 이 회사는 베네수엘라의 석유, 석유화학, 석탄 산업을 개발하고 있다. 석유관련 제품인 가솔린의 산매(retail sale)에도 참여하고 있고, 역청[35) 산업의 개발과 연구를 위한 자회사 INTEVEP(Instituto de Tecnología Venezolana para el Petróleo: 베네수엘라 석유 기술협회)를 관리 유지하고 있고, 자체적으로 석유운송 용 대형선박과 엄청난 규모의 정유 시스템을 보유하고 있다. 이 회사는 세계에서 가장 큰 파라구아나(paraguaná) 정유공장을 포함해 하루에 130만 배럴의 석유를 정제할 능력을 가지고 있다. PDVSA는 또한 이런 정유 능력과 시설을 미국이나 유럽 국가들과 연계해 리스 산업까지 진출해 있다(Karl 1997; Tugwell 1975).

1989년 베네수엘라 정부는 자국의 석유산업에 대해 해외투자를 어느 정도 허용하기 시작했다. 하지만 이런 경향은 1998년 우고 차베스 정권의 등장과 함께 멈추었다. 헌법 수정을 통해 PDVSA 민영화는 금지되기에 이르렀다. 2001년 새로운 탄화수소법이 시행되면서 석유 로

35) 천연산의 고체 · 반고체 · 액체 · 기체의 탄화수소 화합물의 총칭을 말하며, 넓게는 석유 · 천연가스 · 석탄이나 그것들의 가공물이다.

열티를 16%에서 30%까지 올렸으며, 새로운 탐사나 생산 프로젝트에서 PDVSA가 적어도 51%의 이익을 반드시 소유하도록 했다. 2002년 - 2003년 사이에 베네수엘라의 석유산업은 정치적 불안정으로 한 때 움츠러들기도 했다. 차베스 정권의 정치적 반대 세력들은 '사회혁명'의 이름하에 강력한 힘을 추구하던 그를 좌파 정책을 통해 경제적 불황을 가져왔다는 이유로 축출하고자 했다. 하지만 차베스 정권의 지지자들은 그가 오랫동안 지속된 베네수엘라의 경제사회적 불평등을 반드시 종식시킬 수 있다는 기대를 가지고 그를 적극적으로 지지하고 나섰다. 차베스 반대주의자들은 2003년 대규모의 직장 폐업을 단행하면서 베네수엘라 총소득의 거의 절반을 차지하는 국영석유회사를 마비 상태로 몰아갔다. 두 달 동안의 장기 파업 상태로 인해 PDVSA의 일일 생산량은 320만 배럴에서 20만 배럴로 곤두박질쳤다. 국가적으로 60억불 정도의 손해를 보았다. 2003년 5월 파업이 수그러들면서 베네수엘라는 파업 이전의 생산량으로 다시 복귀해 예전의 생산량을 유지했다.

멕시코는 라틴아메리카에서 또 다른 주요 오일 생산국 중 하나이다. 2002년 기준으로 오일 보유량은 3백억 배럴을 자랑한다. 역시 오일 자원은 베네수엘라와 마찬가지로 국가의 주요 세원으로 기능하며 전체소득의 40%에 해당할 정도로 많다. 베네수엘라와 마찬가지로 주요 오일 수출국은 미국이다. 게다가 멕시코는 미국시장에서 사우디아라비아 뒤를 이어 두 번째로 큰 오일 공급국이기도 하다. 멕시코는 또한 엄청난 양의 석유를 네덜란드, 안틸레스, 스페인, 일본에 판매하기도 한다. 비록 멕시코가 OPEC의 회원국은 아니지만, 종종 국제시장에서 국제 오일 카르텔들과 연대해 오일 가격이나 생산량을 결정하기도 한다(Energy Information Administration 2002; Wirth 1985). 베네수엘라처럼 멕시코도 역시 석유산업은 국영회사에 의해 운영 관리된다. PEMEX(Petróleos Méxicanos: 멕시코 석유회사)라 불리는 이 회사는 세계에서 6번째로 큰 규모를 자랑하는 석유회사다.

20세기 초반 멕시코는 세계에서 가장 많은 석유를 보유하고 있었다. 대부분의 생산은 주로 미국과 영국의 해외 석유회사들의 손에 있었다. 1930년대에 접어들어 이들 해외 석유회사들은 종종 석유회사에 근무하는 노동자들과 임금 및 다른 이슈들로 인해 많은 갈등을 겪었으며, 의견의 불일치는 결국 멕시코의 대법원의 힘을 빌릴 지경에 이르렀다. 법원은 회사보다는 고용인들인 노동자들의 손을 들어 주었지만, 회사는 이 판결을 묵살했다. 결과적으로 멕시코 대통령인 라사로 까르데나스(Lázaro Cárdenas)는 석유회사를 국유화했다.

PEMEX는 멕시코의 국민들에게 인기있는 회사로, 멕시코의 독립성과 주권을 대표하고 있다. PEMEX는 멕시코의 모든 형태의 탄화수소 생산과 탐사 및 개발에 대한 독점권을 가지고 있으며 멕시코 헌법이 보장하는 권리를 보장받고 있다. PEMEX는 탐사, 개발, 생산 활동 이외도 여섯 개의 정유공장 운영하고 있다. 하지만 이런 시설들은 현재 모든 멕시코의 석유를 정제하기에는 턱없이 부족하다. PEMEX는 현재 활동 중에 있는 모든 정유시설에 대한 현대화 작업을 기획하고 있으며, 부가적으로 더 많은 시설을 새로 지어 생산 용량의 확대와 보조를 맞출 계획을 가지고 있기도 하다. 하지만 현재 멕시코의 정유 능력이 부족하기 때문에 다른 나라의 기술에 의해 진행되고 있다. 정유 기술을 제공하는 주요 국가들 중 하나가 미국이다. 결론적으로 멕시코는 국내 수요를 맞추기 위해 현재 사용량의 4분의 1 정도를 미국으로부터 수입하고 있다(Energy Information Administration 2002).

대부분의 멕시코 석유는 멕시코 만에 있는 깜뻬체(Campeche) 만(灣)에서 획득된다. 여타 4분의 1 정도에 달하는 석유는 또 다른 지역인 베라크루스(Veracruz) 지역의 치꼰떼(Chicontepec)에 위치한 저장고에서 생산된다. PEMEX는 아직 이 지역에서 완벽한 형태로 발전을 하지 못한 상태인데, 이는 비용과 기술적 한계에 직면해 있기 때문이다. 여타 다양한 형태의 개발 시나리오에서도 예를 들어, 서비스 계약 부분에서도 발전과 더불어 많은 노력이 필요한 상태다. 하지만 이 지역은 세계에서 가장 큰 석유 보유 지역으로 등장할 가능성이 큰 지역이다. 7백억 배럴 정도의 매장이 추정되고 있기 때문이다.

브라질도 마찬가지로 대략 8백억 배럴 정도의 원유 보유량을 자랑한다. 매일 1백만 배럴 정도의 생산이 이루어지고 있다. 하지만 이런 엄청난 매장량과 생산량에도 불구하고 브라질의 늘어나는 인구와 점증하는 상업 및 산업 활동으로 인해 국내 수요 및 소비에 필요한 석유의 40%는 아르헨티나, 베네수엘라, 사우디아라비아에서 수입한다. 브라질 석유국영회사인 PETROBRA(Petróleo Brasileiro SA)는 국가가 주식의 51%를 소유하고 있는 국영회사로, 석유산업의 독점권을 가지고 있다. 심해저 석유 탐사 주도국인 브라질의 생산량의 절반 이상이 리우 데 자네이루 남동 해양에 위치한 깜뽀스(Campos) 유역에서 생산된다. PETROBRA는 브라질의 정유산업을 주도하는 회사로, 현재 브라질에 있는 13개의 정유 시설 중 11개를 보유하고 있다.

아르헨티나는 라틴아메리카 석유 산업에서 네 번째로 큰 생산국이자 세 번째로 큰 수출국이기도 하다. 2000년에 아르헨티나의 석유 보유량은 28억 배럴로 추정되었다. 일일 생산량이 80만 배럴에 달했으며 소비는 일일 50만 배럴에 달했던 관계로 나머지 잉여분은 이웃 국가들인 칠레, 볼리비아, 우루과이, 브라질 등으로 수출했다. 아르헨티나 중부 지역에 위치한 네우껜(Neuquen) 유역은 이 나라 탄화수소 자원의 중심부로 알려져 있다. 하지만 1998년 이후로 생산력과 보유량이 급감하면서 생산과 매장량에 대한 미래의 잠재력은 여타 국가들에 비교 상대적으로 많이 떨어진다. 그 이후로 아르헨티나의 정치적, 경제적 조건들은 오일 산업에 역풍으로 작용했다. 예를 들어, 2002년 아르헨티나 정부는 석유 수출에 상한선을 두는 조치로 석유 수출세 20%를 부과하는 경제정책을 펴기도 했다.

아르헨티나에서 가장 큰 석유 생산업체는 렙솔-이뻬에페(Repsol-YPF)다. 1999년 스페인의 렙솔(Repsol)사는 주요 정유회사이자 시장경영 매매업자로서 아르헨티나의 YPE(Yacimientos Petrolíferos Fiscales: 국가석유공사)를 135억 달러를 주고 사들여, 세계에서 가장 큰 석유 및 가스 회사로 거듭났다. YPF를 구입함으로써 렙솔 사의 석유 매장량은 네 배 정도로 증가했다. 또한 Repsol-YPF사는 아르헨티나 전국으로 가스 충전소를 확대 유지해가면서 아르헨티나에서 가장 큰 정유사로 등장했다.

라틴아메리카에서 석유와 환경의 문제

라틴아메리카 지역에서 석유산업의 팽창은 역시 다수의 환경 문제와 더불어 많은 논란을 제공해 왔다. 예를 들어, 라틴아메리카 대륙에서 가장 큰 석유 생산국인 베네수엘라의 석유산업의 역사는 지속적으로 환경오염의 문제와 관련되어 성장해 왔는데, 석유산업은 특히 원주민들의 삶과 그들의 삶의 방식에 많은 해악을 주었다는 주장이 강하다. 1997년 정부는 델타 아마꾸로(Delta Amacuro) 지역의 오리노꼬강 유역의 유전 지대에서 석유 생산의 활성화 계획을 허가했는데, 사실 이 지역은 와라오(Warao)라 불리는 원주민 2만 5천여 명이 거주하는 삶의 터전이었다. 와라오 원주민 공동체들과 몇몇 환경단체들은 이 지역에서 석유생산은 환경과 원주민 문화를 심각하게 훼손할 것이라며 저항했다.

석유산업에서 유발되는 석유 및 다른 폐기물로 인한 오염은 베네수엘라에서 가장 큰 호수인 마라까이보(Maracaibo)의 중요한 환경 이슈이기도 하다. 남미에서 가장 큰 호수 중 하나인 이 호수는 1920년대 이래로 가장 중요한 석유 생산지가 되었으며, 결과적으로 오늘날 수많은 오일 수송선 및 오일 네트워크 파이프라인에서 나오는 석유유출과 각종 오염물질로 이 지역의 수질은 심각하게 훼손되었다. 생산을 중단했거나, 확실히 봉인되었다고 추정되는 오래된 유정들로부터의 오일유출 또한 이 지역에 넓게 분포된 많은 동식물군 서식지 역할을 하는 맨그로브에 심각한 악영향을 주고 있다. 단일 사건으로는 피해가 가장 컸던 사건은 1997년 그리스 선박인 니소스 아모르고스(Nissos Amorgos)가 석유 25만 배럴을 마라까이보 호수에 유출하면서 발생했다. 유출된 석유를 10년 동안 제거하는 데 든 비용이 적어도 10억 달러 이상이었을 것으로 추정된다(Alexander's Gas and Oil Connections 2002).

생태계 보호와 함께 경제적 번영의 균형을 맞추기 위해 노력한 국가가 베네수엘라뿐인 것은 아니다. 석유의 탐사, 추출, 수송, 생산과 관련된 환경오염이 라틴아메리카의 석유산업이 활발한 모든 국가들에서 매번 보고되고 있다. 치유 기간이 장기적이고 치명적인 오염을 유발하는 사고는 대부분 연안 지역에서 발생하고 있다. 이 지역에서 가장 치명적인 오일 유출 사건은 1979년 6월 3일 멕시코 만에서 발생했다. 연안 지역에 유정 굴착 장치로부터 1억 4천만 갤런의 석유가 해양으로 유출되었다. 그리고 약 20년 후인 2000년에 브라질의 리우 데 자네이루 연안에서 석유 운송 파이프라인이 파괴되면서 30만 갤런 이상의 석유가 구아나바라(Guanabara) 만으로 유입되었다. 이 사건이 발생한 지 일 년이 지난 뒤 브라질 연안에 위치한 세계에서 가장 큰 유정 굴착장치의 폭발로 11명의 노동자가 목숨을 잃었다. 40층에 달하는 플랫폼에서 생명 구조 작업을 하던 굴착장치는 5일 후에 대양으로 가라앉았으며, 9천5백 배럴의 석유가 해양으로 누출되어 이 지역에 장관을 이루는 슴새(petrel)의 중요한 서식지를 오염시키고, 다양한 해양조류 종에게 치명적인 악영향을 미쳤다.

베네수엘라 마라까이보 호수에 있는 오일 굴착장치

라틴아메리카의 천연가스 산업

몇몇 라틴아메리카 국가들, 예를 들어 베네수엘라, 멕시코, 볼리비아, 아르헨티나는 엄청난 규모의 천연가스도 보유하고 있다. 하지만 이 대륙에서 공급되는 천연가스의 양은 여타 다른 세계와 비교하면 그리 많지 않다. 2001년 멕시코를 포함해서 라틴아메리카 국가들의 천연가스 매장량은 전 세계 매장량의 5.1%에 달하며 소비는 5.4%에 달했다(BP 2002).

베네수엘라는 가장 많은 천연가스 매장량을 보유하고, 멕시코에 이어 두 번째로 큰 생산국이다. 전통적으로 베네수엘라는 석유 탐사에 집중해 오고 있었고, 1970년대에 들어서 해안·연안에 있는 천연가스 탐사는 뒤로 남겨 놓은 상태였다. 현재 베네수엘라는 미국 시장에 수출하기 위한 목적으로 적극적인 천연가스 탐사를 희망하고 있다. 베네수엘라의 천연가스 생산 잠재성이 크기는 하지만 이를 모두 소비하는 것은 불가능하며, 그래서 생산량의 70% 정도는 수출하고자 한다(Wu 1995).

베네수엘라의 첫 번째 주요 천연가스 계획은 '끄리스또발 꼴론 프로젝트(Cristobal Colón Project)'로 알려져 있다. 초기에 이런 프로젝트는 쉘(Shell)과 엑손(Exxon) 등 해외 다국적 기업들의 투자에 의해 진행되었지만, 곧 미루어졌다. 2002년 베네수엘라 정부는 이 계획이 '마리스깔 수끄레 프로젝트(Mariscal Sucre Project)'로 연결되어 진행된다고 발표했다. 이 프로젝트는 27억 달러에 해당하는 천연가스 플랜트를 2007년까지 건설하는 것으로 시작되었다. 석유국영회사인 PDVSA가 이 프로젝트의 60%를 소유하고 여타 다른 해외 기업들, 예를 들어 쉘과 미츠비시(Mitsubishi)같은 회사들이 나머지 부분에 대한 금융 투자를 제공했다(Energy Information Administration 2002). 천연가스 부분에서 멕시코는 두 번째로 큰 매장량을 가지고 있고 라틴아메리카 국가들 중 가장 많은 생산량을 자랑한다. 1990년대 중반 이후로 멕시코는 천연가스 생산에 엄청난 투자를 함으로써 이 산업을 발전시켜 오고 있으며, 값비싼 석유 의존도를 줄이기 위해 많은 노력을 경주하고 있고, 이로 인해 부가적으로 기후 변화의 주요 원인인 석유와 석탄 소비를 줄이는 전략을 모색해 오고 있다. 이를 위해 멕시코는 새로운 천연가스 전력 발전소를 건설하고 기존의 석유와 석탄을 이용해 발전해 온 오래된 형태의 발전소들을 천연가스 발전소로 대체해 나가고 있다. 정부는 또한 산업체와 일반 가정에서도 가스를 많이 사용할 것을 독려해 오고 있다.

멕시코에서 모든 가스의 생산은 PEMEX를 통해 이루어져 왔다. 하지만 1995년 멕시코 정부는 가스의 운송과 저장, 유통 부문에 사적 투자를 허용했다. 또한 사기업도 천연가스의 수입과 수출에 직접적으로 참여할 수 있게 되었다. 점증하는 천연가스에 대한 수요는 생산량을 초과했고 지속적으로 수입에 대한 부담을 증가시키면서 멕시코는 이 부분의 균형을 맞추기 위해 미국으로부터 수입을 증가시켜 왔다(Wu 1995).

전통적으로 아르헨티나는 매장량과 생산량에서 똑같이 라틴아메리카에서 세 번째 위치를 차지하고 있다. 하지만 1999년에는 베네수엘라를 뛰어 넘어 두 번째로 큰 생산국이 되었다. 동시에 볼리비아에서 새로운 천연가스가 발견됨으로써 볼리비아는 천연가스 매장량 순위에서 아르헨티나를 앞지르게 되었다. 아르헨티나에서 천연가스는 가장 소중한 에너지원 중 하나이며 생산에 대한 역사에서도 남미 대륙에서 가장 긴 역사를 자랑한다. 국가의 천연가스 생산과 공급을 관장하는 국영기업 '가스 델 에스따도(Gas del Estado)'가 1946년에 설립되었고, 주요 천연가스 개발은 1960년 시작되었다. 1992년 천연가스 산업은 민영화되었고, 대부분의 생산은 10개의 사기업 컨소시엄을 통해 이루어졌다. 오늘날 아르헨티나의 천연가스 수출은 이웃 국가인 칠레나 브라질에 집중되어 있다. 하지만 2001년 아르헨티나의 경제위기는 이 산업에도 위기를 가져왔고, 2002년 아르헨티나 통화의 평가절하는 이 산업에 많은 손실을 초래했으며 전반적으로 아르헨티나 경제 정책에 많은 악영향을 미쳤다.

볼리비아는 라틴아메리카의 빈국에 속하지만 남미 대륙에서는 천연가스 '허브(Hub)' 역할을 하는 국가 중 하나다. 비록 볼리비아가 1960년대 이후로 천연가스의 추출과 생산에 노력을 경주해 왔다고는 해도, 1990년대 말에 새로운 천연가스 저장고를 발견함으로써 에너지 중심국으로 탈바꿈했다. 이런 결과로 1999년과 2001년 사이에 매장량이 거의 5배 이상 증가했으며, 아직까지도 발견되지 않은 잠재적 매장량을 고려한다면 볼리비아는 남미에서 베네수엘라에 이어 두 번째로 큰 천연가스 공급국이다. 볼리비아의 국내 천연가스 시장은 작은 규모로, 총생산량에서 국내 소비가 차지하는 비율은 20%에 지나지 않는다. 따라서 나머지 생산량에 대한 수출이 증가하면서 볼리비아와 볼리비아 국민들은 때 아닌 에너지 붐을 맞고 있다(Alexander's Gas and Oil Connections 2002).

1998년 이후 대부분의 볼리비아 천연가스가 브라질에 수출이 되었지만 2002년에는 아르헨티나에도 가스공급이 재개되었다. 1999년에는 브라질과 볼리비아 사이에 천연가스 공급 파이프라인이 가동되기 시작했다. 이 파이프라인은 시기업 부문 인프라 프로젝트로, 건설비용이 20억 달러를 넘으며 통과 길이도 3,200 킬로미터 이상으로, 남미 대륙에서 가장 큰 규모를 자랑한다. 파이프라인을 통해 볼리비아의 천연가스가 브라질의 상파울루, 남부 지역인 뽀르또 알레그레(Porto Alegre)까지 연결된다. 비록 브라질이 볼리비아의 주요 무역 파트너이지만, 브라질 내의 볼리비아 가스 수요는 초기의 희망과 달리 그리 많은 양이 아니다. 따라서 볼리비아는 다른 국가들에 수출을 증진시키기 위해 파라과이까지 새로운 파이프라인 건설을 계획하고 있다.

볼리비아는 또한 미국으로 천연가스를 수출할 희망을 피력해 왔다. 2001년 몇몇 기업이 '패시픽 LNG(Pacific LNG)'라는 컨소시엄을 구성했다. 새로운 컨소시엄의 목표는 볼리비아의 천연가스를 파이프라인을 통해 태평양 연안의 항구로 운송하는 것이었다. 하지만 지정학적으로 볼리비아는 대양에 진출하지 못하는 내륙국가다. 따라서 새로운 파이프라인 프로젝트는 이웃 국가들, 안데스 지역 국가들과 국경 통과를 위한 협상에 성공해야 가능한 경우였다. 볼리비아는 아마도 칠레를 통해 이 계획을 완성하기를 원할 것이다. 하지만 볼리비아와 칠레와의 국제관계는 19세기 말 양국 사이에 발생한 태평양 전쟁의 영향으로 아직까지도 얼어붙어 있다. 1978년 양국의 외교는 단절되었고, 2002년 7월 볼리비아에서는 칠레를 통해 가스선박을 운용한다는 이 계획에 반대하는 수많은 국민들이 거리 투쟁을 펼치기도 했다.

볼리비아의 천연가스 생산 및 수출 확대, 운송 시스템의 다변화 전략은 환경적 관점에서 보더라도 더욱 복잡한 문제다. 예를 들어, 볼리비아의 천연가스 파이프라인 시스템의 확장 계획은 볼리비아의 풍부한 산림자원 지역인 차꼬 지역과 파이프라인이 통과하는 수많은 원주민 공동체 마을을 심각하게 훼손할 수 있다.[36] 특히 이 지역에 거주하는 원주민 공동체들 중 구아라니 족과 윈야엑(Weenhayek) 족은 이미 새로운 천연가스 파이프라인 건설에 반대하는 입장을 표명하기도 했다. 이들은 새로운 프로젝트가 결국 이 지방의 담수공급 시스템, 원주민 공동체의 삶에 중요한 동식물들의 서식지 등을 심각하게 훼손할 것이라고 주장했다. 반대론자들은 또한 이런 계획이 문화적 충격을 줄 것이라고 주장하며 만일 이곳에 건설 공사가 진행되고 수많은 노동력이 공급된다면 원주민 공동체들은 점점 더 임금노동과 시장경제에 편입되면서 그들의 전통적 문화와 가치는 더욱 빠른 속도로 사라

36) 일명 '그란 차꼬(Gran Chaco)'로 불리는 지역으로 남아메리카 중부에 있는 대평원을 말한다. 아르헨티나, 볼리비아, 파라과이에 걸쳐 있으며, 사바나 기후로 대부분의 지역이 관목 수림이나 초원을 이룬다. 면적은 약 72만 5000㎢에 달한다(역자).

져 갈 것이라고 경고하고 있다.

라틴아메리카의 수력발전

라틴아메리카 몇몇 국가에서 수력발전은 에너지 공급을 위해 중요한 역할을 담당하고 있다. 멕시코를 포함해 전체적으로 이 지역은 세계 다른 지역과 비교해 수력발전을 통한 에너지 소비 부문이 21%에 이르며, 전체 에너지 소비 부문에서는 28%에 달할 정도다. 반면에 북미 지역은 전체 에너지 소비에서 수력발전이 담당하는 몫은 8%에 지나지 않는다(BP 2002; Energy Information Administration 2002).

세계적 기준으로 볼 때 브라질은 엄청난 규모의 강 시스템, 특히 세계적으로 유명한 4대강 유역, 예를 들어 아마존, 파라과이의 빠라나, 토깐띤스, 상 프란시스꼬 강의 축복을 입어 가장 많은 수력발전 에너지를 생산하고 있다. 브라질의 수력발전을 통해 생산되는 에너지는 1990년대 말 캐나다의 뒤를 이어 58,000메가와트로 세계에서 가장 많은 에너지를 생산하는 수력발전 주도국으로 알려져 있다. 게다가 브라질의 수력발전을 통한 미래 에너지 생산 잠재성은, 아직 이용되지 않거나 이용 가능한 지역이 풍부하기 때문에, 그 역량이 무궁무진하다. 수많은 강이 여전히 이용 가능한 상태로 남아있다.

1950년대부터 시작된 브라질의 수력발전 산업은 수많은 수력발전소의 건립과 운송시스템의 발전과 더불어 성장해 왔다. 그리고 오늘날 브라질의 수력발전 의존도는 브라질 전체 에너지 생산기술의 절반 이상이 여기에 투입되고, 공식적으로 브라질 전력의 90% 이상이 수력발전을 통해 공급되고 있는 상황으로 나타난다. 이런 발전 시설 중에서 이따이뿌(Itaipú) 수력발전소는 세계적으로 유명하다. 이 발전소는 브라질과 파라과이가 공동으로 투자해 1975년과 1991년 사이에 브라

브라질 빠라나 강 유역의 이따이뿌 댐

질과 빠라나 강 유역에 설립되었다. 수력발전소의 건설은 기념비적인 사업으로, 이를 위해 수많은 노동자가 5천만 톤의 바위와 흙을 제거해야 했으며, 세계에서 7번째로 큰 강의 흐름을 바꾸어야 했다. 이 작업이 완성된 후 아메리카 민간 엔지니어 협회(American Society of Civil Engineers)가 '이따이뿌'라는 이름을 붙인 이 수력발전소는 오늘날 "세상에서 7번째의 경이로운 일"로 여겨지고 있다. 현재 이따이뿌는 브라질 전력의 25%를 책임지고 있으며 파라과이 전력의 80%를 담당하고 있다.

역사적으로 살펴볼 때, 브라질의 수력발전은 브라질이 보유한 풍요로운 수자원 덕분에 언제나 안정적이었다. 하지만 2001년 브라질은 그동안 너무 수력발전에 의존한 나머지 심각한 에너지 위기에 직면해야 했다. 심각한 가뭄이 전국적으로 여러 곳에서 발생함으로써 많은 수력발전소에서 수자원의 공급 수준이 위기상황까지 떨어진 것이다. 1990년대 이후 특히 브라질의 남동부 산업지역과 중앙의 주에서, 해마다 전력 수요가 5%씩 늘어나고 있는 추세에서 이는 커다란 위기였다.

이런 위기를 극복하기 위해 브라질 정부는 긴급조치들을 취했는데, 에너지 공급원의 다양화 전략과 소비를 감축하는 조치로 대응했다. 산업 부문과 비즈니스 부문은 전력 소비를 적게는 15%까지 많게는 25%까지 감축해야 했고, 전력 소비와 관련된 모든 새로운 확장 공사들은 연기해야 했고, 일반 가정에서도 이런 현상은 적용되어 모든 가정에서 시간당 100킬로와트 이상의 전력 사용이 제한되었으며 소비량은 20%까지 감축되었고, 공급에서도 3일 동안 혹은 6일 동안까지도 단전되었다. 몇몇 연방주에서는 산업부문 전력의 소비를 줄이기 위해 공식 근무일을 4일로 정하고 새로운 '휴일'을 만들어 운영했다. 정부의 에너지 합리화 프로그램이 2001년 6월부터 2002년 5월까지 운영되어 위기를 극복하는 데 많은 도움을 주었다. 이런 위기 이후, 비록 브라질 정부가 다른 에너지원을 통한 전력공급 계획이나 투자에 관심을 보이고 있지만 여전히 투자 범위가 수력발전의 확충에 국한되어 발전하고 있다. 이런 전략은 몇몇 지역에서 강력히 비판받아 왔다.

경제적 문제들은 건설의 장기적 지연과 비용초과로 이어졌고, 이 부문은 브라질 외채에 커다란 영향을 주었다. 또한 수력발전소의 건설은 빈곤층이나 원주민 농촌 공동체들을 개발 과정에서 소외시켜 아무 경제적 이익도 주지 못했다. 마지막으로 수력발전을 통한 에너지 획득이 청정 에너지원의 공급이라는 점에서 이 산업이 저평가되어서는 안 되지만, 이 산업과 관련된 또 다른 부정적인 환경문제들, 예를 들어, 산림파괴, 야생 동식물의 서식처 파괴, 수중 생물다양성 위기 등을 유발시킨다(Gleick 2000).

여타 다른 라틴아메리카 국가들 또한 상당할 정도로 수력발전을 이용하고 있다. 베네수엘라는 이 지역에서 두 번째로 큰 수력발전 생산국이다. 연간 62%의 전력이 수력발전 분야에서 만들어진다. 대부분의 베네수엘라 수력발전은 아마존에 이어 남미에서는 두 번째로, 세계에서는 세 번째로 큰 오리노꼬 강 유역에서 생산된다. 국영기업인

CVG(Corporación Venezolana de Guyana)가 오리노꼬 강 지류인 까로니 강(Caroní River)유역에서 구리 댐(Guri Dam) / 라울 레오니(Raul Leoní) 수력발전 시설을 운영하고 있다. 10,055메가와트를 생산하는 이 수력발전 시설은 세계에서 두 번째로 큰 규모를 자랑한다. CVG 또한 세계에서 두 번째로 큰 수력발전 복합단지로, 구리 댐에서 까로니 강 하류에 세 개의 마까구아(Macagua) 수력발전소가 있고 까로니 강 유역에 두 개의 수력발전 시설이 추가적으로 건설되고 있다. 만일 이 확장 공사가 끝나면 베네수엘라는 세계에서 가장 큰 수력발전 국가로 거듭날 것이고, 17,000메가와트를 생산하는 거대 수력발전 용량을 보유하게 된다(Energy Information Administration 2002).

라틴아메리카에서 세 번째로 큰 수력발전을 보유하고 있는 국가는 파라과이다. 비록 석유 매장량으로는 잘 알려져 있지 않지만 파라과이는 세계에서 가장 큰 두 개의 수력발전소를 공동으로 소유한 나라다. 브라질과 이따이뿌 발전소를 공유하고 있으며 아르헨티나와 야시레따(Yacyreta) 발전소를 공동으로 운영하고 있다. 이따이뿌 수력발전소는 상대적으로 전력 소비가 적은 파라과이 전기의 90% 이상을 공급하고 있다(실질적으로 파라과이는 수력 혹은 다른 에너지원에서 생산되는 전력의 90% 정도를 수출하고 있는 상황이다). 파라과이와 브라질은 1973년에 이따이뿌 조약을 맺은 후에 이따이뿌 발전소에서 생산되는 전력을 공평하게 반씩 분배해 왔다.

파라과이의 추가적인 전력은 아르헨티나와 남쪽 국경에 위치한 야시레따 발전소에서 생산된다. 파라과이는 또한 이 발전소에서 생산되는 전력을 아르헨티나와 공동으로 분배하고 있다. 두 국가는 또한 빠라나 강 유역 야시레따 상류 지역에 '꼬르뿌스 끄리스띠(Corpus Cristi)'라 부르는 3,000메가와트 용량의 발전시설을 계획하고 있지만 이 개발 사업이 발표되면서 지방 공동체들, 다양한 환경 그룹들로부터 강한 반대의 목소리가 나오고 있다.

라틴아메리카 원자력 에너지

라틴아메리카 지역에서 원자력 에너지는 그리 많이 발전하거나 넓게 이용되는 에너지원이 아니다. 2001년 세계 원자력에너지 소비 부문에서 단지 1.1% 만이 라틴아메리카 몫이었다(BP 2002). 다음 몇 가지 중요한 이유들로 인해 라틴아메리카에서 원자력 에너지는 그리 중요한 대안 에너지로 발전하지 못했다. 제한된 우라늄 공급, 투자자본의 부족, 원자력 연료 사이클로부터 발생하는 잠재적 환경파괴 등이 주요 방해 요인들이다. 원자력발전소에서 발생한 사건들과 장기간 원자력 폐기물의 보존문제 등이 원자력 에너지원에 의존하지 못하게 하는 주요 이유들이다. 결과적으로 20세기 말에 오직 세 국가들(아르헨티나, 브라질, 멕시코)만이 원자력발전 용량을 가지고 있다.

아르헨티나는 1974년에 처음으로 원자력발전 시설을 가동하기 시작했다. 이 원자로는 라틴아메리카 대륙에서 건설한 최초의 원자로였고 개발도상국들 중에서는 인도 다음으로 건설한 두 번째 원자로였다. 몇몇 중요한 이유들이 아르헨티나 원자력발전소 프로그램을 이끌었다. 첫째, 가장 중요한 이유는 기존의 석유 의존형 에너지 전략에서 탈피해 새로운 에너지원을 개발하려는 의도가 중요했다. 게다가 여타 다른 라틴아메리카 국가들과는 다르게 아르헨티나는 다량의 풍부한 우라늄을 천연 광물자원으로 매장하고 있었다. 원자력 프로그램은 또한 아르헨티나의 산업화 전략과 딱 들어맞았다. 마지막으로 지정학적 혹은 국제정치적 차원에서 아르헨티나의 원자력 프로그램은 중요한 역할을 했다. 남미의 패권을 놓고 경쟁중인 브라질 및 칠레와 힘을 겨루는 아르헨티나는 원자력 개발을 안보의 확보라는 차원에서 고려했다.

아르헨티나의 원자력 프로그램은 아르헨티나 해군에 의해 관리되었는데 직접적인 통제기구는 1950년 설립되어 국가의 간섭 없이 효율적으로 원자력을 관리해 온 CNEA(Comsión Nacional de Energia Atómica: 국가 원자력에너지 위원회)로 알려져 있다. 1980년까지 아르헨티나는 원자력발전소를 통해 전력을 1.3% 정도 공급받았으며, 1991년에 그 비율은 3%까지 증가했다. 아르헨티나는 현재 가동 중인 2개의 원자로를 확보하고 있다. 350메가와트 용량의 아뚜차 I(Atucha I) 발전소와 650 메가와트 용량의 엠발세(Embalse) 발전소인데, 현재 두 발전소를 통해 아르헨티나 전력의 9%가 공급된다. 하지만 아르헨티나의 원자력 산업 발전은 1990년대 이후 상당할 정도로 둔화되었는데, 이는 경제적인 문제들과 예산 삭감 때문에 발생한 측면이 크다. 건설 계획 중이던 몇몇 프로그램이 취소되었다. 이외 아르헨티나는 아뚜차 II 발전소 건설에 27억 달러를 투자했고, 거의 완성 단계에 이르렀다. 하지만 이 건설 프로그램마저도 예산 부족으로 잠정적으로 중단된 상태다. 그리고 몇몇 원자력발전소 건설 후보지에 8억 달러라는 기금이 필요하다. 이를 극복하기 위해 원자력 산업의 민영화를 통한 개발이라는 논의가 있었지만 잠정적으로, 임시적으로 휴면상태에 들어갔다.

브라질의 첫 번째 원자력발전은 1985년에 시작되었으나 두 번째 사업은 이후 15년 동안 진전이 없었다. 브라질의 새로운 원자력발전소는, 비록 생산 용량에서 브라질의 2001년 에너지부족 위기 같은 상황을 해결할 정도에는 이르지 못했지만, 브라질의 점증하는 에너지 문제를 어느 정도 줄여주는 역할을 하고 있다. 브라질은 또한 세 번째 원자력발전소를 2006년에 가동한다는 계획을 가지고 있기도 하다. 멕시코는 라틴아메리카에서 원자력 발전 프로그램을 가장 늦게 시작한 국가로서, 1989년부터 원자력발전소를 통해 전력을 서비스하고 있다. 라구나 베르데(Laguna Verde)로 알려진 원자력발전소는 멕시코의 베라끄루스 연방주에 위치해 있으며 두 개의 원자로를 통해 각각 674메가와트의 전력을 생산한다.

라틴아메리카 석탄산업

라틴아메리카에서 석탄은 주요 에너지원에 속하지 않았다. 오늘날에도 석탄을 이용한 에너지 소비는 5% 밖에 되지 않는다. 여타 다른 지역들과 비교해, 멕시코를 포함해서 라틴아메리카 대륙에는 오직 2.3%의 석탄이 저장되어 있다고 보고되고 있다. 결과적으로 이 지역은 2001년 기준으로 세계 석탄 소비의 1.3%만을 담당하고 있다(BP 2002).

측정된 양으로 현재 약 70억 미(美)톤(1미톤은 2, 000파운드에 해당)을 매장하고 있는 콜롬비아가 라틴아메리카에서 선두적인 석탄 산업국이다. 석탄은 세레혼 조나(Cerrejón Zona) 북쪽 광산 지역에 매장되어 있는데, 라틴아메리카 대륙에서 석탄 채굴산업이 가장 활발하게 이루어져, 세계에서 가장 규모가 큰 '노천채굴(open pit)'이 진행되고 있다.[37] 하지만 콜롬비아의 대부분 전력은 수력발전을 통해 공급되고 있다. 따라서 이곳에서 채굴되는 석탄은 90% 이상이 미국, 유럽, 기타 라틴아메리카 국가들로 수출되고 있다(International Energy Agency 2002).

브라질 또한 석탄 매장량이 큰 규모로 알려진 국가이며(약 120억 미톤), 화석연료 소비에서도 라틴아메리카 대륙 총 소비의 3분의 2를 담당할 정도로 큰 규모다(BP 2002). 브라질의 광물생산부(BNDMP)의 보고에 따르면, 브라질은 현재 연간 1천 7백만 톤 이상의 석탄을 사용하고 있으며, 총 석탄 소비에서 철강 산업에만 이 양의 75%를 사용하고 있다고 한다. 철강 산업에 석탄을 이용하는 의존도가 큰 브라질은

37) '노천채굴(open pit)'은 작업의 형태가 간단하다. 보통 표토를 제거한 후 광상을 계단형으로 채굴하는 방식이다. 일반적으로 노천채굴의 장점은 채광비가 저렴하고, 작업의 감독 · 관리가 용이하며, 대규모의 기계화가 가능하고, 작업환경이 양호해 안전성이 높으며, 갱내지보(갱내支保) 같은 시설이 필요하지 않고, 폭약의 종류 및 양을 자유롭게 선택해 유효하게 사용할 수 있으며, 숙련공을 많이 필요로 하지 않고, 생산규모를 크게 할 수 있으며, 생산에 유연성이 있으므로 불황 시에는 일시 휴업했다가도 필요하면 다시 재개할 수 있는 점 등이다.

미국에 있어 두 번째로 큰 석탄 수출 시장이다.

라틴아메리카 재생 에너지 자원

몇몇 라틴아메리카 국가들은 재생에너지 자원을 제한된 범위 내에서 이용하기 시작했다. 특히 몇몇 국가들에서는 자가 개발방식(off-grid)의 재생에너지 사용을 통해 전력 공급 서비스가 먼 지역의 거주자들, 농촌지역 등에서 이용하고 있다. 오늘날 라틴아메리카 대륙에는 국가 전력 공급망이 외부에 위치해 있어 전력 공급 서비스를 받지 못하는 인구만 7천 5백만에 달한다. 이에 대한 대응전략으로 정부들은, 예를 들어 브라질과 아르헨티나의 경우, 국민들에게 전력공급이 가능하도록 연방 정부 차원의 프로그램들을 마련했다. 브라질의 경우 1998년 국가 에너지개발프로그램을 시작해 250억 달러를 재생에너지 개발에 투자하기 시작했는데, 특히 광전지(photovoltaic; 태양광 발전) 기술 개발 분야에 집중되었다. 또한 정부는 수백 개의 공동체 프로젝트에 기금을 조성해 약 200개의 농촌 거주지에 이 혜택이 돌아가도록 노력했다. 아르헨티나 정부는 세계은행의 후원으로 1억 2천만 달러에 해당하는 프로젝트를 재생 에너지관련 사업에 투자해 7만여 농촌 가정에 도움을 주었다. 이 프로젝트는 태양광 발전이나 풍력에너지 생산에 집중되었다. 아르헨티나는 또한 재생에너지 분야 관련법을 통과시켜 시설 기업들이 풍력을 매매할 수 있는 권리를 줌으로서 이 분야에 대한 투자를 활성화하는 데 도움을 주었다(International Energy Agency 2002).

라틴아메리카의 다른 국가들에서도 재생에너지 사용 가능성에 대한 검토에 들어갔다. 볼리비아에서는 태양력 에너지가 몇몇 소외된 고산지대에서 사용되고 있는데, 여기에는 2,000개의 태양광 발전 시스템이 들어섰다. 브라질 국경의 약 6만여 명이 거주하는 리베랄따(Liberalta) 지역에는 견과류의 껍질을 이용해 에너지를 생산하고 있다. 콜롬비아 정부는 세금우대 정책을 통해 풍력발전 사업의 활성화를 독려하고 있다. 온두라스의 경우, 미주개발은행(IDB)의 보고에 의하면, 현재 40%에 달하는 인구가 전력공급 서비스를 받지 못하고 있는 상태에서 태양광 발전 시스템과 광전지 기술개발에 필요한 재원으로 5백만 달러의 차관이 허용되었다. 만일 이런 프로젝트가 성공한다면 100개에 달하는 마을 공동체에 재생에너지를 공급할 수 있는 길이 열릴 수 있다. 코스타리카의 경우 정부는 재생에너지 정책에 대한 야심찬 계획을 추진 중인데, 이는 2025년까지 모든 에너지원을 재생에너지 분야에서 획득하겠다는 것이다. 이런 목적을 달성하기 위해 코스타리카뿐만 아니라, 여타 다른 국가들, 예를 들어, 자메이카, 바베이도스 등의 카리브 지역 국가들도 재생에너지 기술과 풍력에너지 개발 등에 엄청난 규모의 투자를 진행하고 있다.

라틴아메리카 에너지 부문에 대한 보조금 정책

여타 다른 개발도상국들과 마찬가지로 라틴아메리카 국가들은 흔히 에너지 보조금 정책을 활용한다. 하지만 에너지 보조금 정책은 몇몇 관점에서 상당히 부정적인 결과를 가져오곤 한다. 실질 가격보다 낮은 에너지 가격을 유지함으로서 정부의 에너지 부문 보조금 정책은 증가된 에너지 소비를 더욱 가속화시키고 있다. 이처럼 늘어나는 에너지 소비는 낮은 경제 효율성을 유도할 수 있고, 환경 문제는 물론 정부의 예산을 고갈시키는 역기능을 하기도 한다. 비록 정부의 에너지 보조금 정책이 단기간에 혜택을 줄 수는 있지만 장기적인 관점에서는 반드시 제거되어야 여러 긍정적인 효과를 거둘 수 있다. 각국 정부는 보조금 정책보다는 다양한 사회 프로그램들을 위한 기금을 통해 사회복지를 증진시킬 수 있다는 사실을 알아야 한다. 많은 분석가들은 보조금 정책의 폐지가 에너지 소비를 줄이는 가장 핵심적인 사항이라고 주장한다. 이를 통해 지방정부 차원뿐만 아니라 글로벌 차원의 오염 수준을 낮출 수 있고 빠른 속도로 고갈되어 가는 천연자원을 보존할 수 있다고 주장한다. 결국 보조금의 철폐는 지속 가능 발전을 위한 기술의 발전을 강화시킬 것이라고 주장한다(International Energy Agency 1999).

라틴아메리카 지역에서 베네수엘라는 대부분의 에너지와 연료 부문에 정부 보조금 정책을 심하게 강화시킨 모범적인 사례다. 베네수엘라 정부는 전통적으로 가격 통제를 통해 에너지 가격을 실질가격보다 낮은 수준에서 유지시켜왔으며 이런 결과로 에너지 소비와 탄소 배출에 많은 영향을 미쳐왔다. 국제 에너지기구(IEA)의 조사 보고에 따르면 만일 정부의 보조금정책이 폐기되었더라면 베네수엘라의 에너지 소비는 약 25% 정도만 증가했을 것이고 이산화탄소 배출도 26% 정도 낮출 수 있었을 것이라고 추정하고 있다. 석탄, 천연가스, 전력 부문에 대한 정부 보조금 지원율(비록 실제 지원액은 적지만)은 어느 에너지 자원보다 높다. 국가 차원에서 대부분의 재정 축적은 전력 생산과 산업 부문의 천연가스 소비를 낮춤으로서 가능할 것이다.

베네수엘라 정부는 종종 보조금 시스템을 재조정하겠다고 주장한다. 하지만 잠재적으로 가솔린과 전력의 경우 정치적, 사회적 중요성은 높다. 1989년의 사례에서 보듯 이 이슈에 대한 정치적 변동성은 크다. 정부가 가솔린 가격을 인상하자 이는 자연적으로 대중교통비의 인상으로 이어졌고, 이런 영향으로 베네수엘라의 수도인 까라까스(Caracas) 시에서는 폭동과 약탈 등이 발생해 결과적으로 300여 명이 죽는 사회폭동이 되었다.

에너지 산업의 자유화와 민영화

1990년대에 많은 라틴아메리카 국가들은 에너지 시장의 개혁을 추구했다. 아르헨티나와 칠레는 이런 변화의 선두 주자들이었지만, 에너지 부국들인 멕시코와 베네수엘라는 개혁의 이행 속도를 다소 늦추었다. 이런 개혁은 다양한 국가별로 상이한 경로를 통해 진행되었다. 몇몇의 경우는 예를 들어 완전히 민영화되기도 한 반면, 다른 정부들의 경우에는 공공 에너지 부문에 사적 자본의 참여를 제한하는 정책을 펴기도 했다(World Energy Council 2001).

라틴아메리카 지역의 에너지 부문에 대한 민영화와 자유화를 유도한 몇몇 원인과 요인을 살펴보면 다음과 같다. 전력 시스템에 대한 낮은 신뢰도, 분배와 요금 체계 등에 대한 투자의 부족, 오래된 발전 시설들, 불투명한 보조금 체제 등 모든 것이 자유화 및 민영화로 전환하기 위한 요구조건이 되었다. 그동안 대부분의 경우에 정부는 에이전시를 통한 에너지 독점 공급자로서 다양한 자율성을 향유해 왔다. 하지만 현재는 해외 및 사적 투자자들이 라틴아메리카 에너지 시장을 독점하기 시작했다. 이런 변화는 몇몇 관점에서 긍정적인 결과를 내기도 했다. 많은 국가들에서 전기와 가스에 대한 접근이 증가하기 시작한 것이다. 예를 들어, 아르헨티나의 경우 민영화 이전에는 국민의 55%만이 전기 공급에 접근할 수 있었지만 개혁 이후에는 약 85%까지 증가했다. 이와 비슷한 일이 페루에서도 발생했는데, 초기에 전기 혜택을 보는 가정들의 비율이 47%에서 75%로 증가했다. 에너지원의 접근에 대한 증가뿐만 아니라 전력산업과 관련된 기술발전에 대한 투자가 증가했으며, 계량기, 요금납부, 세금징수, 라인 유지관리, 전기 · 가스의 불법연결 관리 등도 증진되었다. 자유화는 또한 부패를 줄이고 좀 더 현대적인 수준의 관리 방법을 채택하는 계기가 되기도 했다. 이런 변화는 라틴아메리카 국가들에게 에너지 부문에 대한 신뢰성과 양질의 에너지를 공급하는 서비스의 증진을 가져왔으며 전체적으로 에너지 부문의 공공 이미지 쇄신에 많은 도움을 주었다.

하지만 동시에 에너지 시장의 자유화 계획은 부정적인 결과도 초래했다. 몇몇 경우에 낮은 에너지 가격은 투자를 유도하지 못했고, 에너지 부문에서 실업률도 증가했다. 환경적 관점에서 몇몇 증진된 부분도 있지만 개혁 정책에 대한 순응 과정에서 불평등도 초래했다. 일반적으로 이런 변화는 사회경제적으로 라틴아메리카 사회의 소외계층들에게는 거의 도움이 되지 못했다.

라틴아메리카의 교통과 환경

모든 라틴아메리카 국가들의 교통 부문은 개별 국가들마다 지정학적으로, 경제발전 여부에 따라, 정치적, 역사적 관점에서 독특하게 발전해 왔다. 게다가 주요 교통수단들은 지역마다 다양하다. 남미 국가들이 철도 네트워크를 주요 교통수단으로 이용하는 데 반해 중미 국가들과 카리브 국가들은 해양 선박 시스템에 더 많이 의존하고 있다. 하지만 이 모든 지역에서 일반적인 교통수단은 단연 자동차다. 교통 부문에서 가장 큰 몫을 차지하는 자동차는 상품으로서, 일반 교통수단으로서 놀랄 만한 양의 석유를 소비하고 모든 새로운 건설사업의 촉매제 역할을 하고 있다. 예를 들어, 해체되거나 파괴된 자연 지역의 도로 건설 사업이 대표적이다.

오늘날 라틴아메리카 국가들은, 특히 이 지역의 많은 도시에서 몇몇 교통 이슈에 대해 증가하는 압력에 직면해 있다. 세계의 여타 도시들처럼 점점 증가하는 개인 소유의 자동차로 인해 중미와 남미 지역에서 교통 혼잡은 심각한 사회문제 중 하나가 되고 있다. 게다가 개인 자동차 소유의 증가는 공공교통 수요의 감소로 이어져 서비스의 질을 더욱 떨어뜨리고 있다. 이런 복합적인 상황과 더불어 도시 교통 구조가 제멋대로 뻗어나가면서 발전해, 많은 도시민들이 먼 거리를 이동해야 하는, 혹은 비싼 교통비를 부담해야 하는 경제적 비용을 초래했다. 예를 들어, 세계은행의 보고에 의하면 멕시코시티의 경우 도시민들은, 근 20%에 달하는 장거리 통근자의 경우 직장을 오가는 데 매일 3시간 이상을 사용하고 있으며, 10%에 달하는 이들은 5시간 이상을 허비하고 있다(World Bank 2002). 이 모든 경향들은 대기오염을 더욱 심화시키는 원인들이 되고 있다. 특히 이런 상황에는 도시빈민 계층들이 많은 영향을 미친다. 많은 빈민이 도시의 변두리에 거주하고 있고 대부분의 지역이 그들의 직장에서 30-40킬로미터 떨어져 있다. 게다가 브라질의 리우 데 자네이루 지역이나 베네수엘라의 까라까스에 존재하는 불법거주 정착촌들에는 어떤 형태의 대중교통 서비스도 제공되지 않고 있다. 이런 대중교통 서비스의 비접근성은 도시빈민들을 다양한 형태의 사회소외 상태(예를 들어 고실업률, 교육 및 의료서비스 박탈 등)로 머물게 했다.

라틴아메리카 도시의 대중교통 이용자들이 갈수록 중요시하는 관심사와 사회적 이슈는 안전과 안보의 문제를 해결하는 것이었다. 빈발하는 대중교통 사고, 대중교통 서비스의 두절, 불안한 도시범죄 등이 대중교통 서비스에 대한 대중적 신뢰를 더욱 떨어뜨렸으며 이런 요인들이 자가 차량의 이용을 더욱 늘리면서 대중교통의 문제를 악화시키고 있다. 빈곤층 사람들은 최대의 피해자로서 위험한 대중교통시스템에 다시 한 번 노출되어 있지만 대안을 찾을 수는 없다. 세계은행의 조사에 의하면 베네수엘라 까라까스의 경우에, 통근자들이 퇴근시간에 마지막 대중교통 서비스를 놓치게 되면 위험한 여행을 선택하느니 차라리 퇴근하지 않고 직장에 머무는 경우가 허다하다고 보고하고 있을 정도다. 특히 여성들이 밤에 대중교통을 이용하는 것은 위험한 일이며, 이로 인해 여성들의 다양한 교육 프로그램 참여나 고용까지도 위협할 정도에 이르렀다. 이런 상황을 극복하기 위한 대안으로 멕시코, 브라질, 아르헨티나의 경우에는 긍정적인 결과들을 가져오는 다양한 교통안전 프로그램을 이행하고 있다. 예를 들어 브라질의 수도 브라질리아의 경우, 정부는 1995년 '교통에서 평화를'이라는 안전프로그램을 이행한 2년 후 교통사고 사망률(교통사고 1,000건 당)을 11%에서 6.6%로 낮추었다. 하지만 이는 상당히 예외적인 경우들이고 대부분의 라틴아메리카 지역 교통 상황은 개발도상국들과 마찬가지로 증가하는 자동차의 수와 교통 인프라의 용량을 고려한다면 여전히 많은 문제들을 지니고 있다(National Research Council 1996).

버스 환승 시스템의 혁명?

교통시스템의 발달, 덜 환경 파괴적인 이런 시스템을 개선하려는 노력이 증가하고 있는 것은 라틴아메리카 지역에 다소 희망적인 뉴스이기도 하다. 성공적인 몇몇 경우를 살펴보면 다음과 같다. 예를 들어, 콜롬비아의 수도 보고따는 자동차 소유권을 제한하는 프로그램을 통해 통행로와 자전거도로를 확장하고, 버스의 교통체제를 개선했으며, 칠레는 교통시스템의 민영화를 통해 만족할 만한 결과를 얻기도 했다. 1990년대 초반, 칠레는 야심적이고 정교한 프로그램으로 도로, 철도, 여타 교통 인프라에 대한 민영화를 단행했다. "오늘날 칠레의 모든 고속도로는 사적 자본에 의해 건설되고 투자되고 있다. 가까운 미래에는 아주 작은 지방도로, 심지어 도시의 거리들조차 민영화될 것이다. 화물 수송용 철도 또는 선로를 비치는 라이트조차도 민영화 될 것이며, 결과적으로 인프라 관련 산업에 대한 비즈니스 투자는 급증할 것이다. 특히 교통시설 관련 투자에서, 재정난에 허덕이는 정부의 역할은 점점 약해질 것이다"(Sperling and Clausen 2002).

버스 환승 체제를 정비하기 위해 투자를 늘리는 문제에서, 라틴아메리카의 모든 국가에게 가장 시급하게 필요한 것은 교통시스템을 발달시키는 것이다. 최근까지 운영되고 있는 라틴아메리카 국가들 대부분의 전통적인 버스시스템은 곤경에 처해 있으며 잘못된 투자 때문에 고통 받고 있다. 많은 시청들의 잘못된 계획과 일관성이 없는 서비스 공급과 서비스 질의 하락 등이 주요인이다. 예를 들어, 남미에서 가장 큰 도시 중 하나인 브라질의 상파울루의 경우 버스 승차률이 1977년에는 42%에 달했지만 1997년에는 25%에도 미치지 못했다. 멕시코시티에서 이 비율은 1986년에 42%였지만 1995년에는 5%만을 기록했을 뿐이다. 이는 대부분의 라틴아메리카 국가들에서 나타나는 현상으로, 시민들은 경제적 번영과 경제성장을 통해 자신들의 교통 기호를 점점 편하고, 간편하며 사회적 지위에 걸맞은 사적 교통수단으로 바꾸어가고 있다(International Energy Agency 2002).

하지만 최근에 라틴아메리카 국가들의 도시들과, 이 도시들의 대중교통 서비스에서 제일 중요한 방식인 버스 시스템의 개선이 환경주의자들, 공공정책 결정자들, 도시계획 전문가들 사이에서 가장 큰 화두가 되고 있다. 효율적인 대중버스 시스템을 제대로 운용하고, 이를 통해 시민들이 혜택을 받는 것은 대단히 중요한 것으로, 대중교통 시스템을 효율적으로 운용함으로써 교통 혼잡을 줄일 수 있고 모든 사회경제적 그룹들에게 이동의 효율성을 증진시키며, 도시의 대기오염을 줄일 수 있다는 장점들이 있다(Sperling and Salon 2002; Fulton et al.2002). 경제 발전뿐만 아니라 위와 같은 혜택을 고려해, 라틴아메리카 도시들은 때때로 '버스의 신속한 환승(Bus Rapid Transit; BRT)' 시스템으로 알려진 버스시스템 이용 프로그램을 운용해 왔다. '버스의 신속한 환승' 시스템의 주창자들은 기존의 버스운송 시스템을 혁신적으로 개선해 운영하면서 이 시스템이 지닌 평균속도 향상, 신뢰성, 편리함, 수용력 등에 만족감을 표했다. 이 시스템 주창자들은 또한 승객들의 승차률을 높일 것이고 이를 운영하는 회사들의 수익을 개선하며

브라질의 도시교통 시스템의 자랑인 '튜브' 버스 정류장

부가적으로 많은 공동체들에게 몇 가지 사회적 혹은 환경적 혜택을 줄 것이라고 확신했다(International Energy Agency 2002; Fulton et al. 2002).

흔히 '버스전용차로'라고도 불리는 '버스의 신속한 환승' 시스템은 기존에 많이 이용되던 철도시스템에 대한 대안으로 버스사업을 급성장케하는 계기가 되었고 비록 지하철이 더 많은 승객을 이동시킬 수 있지만 승객의 수용능력 면에서 전기로 움직이는 경철도와 경쟁하는 관계로 발전했다. 또한 '버스의 신속한 환승' 시스템은 저비용으로 건설될 수 있고, 변화하는 도시 인프라 구조에 적응하기에도 유연하며, 많은 양을 쉽게 건설할 수 있는 장점들이 있다(International Energy Agency 2002).

브라질 꾸리찌바의 '신속한 버스 환승'

세계에서 아마도 제일 잘 알려져 있고 제일 성공적인 '신속한 버스

환승(Bus Rapid Transit: BRT)' 시스템의 표본은 브라질의 꾸리찌바(Curitiba)의 경우다. 꾸리찌바 시는 1970년대 후반부터 이 시스템을 발전시켜 개인의 자동차 운용시스템보다는 대중교통시스템에 우호적인 체제를 만들어냈다. 꾸리찌바는 모든 관점에서 '신속한 버스환승' 시스템을 활용했다. 버스전용차선, 교통신호우선처리 및 빠른 승차시스템 등이 이 시스템을 운영하는 데 많은 도움이 되었다. 2000년까지 1,900대의 버스가 매일 14,000회 운행해 여행자들에게 대중교통 서비스를 제공했는데, 총 운행거리는 316,000킬로미터가 넘었다. 이 시스템으로 매일 1백90만 명의 승객들이 혜택을 보았는데, 이 수치는 지하철을 이용하는 승객 수와 비슷한 정도였다. 꾸리찌바의 '신속한 버스환승' 시스템은 승객만족도가 89%에 달했으며 세계 각국의 도시계획 전문가들과 정치인들이 이 도시를 방문해 이들의 경험을 배워가고 있다(World Bank 2002).

본 시스템의 교통운임의 지불은 단일 요금부과 방식으로 통합되어 있다. 하지만 브라질 정부나 민간사업 부문이 보조를 한다고 해도 여전히 브라질의 대중교통비는 비싼 편이다. 급행버스 서비스 또한 갖추고 있어 꾸리찌바 시에서 몇몇 가까운 인근도시들을 운행한다. 인근 도시로 연결되는 지선(支線)의 총 길이는 270킬로미터에 달한다. '신속한 버스환승' 시스템 이외에도, 시는 교통운송시스템과 관련해 토지이용 발전플랜을 통합적으로 접목시켰다. 예를 들어, 상업밀집지대와 역에 가까운 거주지역들을 연결해 시스템의 최적화를 꾀했다. 꾸리찌바 시의 이런 시스템은 오늘날 다른 브라질의 도시들, 예를 들어, 상파울루, 벨로 오리존떼(Belo Horizonte), 레시페(Recife), 뽀르또 알레그레 등에 많은 영향을 주어 이 시스템의 전국적인 확산을 꾀하고 있다.

콜롬비아 보고따의 '뜨란스밀레니오' 프로젝트

콜롬비아 보고따의 정치인들과 도시계획 전문가들은 '뜨란스밀레니오(Transmilenio)'라고 알려진 '신속한 버스환승' 시스템을 디자인했다. 뜨란스밀레니오 프로젝트는 도시에서 자동차의 운행을 제한하고 비동력 운송시스템을 증진시키고, 환경을 보호하기 위해 고안된 프로젝트였다. 일반에 공개된 마스터플랜은 계속 반복되는 도시의 교통 혼잡에 신물이 난 시민들의 대중적 지지와 함께 계획되었다. 또한 보고따 시민들은 2015년까지 아침과 저녁 시간 때에 발생하는 러시아워를 없애기 위해 도시를 자동차 없는 거리(택시 제외)로 만들기 위한 계획에도 대중적인 지지를 표명했다. 비록 이런 계획과 지지에도 불구하고 콜롬비아 대법원은 이를 수락하지 않았다. 하지만 시민들의 대중적 지지는 보고따 시의 불만족스러운 교통시스템을 반증하는 예였다.

실질적으로 뜨란스밀레니오 '신속한 버스 환승' 시스템은 2000년 12월 시작되었다. 시스템은 2001년 5월까지 매주 평일 360,000명의 승객들에게 서비스를 했고 피크타임 동안에는 매시간 42,000명의 승객에게 서비스를 제공했다. 다른 '신속한 버스환승' 시스템처럼, 뜨란스밀레니오 시스템은 각 버스회사들과 협동으로 보고따 시의 주요 도로의 중앙 차선을 버스전용차선으로 설정해 놓고 있으며, 주요 도로에는 매 500미터 간격으로 정류장을 설치해 놓고 있다. 초기에는 약 20킬로미터의 노선에 32개의 정류장과 버스전용차선을 설치하고 버스 162대를 투입해 운행했다. 160명이 승차할 수 있는 용량의 디젤 버스가 운행되고, 보고따와 지방도시를 연결하는 급행버스 서비스를 제공했으며, 보행자들과 자전거 승객들도 쉽게 접근할 수 있게 디자인되었다. 경쟁을 통해 선정된 버스회사들이 컨소시엄 형태로 이 시스템을 운영했다. 시스템의 경영을 살펴보자면, 계약을 통해 시스템 운행에 투입된 전문업체들이 지불한 모든 수익금은 신탁예금 형식으로 관리되었다. 그리고 이 모든 시스템은 총 티켓 판매 수익의 3%를 기금으로 마련된 새로운 주식회사 뜨란스밀레니오(Transmilenio, S.A.)에 의해 총괄되었다. 이 시스템은 정부로부터 직접적인 보조를 받지는 않고 간접적이나마 보고따의 연료세에서 보조를 받는다. 지금까지는 사적 자본들의 투자 참여를 유지할 수 있을 만큼 충분한 이익을 창출해내고 있다. 뜨란스밀레니오 프로젝트는 고려할 수 있는 모든 범위 내에서(특히, 수치상으로) 성공한 것으로 보인다. 버스 사고율을 엄청나게 줄였고, 시스템 시행능력을 개선했으며, 오염 방출이 이전과 비교해 40% 정도 줄었다. 현재 소기 상태인 이 시스템의 운용을 향후 15년 이상 확대한다는 계획이 수립되었는데, 만일 이 시스템이 발전해간다면 결과적으로 '신속한 버스환승' 시스템을 22개 교통망과 연결해 노선 길이를 388킬로미터 이상으로 확대 발전시킨다는 계획이다. 기획자들의 의도는 2015년까지 시민들의 85%가 뜨란스밀레니오 정류장을 중심으로 반경 500미터 이내에 거주하도록 만든다는 것이다.

브라질 상파울루의 환경과 교통

상파울루는 브라질에서 뿐만 아니라 남미 지역에서도 가장 큰 도시 중 하나다. 이 도시는 1960년대 이래 경제적인 면에서도, 인구 증가 면에서도 급성장을 경험해 오고 있다. 총 1천6백만 명이 거주하는 이 도시는 세계에서 최대의 메트로폴리탄으로 성장한 도시 중 하나다. 하지만 이런 성장과 더불어 대기 및 수질 오염이라는 심각한 문제들도 동시에 증가해 왔다. 지난 20세기의 후반 25년 동안 도시의 인구는 6백만 명 이상 증가했으며, 비슷한 시기 동안 버스의 수는 단지 25% 증가한 반면, 개인의 자동차 보유수는 세 배 이상 증가했다(Fulton et al. 2002).

인구 증가와 개인 자동차 소유의 증가는 도시의 교통 혼잡을 가중시키는 원인이 되었다. 상파울루 거주자들은 일상적으로 3천만 번의 여행을 하는데, 그중에 2천만 번은 동력 자동차를 이용한 여행이다. 이런 여행은 대부분 개인 자동차, 트럭, 또는 모터사이클을 이용한 여행으로, 경고 수준까지 도달해 있는 대기오염과 수질오염을 악화시키는 주원인들이다. 1990년대 초반 도시형 스모그의 절반은 공장들에서 배출된 반면, 그 반절은 자동차에서 나온 배기가스가 원인이라고 과학자들은 분석한다. 2002년까지 이런 배기가스의 90%는 자동차에서 나왔다. 오늘날 상파울루는 세계 10위 권 안에 드는 오염 도시 중 하나로, 대개 자동차 꽁무니의 가스배출구에서 나오는 일산화탄소, 오존, 미립자, 여타 다른 오염물질의 영향으로 발생한다. 대기의 질 악화는 차례로 시민들에게 호흡기 질환과 심혈관 질환을 발생시켜 사망률을 올리는 원인으로 작용하고 있다. 그럼에도 불구하고 상파울루 거주자들 중 도시버스 시스템을 활용하고자 하는 이들은 적은데 이는 지나치게 초만원인데다가 서비스의 질이 낮고, 궁극적으로는 교외철도 네트워크와 연결이 안 되어 있어 서비스가 불편하기 때문이다(International Energy Agency 2002).

이런 상황 속에서 교통 혼잡과 오염을 해결해야 하는 정부로서는 시민사회로부터 많은 압력을 받고 있다. 물론 정부의 노력도 다방면으로 진행 중이다. 이들 문제는 새로운 자동차에 적용되는 오염가스 배출기준 강화, 자동차에 들어가는 연료의 질 강화 요구 등을 통해 개선되고 있다. 하지만 이런 노력이 점점 헤이해지고 있는 것도 사실이다. 또 다른 최근의 성과를 보게 보면, 메트로폴리탄 국가교통국(Secretary of State for Metropolitan Transport: STM)에서 2000년 2월에 시작한 '도시교통 통합계획(PITU)'이 그것이다. 이 계획은 아주 야심적인 것으로, 버스와 철도 운송에 대해 늘어난 투자를 활용해 버스에서 발생하는 대기오염물질 방출량을 40%로 낮추고, 소음공해를 줄이며, 연료 소비를 8%로 낮춘다는 계획이었다. 목표는 오랫동안 의존해 온 디젤 버스에 대한 의존도를 줄이는 것이었다. 이들 디젤 버스는 관리가 허술하게 이루어졌으며, 고유황 저질 디젤 연료를 사용해 왔다.

트럭이나 버스에 사용되는 디젤 엔진은 상파울루의 주요 도로의 대기를 심각하게 오염시키는 미립자를 방출하는 주원인이다. '도시교통통합계획'은 저탄소 클린 엔진을 장착한 새로운 버스 모델에 대한 투자를 늘리고 청청연료를 사용할 것을 요구했다. 이런 관점에서 브라질국영석유회사(Petrobras)는 자신들이 생산하는 연료의 질을 높이는 의지를 보였다. 하지만 이런 의지를 관철하기 위해서는 약 12억 달러에 이르는 엄청난 규모의 투자가 필요했다.

브라질은 가솔린을 대체하기 위한 에탄올 사업에 국가 차원의 투자를 시작했다. 1970년대에 세계 시장에 불어 닥친 고유가의 영향 때문에 브라질은 사탕수수로부터 에탄올을 생산하게 되었다. 이 프로그램이 전국적인 규모로 실용화되어 약 40%의 자동차가 에탄올 연료를 사용하기 시작했고, 다른 자동차들은 에탄올과 가스가 혼합된 연료를 사용했다. 하지만 1980년대에는 국제시장에서 가솔린 가격이 급락했다. 이와 더불어, 에탄올의 취약한 유통시스템과 사탕수수 노동자들의 파업 등을 이유로 에탄올 발전 프로그램은 막대한 피해를 입었다. 오늘날 1% 미만의 브라질 자동차가 에탄올 연료를 사용한다(2002).

최근에는 '상파울루 도시교통 메트로폴리탄사(EMTU/SP)'가 유엔개발계획 및 글로벌 환경시설(GEF; 178국가들이 참여하는 지속 가능 발전 및 글로벌 환경 파트너십)과 공동으로 상파울루에서 연료전지 버스 개발에 참여하고 있다. 프로그램의 현재 일정대로라면 3개 노선의 버스로 4년 동안 운행하게 되며 종국에는 상파울루 및 여타 도시의 도로에서 운행이 가능한 버스를 2,000로 확대한다는 계획을 세워놓고 있다. 이 계획은 처음에 비영리 목적으로 시작했지만 나중에 계획이 활성화되면서 많은 경제적 이익을 창출할 뿐만 아니라 도시의 대기오염을 줄이는 데 크게 일조할 것으로 기대되고 있다.

도시 교통과 오염: 멕시코시티의 경우

멕시코시티는 연방 지역과 멕시코 주를 합쳐 2,000평방킬로미터 이상의 면적을 자랑한다. 2천만의 인구가 거주하는, 세계에서 가장 큰 도시 복합체들 중 하나다. 멕시코시티는 멕시코의 수도이지만 불행하게도 자연적인 인구성장, 농촌지역으로부터 지속적인 국내 이주 등을 통해 무계획적으로 성장한 도시다. 대도시가 제공하는 경제적인 기회를 찾기 위해, 또는 농촌의 감소하는 일자리 문제 등이 이런 결과를 낳았다. 해마다 새로운 일자리를 찾아 도시로 몰려드는 이런 국내 이주가 급속한 도시화를 부채질했다. 도시는 해마다 5%씩 성장하고 있는데 이는 전국 평균보다 두 배 정도 빠른 성장이다. 게다가 단지 전 국토 가운데 작은 면적을 차지하는 수도 멕시코시티에 국가 전체 인구의 약 4분의 1이 거주한다. 특히 메트로폴리탄 지역은 멕시코 전체 산업의 3분의 1이 모여 있고, 멕시코 전국 일자리의 절반을 만들어 내고 있다.

이런 상황에서 멕시코시티는 많은 환경 문제들을 안고 있다. 하지만 가장 심각한 문제는 교통 부문에서 발생하는 대기오염이다. 오늘날 커다란 산들이 사슬 모양으로 둘러싸고 있는 깊은 계곡에 위치한 멕시코시티를 멕시코 전체 자동차의 60%가 운행하고 있다. 지형학적으로 보면, 메트로폴리탄의 자동차, 트럭, 기관차, 비행기 등에서 발생하는 대기오염 가스들이 쉽게 방출되지 않는 형태다. 이런 관점에서 보면 현재 멕시코시티는 악화된 대기의 질을 회복하기 위해 신속한 대안이 필요하며, 심각한 오염을 유발하는 낡은 자동차 운행체계를 바꾸는 등 보다 환경 친화적인 모델을 통해 대중교통 시스템에 대한 전면적인, 새로운 투자가 필요한 상태다.

제9장

대기의 질과 대기환경

라틴아메리카와 카리브에서 대기환경과 대기의 질을 악화시키는 화학물질의 배출은 커다란 문제 중 하나이다. 물론 지역에 따라 대기의 질은 많은 차이를 보인다. 대부분의 인구가 거주하고 빠르게 성장하고 있는 도심 지역들은 환경과 공공의료 문제로 몸살을 앓고 있는데, 이는 이곳에 자동차 배기가스, 산업 활동, 전력 발전소, 여타 다른 형태의 오염원들이 대부분 집중되어 있기 때문이다. 오늘날 수많은 도시들이 대기 질의 악화로 인해 건강과 복지에 심각한 우려를 유발하고, 일련의 오염 방지 정책들이 시도되는 중심 지역들로 부상해 있다. 도시에서 멀리 떨어져 있는 오지의 경우는 인구밀도가 낮아 상대적으로 대기의 질이 양호한 편이다. 하지만 이곳들도 광산업과 목재 채취 등 인간 활동이 증가하면서 대기의 질이 악화되고 있는 상태다. 게다가 엄청난 규모로 진행되는 아마존 열대우림의 삼림 황폐화는 종종 대기의 질 악화의 주요 원인으로 인용되고 있을 정도다. 라틴아메리카 지역의 지속 불가능한 패턴의 벌채가 글로벌 차원의 지구 온난화에 미치는 영향이 크다. 이런 행위는 잠재적으로 이 지역의 생태 및 경제 자원을 엄청난 파괴에 노출시키고 있다.

라틴아메리카와 카리브의 대기의 질

대기오염 문제는 특히 중미, 남미 및 카리브 지역에서 1990년대에 더욱 집중되었다. 1인당 경제 성장과 인구 성장, 전반적인 소비 방식의 변화는 새로운 정점을 갱신했다. 자동차, 전력, 일반 제조 상품에 대한 수요는 증가했고 이런 상품들의 생산이나 사용을 통해 대기오염 가스의 방출은 급속도로 증가했다. 예를 들어, 1990년과 1999년 사이에 지역 차원의 이산화탄소 배출(기후 변화에 영향을 주는 지구 온난화의 주요인)은 37%까지 증가했다. 물론 1990년대에 여타 오염원들, 예를 들어 부유성 고형물(미립자)은 6.2%, 이산화황의 경우는 22%, 산화질소는 41%, 탄화수소는 45%, 일산화탄소는 28%까지 증가했다 (ECLAC 2001).

이런 오염원들이 대기로 방출되는 오늘날 인구의 4명 중 3명 정도가 살고 있는 많은 라틴아메리카 도시들의 공공 의료복지에 심각한 문제가 대두되고 있다. 예를 들어, 멕시코시티의 경우 많은 연구 자료들이 도시의 대기오염과 폐질환(폐의 노화), 호흡기 전염병 등의 밀접한 상관관계에 관한 결과들을 내놓고 있다(WHO 1999). 세계에서 가장 큰 구리 공장이 있는 페루의 일로(Ilo) 지방의 검은 독성 구름 속에는 1995년 이후 이산화황 함유 수준이 일반 기준치보다 무려 30배 이상 집중적으로 존재한다고 세계보건기구는 기록하고 있다(Follegatti 1999). 브라질의 꾸바타오(Cubatâo) 지역은 '죽음의 계곡'이라는 이름이 붙여져 있는데, 이는 수많은 공장 및 플랜트에서 나오는 오염물로 인해 대기와 수질이 비참할 정도로 오염되어 있기 때문이다. 1980년대에 이 도시의 대기는 짙은 독성이 함유되어 있을 정도로 심각해 학

〈표 9.1〉 대기오염: 가스 및 미립자 방출, 단위: 기가그램(Gg)

방출	1970	1980	1990	1999	증가된 % (1990-1999)
미립자	110.98	144.82	188.48	200.15	6.2
이산화황	1,873.13	3,035.27	3,452.38	4,194.98	22.0
산화질소	2,668.27	4,747.87	5,761.81	8,123.50	41.0
탄화수소	665.17	1,121.36	719.99	1,043.28	45.0
일산화탄소	10,334.12	17,460.23	21,555.02	27,693.19	28.0
이산화탄소	420,282.79	750,205.14	922,273.89	1,165,237.71	37.0

상파울루 급경사 지대와 대서양 사이에 위치한 브라질의 꾸바따오 화학단지는 이 지역의 심각한 오염원이다

생들은 일상적으로 의료시설을 방문해 호흡기 질환을 점검해야 했다 (Lemos 1998).

위에서 언급한 이 세 도시들 - 멕시코시티, 일로, 꾸바따오의 경우 - 의 최근 대기의 질은 상당히 개선되었다. 오염원 방출에 대한 규제와 다양한 오염 방지 대책의 결과이다. 그럼에도 불구하고 여전히 이들 도시뿐만 아니라 다른 라틴아메리카 도시들의 대기의 질은 아주 낮은 상태로 유지되고 있다. ECLAC(유엔 산하 라틴아메리카 및 카리브 경제위원회)의 보고서에 의하면 대기오염은 중미, 남미, 카리브 지역의 인구 8천만 명 이상의 건강과 복지에 적신호를 보내고 있다. 1년에 230만 명의 어린이가 만성적인 호흡질환에 시달리고 있고 매년 성인 1만 명 이상이 기관지염으로 고생하고 있다. 게다가 대기오염과 관련해 이를 치료하기 위한 의료 서비스에 들어가는 경제적 비용은 상당한 수준인데, 특히 이런 사회적 서비스를 감당해 내지 못하는 저개발국들의 경우는 상황이 더욱 심각하다. 한 전문가의 보고에 의하면,

대기에서 발생하는 오염에 노출된 피해로 인해 매년 라틴아메리카 전 지역에서 일하는 날(워킹 데이)로 계산했을 때 무려 6천 5백만 일을 손해보고 있는 셈이다(Romieu et al. 1990). 현재 라틴아메리카에서 가장 빨리 발전하고 있는 교통 부문이야말로 대기오염을 부추기는 가장 중요한 원인이다. 보다 상세하게 살펴보면, 급속한 인구 증가, 삶의 질 개선, 다양한 형태의 경제 및 무역 개혁 등을 통한 수입의 증가 때문에 늘어나고 있는 자동차 개인소유 및 이에 따른 가솔린 연소의 증가가 지난 30년 간 이 지역에서 가장 활발하게 진행되고 있다. 특히 부에노스 아이레스, 멕시코시티 같은 대도시의 교통 부문에 의한 대기오염 발생 및 영향은 그 정도가 거의 70%에 달하고 있는 실정이다.

라틴아메리카 도시들에서는 자동차들이 여전히 유연 연료를 사용해 운행하고 있는데, 이는 세계보건기구가 허용한 안전 수치를 초과한 것이다. 도로에서 노후 차량을 제거하기 위한 다양한 조치가 오염을 줄이기 위한 개선 차원에서 진행이 되고 있지만, 하루가 다르게 도로로 들어오는 새로운 종류의 자동차, 트럭, 오토바이, 버스의 증가 때문에 순수하게 대기의 질을 개선하기에는 많은 어려움이 있다. 예를 들어, 칠레의 산띠아고의 경우 늘어나는 자동차 수는 5년마다 두 배에 달하고 있을 정도이다(UNEP 2001). 산띠아고처럼 늘어나는 자동차 수도 문제지만 노후 차량들은 오염을 줄이는 기술적인 개선을 위한 촉매 변환 장치(자동차의 공해 방지 장치) 등을 여전히 장착하지 않고 운행 중이다. 멕시코에서는 자동차의 공해로 인해 1997년 이후 축적된 공해는, 1995년 이전까지 축적된 공해의 100배나 증가하는 현상이 나타나기도 했다. 공해의 3분의 2는 자동차에 의해 발생했는데 거리에서 발견되는 차들은 대개 10년이 넘은 것들이었다(Right to Drive 2001).

점증하는 대기오염의 또 다른 주원인은 산업 부문에서 나온다. 라틴아메리카 지역에서 산업공해 배출의 정도를 낮추는 문제는 힘든 일이다. 대부분의 국가들은 오염 모니터링 기술에 제한적인 투자를 하고 있고, 에너지 분야, 교통 분야, 각 시 당국이 오염 방지 규칙을 지키는 것보다는 배타적인 권한을 남용하기 때문에 오염이 가중된다는 납득할 만한 분석이 있다.

섬유업체, 일반 제조업체, 제분소, 오일 정유소, 광산업체, 다른 기업체들이 오늘날 대기오염 악화의 책임이 있다. 규제받지 않는 공해 방출과 공해 방지를 위한 법적, 제도적 장치가 느슨하기 때문에 많은 지방 도시의 대기 질을 거의 파괴적인 수준으로 몰아가고 있으며, 이로 인해 발생하는 심각한 대기오염은 인근 공동체들의 삶에 치명타를 주고, 지역 생태계를 더욱 악화시키고 있다.

도시 지역이나 산업 지대 등에서 규제받지 않는 상태로 높은 대기오염 물질을 방출하는 기업들의 지속적인 반 환경적 행위 때문에 오늘날 이를 해결해야 하는 수많은 환경 보호 에이전시들이 제도적 혹은 기능적인 마비 현상을 경험하고 있다. 멕시코의 예를 들어보면 다음과 같다.

> 오염은 이미 멕시코의 경제와 정치 체계의 일부가 되었다고 할 수 있다. 제한된 형태로 진행되고 있는 산업공해 감시에 인내심을 갖는 이유는 거기에 수많은 정치적 동기들이 있기 때문이다. 산업규제는 별로 매력적이지 못한데 이는 멕시코 경제의 기반이 되는 많은 중소기업들의 생존에 위협적이기 때문이다. 정치적 혹은 행정적 힘은 특히 부패 같은 경제적인 유혹에 약하다. 현재의 규제에 대한 실패 뒤에 수많은 정치적인 동기들이 있든 없든 현재 멕시코의 도시 대기오염은 수많은 인구의 생명뿐만 아니라, 환경, 심지어 관광산업까지지도 위협하고 있다(Ristroph 2000).

그래도 긍정적인 면들이 있다면, 현재 몇몇 라틴아메리카 국가들 중 제한된 범위에서나마 산업공해를 방지한 사례들이 존재한다는 것이다. 이런 국가들은 대개 외국 회사들로부터 중요한 투자를 유치함으로써 환경이 고려된 통합적 차원의 산업 활동을 하고 있다. 하지만 이 지역의 중소기업들은 여전히 환경보호에 대해 투자할 여력이 없어 보인다. 그리고 몇몇 대기업도 심각한 오염자의 위치를 고수하고 있다. 대기오염의 문제는 산업발전과 관련되어 더욱 심각해지고 있으며 특히 전력 부문의 민영화와 규제완화 등 경제정책들도 오염을 더욱 악화시키는 역할을 하고 있다. 예를 들어, 아르헨티나, 브라질, 콜롬비아 등에서 행해지고 있는 민영화와 규제완화는 보다 청정한 에너지원인 수력발전을 줄여 나가고 석유와 석탄 등 화력발전에 의존하는 경향으로 바뀌면서 이산화황, 일산화탄소 배출량을 증가시키고 있다 (UNEP 2000b).

또 다른 대기오염의 주요 원인은 농업 부문에서 나온다. 농약과 살충제를 점점 더 많이, 광범위한 지역에 살포함으로써 대기 속으로 스며든 폐해 물질들이 대기를 빠르게 오염시키고 있다. 공공 건강에 악영향을 주는 몇 가지 사례가 발생하고 있다. 예를 들어, 1990년대 초반에 콜롬비아와 에콰도르에서 실시한 실험은 농업 부문 종사자들 중 거의 60%에 달하는 이들이 이미 농약 중독 현상을 보이고 있다는 끔찍한 결과를 내 놓으면서 여타의 노동자들은 만성적인 건강 문제로 고통을 받고 있다는 보고를 하고 있다. 특히, 여성의 경우, 사산과 유산의 위험에서부터 호흡기 질환과 신경증 문제까지 다양한 질병의 원인이 되고 있다. 농약과 살충제에 노출된 수많은 지역 공동체들이 치료를 호소하고 있다. 또 다른 대기오염의 원인으로 반드시 언급해야 할 것은 산림지역에서 발생하는 자연 화재, 그리고 지방과 지역에서, 개개 가정에서 바이오매스(나무 혹은 다른 유기체)의 소비를 위해, 혹은 산림지역에서 토지 이용을 목적으로 이루어지는 방화성 화재 등이다. 사실 라틴아메리카 인구 중 근 20%에 달하는 이들이 후자의 경우를 통해 중요한 연료를 얻으며, 이를 통해 농촌 공동체들은 취사를 하거나 난방을 한다. 하지만 옥내에서 목재나 기타 바이오매스를 이용해 취사와 난방을 하는 것은 이들은(특히 여성들) 대기오염의 위험에 노출되어 있다. 콜롬비아와 멕시코의 여성들이 장작이나 여타 바이오매스를 이용해 취사를 하기 때문에 이들이 만성적인 폐질환에 걸릴 확률이 일반 여성들과 비교해 75배나 큰 것으로 보고되고 있다(UNDP; UNEP; World Bank).

예를 들어 상파울루, 리우 데 자네이루, 부에노스 아이레스, 산띠아고, 멕시코시티 등 인구가 많은 라틴아메리카 도시들의 경우, 오늘날 에너지 부문에서 천연가스 사용 증가, 공공교통 시스템 개선, 산업 부문과 교통 부문에 대한 오염 기준 강화, 그리고 환경 친화적인 에너지 연료 개발의 투자 증가, 대기오염 해결을 위한 국제적인 협력강화 등을 통해 대기오염이 많이 줄어들고 있는 추세다. 오염에 대한 감시와 감독 강화, 오염 책임의 원칙 준수 등 규제 당국의 개혁도 동시에 이루어지고 있는 중이다. 하지만 많은 라틴아메리카 국가들에서 이런 조치들은 인구 성장과 경제 발전 우선 논리에 막혀 제대로 시행되지 못하고 있는 것이 현실이다. 유엔환경계획의 보고에 의하면, "2010년까지 라틴아메리카 및 카리브 지역의 인구 중 85%가 도시에 거주할 것으로 예상되고 있는 바, 이런 대기오염과 싸우고 부정적인 결과로 발생하는 건강복지를 회복하는 것이 모든 국가들의 중요한 과제들이다"(UNEP 2002).

라틴아메리카와 오존층

오존층은 대기의 성층권(지상 약 10~50km 사이의 지구 대기층)에 위치해 있다. 오존은 인간과 동식물을 보호한다. 태양으로부터 방출되는 자외선으로 인해 발생하는 각종 암을 막아주는 역할을 한다. 또한 오존층은 농작물, 삼림, 해양의 플랑크톤 등 인간, 동물, 해양생물들을 통합적으로 연결하는 먹이사슬을 보호하는 역할을 하기도 한다. 1980년대에 국제 과학 공동체는 인간의 활동에 의해 발생한 대기성 화학물질들이 대기에서 아주 중요한 오존층을 심하게 훼손하고 있다고 보고한 바 있다. 특히 연구자들은 냉장고나 에어로졸 스프레이에서 나오는 일종의 화학물질로, 특히 남극이나 북극 지역의 오존층에 커다란 구멍을 발생시키는 프레온가스(CFCs)의 방출을 발견했다. 국제사회는 이런 심각한 문제를 해결하려는 의지로 1987년에 오존층을 훼손하는 이들 화학물질을 규제하는 국제 협약인 '몬트리올 의정서'를 만들어 냈다. 이는 글로벌 대기 보호를 위한 국제사회 최초의 노력으로, 프레온가스와 기타 오존층 파괴 물질의 소비와 생산을 글로벌 차원에서 단계적으로 없애기 위한 국제협약이다.

북미와 유럽 지역의 선진국들은 프레온가스의 사용을 금지하는 데 앞장섰다. 1995년까지 이 유해물질의 생산을 완전히 금지하고 의정서에서 규정한 또 다른 유해물질인 농약의 메틸 브롬화물의 사용과 생산을 단계적으로 금지하기로 했다. 1995년에 이르러서는 100개가 넘는 국가가 이들 제품을 단계적으로 없애는 데 합의를 했다. 1996년에 이르러서는 프레온가스의 글로벌 차원의 소비가 10년 전과 비교해 6분의 1 수준인 160,000톤으로 감소했다. 물론 이런 감소량은 수많은 산업화 국가들의 노력으로 이루어진 결과다. 하지만 이런 결과보다 더 희망적인 것은 몬트리올 의정서에 합의된 바에 따라 개발도상국들이 2010년까지 프레온가스 생산을 단계적으로 중단할 것이라는 사실이다. 하지만 개발도상국들을 통한 몬트리올 의정서의 합의는 그리 긍정적인 결과를 기대하기 힘든 것 같다. 지난 1986년과 1996년 사이에 개발도상국들의 오존층 파괴 물질 생산은 두 배 이상 증가했고 소비도 10% 이상 증가한 것으로 보고되고 있다. 하지만 라틴아메리카 국가들의 경우 이와는 반대의 결과를 내놓았다. 유엔의 오존 사무국에 의하면 라틴아메리카와 카리브 지역은 다른 지역들과 달리 1986년에서 1990년대 말 사이에 프레온가스 생산량을 20% 이상 줄인 것으로 보고하고 있다. 1990년대 말까지 라틴아메리카 국가들의 프레온가스 생산량이 세계 기준으로 15%를 나타내고 있고, 아르헨티나와 칠레 같은 국가들은(상대적으로 남극 오존층에 가까운) 오존층 파괴 물질들에 대한 소비와 생산을 줄일 다양한 조치와 정책을 발전시켰다. 브라질의 경우도 1999년 오존층 파괴 물질의 생산을 중지시켰으며, 최근에 프레온가스 물질의 주요 생산국인 멕시코의 경우는 법안 몇 개를 통과시켜 오존층 파괴 물질에 대한 의존을 줄이고 공공연하게 성행하던 블랙마켓에서 거래를 금지시켰다.

오존층 파괴 위협에 대한 국제사회의 신속하고 결정적인 대응은 궁극적으로 20세기 환경 역사에서 가장 중요한 환경의 승리라는 이정표를 세운 것으로 평가받고 있다. 과학자들은 21세기 초반에 오존층 파괴가 가장 높게 나타날 것으로 전망하고 있다. 왜냐하면 지난 시대 오랜 기간을 거쳐 대기에 방출되어 온 프레온가스가 지속적으로 성층권에 머물러 있고 그 양 또한 증가하기 때문이다. 하지만 만일 몬트리올 의정서가 개발도상국들과 합의한 바대로 완벽하게 이행된다면 오존층은 점차적으로 회복될 것이고 2050년경에는 정상적인 수준으로 복귀할 것이다. 게다가 프레온가스의 집중 현상은 이미 지구의 낮은 대기층에서 감소하고 있다. 하지만 이런 희망적인 시나리오는 라틴아메리카와 카리브의 많은 국가들이 오존층 파괴 물질에 대한 소비와 생산에 종지부를 찍어야 가능한 일이다. 국제사회는 오늘날 오존층 파괴 물질에 대한 대체재로 부각되고 있는 수소염화불화탄소(수소를 포함한 프레온의 일종; HCFCs)나 수소화불화탄소(HFCs) 등이 글로벌 기후 변화에 어떤 영향을 미치는 지에 대해도 심각하게 고민해야 한다 (Anderson and Sarma 2003).[38]

라틴아메리카의 기후 변화

대기오염은 인간을 포함해 지구에서 살아가는 동식물의 삶에 치명적인 위협이 되는 것으로 인식되고 있다. 하지만 최근 과학적인 합의는 현재 발생 중인 대기오염이 지구의 대기를 변형시켜 지구 전체에 엄청난 재앙을 몰고 올 것이라고 주장한다. 지구 온난화 현상은 온실가스라 불리는 대기오염 물질들의 방출로 인해 점점 담요 같은 층이 증가해 태양열이 대기층에 갇히게 됨으로써, 세계 생태계, 그리고 생존을 위해 이 생태계에 의존할 수밖에 없는 지구, 인간, 동물, 식물들에게 커다란 잠재적 위협이 된다.

지구 온난화 원인의 60% 정도를 책임지고 있는 이산화탄소는 수많은 인간 활동에 의해 발생하는데, 특히 화석연료의 연소에 의해 많이 발생한다. 이보다는 덜하지만 가축이나 쓰레기 매립지 등에서 발생하는 메탄, 농작물 생산지에서 나오는 아산화질소, 산업부문에서 발생하는 불소 함유 가스, 화산활동 등을 통해 방출되는 이산화탄소, 탄소를 저장해 온 숲의 벌목을 통해 방출되는 온실가스 등이 주요 오염원들이다. '기후 변화 정부 간 패널(IPCC)'의 보고에 의하면, 유엔은 지구 온난화에 관해 가장 권위있는 조사 기구인 세계기상기구(WMO)와 합작 스폰서십을 통해 기후 변화에 대한 증거들을 찾아내 그 결과를 전 세계에 보고해 오고 있다. 급속하게 녹고 있는 극지방의 빙하와 엄청난 속도로 증가하는 온도 상승 등에 관한 것이 이런 증거와 정보에 속한다. '기후 변화 정부 간 패널'의 보고에 의하면 역사상 가장 더운 해 10개 중 9개가 1990년과 2000년 사이에 발생했다(IPCC 2001b).

만일 이런 환경 파괴적인 상황이 통제되지 않는다면, 대기 중에 점

38) 프레온을 대신하기 위해 오존층을 잘 파괴하지 않는 수소염화불화탄소(HCFCs)나 수소화불화탄소(HFCs)를 개발해서 사용하게 된다. 그러나 이 물질들은 이산화탄소에 비해 수백 배에서 1만 배에 이르는 온실 효과를 초래하는 온실 기체라는 사실이 밝혀짐으로써 지구 온난화에 미치는 영향을 고려해 현재 이 물질들 역시 사용을 규제하고 있다.

점 증가하는 온실가스가 지속적으로 유지될 것이고, 근본적으로 지구와 자연 생태계에 엄청난 재앙을 가져왔을 것이다. 물론 이런 변화를 통해 몇몇 지역은 어떤 혜택을 보는 경우도 있다(예를 들어 그동안 건조 및 반(半)건조 지역이 더 생산적인 농업지대로 변하는 경우가 발생할 수 있다). 하지만 대부분의 경우는 전 세계를 통해(특히, 개발도상국들) 인간과 동식물의 삶을 황폐화시키는 결과를 가져온다. 이런 변화에서 가장 중요한 요소는 온도의 급격한 상승이다. '기후 변화 정부간 패널'의 전망을 보면, 만일 온실가스 배출이 급감하지 않는다면 21세기 동안 지구의 온도는 섭씨 1.4도에서 5.8도(화씨 2.5도에서 10도)까지 상승할 것이라고 보고하고 있다. 이런 전망과 함께 발생할 수 있는 것은 수많은 심각한 태풍, 강우량과 강설량의 이상(異常) 변화 등을 통해 가뭄과 홍수, 섬의 범람, 해안의 해수면 상승 등의 피해가 속출하는 것이다. 이런 피해를 통해 말라리아의 창궐과 지역적 확대, 다른 열대 질병들의 도래와 다양한 생물종의 멸종 등이 뒤이어 나타날 것이다(IPCC 2001a).

과학자들은 만일 많은 국가들이 이런 위험을 즉각적으로 해결하기 위해 연대하지 않는다면 모든 전망이 현실화될 것이라고 주장한다. 지금까지 이런 기후 변화에 대한 국제적인 대응으로는 지구 온난화 방지를 위해 온실가스의 인위적 방출을 규제하기 위한 협약인 '기후변화에 관한 기본협약(UNFCCC; 1992년 6월 리우회의에서 채택)'과 1997년 국가 간 이행 협약인 교토의정서가 존재한다. 전자의 경우는 규제를 법적인 의무사항으로 규정하지 않은 선진국들이 자발적으로 협력하는 비구속성 협정으로, 2000년까지는 온실가스를 1990년도 수준으로 줄이겠다는 의지가 담겨 있다. 하지만 후자는 유엔이 개입한 법적 구속력이 있는 협정으로, 선진국들의 경우 2012년까지 온실가스 배출을 1990년 수준으로, 적어도 5% 감축하겠다는 의지를 담았다. 의정서는 힘을 발휘하기 시작했으며 협정서에 선진국을 포함해 적어도

55개의 회원국이 서명을 했고 총 이산화탄소 방출량을 최소한 55% 정도 줄이겠다는 합의를 했다. 하지만 교토의정서는 역사상 처음으로 지구의 기후 변화를 언급한 첫 번째 조치 및 단계로서 의의를 지니지만 그 미래는 불확실하다. 온실가스 배출 1위국인 미국이 경제적 어려움과 개발도상국들이 배제되었다는 이유를 들어 이 조약의 인준을 거부했기 때문이다. 게다가 협정을 인준한 몇몇 국가들도 교토의정서의 온실가스 감축 목표치에 여전히 많은 의구심을 나타내고 있다.

지구 온난화에 대한 라틴아메리카의 기여

라틴아메리카 지역에서 온실가스 배출에 영향을 주는 물품 목록에 대한 조사는 불확실하다. 하지만 현재 존재하는 분석 가능한 데이터를 종합해 보면 다음과 같다. 세계 인구의 8.5%를 점유하면서 온실가스 배출의 5.4%를 라틴아메리카 지역이 담당하고 있다. 멕시코는 단일 국가로는 가장 많은 온실가스를 배출하는 나라로, 한해 3억 5천 6백만 톤을 배출하고 있다. 브라질과 함께 라틴아메리카 및 카리브 지역 전체 배출량의 53%에 달하는 수치다. 하지만 더욱 중요한 사실은 두 나라의 배출량이 인구 면에서 거의 비슷한 미국이 배출하는 온실가스의 12% 밖에 되지 않는다는 것이다. 게다가 1990년대에 라틴아메리카 지역의 1인당 온실가스 배출량은 매년 세계 평균치보다 낮게 유지되고 있었다.

라틴아메리카 국가들이 현재는 온실가스 배출 주도국이 아니지만, 배출량의 추이를 살펴보면 다음 시기에는 많은 변화가 있을 것으로 예상된다. 예를 들어, 아르헨티나, 브라질, 칠레, 멕시코, 우루과이 같은 나라에서 행해지고 있는 대량의 가축 사육을 통한 메탄가스의 증가는 기후 변화에 커다란 영향을 미칠 것으로 분석된다. 사실 현재 라틴아메리카 국가들은 전 세계 메탄 배출량의 10%를 점유하고 있을 정도다.

라틴아메리카의 점증하는 온실가스 방출은 근본적으로 이산화탄소 생산이 증가하면서 발생하고 있다. 1980년-1998년 사이에 이 지역의 이산화탄소 배출은 65% 정도 증가했다(UNEP 2001). 증가의 주원인은 산업, 농업, 교통 부문에서 발생하는데, 이 모든 부문이 화석연료 소비에 지나치게 의존해 있기 때문이다. 게다가 화산연료 연소에 의한 이산화탄소 방출은 1980년대와 1998년 사이에 거의 35%로 치솟았는데, 이는 1994년에서 1999년 사이의 기록으로 보면 해년마다 2.5%씩 상승한 결과이기도 하다. 또한 삼림 황폐화의 경우(특히 아마존 강 유역)가 이산화탄소 방출의 주요 원인으로 분석된다. 예를 들어, 브라질의 경우 삼림 황폐화는 에너지 부문에서 방출되는 이산화탄소의 2배 정도를 방출한다고 보고된다. 이와 더불어 라틴아메리카와 카리브 지역에서 토지의 이용 변화도 온실가스 방출의 주원인으로 보고되고 있다(UNEP 2000b).

지구 기후 변화의 잠재적 영향

수많은 경제적, 환경적 조치 및 노력에도 불구하고 현재 라틴아메리카 및 카리브 지역 국가들은 잠재적인 기후 변화와 심각한 날씨 변화, 지구 온난화에 대해 가장 열악한 대응을 하고 있다. 특히 실질적으로 다른 지역들과 비교해 기후 변화를 가장 많이 체감하고 있는 카리브 지역의 열악한 대응은 사실이다. 예를 들어, 카리브 섬 국가들의 경우 해수면이 약간만 상승해도 경제, 사회 및 정치적 구조, 생태계가 치명적인 영향을 받는다. 지구 온난화에 따른 해수면 상승은 해안에 밀집 거주하는 인구와 연안 생태계에 엄청난 재앙을 초래할 수 있다 물론 이는 남미의 연안도시들에도 예외는 아니다. 아르헨티나, 칠레, 우루과이, 베네수엘라, 대서양과 태평양 사이에 위치한 중미 지역의 저지대에도 악영향을 줄 수 있다.

또한 지구 온난화는 이 지역 강수량 사이클의 유형 변화를 통해 라틴아메리카의 경제, 사회, 환경 구조 전반에 치명적인 영향을 줄 수 있다. 예를 들어, 점증할 것으로 예견되는 홍수와 가뭄, 수질오염, 어업 및 농작물 피해, 가축 방목에 대한 악영향, 수력발전에 의존적인 전력 공급 서비스 문제 등 무수히 많은 부문이 영향을 받을 것이다. '기후변화 정부 간 패널' 또한 기후 변화의 결과로 라틴아메리카 국가들은 집중적으로 발생하는 열대성 폭풍으로 인해 인명, 재난, 생태계가 크게 위협받고 - 특히 반 건조 환경 조건을 가진 지역들에서는 농업 활동과 생산성이 감소하는 -, 생물다양성의 엄청난 손실이 발생할 '가능성이 높은' 지역으로 분류했다. 또한 말라리아, 뎅기열, 콜레라 등의 전염병이 엄청난 속도로 증가할 것이고, 항구, 고속도로, 상업 중심지의 훼손으로 인해 사회 및 경제적 서비스가 붕괴될 것이라는 전망들이 나오고 있다(IPCC 2000).

기후 변화 위협에 대한 경고

개발도상국들, 라틴아메리카 및 카리브 지역 국가들은 유엔의 '기후변화에 관한 기본협약' 혹은 '교토의정서'에서 합의한 온실가스 감축에 대한 법적, 의무적인 합의를 하지 않고 있다. 하지만 이 지역은 이런 합의 사항의 유무를 떠나 나름대로 온실가스 감축을 위한 원칙을 세워서 다양한 대응조치를 취하는 등 전반적으로 다양한 노력을 해 오고 있다. 여러 라틴아메리카 및 카리브 국가들은 온실가스 경감과 지구 온난화 채택을 시도해 투자를 증대시키고 있고, 화석연료를 대체할 재생에너지 에탄올 개발에 박차를 가하고 있으며, 바베이도스, 코스타리카, 자메이카 등은 풍력에너지 개발에 많은 투자를 하고 있다(UNEP 2002). 이런 방지 대책에 가장 경쟁적으로 동참하고 있는 국가는 멕시코다. 라틴아메리카 최대의 산유국인 멕시코는 처음으로 교토의정서를 인준하고, 삼림 황폐화 비율을 낮춰가고 있다. 석유나 석탄 대신에 천연가스 사용을 장려하고 도시 지역에서 자동차나 트럭에서 발생하는 이산화탄소 배출을 강력히 규제하는 조치들을 이행하고 있다. 이런 노력으로 멕시코는 이미 어느 정도 긍정적인 효과를 거두고 있는데, 예를 들어, 1990년대에는 연간 방출 증가치를 5% 정도 낮추었다(해년마다 탄소 천만 톤 정도; Chandler 2002).

마지막으로 기후 변화 전문가들은 라틴아메리카 지역이 보유한 삼림이야말로 탄소 저장 용량이 엄청난 수준이라고 입을 모은다. 유엔 식량 및 농업 기구는 '세계 삼림 2001년 상황' 보고서에 다음과 같이 언급하고 있다.

> 대기 중에 집중적으로 축적되는 이산화탄소를 줄이는 가장 효과적인 방법은 화석연료로부터 발생하는 방출을 줄이는 것인데, 이를 위해서는 토지의 이용 변화와 관련해 이산화탄소 저장 능력이 큰 삼림을 보호하는 것이다. 이는 급속한 기후 변화를 막기 위한 기술적 잠재성이 가장 큰 방식이다. 몇 년 동안의 벌채 등을 통한 삼림 황폐화로 대부분의 탄소가 배출된 만큼, 삼림 황폐화 비율을 줄이는 것은 짧은 시간에 가장 효과적인 결과를 기대할 수 있다. 이는 이미 황폐화된 삼림을 장기간에 걸쳐 조림사업 또는 복원사업을 함으로써 탄소 배출량을 줄이려는 노력보다 훨씬 더 나은 방법이다.

라틴아메리카의 '교토 삼림'

라틴아메리카의 산림지역은 이산화탄소 형태로 대기에 존재하는 탄소를 광합성 과정을 통해 어디서든지 흡수한다. 게다가 건강한 삼림은 탄소 저장고로서의 역할을 하며, 삼림에 있는 나무, 하목식재 식물, 임상(삼림 지표면의 토양과 유기 퇴적물의 층)은 많은 양의 탄소를 침전시킨다. 세계 산림지역을 통해 잠재적으로 흡수 또는 침전되는 탄소량은 어마어마하다. '기후변화 정부 간 패널'의 보고에 의하면, 현재 진행 중인 글로벌 삼림 프로그램들은 2000년과 2050년 사이에 전 세계의 화석연료로부터 배출되는 이산화탄소를 15% 정도 저장할 수 있을 것으로 본다(만일 지속 가능한 목재 건축 모델이 정착된다면 이 흡수량은 25%까지 상승할 수 있다). 이런 시나리오는 특히 라틴아메리카 지역과 밀접한 관계를 맺고 있다. 열대우림 지역만으로도 위에서 언급한 탄소 배출량의 80%를 흡수할 수 있기 때문이다(Goetze 1999; Rotter and Danish 2000).

반대로 열대우림이 제거된다면 지구는 탄소 흡수 및 침적 용량을 잃어버릴 뿐만 아니라 엄청난 양의 탄소를 대기로 방출하는 결과를 초래할 것이다. 사실 '기후변화 정부 간 패널'은 해마다 발생하는 탄소 70억 톤 중 15-20% 정도가 대기로 방출되고 있다고 보고한다. 이는 열대 산림지역에서 인간 활동의 증가로 삼림이 파괴되거나 삼림이 악화되기 때문인 것으로 분석된다. 앞에서 언급했듯이, 브라질과 몇몇 라틴아메리카 국가들은 화석연료의 소비보다는 삼림 황폐화를 통해 더 많은 온실가스를 배출하고 있다.

이런 인식을 바탕으로 보면 산림자원은 이산화탄소를 발생하거나 제거할 수 있는 가장 중요한 자원 중 하나다. 따라서 점증하는 지구 온난화를 막기 위해 산림자원을 어떻게 관리하고 보호할 것인가라는 프로그램들과 제안들은 다양하다. '탄소 숲' 프로젝트가 확산되는 현상도 이런 세계적 경향 속에서 발견된다. 하지만 이런 행동을 추구하는 다양한 생각들과 아이디어들은 엄청난 논쟁을 유발하기도 한다. 특히 교토의정서와 함께 새로운 처방으로 등장한 '청정개발체제(CDM)'가 그것이다.

청정개발체제에 대한 아이디어는 일종의 프로젝트 방식으로, 교토의정서에 법적 의무가 있는 선진국들과 의무가 없는 개발도상국들 사이에 '탄소배출 거래 및 무역'을 하자는 취지로 등장했다. 청정개발체제의 명시적인 목표는 선진국들에게는 의무적으로 규제해야 하는 온실가스 배출 완화를 돕고, 개발도상국들에게는 지속 가능한 발전 목표를 이루도록 도움을 주는 것인 바, 이는 종국에 교토의정서의 최종 목표인 대기권에서 온실가스의 집중을 줄이거나 안정화시킴으로서 선진국과 개발도상국 모두 '윈-윈'해야 한다는 전략으로 고안되었다(Goldemberg 1998). 청정개발체제 하에서 사적 기업들, 수도, 전기, 가스 같은 공익사업들, 산업화된 국가들의 정부는 모두 개발도상국의 온실가스 배출 경감 및 지속 가능 발전에 도움을 줄 수 있는 다양한 프로젝트 사업에 투자할 수 있게 되었다. 투자자들은 교토의정서의 목표에 대한 참여와 투자에 대한 보답으로 '신용(credit)'을 얻을 수 있다.

현재 청정개발체제 차원의 삼림 프로젝트 사업으로는 두 종류가 있다. 첫째, 탄소의 '침전 강화' 프로젝트로, 이는 삼림의 탄소 흡수 용량을 더욱 증가시키는 프로젝트다. 이미 황폐화되었거나 파괴된 삼림을 복원하는 사업으로, 나무심기를 통한 조림사업과 삼림 복원사업 등이 이 분류에 포함된다. 두 번째 프로젝트 사업은 '방출원 경감' 프로젝트다. 이미 보호되고 있는 산림보호 지역에 대한 지속 가능한 관리 개념으로, 벌목과 광산 채굴, 토지의 변경 등으로부터 자연산림을 보호 유지하는 프로젝트다(World Conservation Union 2002).

하지만 이런 청정개발체제 프로젝트 사업 하에서 삼림과 또 토지의 용도 전환 프로젝트의 허용 문제를 놓고 교토의정서가 규정하고 있는 애매모호한 조항 때문에 분쟁이 발생하고, 합의가 잘 이루어지지 않고 있다. 게다가 많은 전문가들이 분석하고 있듯이, 교토의정서에 의해 시작된 이런 프로젝트들이 환경에는 오히려 해로운 영향을 줄 것이라고 의심을 하고 있다. 하지만 주창자들은 이런 프로젝트가 기후 변화에 효율적으로 대응하게 될 것이며, 이는 열대우림을 보호하고 생물다양성을 더욱 보존할 수 있는 최적의 방법이라고 입을 모은다. 여전히 이 주제에 대한 다양한 이견이 존재하고 이는 다양한 환경공동체들에게도 영향을 주고 있다. 예를 들어 그린피스와 지구의 벗(Friends of the Earth) 같은 기구들에게 이런 개념은 지극히 맞지 않는 논리들로 인식되고 있다(Friends of the Earth 1997). 그리고 다른 국제환경기구들 예를 들어, 국제자연보호협회(The Nature Conservancy) 같은 경우는 이런 프로젝트를 특히 라틴아메리카처럼 잠재적인 '교토삼림' 지역 보호에 알맞은 가장 유용한 방법이라고 주장한다.

멕시코시티의 대기오염 개선

멕시코시티는 세계에서 가장 큰 도시들 중 하나다. 메트로폴리탄 주변 지역에 1천8백만의 인구가 거주하는 공간이기도 하다. 멕시코의 수도로서 경제, 정치, 사회생활의 중심지다. 하지만 이 도시의 대기의 질은 오랫동안 악명이 높았다. 대기오염 악화의 원인은 첫째, 산맥들로 둘러싸인 계곡의 바닥을 따라 무질서하게 뻗어 나간 도시 외곽 지역 때문에 오염원들의 분산에 많은 제약을 받을 수밖에 없었고, 둘째, 공장과 전력 발전소, 날마다 늘어나는 자동차들이 대기로 뿜어내는 오염물질들의 증가로 인해 이 도시의 대기는 점점 악화되었다. 이산화탄소, 아산화질소, 산화황, 대류권 오존, 탄화수소, 에어로졸 같은 부유 미립자(일명 SPM) 등이 국제안전수치 가이드라인을 초과해 멕시코시티 시민들의 머리 위를 떠다니고 있었다. 1999년까지 멕시코시티의 대기의 질과 수질은 가장 열악한 상태로, 세계자원기구 보고에 의하면 어린아이들이 살기에는 부적합한 도시 중 하나였다. 이처럼 악화된 대기 및 수질의 가장 큰 원인은 교통 부문에서 발생했다. 이전에는 확실히 산업 및 농업 부문, 시청의 관리 부문에 원인이 있었다. 하지만 1990년대 말에 이런 대기오염의 주범이 교통 부문에서 확인이 되기 시작했다. 대기오염의 70%가 이 부문에서 발생한다는 많은 연구에 의하면 자동차 수가 1970년에서 1996

년 사이에 무려 4배나 증가한 사례를 볼 수 있다(UNEP 2002). 1990년대에 멕시코시티 대기오염은 지극히 위험한 정도에 이르렀으며, 정부는 이를 해결하기 위해 다양한 조치들(초기 단계에서 적어도 취약한 어린 아이들에게 덜 영향을 미치는)을 내놓기 시작했다. 많은 조치들 중 대표적인 것은 1995년부터 2000년 사이에 시행된 '대기 질 개선 프로그램'을 들 수 있다. 이 프로그램의 상세 조치들을 보면 대기 질이 안 좋은 시기 동안 옥외 활동의 제한, 오염도가 높은 날들의 경우 학교와 공장의 폐쇄, 자가용 사용의 제한(특히 노후 자동차의 경우), 자동차에 촉매변환장치(자동차의 공해방지장치) 부착, 저유황 가솔린 사용 등이었다. 또한 자동차에 대한 오염 기준을 강화하고 도시 근교에 있는 중공업 지대를 상업 및 거주 지역에서 먼 지역으로 재배치하는가 하면 수요가 늘어가는 전력을 저탄소 천연가스를 이용해 생산하고 가솔린 등에 새로운 세금을 부과하는 정책을 써서 대기의 질 향상에 많은 금융 투자를 하기 시작했다. 이런 조치들은 상대적으로 단기간에 걸쳐 몇몇 가시적인 성과를 낳았다. 멕시코시티의 대기에서 납, 산화황, 일산화물, 아산화질소의 집중된 축적 정도가 국제 안전기준 정도로 감소했다. 그럼에도 불구하고 멕

멕시코시티의 주요 도로인 미겔 이달고(Miguel Hidalgo) 거리가 아침 출근 시간에 자동차와 스모그로 꽉 차 있다

시코시티의 대기의 질은 다른 도시들과 비교해 보면 여전히 높은 수준의 오존과 부유 미립자가 유지되는 가장 열악한 상태를 유지하고 있다. 건강을 위협하는 이런 대기오염을 줄이기 위한 더욱 강도 높은 조치들이 멕시코시티 시민들에게 요구되었고, 증가하는 인구와 경제 활동들을 고려해 추가적인 조치들도 시급하게 이루어져야 했다. 멕시코시티는 대기오염을 줄이기 위해 새로운 시도들을 이행하기 시작했다. 이런 시도는 멕시코가 최초로 기후 변화에 대한 대응 프로그램 개발함으로써 이행되었다. 야심적으로 준비한 2002년-2010년 사이의 멕시코 메트로폴리탄 계곡 지역 대기 질 개선 프로그램은 바로 '쁘로아이레(Proaire) III'다. 국제적인 전례를 기준으로 삼아 비용을 절감하면서 대기의 질을 효율적으로 개선해 보겠다는 목표가 있었다.

이 야심적인 프로그램은 메트로폴리탄 환경위원회(MEC)를 주축으로 지역 연방의 대표들, 도시의 에이전시들이 참가해 멕시코시티의 대기에 포함되어 있는 높은 수준의 오존과 부유 미립자를 감소시키기 위한 활동을 시작했다. 물론 이 프로그램은 기존의 조치를 유지하면서도 대기 질 악화의 다른 오염원들을 주요 감소 대상으로 하는 계획을 첨가했다. 1990년대에 이행했던 기존의 '쁘로아이레 I', '쁘로아이레 II'의 기반 위에 '쁘로아이레 III'를 병합해 시행했는데, '쁘로아이레 III'의 대기오염 관리 계획은 여타 대기오염 경감 조치들과 함께 시행했다. 특히 환경교육, 시민들의 참여 프로그램 등을 강화했다. 이 계획은 개별적인 80개 이상의 프로젝트에 120억 달러에서 150억 달러의 공적 및 사적 투자가 예상되는 것이었으며, 10년 동안 자동차의 연료에서 발생하는 부유 미립자 18%, 산화황 16%, 일산화탄소 26%, 아산화질소 43%, 탄화수소 17% 줄인다는 목표치를 가지고 있었다. 이런 프로그램이 성공한다면 이는 공공 건강복지에 대한 엄청난 승리로 기록되는 일대 사건이 될 것이다. 많은 전문가들은 매년 40억 달러의 경제적 효과를 가져 올 뿐만 아니라, 많은 시민들의 죽음과 질병을 감소시키고, 일자리까지의 이동 시간 단축은 물론 이에 수반되는 경제적 비용도 아낄 것이라고 본다. '쁘로아이레 III'의 특징은 특히 점증하는 교통 부문에서 발생하는 대기오염 방지에 초점이 맞추어져 있다. 현재 멕시코시티의 도로에서 운행 중인 3만대에 달하는 소형버스들을 교체하고 재생에너지를 사용해 교통부문 서비스를 청정화 하겠다는 계획을 가지고 있다. 이와 함께 또 다른 오염의 주범인 택시 서비스를 개선하는 일환으로, 노후 택시를 폐기하고 새 택시를 구입할 경우에 경제적인 인센티브를 주는 제도를 활용하고 있다. 많은 오염원을 배출하는 트럭 부문에도 조치를 취해 트럭의 사용과 운행에 대한 규제를 강화하고 있다. 이런 시도는 결국 기존의 산업 부문과 에너지 부문에서 사용하던 석탄, 석유의 화석연료 체제를 저탄소 배출원인 천연가스 체제로 전환시켜 대기오염을 줄이겠다는 의지를 반영한 것으로 보인다. 만일 멕시코시티의 '쁘로아이레 III' 프로그램이 정확한 이행과 적절한 재원투자를 통해 성공한다면, 이는 세계의 다른 도시들에게도 중요한 모델이 될 수 있을 것이다. 하지만 많은 비판가들이 언급하듯이 이런 프로젝트의 성공에는 변함없는 정치적 지원과 효율적인 행정 능력이 반드시 요구된다.

〈출처〉

Ezcurra, Exequiel., eds. 1999. *The Basin of Mexico: Critical Environmental Issues and Sustainability*, US: New York.

Instituto Nacional del Estadistica, Geografia e Informatica. 1998. *Estadisticas del medio ambiente. Mexico, 1997*. Aguascalientes, Mexico: INEGI.

Simon, Joel. 1997. *Endangered Mexico: An Environment on the Edge*. San Francisco: Sierra Club Books.

Talli, Nauman. 2002. "Mexico City's Battle for Cleaner Air." Contemporary Review 281(November).

UNEP. 2002. *Global Environment Outlook 3*(GEO-3). London: UNEP and Earthscan.

반대자들은 청정개발체제(Clean Development Mechanism: CDM)에 삼림 프로젝트를 포함하는 것이 적절하지 않다고 비판한다. 특히 탄소 삼림 프로젝트(carbon forestry projects)가 생물다양성 보호 차원에서 보면 불일치하는 부분이 많다고 주장한다. 예를 들어, 이들이 염려하는 것은 나무가 주는 이익 부문과 관련해 만일 오래되고 성숙한 나무들보다 어리거나 젊은 나무들이 탄소 흡수에 더욱 유리하다면, 오랫동안 성장한 나무들이 어리거나 젊은 나무로 교체됨으로써 모든 삼림이 점점 단일 품종의 삼림 플랜테이션으로 바뀔 수 있다는 것이다(Friends of the Earth 1997). 반대의 목소리는 탄소 삼림 프로젝트가 일종의 '누수현상'을 유발할 수 있는 것으로, 단순히 나무를 바꾸거나 다른 활동만 하게 되어도 생태학적으로 허약한 지역에 탄소를 방출할 수 있다고 주장한다. 또한 비판자들은 프로젝트가 삼림 환경 지역 공동체들의 경제적 혹은 사회적 관심을 무시한다고 주장한다. 예를 들어, 청정개발체제 사업을 통해 개발도상국들의 지역 공동체를 지원하는 사업은 그 지역 공동체 사회가 진정으로 원하는 개발 지원은 무시되거나 등한시될 수 있다는 것이다. 마지막으로, 수많은 반대의 목소리는, 탄소 삼림 프로젝트가 기후 변화에 책임이 있다고 주장하는 자들은 이 프로젝트를 화석연료 소비를 줄이면서까지 해야 하는 것인지에 대한 이해도가 없거나 이런 프로젝트 자체에 대해 애매모호한 태도를 취할 수 있다는 것이다. "비록 세계적 차원에서 엄청난 규모의 삼림화 작업이 진행 중이지만, 이는 오직 탄소 방출을 최대한 줄이려는 필요를 지연시키고 있다"고, 한 국제환경기구는 주장한다. "산림이 장기간 탄소 저장소 역할을 하겠지만, 삼림이 성장 과정에 있을 때만 탄소를 흡수할 수 있기 때문에 일단 성장을 멈추게 되면 대체적으로 탄소 침전 역할을 멈추게 된다."

하지만 탄소 삼림 프로젝트를 지지하는 많은 사람들은 청정개발체제 프로젝트의 틀 안에서건 밖에서건 이 개념을 적극적으로 믿는다. 이들의 논리는 "특히 기후 변화에서 삼림 활동의 중요한 역할을 고려한다면, 나쁜 유형의 탄소 삼림 프로젝트가 모든 삼림 프로젝트를 제거하는 이유는 될 수 없다"는 것이다. 특히 국제자연보호협회는 라틴아메리카의 삼림 프로그램과 관련해 이런 논리의 타당성을 주장한다. "만일 '기후변화 정부 간 패널'이 지구의 기후 변화 위험을 막기 위해 온실가스 방출을 인위적으로 어느 정도까지 낮출 수 있다는 그들의 계산이 정확하다면, 모든 관찰자들과 분석가들은 삼림을 보호하기 위한 건전한 프로젝트의 개발을 독려하고, 지속 가능한 삼림을 확대 조성하고, 온실가스 경감 혜택을 제공해야 할 것이다"(Rotter and Danish 2000).

탄소 삼림 프로젝트 주창자들과 지지자들은 - 그들이 보존을 위해 다양한 시도를 하든지, 아니면 삼림 복원을 위한 계획을 가지고 있든지 간에 - 이 프로젝트가 생물다양성과 강의 분수계를 보호하는 일부터 지속 가능한 삼림 기술 및 산업의 발달을 가능하게 만들고, 생태관광의 활성화와 지역 공동체에 외부로 반출되지 않는 소득원을 제공하는 등 사회적 또는 환경적 혜택을 줄 것이라고 주장한다. 유엔개발계획 또한 산림보호에 대한 전망을 통해 기후에 대한 엄청난 파급 효과와 생물다양성 보호 혜택, 온실가스 방출의 급감 기회 등이 있다고 주장하고 있다. 개발도상국들에서 가장 최적의 시나리오는 - 물론 개발도상국들마다 서로 다른 방법과 결과들이 상존하지만 - 최소한 질식할 것 같은 스모그, 인간의 사망, 엄청난 규모의 삼림 황폐화, 종의 멸종 등을 피하는 것이다. 개발도상국들은 그들의 생물자원들을 계속해서 이용할 방법들을 찾아 낼 것이다. 이들은 이제 자원 생산성을 유지하고, 생물 다양성을 보존하며, 수질의 안정성을 보장받고, 다른 수많은 서비스를 안전하게 이용, 보존, 개발하기 위한 새로운 인식을 시작했다(Goldemberg 1998).

탄소 삼림 프로젝트의 주창자들은 생물다양성 보호, 온실가스 경감, 공동체의 적극적인 참여 및 봉사 등과 관련해 현재 라틴아메리카와 카리브 지역에서 행해지고 있는 많은 삼림 프로그램들이 완벽하게 성공했다고 주장한다. 예를 들어, 벨리즈의 리오 브라보(Rio Bravo) 탄소 추방 프로젝트는 지속 가능한 삼림 관리를 통해 농장 경영 공동체에게 엄청난 경제적 혜택을 가져다 준 사례로 알려져 있다. 볼리비아의 노엘 켐프 메르카데(Noel Kempff Mercade)국립공원의 경우는 세계에서 가장 큰 규모의 탄소 삼림 프로젝트로 알려져 있다. 이 프로젝트는 국제자연보호협회와 미국의 3개의 에너지 회사들, 자연의친구재단(Fundación Amigos de la Naturaleza: FAN)간 합작투자 형태로 조성되어, 150만 에이커의 산림지역을 보호하고 있다. 벌목 허가제의 도입을 통한 무분별한 벌목을 막고 무분별한 토지 이용을 막고 있다. 수많은 열대 삼림의 생물종들과 재규어, 자이언트 수달, 9종의 마코 앵무새를 안전하게 보호하고 있다. 더욱 중요한 사실은 향후 30년 동안 발생할 수 있는 2천 6백만 톤의 탄소를 흡수할 산림자원을 기본적으로 보유하고 있다는 것이다. 벌목 회사들의 지속 가능한 수준의 벌목 협약이 제한된 회사들과 이루어지고 있기 때문에 자본을 통한 신규 협약은 협상의 대상이 되지 못한다. "엄청난 삼림을 보유하고 있지만 이들을 보호할 충분한 자원이 없는 개발도상국, 특히 라틴아메리카 같은 지역에서 이런 성공적인 사례는 주요 투자자들에게 관심과 주목을 받기에 충분하다"고 비영리 단체인 관련과학자조합(Union of Concerned Scientists: UCS)의 한 관계자는 말한다. "프로젝트의 구상과 이행에 가장 알맞은 동기를 제공하는 정확한 정책은 모든 국가들로 하여금 기후 변화, 열대우림 보호, 생물다양성 보호라는 세 마리 토끼를 한꺼번에 잡는 효과를 가져다주고 있다"(Goetze 1999).

제10장

환경 행동주의

라틴아메리카의 환경 행동주의는 정치적 불안과, 경제 위기, 천연자원을 방치하는 환경 속에서 투쟁해 왔다. 그러나 환경 행동주의 초기에 지역 환경 공동체는 다양한 환경 분야에(대기오염과 수질오염을 줄이는 것부터 생물학적으로 중요한 야생동물 서식지를 보존하는 것까지) 대한 권한을 가지고 있었다.

라틴아메리카에서 활동 중인 가장 낙천적인 환경보호 활동가조차도 "미래 세대를 위한 가치 있는 환경 유산을 보호하려는 노력은 벅찬 것이다"라고 인정한다. 라틴아메리카에 만연한 사회 경제적, 정치적 성향이 지구상에서 라틴아메리카를 환경 분야에서 가장 취약한 지역으로 만들었다는 게 확연하다. 멕시코의 바하 깔리포르니아(Baja California)부터 아르헨티나의 케이프 혼(Cape Horn)까지, 이 지역의 천연자원은 목재, 광물, 식품 혹은 상품을 만들기 위한 국내외의 요구를 충족시키기 위해 빠른 속도로 수확되고 소비된다. "거의 500년 동안, 라틴아메리카와 카리브해 지역의 자원 유산은 산업 선진국들이 발전하는 데 공헌했고 그로 인해 현재 라틴아메리카가 직면한 급속한 자원의 파괴라는 결과를 가져왔다"라고 한 연구는 밝히고 있다. "산업 선진국들은 개발도상국에게 생태학적 빚(Ecological Debt)을 지고 있다. 그리고 현재 개발도상국들은 지구 환경이 더 이상 파괴되는 것을 막기 위해 빈곤 국가들이 지속적으로 발전할 수 있도록 지원할 의무를 가지고 있다"(UN 환경 프로그램, 1992).

이런 '생태학적 빚'은 현재 라틴아메리카에 셀 수 없이 많다. 하지만 라틴아메리카의 환경이 겪고 있는 수모는 새로운 것도 서구적인 현상도 아니다. 확실히 라틴아메리카 환경의 중요한 변화는 서구의 식민지가 시작되기 전에 발생했다.

"멕시코는 과거에서부터 커다란 환경적 변화를 겪었다. 1519년에 멕시코에 도착한 유럽인들은 치남빠(Chinampa) 농업[39]을 위해 만들어진 상수도, 강의 북쪽 산림의 벌채, 동물의 멸종 등의 현상을 발견하게 된다. 그때부터 환경 변화의 속도가 계속적으로 증가해 왔고, 그에 따라 다양한 사회단체들이 환경 문제에 대해 더 많은 관심을 두었다"(Ezcurra 1999).

이런 변화의 속도는 라틴아메리카의 다른 국가에게도 영향을 미쳤다. 예를 들어, 대다수 라틴아메리카 국가들에서 나타난 사회-정치적 시스템의 변화로 인해 자신들의 자원에 대해 깊은 관심을 쏟을 수 없었다. 자원보호 의식의 결여는 급속한 산림 파괴, 강 기능의 저하, 비옥한 토지 감소, 서식지 파괴, 생물 다양성 감소, 변동이 심한 수산물 어획 등의 결과를 가져왔다.

그럼에도 불구하고, 현대 라틴아메리카 국가들에서 자원보호 운동이 차츰차츰 증가해 각 국가마다 21세기 천연자원의 보호를 위해 활동하는 환경단체를 육성하기 시작했다. 라틴아메리카 환경 행동주의는 문화, 종교, 생물권 같은 넓은 영역에서 뿌리를 내리고 있다. 19세기 초기의 삼림 보존기구 설립부터 20세기 초기의 첫 번째 정부기구 설립까지, 그리고 현재의 국제 환경단체 설립에 이르기까지 라틴아메리카 국가들은 토지, 공기, 수자원을 보호하기 위해 지속 가능한 환경보존 모델을 시행했고, 시행 방법은 국가마다 매우 유사했다.

초기 환경운동: 1800 - 1950

여타 식민지와 마찬가지로, 라틴아메리카는 18세기와 19세기에 문

39) 곡물을 재배할 토양을 만들기 위해 진흙더미를 쌓아 올려 만든 섬으로 된 정원이다.

화전쟁을 겪게 된다. 원주민들은 자신들만의 자연 활용 시스템을 발전시켜 나갔다, 하지만 그 시스템의 많은 부분은 유럽으로부터 온 정착민들과 문제를 일으켰다. 초기 식민 개척자들은 자연보호와 보존에 대해서는 거의 관심을 보이지 않았다. 스페인 군주인 까를로스 3세(Carlos III)와 까를로스 4세(Carlos IV)세는 식민지에서의 식물원 건립과 동식물에 대한 연구에 힘썼다, 하지만 식민지 환경의 고유성을 보존하는 것에는 관심이 부족했다. 1800년대 초기에 도착한 프로이센의 동식물연구가 바론 알렉산터 폰 훔볼트(Baron Alexander von Humboldt) 덕분에 자연보호의 개념이 라틴아메리카에서 많은 지역에서 정착하게 된다.

리우 데 자네이루 지구 정상회담

1992년 6월, 리우 데 자네이루는 세계 최대 회담을 개최했고, 여기에는 175개국 이상의 정부 대표와 1천개 이상의 환경단체를 비롯해, 총 3만 명 이상이 참여했다. 프레콤(Prepcom)으로 알려진 유엔 준비 위원회에

어린이들이 브라질 리우 데 자네이루에서 열린 1992지구 정상회담의 마스코트와 인사하고 있다

의해 회담이 계획되었다. 멕시코 외무 장관 안드레스 로센딸(Andrés Rozental)과 브라질 대사 리꾸뻬루(Ricupero)가 회담 계획을 담당했고, 회담은 브라질 대통령 꼴로르(Collor)에 의해 진행되었다. 이 회담은 브라질을 전 세계에 알리는 계기가 되었다. 세계가 지켜보는 가운데, 많은 사람이 불가능하게 여기던 많은 것을 이루어 냈다. 선진국 정부들은 환경의 미래를 위한 5가지 협약이 통과되도록 세계적인 NGO 단체와 함께 노력했다. "2년 동안 외교관들이 해결하지 못한 사항에 대해 리우에 모인 정부 대표들은 2주 안에 결론에 도달했다."(UN Environment Programme, n.d.)

리우 정상회담에서 결정된 5개 조약은 생물학 다양성 협약, 삼림 관리 행동 원칙, 기후 변화 협약, 환경과 발전을 위한 리우선언문, 세계의 지속 가능한 발전을 위한 '아젠다 21'이었다. 아젠다 21은 4개의 부분으로 나뉘어졌다. 사회-경제적 관점, 개발을 위한 자원의 관리와 보존, 메이저 그룹의 역할 강화, 아젠다 21의 이행 방법이었다. 이 4가지는 모든 국가들에게 중요한 것이지만 환경 이슈와 사회 경제 발전이 한 데 뒤엉킨 라틴아메리카에서는 특별한 의미가 있었다. 아젠다 21의 목적은 라틴아메리카의 환경에 대해 매우 직접적이었기 때문이다.

정상회담은 환경 문제 해결을 위한 추동력을 제공했다. 거의 모든 라틴아메리카 국가들은 포스트 리우 리포트(Post Rio Report)를 출판했다. 아울러 몇몇 국가들은 환경 캠페인에 대한 의미 있는 진전을 보였다. 쿠바는 기후 변화 협약을 따르기 위해서 '기후변화 위원회'를 만들었고, 그 첫 번째 작업은 온실가스 배출에 대해 연구하는 것이었다. 멕시코의 살리나스(Salinas) 대통령은 멕시코로 돌아온 후 환경보호라는 명목 아래 과학자와 정치인들이 함께 참여하는 국가 생물다양성의 효과(National Biodiversity Use)와 자료고증위원회(Documentation Commission)를 설립했다. 벨리즈는 국립공원을 추가로 건설하기로 했고, 아울러 교육 분야와 관광 분야에서도 많은 노력을 기울였다. 리우 정상회담의 가장 큰 변화 중 하나는 에콰도르에서 일어났다. 디에고 꼬르도베스(Diego Cordovez)의 정부는 리우 정상회담에서 체결된 협약을 따르기 위한 절차를 밟았고 NGO 단체와 함께 다양한 프로그램도 만들었다. '환경(Ecologic)'과 '환경개발 펀드(Ecologic Developmente Fund)'는 리우 정상회담에 밖에서 결정된 것으로, 라틴아메리카의 원주민, 자연보호 활동가, 국제 학자와 과학자를 대표하는 단체다. 그 목적은 자연보호를 위해 지역의 주민들이 영향력이 강해지는 것이고, 사회 정의의 실현과 함께하는 환경 시스템의 정착이었다. '환경(Ecologic)'은 벨리즈, 온두라스, 과테말라, 멕시코, 코스타리카 등에서 1백만 에이커 이상의 보호를 지원해 왔다.

〈출처〉

Robinson, Nicholas A., ed. 1993. *Agenda 21: Earth's Action Plan*. New York: Oceania.

Scherr, S. Jacob, et al. 1993. *One Year after Rio*. New York: Natural Resources Defense Council.

UN Conference on Environment and Development. 1992. "Earth Summit: Press Summary of Agenda 21." New York: United Nations.

UN Environment Programme. "Earth Negotiations Bulletin." N.d. Available at http://www.unep.org/unep/partners/un/unced/home.htm

폰 훔볼트는 프랑스 식물학자 아이메 봉플랑과 함께 아마존과 멕시코의 강 유역의 많은 부분을 탐사했다. 초기 목적은 그 당시까지 서구인들에게 알려지지 않는 지역을 탐험하고 지도를 제작하는 것이었지만, 열대기후 자연의 훌륭한 모습을 발견했을 때 폰 훔볼트의 계획은 환경적인 방향으로 전환되었다. 폰 훔볼트는 남아메리카의 원주민 부족과 함께 일하면서 그 지역에서 의학적 가치를 가진 많은 식물에 대해 배웠고, 유럽 정부들에게 그런 자원에 보호해야 한다고 권고했다(Humboldt 1811).

몇몇의 부유한 백인 정착민들은 폰 훔볼트가 지적한 산림 파괴의 위험성에 대해 알게 되고, 그들은 이 지역에서 끊임없이 이루어지는 벌채에 반기를 든다. 하지만 이 옹호론자들은 그 현상을 더욱 어렵게 만드는 경제적, 사회적인 미궁에 빠지게 되었다. "비록 폰 훔볼트가 산림 파괴에 대한 부정적인 결과를 제시했을 지라도, 지배 계층에게 숲이 제공하는 환경적인 기능에 대한 지식은 부족했다. 반면에, 천연 자원의 무자비한 개발은 음식과 땔감을 위해 삼림을 활용하는 원주민들의 탓으로 돌려졌다. 19세기에 이르러서야 비로소 산림 파괴의 위험한 효과에 대해 집중하게 된다"(Ezcurra 1999)'.

환경 관련 정당들은 계속적인 노력을 해 왔고, 특히 멕시코에서는 '나무의 사도(El Apóstol del Arbol)'로 알려진 미겔 앙헬 데 께베도(Miguel Ángel de Quevedo)가 합류하게 된다. 데 께베도는 신생 위원회인 '숲 중앙위원회(Junta Central de Bosques)'의 대표였다. 이 위원회는 라틴아메리카의 첫 번째 환경 기구로 널리 알려졌으며 가장 성공한 기구중의 하나가 되었다(이 위원회는 설립된 지 얼마 지나지 않아 멕시코 정부의 공식적인 자문 기구가 되었고 멕시코 천연자원 보호를 위한 원조도 받게 되었다). 그동안 데 께베도는 멕시코 강 유역의 숲 다시 만들기 사업을 통해 민중의 영웅이 되었다. 아울러 그는 로스 비베로스 데 꼬야깐(Los Viveros de Coyoacán)에 대형 묘목장을 설립해 1914년까지 매년 2백만 그루 이상의 나무를 심었다. 데 께베도는 자원 보호 정책에도 큰 역할을 함으로써 1917년의 멕시코 헌법에 자연보호 항목이 포함되었다(ibid.).

이 시대에 멕시코 국립공원들이 생겨나기 시작했다. 첫 번째 국립공원인 데시에르또 델 로스 레오네스(Desierto de los Leones)는 1917년에 개장했다. 공원의 이름은 "사막의 집 한 채(Una casa de desierto)"를 주장한 까르멜리따(Carmelita) 수도승들에게서 유래되었으며, 이 공원은 베누띠아노 까란사(Venustiano Carranza) 대통령의 산림보호

법령이 선포된 후에 멕시코의 공식적인 국립공원이 되었다. 까란사 대통령의 후임인, 라사로 까르데나스(Lázaro Cárdenas) 대통령도 멕시코 자원 보호를 위해 계속적으로 노력했다. 1936년부터 1939년까지 까르데나스 정부는 20개 국립공원의 건립과 강 유역의 보호지대를 만들기로 했다. 하지만 국립공원 건립은 서류상에 지나지 않았으며 보호지대 지정은 산림 파괴를 중단하지도 못하는 것이었다. 새로 건립된 국립공원이라 할지라도 얼마 지나지 않아 삼림 파괴가 시작되었다. 대표적인 예를 들자면, 1946년 멕시코의 최대 제지업체 중 1개가 수목 벌채에 대한 허가를 받았고, 그 작업은 6년 동안 지속되었다.(ibid.)

멕시코에 이어서, 다른 라틴아메리카 국가들도 자연보호를 위한 정책을 만들어 내기 시작했다. '서반구의 자연보호와 야생의 보존에 관한 협약(Convention on Nature Protection and Wildlife Preservation in the Western Hemisphere)'을 통해 라틴아메리카 국가들은 국립공원 건립과 자연보호 지역 지정과 같은 환경운동에 대한 정책을 공식적으로 만든다. 몇 년이 지나지 않아 라틴아메리카에서 이 목표는 달성된 것처럼 보였다. 1950년대에 과학적인 환경운동이 펼쳐지기 시작했고 지역사회와 연결된 환경 행동주의는 라틴아메리카가 자신들의 자원을 개발로부터 보호하기 위해 결정적인 역할을 해야 한다고 주장했다.

자연보호 정책의 제2단계: 1950년 - 1980년

1950년대에 라틴아메리카의 환경 보존은 과학적으로 변모한다. 1952년, 멕시코에서는 생물학자 엔리께 벨뜨란(Enrique Beltrán)이 '멕시코 재생 가능한 천연자원 연구 센터(El Instituto Mexicano de Recursos Naturales Renovables)'를 설립해 천연자원의 활용을 통제하

재규어는 라틴아메리카에서 가장 큰 고양이과 육식동물이다

고 지속 가능한 개발을 도모했다. 그동안에, 에콰도르에서는 유네스코와 세계보존연맹의 함께 연구하는 과학자 그룹이 찰스 다윈(Charles Darwin) 재단을 설립했다. 1959년에 설립된 이 재단은 환경 연구와 교육을 통해 갈라빠고스의 생태계를 보존하는 역할을 했다. 갈라빠고스 국립공원에 위치한 이 재단의 본부에서는, 찰스 다윈이 100년 전에 했던 것처럼, 세계 각지의 과학자들에게 갈라빠고스 제도를 경험할 수 있는 기회를 제공했다. 아울러 이 재단은 라틴아메리카 학생들과 전 세계로부터 오는 관광객들에게도 교육의 기회를 제공했다.

자연보호를 위한 다른 노력들도 있었다. 1961년에 미국에서 창설된 '세계야생기금'은 라틴아메리카의 환경에 포커스를 맞추었다. 첫 해에 진행된 5가지 프로젝트 중에서 2개가 라틴아메리카를 위한 것이었으며, 아울러 그 기금의 가장 큰 프로젝트는 '과테말라의 자이언트 그레베'의 보호를 위한 것이었다. 같은 해 '세계야생기금'은 콜롬비아 환경 보존가들이 자연보호 지역을 지정하는 데도 지원했다. 라틴아메리카의 환경 보존을 위한 노력에는 비정부기구를 비롯해 '국제 조류보호 회의(International Council for Bird Preservation)', '국제 자연보호 연맹(International Union for the Conservation of Nature)' 등이 참여했다.

'세계야생기금'이 라틴아메리카에 많이 집중하게 된 배경은 이 지역에서 환경 연구를 위한 민간 부문(Private Group) 혹은 계획이 부족했기 때문이다. '세계 자연보호 기금'은 지역에 서식하는 동물의 중요성에 대한 관심을 증가시켰고 민간 부문이 참여할 수 있는 분위기를 조성했다. 몇 년 후, 오듀본 소사이어티(Audubon Society)는 벨리즈에 지사를 설립했다. 이 환경보존 그룹은 벨리즈의 다양한 조류를 살리는 것뿐만 아니라 그들이 살고 있는 서식지 보존을 위한 연구를 진행했다.

이런 환경단체들은 '미국 가톨릭 주교협의회'에 의해 큰 지원을 받았다. 1965년에 '미국 가톨릭 주교협의회'는 라틴아메리카와 카리브해 국가들을 위한 자금 모금을 실시한다. 이 자금을 통해 더욱 포괄적인 환경사업을 펼치게 된다. 가톨릭교회는 라틴아메리카 국가들과 지역 단체가 환경보존의 중요성을 인식할 수 있도록 하는 데 선구자 역할을 했다. 라틴아메리카의 국교인 가톨릭은 환경 교육 활동의 도입을 통해 환경보호를 합법화하는 데 성공했다.

그 사이 몇몇 국가의 정부는 환경 이슈가 최우선적이라는 사실을 인식했다. 코스타리카를 포함한 몇몇 국가들은 과거 환경정책의 부당성을 개선하기 위한 발걸음을 내딛는다. 1961년에 코스타리카는 전 세기에 자신들의 토지를 잃어버린 농부들에게 토지 재분배를 실시하기 위해 토지 및 식민화 연구소(Instituto de Tierras y Colonización)를 설립한다. 이와 유사한 토지 개혁은 온두라스에서도 일어났지만 큰 성과는 거두지 못했다. 대다수의 경우, 원주민들에게 다시 돌아간 토지를 경작, 활용하기에는 미미한 편이었다.

코스타리카처럼 환경을 위해 노력하는 국가들은 유엔의 지원을 받을 수 있었다. 유엔은 환경 문제에 대한 직접적인 협약 혹은 활동 법안을 가결하는 기구였기 때문이다. 그 당시에 이루어진 협정 및 협약은 '라틴아메리카 삼림연구 교육센터 설립협정'(1959), '라틴아메리카 핵무기 금지조약'(1967), '멸종위기 야생 동식물종의 국제거래협약'(1973), '아마존 공동협력조약'(1978) 등이었다. 이런 국제적 지원에 힘입어 환경 활동은 라틴아메리카에서 비정부기구들이, 개인들이 환경에 대한 의지를 키울 수 있도록 만들었으며, 정부는 이런 변화에 대해 새로운 환경 기준을 마련했다.

같은 해, 농경전문가인 호세 룩셈베르거(José Lutxemberger)는 '자연환경 보호를 위한 가우초 단체' 구성을 위해 브라질 환경 전문가 그룹과 함께 작업을 시작한다. 이 전문가 그룹은 브라질에서 처음으로 만들어진 환경단체였고 동시에 비영리 단체였다. 룩셈베르거는 브라질

환경 분야에서 저명한 인물이 되어 갔고 그의 저서 『미래의 종말: 브라질 환경선언(The End of the Future: Brazilian Ecological Manifesto)』은 국내외적으로 많은 관심을 받았다. 1987년에 룩셈베르거는 브라질의 가이아 파운데이션(Gaia Foundation)의 대표가 된다. 이 단체는 지속적인 발전이 가능한 농업과 재활용에 많은 노력을 기울였다.

브라질의 열대우림에서 이루어진 무분별한 고무액 채취는 현지 농부들의 경작 혹은 그들의 생활에 부정적인 결과를 가져왔다. 노동법 창시자이자 환경법 지지자인 치꼬 멘데스(Chico Mendes)를 선두로 해, 고무액 채취자들은 고무산업의 중단을 위한, 더 이상의 토지의 오염을 방지하기 위한 작업에 착수했다.

멕시코에서는 정부기관과 민간단체가 연합해 '환경 보전주의(Environmentalism)'의 제도화를 계속했다. 1972년에 환경-인권 운동가인 이반 레스떼뽀(Iván Restepo)는 '친 환경 개발 센터(Centro de ecodesarrollo)'를 설립해 일반 시민들에게, 출판물을 통해 환경문제에 대한 경각심을 불러 일으켰다. 이 센터는 매우 좌파적 성격을 가지고 있었다. 다른 환경단체인 '환경 연구소'는 1974년 곤살로 알프터(Gonzalo Halffter)에 의해 설립되었으며, '환경 보존주의'의 목적을 달성하기 위해 정부기관 및 주류 기관과 직접적으로 일을 진행했다. 그들의 첫 번째 포커스는 환경 평가를 하는 것이었고 그들이 완성한 환경 평가서는 멕시코에서는 처음으로 실시된 것이었다.

1970년대 멕시코에서 제정된 대다수의 환경법은 1970년부터 1982년까지 멕시코를 통치한 루이스 에체베리아(Luis Echeverria)와 호세 로뻬스-뽀르띠요(José López-Portillo) 대통령의 작품이라고 할 수 있다. 국제적 관심을 불러온 멕시코의 심각한 대기오염은 에체베리아와 그의 정부가 환경 사업에 더 많은 시간과 자원을 투자하게 만들었다. 1971년 에체베리아는 멕시코 환경보호법을 제정했고, 그의 뒤를 이은 로뻬스-뽀르띠요는 '환경개발 사무국'을 창설한다.

다른 라틴아메리카 국가들과 민간 부문들도 환경 문제 해결을 위해 창의적인 방법을 고안했다. 과테말라는 1979년 "세계 문화 및 자연 유산 보호협약"에 서명했고 얼마 지나지 않아 그들의 첫 번째 국립공원인 띠깔 국립공원(Tikal National Park)이 세워지게 되었다. 이 국립공원은 1995년까지 존재했고, 이 같은 현상은 라틴아메리카에서 환경 보존을 위한 매우 의미 있는 변화를 대표한다고 할 수 있다. 그 당시 전까지 독립적 개념 혹은 반대의 개념으로 간주되었던 자연과 문화를 함께 포함하고 있는 이 협약은 고고학적 유산과 지역의 매우 중요한 자원을 함께 관리할 수 있는 틀을 제공해 주었다.

환경을 자연 유산으로 인식하는 이런 개념은 다른 국가들에게 위의 경우와 유사한 행동을 하도록 만들었다. 1977년 아르헨티나의 과학자, 교육자, 사업자들이 함께 급변하는 환경 인식에 대응하기 위해 '아르헨티나 야생 재단(FVSA)'을 설립한다. 이 재단은 농업 발전 기금과 교육을 통해 아르헨티나의 생물다양성 보존을 위해 일했다. 그리고 민간 산업 부문과 협력했고, 그 자금으로 공원과 자연보호 지대를 만들었으며, 아르헨티나 환경에 대한 보고서를 출판했다.

'세계야생기금'은 '아르헨티나 야생 재단' 등의 단체와 연계해 라틴아메리카에서의 위치를 더욱 공고히 했고, 그 당시 세계자연보호기금의 가장 큰 프로젝트 중 1개는 브라질 아마존에서 실행된 '생태시스템의 최소 임계(臨界)범위 프로젝트(Minimum Critical Size of Ecosystems Project)'였다. 이 프로젝트에는 라틴아메리카와 북아메리카의 학자와 환경 활동가가 함께 참여했으며, 라틴아메리카의 환경 파괴 문제에 대한 북미 환경론자들의 경고뿐만 아니라 이 두 개의 대륙이 환경 정보를 공유할 수 있는 기반을 제공했다. 이런 과정을 통해 20세기 후반 라틴아메리카에서 환경 기구들과 환경 활동이 왕성해지는 장이 마련되었다.

현대 환경운동: 1980 - 현재

환경에 대한 우려는 20세기 후반 라틴아메리카가 직면한 최대의 문제였다. 엔지오 단체가 많이 결성되었는데, 이것은 환경에 관한 약속인 동시에 그에 대한 우려이기도 했다. 이처럼 증가한 환경에 대한 시민의 우려는 점차 정부 분야로 이동했으며 정부 기관은 지역 천연자원의 보존을 위한 수많은 환경 법규를 만들어 냈다.

20세기 후반의 한 연구에 의하면 멕시코는 변화하는 환경 추세에 능동적으로 대처했다. 1981년을 시작으로, 멕시코 정부와 민간 부문의 자연 보존 활동이 증가하는 현상이 목격되었다. 1980년대 새로운 환경 보존 단체가 설립되었고 1981년 환경 학자들이 설립한 '쁘로나뚜라(ProNatura)'는 환경 교육과 대외 활동에 많은 노력을 했다. 이 시기에 설립된 다른 환경단체들은, 1980년의 '쁘로-마리뽀사 모나르까(Pro-Mariposa Monarca)', 1981년의 '멕시코 환경운동(Mexican Ecologist Movement)', 1982년의 '생물공동체(Biocenosis)', 1984년의 '국가 생태학자 연대(Alianza Ecologista National)', 1985년의 '100인 그룹(Grupo de los Cien)' 등이 있다. 오메로 아리즈디스(Homero Arijdis)가 만든 '백인 그룹'에는 당시 멕시코의 저명 예술가와 지식인이 멤버로 참여했는데, 그들이 환경운동에 참여함으로써 광고 효과와 지위 상승의 효과가 발생했다(Ezcurra 1999).

'멕시코 환경운동'과 '꼬요아깐 환경연합(Ecological Association of Coyoacán)'을 포함해 멕시코의 여러 환경단체들은 지역을 대표하는 환경단체로서, 정부를 압박하는 환경단체로서의 역할을 수행했다. 1990년대 후반에 1000개 이상의 단체가 설립되었고 이런 단체에는 중산층의 참여가 두드러졌다. 하지만 이런 단체 중 국가적으로 성장한 단체는 미미했고, 많은 단체들은 해당 지역의 문제만을 다루는 데 그쳤다(Simonian 1995).

멕시코의 대통령 미겔 델 라 다드릿(Miguel de la Madrid)과 까를로스 살리나스 데 고따리(Carlos Salinas de Gortari)는 환경 행동주의가 정부 정책에서 자리를 잡는 데 크게 공헌했다. 이 두 대통령의 리더십 아래, 멕시코는 환경 학자들에 의해 이름 붙여진 '환경 행동주의의 제2세대(Second Generation)'를 경험하게 된다. 아울러 환경 문제는 정책 결정에서 최우선에 위치하고, 다양한 정부 기관들이 환경 보존에 전념했으며, 새로운 환경 규제와 프로그램이 만들어졌다.

'멕시코 환경 및 도시 개발청(Secretaria de Desarrollo Urbano y Ecologia)'은 1984년 멕시코 환경보호법을 출판했다. 이 법은 배기가스 방출과 천연자원 활용에 대한 기준을 마련했으나 큰 실효를 거두지는 못했다.

멕시코 환경 활동가들은 멕시코 정부가 토착 동식물 종 보호해야 한다고 압력을 가했고, 1983년에 멕시코 정부는 엘 뻬드레갈 데 산 후안(El Pedregal de San Angel) 지역을 보호하는 법을 통과시켰다. 2년 후 멕시코 정부는 '국가 환경 위원회'를 설립했고, 이 위원회는 멕시코에서 부각되는 환경 이슈를 평가하고, 그 이슈에 대응하면서 급속하게 증가하고 있던 국내 환경단체들과의 의사소통 창구 역할도 했다.

브라질 환경 활동가 치꼬 멘데스

브라질의 전설적인 환경 활동가 치꼬 멘데스는 1944년 12월 15일에 브라질 서부 샤뿌리(Xapuri)에서 태어났다. 가난한 고무액 채취 노동자 가정에서 태어난 그는 그의 가족을 도와 아마존 밀림에서 오랜 기간 일했다. 어릴 적 아버지의 영향으로 자연의 가치에 대해 많이 생각했다. 그는 "나는 세상을 알기 오래 전부터 생태학자였다"라고 말한 적이 있다. 농장의 주인들은 자신이 고용한 사람들이 글을 배우는 것을 막았다. 하지만 멘데스는 어릴 적부터 글을 읽을 수 있었고, 그의 아버지는 그에게 기본적인 것들을 가르쳤다. 그 후 그는 브라질의 부유한 가문 출신의 군인인 따보라(Tavora)에게 교육받았다. 따보라는 쿠데타 실패로 수감되어 있던 감옥에서 탈출했다. 그는 부유층과 빈곤층 사이에 큰 차이가 존재하는 브라질 사회에 대한 혐오 때문에 쿠데타에 참여했다고 밝혔다. 멘데스와 그를 교육시킨 따보라는 함께 수많은 정치 토론에 참여했다. 1960년대 멘데스는 다른 고무액 채취 노동자에게 글 읽는 법을 가르쳤다. 아울러 그는 농장의 주인들로부터 받은 비합리적인 대우에 대해 브라질 자치 정부에 항의서를 발송했다. 1964년 브라질 정부는 쿠데타에 의해 전복되었다. 새롭게 들어선 정부는 새로운 정책을 시행했으나, 고무액 채취 노동자와 원주민은 홍수, 토양 침식, 질병 확산 등의 대가를 치렀고, 모든 보상금은 지역의 부유층에게 돌아갔다. 1960년대 말까지, 멘데스는 정치적인 영향력을 키우기 위해 고무액 채취 노동자들의 노동조합 결성을 위해 노력했다. 노동조합은 1975년에 노동연합으로 발전했고, 멘데스는 이 연합의 대표로 선출되었다. 이 연합은 비폭력 투쟁을 원칙으로 삼아 학교와 병원을 설립하고 3백만 에이커 이상의 밀림 지역 보호 등에 힘썼다. 부유한 농장 지주들은 환경단체의 활동에 대해 분노해 멘데스가 이끄는 단체를 포함해 다른 환경단체들에게 반감을 가지게 되었다. 1980년 멘데스는 농장 지주들이 고용한 사람들로부터 폭력을 당했다. 몇 개월 후, 한 연합의 대표 윌슨 삐녜이로(Wilson Pinheiro)가 살해되었다. 농장 지주들과 노동연합과의 갈등이 점점 더 커졌지만, 노동연합은 학교 설립과 교육에 힘썼다. 1985년 아마존의 고무액 채취자들은 '국가 고무채취노동자 평의회(National Council of Rubber Tappers)'와 연대해 지역의 원주민들과 더욱 가까이 활동을 펼쳤다.

1980년대에 멘데스는 자신의 활동 영역을 환경 분야까지 넓혔다. 이 시기에 브라질에서의 밀림의 파괴와 밀림을 불태워 경작지로 만드는 활동이 증가 했다. 이것은 동식물의 서식지를 파괴 했고, 농민들의 삶의 질을 약화시켰고, 정부 정책 또한 대기오염을 증가 시키고 온난화를 가속화 하는 원인을 제공했다. 밀림 파괴와 관련된 환경 문제는 남아메리카까지 퍼지게 되었고, 고무액 채취자들이 브라질 정부가 환경에 대한 정책을 바꾸도록 압력을 가했다. 멘데스는 밀림의 파괴에 대한 책 출판을 통해 세계적인 관심을 끌어들이려고 했다. 1980년대 많은 출판물을 제작 했고 그의 활동을 위해 자금과 지원을 찾으려고 노력했다. 그는 미국의 환경단체와 연합해 아마존 밀림의 파괴를 중단시키기 위해서 국제금융 단체를 설득했다.

1987년 멘데스는 환경을 살리기 위한 노력으로 인해 전 세계에 알려졌다. 또한 유엔과 '더 나은 세계 사회(Better World Society)'로부터 상을 받았고 세계 자연을 위한 보호자로서 명성을 얻게 되었다. 하지만 그의 명성은 농장 지주와 브라질 정부 정책의 수혜자들을 적으로 만들게 했다. 수년 간 살해의 협박을 받았고, 그는 자신의 삶이 위험에 처해 있다는 것을 알았다. 하지만 그는 "내 안에서의 다른 무엇인가가 나를 움직이므로 중단할 수 없다. 여기가 내 임무를 완수해야 하는 곳이다"라고 자신의 상황을 설명했다.

1988년 12월 22일, 그는 가슴에 총탄을 맞고 살해되었다. 이에 브라질 정부는 유력 농장 지주의 소행으로 결론을 내렸다. 멘데스의 죽음은 브라질과 국제 환경단체에 큰 충격을 주었다. 수많은 사람들이 그의 장례식에 참석하기 위해 브라질 전역에서 모여 들었다. 그와 반대 입장을 가진 몇몇의 사람은 "그의 죽음은 삼림 파괴를 통해 이익을 만들어 내는 것을 더욱 쉽게 만들었고, 그의 추종자들을 더욱더 투쟁적으로 만들었다"고 말했다. 오늘날 환경에 대한 그의 업적은 아마존 밀림의 2백만 에이커에 달하는 보호 지역 '치꼬 멘데스 환경보호 지역'을 비롯한 많은 곳에서 아직도 살아 있다.

〈출처〉

Colinson, Helen, ed. 1997. *Green Guerrillas: Environmental Conflicts and Initiatives in Latin America and the Caribbean*. Montreal: Black Rose.

Mendes, Chico. 1989. *Fight for the Forest: Chico Mendes in His Own Words*.

Detroit: Inland.

Shoumatoff, Alex. 1990. *The World Is Burning: Murder in the Rain Forest*. Boston: Little, Brown.

멕시코 환경운동의 성장을 바탕으로 환경을 보호하기 위한 노력과 환경단체의 설립은 라틴아메리카 전역으로 확산되어 나갔다. 앞으로 다루어지는 내용은 그 당시에 여러 라틴아메리카 국가들이 펼친 환경 활동과 정책들이다. 요컨대, 이런 환경 계획들은 당시 큰 관심을 받았던 환경이라는 주제를 삶과 문화 속에서 적절히 융합했고, 연합 단체의 중요성과 협력의 중요성을 보여준다.

현대 라틴아메리카의 환경 옹호 운동

당시 카리브해 국가들의 많은 환경운동은 국가와 환경단체와 유엔의 환경 프로그램 등이 함께 참여해 진행되었다. 1974년 유엔 환경 프로그램은 지역 해양 사무소(Regional Seas Office)를 설립했고, 이 사무소는 인접 국가들의 자원 보존과 협력을 지원하는 역할을 했다.

유엔 해양 지역 환경 프로젝트는 유엔의 라틴아메리카 경제위원회(ECLA), 유엔의 각 기관들, 지역 환경단체와 연계해 '66 장기간(Sixty-Six Long-Term)' 환경 프로젝트를 실시했다. 이 프로젝트는 통제 되지 않은 해양 오염, 급속한 환경 파괴 및 토양 침식, 적절하지 못한 환경 보호 시스템, 동식물군의 멸종 위기, 카리브해 지역에서의 환경에 대한 무지 등의 이슈를 다루었다(Mosher 1986).

또한 유엔 환경 프로그램은 1981년에 '카리브 활동 계획(Caribbean Action Plan)' 수립을 지원했는데, 이 플랜은 카리브해 27개국 중 25개국 정상이 참여한 환경 회의의 결과였다. '카리브 활동 계획'의 첫 번째 목적은 카리브해의 천연자원을 보존하기 위한 구체적인 전략 수립이었으며, 이들의 활동은 다방면에서 이루어졌고 오래 지나지 않아 여러 성과를 달성하게 되었다(P.236). 대표적인 예로서 만일 있을지 모르는 석유 유출 사태에 대해 향상된 계획을 수립한 것이다. 또한 카리브해 국가들 사이에서 가장 성공한 활동 단체인 '카리브 환경 보전 협회(Caribbean Conservation Association)'에 지원한 것이다. 바베이도스에 본부를 두고 있는 '카리브 환경 보전 협회'는 카리브해 16개국에서 참여하는 일반 시민들로 이루어진 협회로, 유엔 환경 프로그램으로부터 재정 지원을 받아서 지역 기관, 정보, 전문가들과 함께 환경 교육 안내책자(Directoty)를 출판했다. 마지막으로 라디오 프로그램 시리즈를 제작했고 언론과 교육자를 위한 2번의 워크숍을 개최했다(ibid.).

남아메리카의 베네수엘라 정부는 1985년에 제정된 환경법을 개헌했다. 그리고 당시 대통령 하이메 루신치(Jaime Lusinchi)는 독립 기념일 연설에서 베네수엘라가 지닌 자원의 양은 정해져 있으므로 다음 세대를 위해 더욱더 효율적으로 자원을 활용해야 한다고 말했다. 인구가 10,000명인 칠레의 작은 마을 차나랄(Chanaral)에서는, 1987년에 환경운동가와 소규모 농작인들이 '칠레 구리회사(National Copper Corporation of Chile)'에 맞선 환경 소송에서 승리했다. 칠레 구리 회사는 구리 생산 분야에서 세계적인 기업이었다.

이 소송 건은 토지 지주와 환경운동가들이 대기업에 대항해 싸워 이긴 것뿐만 아니라 환경 이슈의 중요성을 입증하는 것이었다. 구리 생산은 아황산가스를 배출하는 것으로 악명이 높았다. 그 결과로 인해 대기와 수질의 오염이 발생했기 때문이다. 환경운동가들에 의해 자금 지원을 받은 차나랄의 농민들은 끊임없이 발생하는 오염에 대해 반기를 든 것이며, 아울러 그들의 행위는 국제적인 관심을 끌었고, 칠레의 환경 정책 방향을 바꾸는 결과를 가져왔다. 위와 유사한 상황은 칠레의 수도인 산띠아고에서도 발생했다. 칠레 대중은 새롭게 선출된 민주 정부에게 대기오염에 대한 조치를 취하라고 압박했고, 그 결과로

1990년 오염 물질 배출 축소 시스템 설치를 포함하는 신(新) 대기환경 정책이 발효되었다.

이 시기에 브라질에서도 환경에 대한 전진이 많이 이루어졌다. 브라질 또한 20세기 후반의 지구 환경에 대한 뜨거운 이슈의 한 부분을 차지했다. "거의 100년 동안, 브라질 아마존의 산림파괴로 인해 이 지역은 브라질 정부의 직접적인 규제를 받았고, 대규모 산림 보호를 위한 대규모 프로젝트가 실시되었다. 과거에 산림으로 가득 차고 사람이 거의 살지 않았던 아마존은 얼마 지나지 않아 도시적으로, 그리고 국내 생산에서 큰 역할을 담당하는 지역으로 변화되었다. 그 당시, 브라질 정부는 아마존에 대한 자주권을 주장해 외부의 간섭을 철저히 차단했다. 1980년대 초기의 환경 활동가들은 아마존 보존에 대해 많은 노력을 했지만 브라질 정부의 반대에 부딪히게 되었다"(de Campos Mello 2001).

미국과 유럽의 환경단체들도 아마존을 보호하기 위한 활동에 동참했다. 이 단체들의 동참은 일반 대중의 환경에 대한 관심을 불러일으켰고 브라질 정부가 환경 파괴에 대한 조치를 취하도록 만들었다. 일반 시민들도 환경 이슈에 대해 많이 참여했으나 그들의 영향력은 브라질 정부에 미치지 못했다. 몇 년 동안 이런 환경단체의 노력은 몇몇 지정된 지역에서 환경보호와 동식물의 다양성 보호를 완벽하게 이루어냈다.

1980년대 브라질 전역은 환경단체들로 넘쳐났다. "브라질의 민주화로 인해 환경보호 운동과 환경 이슈는 정치적인 요소로 자리 잡았으며 아울러 환경 이슈에는 시민들의 권리가 반영되었다(ibid.). 이 시기에 태어난 소규모 지역 환경단체는 중산층과 전문직 종사자들로 구성되었고, 환경 문제는 비단 중상류층의 문제만이 아니라 하루하루 살아가는 사람들까지도 관심을 기울이게 되었다(Kaimowitz 1997). 환경단체가 만들어진 때부터 그들의 대부분은 그 지역의 환경 이슈를 만들어내고, 환경 캠페인을 펼쳤으며, 대중에게 환경에 관한 교육을 실시했다(IDID; Van der Heigden 2001).

증가하는 환경단체의 권한은 사회 정의까지 영향을 미쳤다. 1998년 12월 치꼬 멘데스로 널리 알려진 환경운동가 프란시스꼬 알베스 멘데스 필뇨(Francisco Alves Mendes Filho)가 샤뿌리에서 살해당하면서 환경운동은 위기를 맞게 된 것처럼 보였다. 그는 브라질에서 처음으로 환경운동과 사회 정의를 함께 연결시켰던 사람이었다. 고무액 채취노동자인 세링게이루(seringueiros) 연합의 리더였고 앞서 언급한 고무채취업자들의 조합을 이끌었던 사람이었다. 1987년 유엔은 세링게리우들을 위해 활동한 그의 업적을 인정해 그에게 '글로벌 500 상(Global 500 Award)'을 수여했다. 이로 인해 그는 대중과 언론으로부터 호평을 받았다. 하지만 그 호평은 동시에 그의 살해를 유발한 하나의 동인이었다. 하지만 멘데스의 업적은 그의 죽음과 함께 끝나지 않았다. 그의 죽음은 많은 브라질 사람들에게 환경운동과 사회 정의는 함께 해야 한다는 사실을 일깨워 주었다.

멘데스의 사례는 환경 문제의 세계화에 관한 라틴아메리카의 큰 상징이라고 할 수 있다. 1990년대까지 환경에 대한 인식이 점차 줄어들고 있던 라틴아메리카에 대한 국제적인 관심을 불러 일으켰기 때문이다. 그 결과로 라틴아메리카의 환경보호주의는 큰 전환점을 맞게 된다.

> 1990년대 초, 선진국의 여론은 환경 파괴, 특히 열대림의 파괴에 큰 관심을 가졌다. 언론에서 환경보호에 대한 끊임없는 토론이 이어졌다. 다른 특징으로는, 브라질 엔지오 단체와 국제 엔지오 단체의 연합체가 결성된 것이고, 그것이 국제적인 지원을 바탕으로 초국가적인 사회 운동으로 발전했다는 것이다(De Campos Mello 2001).

자연에 대한 빚 프로그램(Debt for Nature Program)은 이런 추세에 맞추어 만들어진 더욱 혁신적인 프로그램이었다. 이 프로그램은 민간 환경단체 혹은 선진국이, 환경 보존을 위한 노력을 대신해, 라틴아메리카가 가진 채무를 매입할 수 있도록 했다. 1987년 6월, 볼리비아가 미국 환경단체인 국제보호(Conservation International)와 채무 감소 조약에 사인했다. 이에 따라 볼리비아는 채무 US$ 650,000을 면제 받는 대신 생물학적으로 매우 중요한 지역인 베니 생물서식지(Beni Biological Station)와 야꾸마 공원(Yacuma Park)에 대한 환경보호를 법적으로 명시해야 했다. 유사한 프로그램이 에콰도르, 코스타리카, 도미니카 공화국 등에서도 발생했다. '국제 자연보호 협회(Nature Conservancy)'와 '세계야생기금' 같은 국제 환경단체 및 '미주리 식물원(Missouri Botanical Gardens)'과 '푸에르토리코 보존 협회(Puerto Rico Conservation Trust)' 같은 지역 환경단체도 이 프로그램에 참여했다.

국제 환경 기관들은 라틴아메리카 환경단체와 그들의 활동에 대해 직접적으로 혹은 재정적으로 지속적인 지원을 해 왔다. 1980년대 국제 자연보호 협회는 라틴아메리카에서 환경에 대한 교육을 실시했다. 아울러 1980년에는 '국제 자연보호 프로그램(International Conservation Program)'이 시작되었다. 프로그램의 목적은 기술적, 재정적으로 지원을 필요로 하고 있는 라틴아메리카 환경 기관을 지원하는 것과 자연보호를 해야 하는 지역의 선정을 지원하는 것이었다. 1982년 '코스타리카 공원 재단(National Parks Foundation of Costa Rica)'이 설립되었고 '국제 자연보호 협회(NC)'는 이 지역의 전문가를 파견해 이 단체가 설립되는 데 큰 도움을 주었다. 유사한 프로그램이 멕시코와 브라질에서도 시행되었다. '국제 자연보호 협회'의 가장 큰 프로젝트 중 1개는 1989년에 만들어진 '위험에 처한 공원들(Parks in Peril)'이었다. 국제적 전문가들과 미국의 재정 지원을 받은 이 프로그램은 자연보호라는 명목 아래 라틴아메리카와 협력을 통해 이루어졌다. 이 프로그램의 결과 라틴아메리카와 카리브해에서 5천만 에이커 면적의 자연보호 지대 사업 계획과 공원 관리 프로그램이 만들어졌다.

국제 자연보호 프로그램뿐만 아니라 '세계야생기금', '세계 자연보호기구(World Conservation Union)'등도 자연 보존을 위해, 특히 자연보호 지역 지정 및 관리를 위해, 그들의 전문가 파견 및 재정 지원 등의 노력을 했다. "라틴아메리카 국가들은 선진국들의 영향을 받아서 환경 이슈에 대해 더 넓은 시각을 가질 수 있게 되었다."라고 한 연구는 밝히고 있다. "아마존 지역에서 가축 보조금과 살충제 규제 같은 정책이 개선되었고, 이 지역정부의 환경 기관과 단체의 설립에 공헌했다"(Kaimonwitz 1997). 하지만 환경 기관들은 자금 집행과 관리에서는 미흡한 점도 없지 않았다(ibid.). 요즘 들어 많은 엔지오 단체들이 지속 가능한 환경 프로그램을 위해 경제적인 면과 사회적인 면을 함께 고려한 프로그램을 가지고 라틴아메리카 환경 보전에 크게 기여했다.

환경운동에 관한 세계적 관심은 외교 영역까지 확대되었다. 1990년 10월 유엔 환경 프로그램은 제 7회 라틴아메리카와 카리브 환경장관회의를 개최했다. 이 회의에서 각국의 대표들은 '환경 보존에 관한 사업 계획(Action Plan for the Environment)'을 채택했다. 아울러 그들은 이 사업 계획은 잠정적인 계획(Working Document)으로, '라틴아메리카 경제위원회'가 개최한 '예비 지역 미팅(Regional Preparatory Meeting)'과 '유엔 환경 기술 개발 위원회'와 함께 진행한다는 것에 의견을 함께 했다.

마리아 엘레나 포론다 파로(Maria Elena Foronda Farro); 페루의 지속 가능한 발전을 위한 십자군

마리아 엘레나 포론다 파로는 1959년에 수도 리마에서 태어나 수도에서 400Km 떨어진 침보떼(Chimbote) 지역에서 성장했다. 침보떼의 30만 인구 중 절반 정도는 극빈층에 해당되며 이들은 깨끗한 물과 위생시설

의 부족에 겪고 있었다. 포론다는 비교적 좋은 환경에서 생활했지만 그녀는 그 도시에서 살고 있는 가난한 사람들을 도와주었다. 결국 그녀는 자신의 인생을 사회정의의 실현을 위해서 바치기로 결심했다. 포론다는 멕시코에서 사회학 석사학위를 취득한 뒤 침보떼로 돌아와 사회를 위해 자원 봉사를 했다.

그녀는 곧 어분 공장의 주목을 받게 되었다. 페루는 세계 최대의 어분 산업국으로, 어분은 페루 해안 지역에서 대규모로 생산되고 공장들 중 약 70%는 거주 지역에 위치하고 있었다. 이 공장들의 낡은 기술 때문에 대기, 수질, 토지의 오염이 발생했다. 침보떼에서는 화학 폐기물, 생선의 뼈와 피 등이 여과 없이 바로 하천으로 유입되었다.

어분 산업 때문에 침보떼 지역은 페루에서 3번째로 오염이 심한 지역이 되었다. 이 오염은 이 지역 주민들의 건강 상태를 악화시켰고 이 도시의 삶의 질은 계속적으로 악화되었다. "이 항구에서 거둔 이익은 소수의 사람들에게만 돌아간다." "그들의 삶의 질과 아이들을 위해서 지역의 모든 주민은 쓰레기 배출을 최소화해야 한다"고 그녀는 밝혔다.

어분 공장은, 환경 문제를 유발함으로써, 페루의 해양 환경을 악화시키는 큰 요인이었다. 아울러 어분을 만들기 위해 어린 물고기까지도 포획했으며 그들이 유출시킨 폐수로 인해 인근의 바닷가는 죽음의 지역(Dead Zone)으로 바뀌었다.

포론다는 침보떼가 직면한 수많은 환경 문제에 대응하기 위해 지역사회 단체, 어분 회사와 정부가 함께 참여하는 파트너쉽을 기획했다. 그리고 지역 주민들에게 그들이 가지고 있는 환경에 대한 권리와 어분 산업 모니터링에 대한 교육을 실시했고, 어분 회사들이 자연을 살리도록 압박했다. "그녀는 판잣집 출신의 사람들은 자연보호를 위해 노력하고, 자연보호를 위한 첫 위원회를 만들고, 시민으로서 자신들의 권리를 인식하고, 자신들의 환경을 스스로 관리하기 위해 직접적으로 활동하는 사람들"이라고 자신의 업무를 밝혔다.

1994년 그녀와 남편은 무장단체인 센데로 루미노소(Sendero Luminoso: '빛나는 길')의 테러리스트라는 죄목으로 기소되어 12년 형을 받았다. 비폭력 옹호자였던 그녀는 자신의 환경 보호 활동을 잠재우기 위해서 반대 세력이 계획한 것이라고 믿었다. "페루에는 결정적인 증거가 없어도 테러와 관련성이 인정되는 경우에는 처벌할 수 있다"는 조항이 있다고 〈침보떼 로깔 21(Chimbote Local 21)〉에서 그녀는 밝히고 있다.

"침보떼에서 환경운동을 막기 위한 첫 번째 시도는 지도자의 체포였고, 이는 마지막이 아닐 것이다." 포론다의 사건은 인권 보호에 대해 세계적인 환경단체와 사면단체의 관심을 불러 일으켰다. 지역과 국제단체의 압력은 13개월 동안 복역 중이던 그녀를 사면시켜 주었다. 출소한 그녀는 복역 중 받은 지원과 국제적 명성을 가지고 침보떼의 사람들과 환경을 위해 즉각적으로 작업을 시작했다.

오늘날 포론다는 페루의 대표적인 환경단체 나뚜라(Natura)의 설립자 및 대표다. 이 단체는 환경에 악영향을 미치지 않으면서도 동시에 수익을 창출할 수 있는 방법을 어분 회사들과 함께 개발하고 있다. 이런 프로젝트는 어떻게 하면 기업이 장기적으로 유독성 폐기물을 줄일 수 있는지, 그리고 지역 단체와 함께 할 수 있는지를 보여주는 하나의 예라고 할 수 있다. 포론다는 오염 수준을 줄이고 건강을 증진시키는 것에 큰 성과를 냈다. 2003년 그녀는 공로를 인정받아서 환경 금상(Goldman Environmental Prize)을 수상했다.

〈출처〉

Foronda, Maria Elena. "Chimbote's Local Agenda 21: Initiatives to Support Its Development and Implementation." 1998. *Environment and Urbanization* 10, no. 2 (October).

"Goldman Prize Recipient Profile: Maria Elena Foronda Farro." *Goldman Environmental Prize*, 2003.

http://www.goldmanprize.org/recipients/recipientProfile.cfm?recipientID=127 (accessed April 18, 2003).

마지막으로 이 작업은 1992년에 리우 데 자네이루에서 개최된 정상회의의 준비단계이기도 했다. 멕시코에서는 주변국인 미국과 캐나다와 맺은 나프타(NAFTA)의 환경적 영향에 대해 많은 논쟁이 있었다. NAFTA를 포함한 무역 협정은 멕시코 경제 발전에 기여했으나 자연보호에 대한 측면에서는 몇몇 장애물을 만들었다. 1991년의 참치와 돌고래 포획은 미국과 멕시코 사이에 많은 논쟁을 불러 일으켰고 그 결과로 경제와 환경 이슈는 전기를 맞이한다. 이 논쟁은 1991년 '관세 및 무역에 관한 일반협정(General Agreement on Tariffs and Trade)'의 분쟁 처리 위원회 상정되었다. 이 위원회는 "멕시코의 자주권을 유지시켰고 많은 환경 활동가들이 결합이 아주 많다고 주장한 미국의 역외 확장(Exterritorial Expansion)을 거부하는 것이었다. 자유 무역 옹호자들과 환경보호 옹호자들의 충돌은 무역-환경 회담 같은 여러 조정 방안을 만들도록 했다"(Williams 2001).

미국과 멕시코에서 환경운동가들이 압박을 가하자 멕시코 정부는 환경보존을 위한 새로운 계획을 구상할 수밖에 없었다. 1990년 정부는 증가하는 대기오염을 관리하기 위해 '대기오염에 대한 멕시코 프로그램(Mexican Programme against Atmospheric Pollution)'을 만들었고 "자동차 운행 7부제(Hoy no circula)" 제도를 시행했다. 이 제도는 1주에 1번씩 차량을 운행하지 않는 것이었다. 2년 후, 멕시코 정부는 천연자원 보호를 위해 연방 환경 기관을 세분화하고 확장했다. 이 세분화는 2개의 자립적인 환경사무소의 설립이라는 결과를 가져왔다. 즉, 천연자원의 관리와 활용을 담당하는 '국립 생태학 기관(National Institute of Ecology)'과 환경 문제에 대한 법을 집행하는 '환경보호 법무상(Environmental Protection Attorney General)'이었다.

이 당시에 콜롬비아도 위와 유사한 환경 개혁을 했다. 대기, 토지, 수질의 오염에 대한 심각성을 느낀 콜롬비아 정부는 환경 문제를 다루는 법을 만들었다. 벨리즈는 환경 문제에 대한 창의성을 보여 주었다.

엔지오 단체의 한 연합체인 미국개발청(U.S. Agency for International Development: USAID), 벨리즈 정부 기관, 국제 환경단체가 함께 '국립 자연보호 지역 신용기금(National Protected Areas Conservation Trust Fund)'을 조성했다. 그로부터 얼마 지나지 않아서 이 신용기금은 벨리즈가 환경 수수료를 받을 수 있도록 했다. 벨리즈는 이 환경 수수료를 가지고 전 세계로부터 많은 관광객을 끌어들인 생태관광 산업을 발전시킬 수 있었다. 기금은 환경 신탁 자금에 입금되어 환경을 위한 여러 분야에서 사용됐다. 위와 같은 프로그램의 실시를 통해 벨리즈는 경제 위기를 겪고 있는 라틴아메리카의 다른 국가들도 자신들의 자연을 세계에 알리는 동시에 자연보호가 가능하며, 이윤도 낼 수 있다는 것을 보여 주었다.

그런 노력에도 불구하고, 지역 주민들의 삶의 질은 계속적으로 악화되었다. 도미니카 공화국에서는 오염의 수준이 일반 시민들에게 영향을 미칠 정도가 되었다. 멕시코와 마찬가지로 도미니카 공화국은 산업화에 집중해 대기오염과 수질오염이 시간이 흐를수록 악화되었다. 환경단체들은 위의 현상에 대해 주목하기 시작했고 어떤 분석가는 다음과 같이 말했다: "산띠아고 주민들에게 산업공해는 큰 문제다. 지역의 환경단체는 섬유공장으로부터 배출되는 화학물질에 대해 문제를 제기했으며 지역의 엔지오 환경단체는 자신들의 단체를 '산띠아고를 위한 환경부서'라고 불렀다"(Lynch 2001).

그 사이 여성 단체, 종교 단체, 보린회(保隣會) 등은 환경운동에 참여하지 않았다. 하지만, 도미니카 공화국의 자원이 급속도로 파괴되는 현실을 보고 환경운동에 참여하기 시작했다. "여성 단체와 보린회는 지역의 수질 오염, 대기의 질, 소음, 쓰레기에 대해 관심을 드러냈다. 지역 주민과 노동자들은 환경오염의 주범으로 지역의 통조림 공장과 양조장을 뽑았다"(ibid.). 이런 단체들의 노력은 활발하게 진행되었고 그들의 지치지 않는 환경 옹호 노력은 지역 정부 혹은 국가 정부가

아르헨티나의 '아뚜차 1' 핵발전소 건설에 반대하는 그린피스의 구호

증가하는 환경오염에 대처하기 위한 계획을 만드는 것에 일조했다.

1990년대 쿠바에서도 새로운 환경에 대한 관점이 자리잡는다. 1990년 이전에는 질병 예방, 오염, 산림 보호 등이 주된 관심 대상이었다. 하지만 20세기 후반 국가 정부와 민간단체가 함께 환경 캠페인을 진행했고, 그로 인해 쿠바에서 환경 문제는 새로운 르네상스를 경험했다. 린치(Lynch)는 쿠바가 환경에 대한 인식을 바꾼 것에는 3가지 원인이 있다고 말했다. 첫째, '체르노빌 원전 사고'로 인해 쿠바는 소련연방의 발전 모델을 거부했다. 아울러 쿠바가 핵의 역학(疫學)에서 발전을 할 수 있는 기회를 제공했고 에너지 독립을 위한 핵에너지 개발에서 병행되어야 할 환경 문제도 고려할 수 있게 해주었다. 둘째, 1990년대 초 경제위기는 저 투입(Low-input) 산업 기술을 발전시킬 수 있는 기반을 제공했다. 쿠바 과학 단체는 소량의 재료를 투입하는 기술을 농업, 대체 에너지, 건설, 운송 같은 부분에서 발전시켰다. 마지막으로, 1992년 '유엔 환경과 개발 회의(Conference on Environment and Development)'는 쿠바의 환경 계획 수립과 원주민 환경운동을 촉진하는 결과를 가져왔다. 쿠바의 '아젠다 21(Agenda 21)은 과학과, 고체 폐기물 관리, 방사선 쓰레기 처리를 입법화시키는 역할을 가지고 있고, 여성, 청년, 노동자, 농업인, 엔지오 단체를 핵심 행위자(Agent)로 설명하고 있다(ibid.).

1996에 쿠바 정부는 환경 프로젝트를 위한 자금은 환경을 위한 계획안에 포함이 되어야 한다고 주장했다. 아울러 이 프로젝트는 환경 문제에 대해 공공 부문의 참여와 교육도 함께 진행되어야 한다고 말했다. 이런 계획 덕분에 쿠바는 제도적으로 발전된 환경 제도를 가지게 되었다.

민간단체들은 정부가 환경 정책을 개혁하도록 압력을 가했다. 멕시코에서부터 아르헨티나에 이르기까지 환경 옹호 단체들은 환경을 개선하기 위해 자국 정부에 로비를 하고, 환경 이슈에 관해서는 시민을 교육시켰다. 그리고 생물 다양성을 지키기 위해 투쟁했다. 환경과 사회 정의 실현의 목적을 달성하기 위해서는 서로 연합했고, "사회 정의 실현과 함께하는 환경 문제 해결만이 라틴아메리카를 위한 유일한 길이다"(Kaimowitz 1997).

국제 엔지오 단체들은 계속적인 동맹 관계를 이어왔다. '세계 자연보호 기금', '국제 자연보호 협회' '그린피스', '오듀본 소사이어티(Audubon Society)' 및 환경단체들은 라틴아메리카 도시에 지사를 설립했다. 환경단체들의 야심찬 캠페인은 라틴아메리카의 미래를 위해 큰 성과를 거두었다. 2001년에 '세계 자연보호 협회'는 벨리즈의 2만 3천 에이커에 달하는 산림지역을 보호하는 대가로 진행한 채무 스왑(Debt Swap)을 성공적으로 실시했다. 1년 후에, '세계 자연보호 기금', '국제 자연보호 협회', '국제 환경보호 단체'는 미국 정부와 페루 정부와 함께 2천7백만 에이커 이상의 페루 아마존 지역 보호를 위한 사업에 함께 참여했다.

참고문헌

제1장 인구와 토지이용(Population and Land Use)

Ascher, William. 2000. "Understanding Why Governments in Developing Countries Waste Natural Resources." *Environment* 42(March).

Bilsborrow, Richard, and David Carr. 2000. *Population, Agricultural Land Use and the Environment in Developing Countries.* Cambridge, MA:CABI.

Browder, John O., and Brian J. Godfrey. 1997. *Rainforest Cities: Urbanization, Development, and Globalization of the Brazilian Amazon.* New York: Columbia University Press.

De Onis, Juan. 1992. *The Green Cathedral: Sustainable Development of Amazonia.* New York: Oxford University Press.

Egler, Ione. 2002. "Brazil: Selling Biodiversity with Local Livelihoods." In *Biodiversity, Sustainability and Human Communities: Protecting beyond the Protected.* Edited by Tim O'Riordan and Susanne Stoll-Kleeman. New York: Cambridge University Press.

Godfrey, Brian. 1992. "Migration to the Gold-Mining Frontier in Brazilian Amazonia." *Geographical Review* 82(October): 458~469

Groppo, Paolo. 1996. "Agrarian Reform and Land Settlement Policy in Brazil: Historical Background." Sustainable Development Department, UN FAO. Available at http://www.fao.org/sd(accessed March 2003).

Hinrichsen, Don. 1998. *Coastal Waters of the World: Trends, Threats, and Strategies.* Washington, DC: Island.

Hogan, Dan. 2000. *Population Distribution, Conflicting Resource Demand and Quality of Life in Brazil.* Population Studies Center, NEPO, State University of Campinas, Brazil.

Homer-Dixon, Thomas F. 1999. *Environment, Scarcity and Violence.*

Prinston: Prinston University Press.

Iglesias, Enrique. 1999. "The Challenges and the Opportunities." *Time International* 153(May 24).

Inter-American Development Bank. 2000. *Annual Report 2000.* Washington, DC: IADB.

Jenkins, Rhys, ed. 2000. *Industry and Environment in Latin America.* London: Routledge.

Laurence, W. F., et al. 2001. "The Future of the Brazilian Amazon." *Science* 291, no. 5503(January): 438-439.

MacMillan, Gordon. 1993. *Gold Mining and Land Use Change in the Brazilian Amazon.* Ph.D. diss., University of Edinburgh.

McGranahan, Gordon. 2001. *The Citizens at Risk: From Urban Sanitation to Sustainable Cities.* Sterling, VA: Earthscan.

Nepstad, Dan, et al. 2001. "Road Paving, Fire Regime Feedbacks, and the Future of Amazon Forests.", *Forest Ecology and Management* 154.

O'Riordan, Tim, and Susanne Stoll-Kleeman, eds. 2002. *Biodiversity, Sustainablility and Human Communities: Protecting beyond the Protected.* New York: Cambridge University Press.

Pan American Health Organization. 1998. *La Salud en las Americas.* Washington, DC: PAHO.

Pichon, Francisco J., Jorge E. Uquillas, and John Frechione, eds. 1999. *Traditional and Modern Natural Resource Management in Latin America.* Pittsburgh: University of Pittsburgh Press.

Place, Susan E. 2001. *Tropical Rainforests: Latin American Nature and Society in Transition.* Wilmington, DE: Scholarly Resources.

Population Action International. 2000. *People in the Balance: Population and Natural Resources at the Turn of the Millennium.* Washington, DC: PAI.

Population Reference Bureau. 2002. *2002 World Population Data Sheet.* Washington, DC: PRB.

Runge, C. F., et al. 1997. *Sustainable Trade Expansion in Latin America and the Caribbean: Analysis and Assessment.* Washington, DC: World

Resource Institute.

Scherr, S., and S. Yadav. 1997. *Land Degradation in the Developing World: Issues and Policy Options for 2020*. Washington, DC: International Food Policy Research Institute.

Smith, Nigel J. H., et al. 1995. *Amazonia: Resiliency and Dynamism of the Land and Its People*. New York: UN University Press.

Sturm, Michael. 2002. "The Mixed Experience of Private Sector Involvement in Biodiversity Management in Costa Rica." In *Biodiversity, Sustainability and Human Communities: Protecting beyond the Protected*. Edited by Tim O'Riordan and Susanne Stoll-Kleeman. New York: Cambridge University Press.

UN Centre for Human Settlements. 2001. *The State of the World's Cities Report 2001*. Nairobi: UNCHS.

UN Development Programme. 2001. *Human Development Report 2001*. Oxford and New York: Oxford University Press.

UN Development Programme. 2002. *Central America and Panama: The State of the Region 2002*. New York: UNDP.

UN Economic Commission for Latin America and the Caribbean. 2000. *Social Panorama of Latin America 1999-2000*. Santiago: ECLAC.

UN Economic Commission for Latin America and the Caribbean and UN Environment Programme. 2001. "The Sustainability of Development in Latin America and the Caribbean: Challenges and Opportunities." Report prepared for World Summit on Sustainable Development, Rio de Janeiro, October 23-24, Rio de Janeiro: ECLAC.

UN Environment Programme. 2000. *GEO Latin America and the Caribbean Environment Outlook*. Mexico City: UNEP.

UN Environment Programme. 2001. *Global Forest Resources Assessment 2000*. Rome: FAO.

UN Environment Programme. 2002. *Global Environment Outlook 3(GEO-3)*. London: UNEP and Earthscan.

UN Food and Agriculture Organization. 2001. *FAOSTAT Statistical Database 2001*. Rome: FAO.

UN Food and Agriculture Organization. 2002. *The State of Food and Agriculture 2002*. Rome: FAO.

UN Population Division. 2001. *World Population Prospects 1950-2050*. New York: United Nations.

Vourvoulias, Alberto. 1999. "The Laboratory of Urbanism." *Time International* 153(May 24).

World Bank. 1996. *Latin America and Caribbean Region - Poverty Reduction and Human Resource Development in the Caribbean*. Washington, DC: World Bank.

World Bank. 2001. *World Development Indicators 2001*. Washington, DC: World Bank.

World Bank. 2002. *World Development Indicators 2002*. Washington, DC: World Bank.

제2장 생물다양성(Biodiversity)

Amazon Watch. 2002. "Ecuador: Environmentalists Continue Forest Occupation in Mindo to Block Pipeline Construction." Amazon Watch news release, January 9.

Amazon Watch. 2001. "OCP Pipeline Profile." Amazon Watch news release, August.

Brown, K. S., and R. W. Hutchings. 1997. "Disturbance, Fragmentation and the Dynamics of Diversity in Amazonian Forest Butterflies." In *Tropical Forest Remnants: Ecology, Management and Conservation of Fragmented Communities*. Edited by W. F. Laurence and R. O. Bierregard. Chicago: University of Chicago Press.

Cody, M. L. 1996. "Introduction to Neotropical Diversity." In *Neotropical Biodiversity and Conservation*. Edited by A. C. Gibson. Los Angeles: Mildred E. Mathias Botanical Garden.

Daly, J. W., et al. 1994. "Dietary Source for Skin Alkaloids of Poison Frogs." *Journal of Chemical Ecology* 20, no. 4(April): 943-954.

Diaz-Sarmiento, J. A., and R. Alvarez-Leon. 1998. "Fish Biodiversity Conservation in Colombia." In *Proceedings of the International Conference on Conservation of Fish Genetic Diversity*. Edited by B. Harver et al. Victoria, BC: World Fisheries Trust.

Dietz, L. 1996. "The Golden Lion Tamarin." In *WWF: Changing Worlds: 35 years of Conservation Achievement*. Banson, UK: WWF International.

Dinerstein, E., et al. 1995. *A Conservation Assessment of the Terrestrial Ecoregions of Latin America and the Caribbean*. Washington, DC: World Bank.

Dobson, A. P. 1998. *Conservation and Biodiversity*. Basingstoke, UK: Palgrave.

Erwin, T. L. 1982. "Tropical Forests: Their Richness in Coleoptera and Other Arthropods." *Coleopterists Bulletin* 36: 74-75.

Gibson, A. C. 1996. *Neotropical Biodiversity and Conservation*. Los Angeles: Mildred E. Mathias Botanical Garden.

Groombridge, B., and M. D. Jenkins. 2000. *Global Biodiversity: Earth's Living Resources in the 21st Century*. Cambridge: UNEP-World Conservation Monitoring Centre, World Conservation Press.

Jochnick, C. 1995. "Amazon Oil Offensive." *Multinational Monitor*(January -February).

Kaiser, J. 2001. "Galápagos Takes Aim at Alien Invaders." *Science* 293(July 27): 590-592.

Laurance, W. F. 2000. "Mega-Development Trends in the Amazon: Implications for Global Change." *Environmental Monitoring and Assessment*(March).

Laurance, W. F., and R. O. Bierregaard Jr. 1997. *Tropical Forest Remnants: Ecology, Management and Conservation of Fragmented Communities*. Chicago: University of Chicago Press.

MacMillan, G. 1995. *At the end of the Rainbow: Gold, Land and People in the Brazilian Amazon*. New York: Columbia University Press.

Miranda, M., et al. 1998. *All that Glitters Is Not Gold: Balancing*

Conservation and Development in Venezuela's Frontier Forests. Washington, DC: World Resources Institute.

Mittermeier, Russell A., Norman Myers, and Cristina Goettsch Mittermeier. 1999. *Hotspots: Earth's Ecologically Richest and Most Endangered Ecoregions.* Monterrey, Mexico: CEMEX, Conservation International.

Mittermeier, Russell A., P. Robles-Gil, and Cristina Goettsch Mittermeier. 1997. *Megadiversity: Earth's Biologically Wealthiest Nations.* Monterrey, Mexico: CEMEX, Conservation International.

National Zoological Park. 2003. *Golden Lion Tamarin Conservation Program.* Available at http://natzoo.si.edu (accessed April 2003).

Neira, E., H. Verscheure, and C. Revenga. 2002. *Chile's Frontier Forests: Conserving a Global Treasure.* Washington, DC: World Resources Institute.

Nepstad, Dan, et al. 1999. "Large-Scale Impoverishment of Amazonian Forests by Logging and Fire." *Nature* 14(April): 505-508.

Nepstad, Dan, et al. 2001. "Road Paving, Fire Regions, and the Future of Amazon Forests." *Forest Ecology and Management* 154(December).

Osborne, P. L. 2000. *Tropical Ecosystems and Ecological Concepts.* Cambridge: Cambridge University Press.

Redford, K. H., and J. Eisenberg. 1992. *Mammals of the Neotropics: The Southern Cone.* Chicago: University of Chicago Press.

Redford, K. H., and J. G. Robinson. 1991. "Subsistence and Commercial Uses of Wildlife in Latin America." In *Neotropical Wildlife Use and Conservation.* Edited by J. G. Robinson and K. H. Redford. Chicago: University of Chicago Press.

Rickleffs, R. E. 2001. *The Economy of Nature.* 5th ed. New York: W. H. Freeman.

Sieving, K. E., and J. R. Karr. 1997. "Avian Extinction and Persistence Mechanisms in Lowland Panama." In *Tropical Forest Remnants: Ecology, Management, and Conservation of Fragmented Communities.* Edited by W. F. Laurance and R. O. Bierregaard Jr. Chicago: University of Chicago Press.

Snyder, N. F. R., J. W. Wiley, and C. B. Kepler. 1997. *The Parrots of Luquillo: Natural History and Conservation of the Puerto Rican Parrot.* Camarillo, CA: Western Foundation of Vertebrate Zoology.

Stattersfield, A. J., et al. 1998. *Endemic Bird Areas of the World: Priorities for Biodiversity Conservation.* Cambridge, UK: BirdLife International.

Terborgh, J. 1999. *Requiem for Nature.* Washington, DC: Island.

TRAFFIC. 2003. "25 years of TRAFFIC." Available at http://www.traffic.org (accessed April 2003).

UN Food and Agriculture Organization. 2001. *Global Forest Resources Assessment 2000.* Rome: FAO.

World Conservation Union-IUCN. 2002. *2002 ICUN Red List of Threatened Species.* Available at http://www.redlist.org(accessed March 2003).

World Wide Fund for Nature. 2003. "Global 200." Available at http://www.panda.org/resources/programmes/global200(accessed April 2003).

World Wildlife Fund. *Ecoregions.* Available at http://www.worldwildlife.org/wildworld/profiles/2001(accessed April 2003).

제3장 국립공원과 보호구역들(Parks, Preserves, and Protected Areas)

Bodmer, R. 1994. "Managing Wildlife with Local Communities in the Peruvian Amazon: The Case of the Reserva Comunal Tamshiyacu-Tahuayo." In *Natural Connections: Perspectives in Community-Based Conservation.* Edited by E. Western and R. M. Wright. Washington, DC: Island.

Bodmer, R., et al. 1997. "Linking Conservation and Local People through Sustainable Use of Natural Resources: Community-Based Management in the Peruvian Amazon." In *Harvesting Wild Species.* Edited by C. H. Freese. Baltimore: John Hopkins University Press.

Brandon, K., K. H. Redford, and Steven E. Sanderson. 1998. *Parks in*

Peril: People, Politics and Protected Areas. Washington, DC: Nature Conservancy, Island Press.

Colchester, M. 1996. "Salvaging Nature: Indigenous Peoples, Protected Areas and Biodiversity Conservation." UNRISD Discussion Paper No. 55. United Nations Research Institute for Social Development.

Colchester, M. 1997. *Guyana, Fragile Frontier: Loggers, Miners and Forest Peoples.* London: Latin American Bureau (Research and Action Ltd.).

Colchester, M. 2000. "Self-Determination or Environmental Determinism for Indigenous Peoples in Tropical Forest Conservation." *Conservation Biology* 14, no. 5(October): 1365-1367.

Farrell, T. A., and J. L. Marion. 2001. "Identifying and Assessing Ecotourism Visitor Impacts at Eight Protected Areas in Costa Rica and Belize." *Environmental Conservation* 28(September).

Ferreira, L. V., et al. 1999. *Protected Areas or Endangered Spaces.* Brasília: WWF-Brazil.

Green, M. J. B., and J. Paine. 1997. "State of the World's Protected Areas at the End of the Twentieth Century." Paper presented at IUCN World Commission on Protected Areas Symposium, Albany, Australia, November 24-29.

Huber, O. 2001. "Conservation and Environmental Concerns in the Venezuelan Amazon." *Biodiversity and Conservation* 10.

Irvine, D. 2000. "Indigenous Federations and the Market: The Runa of Napo, Ecuador." In *Indigenous Peoples and Conservation Organizations.* Edited by R. J. Butler and P. Larson. Washington, DC: World Wildlife Fund.

Kaiser, J. 2001. "Bold Corridor Project Confronts Political Reality." *Science* 293(September 21).

McNeely, J. A., J. Harrison, and P. Dingwall, eds. 1994. *Protecting Nature: Regional Reviews of Protected Areas.* Gland, Switzerland: IUCN.

Meltzoff, S. K., Y. G. Lichtensztajn, and W. Stotz. 2002. "Competing Visions for Marine Tenure and Co-management: Genesis of a Marine Management Area System in Chile." *Coastal Management* 30(January-

March).

Miranda, M., et al. 1998. *All that Glitters Is not Gold: Balancing Conservation and Development in Venezuela's Frontier Forests*. Washington, DC: World Resources Insitutute.

Parks Watch. 2002. "Henri Pittier National Park." Available at http://www.parkswatch.org/parkprofiles/henrypittier.

Peres, C. A. 1994. "Indigenous Reserves and Nature Conservation in Amazonian Forests." *Conservation Biology* 8(June).

Peres, C. A., and J. Terbough. 1995. "Amazonian Nature Reserves: An Analysis of the Defensibility Status of Existing Conservation Units and Design Criteria for the Future." *Conservation Biology* 9(February).

Ramos, A. R. 1998. *Indigenism: Ethnic Politics in Brazil*. Madison: University of Wisconsin Press.

RAMSAR Convention on Wetlands. 2002. "RAMSAR Wetlands Database." Available at http://www.ramsar.org.

Redford, K. H., and J. A. Mansour. 1996. *Traditional Peoples and Biodiversity Conservation in Large Tropical Landscapes*. Arlington, VA: America Verde Publications and the Nature Conservancy.

Sabatini, M. D., and R. M. Iglesia. 2001. "A Global Context for the Evolution and Current Status of Protected Areas in Argentina." *Natural Areas Journal* 21(July).

SCM(Sociedade Civil Mamirauá). 1996. *Mamirauá Management Plan*. SCM, CNPq/MCT.

Taber, A., G. Navarro, and M. A. Arribas. 1997. "A New Park in the Bolivian Gran Chaco." *Oryx* 31.

UN Educational, Scientific and Cultural Organization. 2002. *Man and the Biosphere Program*. Available at http://www.unesco.org/mab/.

Van Schaik, Carel P., John Terborgh, and Barbara Dugelby. 1997. "The Silent Crisis: The State of Rain Forest Nature Preserves." In *Last Stand: Protected Areas and the Defense of Tropical Biodiversity*. Edited by Randall Kramer, Carel van Schaik, and Julie Johnson. New York: Oxford University Press.

World Commission on protected Areas website. http://iucn.org/themes/wepa/(accessed April 2003).

World Conservation Monitoring Center. "WCMC Protected Areas Database." Available at http://unep-wcmc.org/protected_areas/data/index.html(last revision, October 29, 2001).

World Conservation Union-IUCN. 1998. *1997 United Nations List of Protected Areas*. Gland, Switzerland: IUCN.

World Conservation Union-IUCN. 1993. *Parks and Progress: Protected Areas and Economic Development in Latin America and the Caribbean*. Washington, DC: IUCN and Inter-American Development Bank.

제4장 숲(Forests)

Acopa, D., and E.Boege. 1998. "The Maya Forest in Campeche, Mexico: Experiences in Forest Management at Calakmul." In *Timber, Tourists and Temples: Conservation and Development in the Maya Forest of Belize, Guatemala, and Mexico*. Edited by R. B. Primack, D. Bray, H. A. Galletti, and I. Ponciano. Washington, DC: Island.

Adalardo de Oliveira, Alexandre, and D. C. Daly. 2001. *Florestas do Rio Negro*. São Paulo, Brazil: Compania das Letras/Universidade Paulista/New York Botanical Garden.

Allen, William. 2003. *Green Phoenix: Restoring the Tropical Forests of Guanacaste, Costa Rica*. New York: Columbia University Press.

Barreto, P., and E. Arima. 2002. *Florestas Nacionais na Amazônia: Consulta a empresários madereiros e atores afins a política florestal*. Brazil: Ministerio do Meio Ambiente(MMA).

Barros, C., and C. Uhl. 1997. *Padrões, problemas e potencial de extração de madeira ao longo do Rio Amazonas e do seu estuario [Patterns, Problems and Extraction Potentiol of Wood along the Amazon and Its Estuary]*. Serie Amazônia No. 4. Belém, Pará, Brazil: Imazon.

Barton, D. 1994. *Indigenous Agroforestry in Latin America: A Blueprint for Sustainable Agriculture?* Chatham, UK: National Resources Institute.

Bellefontaine, R., A. Gaston, and Y. Petruci. 2000. *Management of Natural Forests of Dry Tropical Zones*. Rome: UN Food and Agriculture Organization.

Calvert, P. 2001. "Deforestation, Environment and Sustainable Development in Latin America." In *Deforestation, Environment and Sustainable Development*. Edited by D. K. Vajpeyi. Westport, CT: Praeger.

Calvo, J. 2000. *El estado de la caoba en Mesoamerica: memorias del taller*. Costa Rica: PROARCAS-CAPAS, Centro Cientifico Tropical.

CAMCORE Cooperative. 2000. *Conservation and Testing of Tropical and Subtropical Forest Tree Species*. Raleigh, NC: CAMCORE.

Chandler, William, et al. 2002. *Climate Change Mitigation in Developing Countries: Brazil, China, India, Mexico, South Africa and Turkey*. Arlington, VA: Pew Center on Global Climate Change.

Dinerstein, E., et al. 1995. *A Conservation Assessment of the Terrestrial Ecoregions of Latin America and the Caribbean*. Washington, DC: World Bank.

Dugelby, B. L. 1998. "Governmental and Customary Arrangements Guiding Chicle Latex Extraction in the Petén, Guatemala." In *Timber, Tourists and Temples: Conservation and Development in the Maya Forest of Belize, Guatemala, and Mexico*. Edited by R. B. Primack, D. Bray, H. A. Galleti, and I. Ponciano. Washington, DC: Island.

Fearnside, P. M. 2000. "Deforestation Impacts, Environmental Services and the International Community." In *Amazonia at the Crossroads: The Challenge of Sustainable Development*. Edited by A. Hall. London: Institute of Latin American Studies, University of London.

Fearnside, P. M. 2001. "Saving Tropical Forests as a Global Warming Counter-Measure: An Issue that Divides the Environmental Movement." *Ecological Economics* 39, no. 2(November): 167-184.

Fripp, E. 2000. *Socio-economic Trends and Outlook: Implications for the Caribbean Forestry Sector to 2020*. London: Data Collection and

Outlook Effort for Forestry in the Caribbean.

Gheerbrant, A. 1992. *The Amazon: Past, Present and Future.* New York: Abrams.

Grogan, J., P. Barreto, and A. Veríssimo. 2002. *Mogno na Amazônia Brasileira: Ecologia e Perespectivas de Manejo [Mahogany in the Brazilian Amazon: Ecology and Perspectives on Management].* Belém, Pará, Brazil: Imazon.

Groombridge, B., and M. D. Jenkins. 2000. *Global Biodiversity: Earth's Living Resources in the 21st Century.* Cambridge: UN Environment Programme, World Conservation Monitoring Centre, World Conservation Press.

Hall, A. 2000. *Amazonia at the Crossroads: The Challenge of Sustainable Development.* London: Institute of Latin American Studies, University of London.

Jansen, P. A., and P. A. Zuidema. 2001. "Logging, Seed Dispersal by Vertebrates, and Natural Regeneration of Tropical Timber Trees." In *The Cutting Edge: Conserving Wildlife in Logged Tropical Forests.* Edited by R. A. Fimbel, A. Grajal, and J. G. Robinson. New York: Columbia University Press.

Kaimowitz, D. 1996. *Livestock and Deforestation in Central America in the 1980s and 1990s: A Policy Perspective.* Jakarta, Indonesia: CIFOR(Center for International Forestry Research).

Kellman, M., and R. Tackaberry. 1997. *Tropical Environments: The Functioning and Management of Tropical Ecosystems.* New York: Routledge.

McDowell, N. 2002. "Developing Countries to Gain from Carbon-Trading Fund." *Nature* (November 7).

Miranda, M., et al. 1998. *All that Glitters Is Not Gold: Balancing Conservation and Development in Venezuela's Frontier Forests.* Washington, DC: World Resources Institute.

Monbiot, G. 1991. *Amazon Watershed: The New Environmental Investigation.* London: Sphere.

Neira, E., H. Verscheure, and C. Revenga. 2002. *Chile's Frontier Forests: Conserving a Global Treasure*. Washington, DC: World Resources Institute.

Pacheco, P. 2002. "Deforestation and Forest Degradation in Lowland Bolivia." In *Deforestation and Land Use in the Amazon*. Edited by C. H. Wood and R. Porro. Gainesville: University of Florida Press.

Place, Susan E. 2001. Tropical Rainforests: *Latin American Nature and Society in Transition*. Wilmington, DE: Scholarly Resources.

Primack, R. B., et al. 1998. *Timber, Tourists and Temples: Conservation and Development in the Maya Forest of Belize, Guatemala, and Mexico*. Washington, DC: Island.

Primack, R. B., et al. 2001. *Fundamentos de Conservación Biológica: Perspectivas Latinoamericanas*. Mexico City: Fondo de Cultura Económica.

Putz, F. E., L. K. Sirot, and M. A. Pinard. 2001. "Tropical Forest Management and Wildlife: Silvicultural Effects on Arboreal Animals." In *The Cutting Edge: Conserving Wildlife in Logged Tropical Forests*. Edited by R. A. Fimbel, A. Grajal, and J. G. Robinson. New York: Columbia University Press.

Rumiz, D. I., and F. Aguilar. 2001. "Rain Forest Logging and Wildlife Use in Bolivia: Management and Conservation in Transition." In *The Cutting Edge: Conserving Wildlife in Logged Tropical Forests*. Edited by R. A. Fimbel, A. Grajal, and J. G. Robinson. New York: Columbia University Press.

Smith, N. J. H., et al. 1992. *Tropical Forests and Their Crops*. Ithaca, NY: Cornell University Press.

Snook, L. K. 1998. "Sustaining Harvests of Mahogany(*Swietenia macrophylla King*) from Mexico's Yucatán Forests: Past, Present and Future." In *Timber, Tourists and Temples: Conservation and Development in the Maya Forest of Belize, Guatemala, and Mexico*. Washington, DC: Island.

Southgate, D. 1998. *Tropical Forest Conservation: An Economic Assessment of the Alternatives in Latin America*. New York: Oxford

University Press.

Terbough, John. 1992. *Diversity and the Tropical Rainforest.* New York: W. H. Freeman.

UN Economic Commission for Latin America and the Caribbean and UN Environment Programme. 2001. "The Sustainability of Development in Latin America and the Caribbean: Challenges and Oppertunities." Report prepared for World Summit on Sustainable Development, Rio de Janeiro, October 23-24.

UN Food and Agriculture Organization. 1999. *State of the World's Forests 1999.* Rome: FAO.

UN Food and Agriculture Organization. 2000a. *Caribbean Workshop Data Collection and Analysis for Sustainable Forestry Management.* Rome: FAO.

UN Food and Agriculture Organization. 2000b. *Informes nacionales de los países.* Bogotá: FAO, Latin American and Caribbean Forestry Commission(LACFC).

UN Food and Agriculture Organization. 2001a. *Global Forest Resources Assessment 2000.* Rome: FAO.

UN Food and Agriculture Organization. 2001b. *State of the World's Forests 2001.* Rome: FAO.

Veening, W., and J. Groenendijk. 2000. "Extractive Logging in the Guianas: The Need for a Regional Ecosystemic Approach." In *Amazonia at the Crossroads: The Challenge of Sustainable Development.* Edited by A. Hall. London: Institute of Latin American Studies, University of London.

"Wildlife Protectors Switch Targets to Mean Business." 2002. *Nature* (November 21).

Wood, C. H., and R. Porro, eds. 2002. *Deforestation and Land Use in the Amazon.* Gainesville: University of Florida Press.

World Resources Institute. *Earthtrends Data Base.* Available at http://www.earthtrends.wri.org(accessed January 2003).

제5장 농업(Agriculture)

Bell, Stephen. 1999. *Campanha Gaucha: A Brazilian Ranching System, 1850-1920.* Palo Alto, Ca: Stanford University Press.

Birdsall, Nancy, Carol Graham, and Richard H. Sabot, eds. 1998. *Beyond Tradeoffs: Market Reforms and Equitable Growth in Latin America.* Washington, DC: Inter-American Development Bank: Brookings Institution Press.

Garrett, James L. 1998. "Challenges to the 2020 Vision for Latin America: Food and Agriculture since 1970." 2020 Vision Brief 48, February 1998. Washington, DC: International Food Policy Research Institute.

Gleick, Peter H. 2000. *The World's Water, 2000-2001.* Washington, DC: Island.

Gonzalez, Roberto. 2001. *Zapotec Science: Farming and Food in the Northern Sierra of Oaxaca.* Austin: University of Texas Press.

Groot, J. P., and R. Ruben, eds. 1997. *Sustainable Agriculture in Central America.* New York: Macmillan.

Huber, Evelyne, and Frank Safford, eds. 1995. *Agrarian Structure and Political Power: Landlord and Peasant in the Making of Latin America.* Pittsburgh: University of Pittsburgh Press, 1995.

International Food Policy Research Institute. 1997. *The World Food Situation: Recent Developments, Emerging Trends, and Long-Term Prospects.* Washington, DC: IFPRI.

International Fund for Agricultural Development. 2002. *IFAD Strategy for Rural Poverty Reduction in Latin America and the Caribbean.* Available at http://www.ifad.org/operations/regional/2002/pl/pl.htm(accessed March 2003).

Kay, Cristobal, and Patricio Silva, eds. 1992. *Development and Social Change in the Chilean Countryside: From the Pre-land Reform Period to the Democratic Transition.* Amsterdam, Netherlands: Centre for Latin American Research and Documentation.

Larson, Brook. 1998. *Cochabamba, 1550-1900: Colonialism and Agrarian*

Transformation in Bolivia. Durham, NC: Duke University Press.

McHughen, Alan. 2000. *Pandora's Picnic Basket: The Potencial and Hazards of Genetically Modified Foods.* New York: Oxford University Press.

Murray, Douglas L. 1994. *Cultivating Crisis: the Human Cost of Pesticides in Latin America.* Austin: University of Texas Press.

Nishizawa, Toshie, and Juhi I. Uitto, eds. 1995. *The Fragile Tropics of Latin America: Sustainable Management of Changing Environments.* Tokyo: United Nations University Press.

Pelupessy, W., and R. Ruben, eds. 2000. *Agrarian Policies in Central America.* New York: Macmillan.

Pinstrup-Anderson, Per, and Ebbe Schioler. 2001. *Seeds of Contention: World Hunger and the Global Controversy over GM(Generically Modified) Crops.* Washington, DC: Johns Hopkins University Press.

Population Reference Bureau. 2002. *2002 World Population Data Sheet.* Washington, DC: PRB.

Postel, Sandra. 1997. *Last Oasis: Facing Water Scarcity.* New York: Norton.

Roseberry, William, Lowell Gudmundson, and Mario Samper Kutschbach, eds. 1995. *Coffee, Society, and Power in Latin America.* Baltimore: Johns Hopkins University Press.

Schioler, Ebbe. 2002. *From the Rural Heart of Latin America: Farmers, Agricultural Research and Livelihoods.* Washington, DC: Future Harvest and International Food Policy Research Institute.

Schumann, Debra A., and William L. Partridge, eds. 1989. *The Human Ecology of Tropical Land Settlement in Latin America.* Boulder: Westview.

Simon, Joel. 1997. *Endangered Mexico: An Environment on the Edge.* San Francisco: Sierra Club.

Twomey, Michael J., and Ann Helwege. 1991. *Modernization and Stagnation: Latin American Agriculture into the 1990s(Contributions in Latin American Studies).* Westport, CT: Greenwood.

UN Children's Fund-UNICEF. 2001. *State of the World's Children 2001.* New York: UNICEF.

UN Development Programme. 2001. *Human Development Report 2001.* New York: UNDP.

UN Economic Commission for Latin America and the Caribbean. 2001. "The Sustainability of Development in Latin America and the Caribbean: Challenges and Opportunities." Report prepared for World Summit on Sustainable Development, Rio de Janeiro, October 23-24.

UN Environment Programme. 2000. *GEO Latin America and the Caribbean Environment Outlook.* Mexico City: UNEP.

UN Environment Programme. 2002. *Global Environment Outlook 3(GEO-3).* London: UNEP.

UN Food and Agriculture Organization. 2002. *The State of Food and Agriculture 2002.* Rome: FAO.

World Bank. 2001. *World Development Indicators 2001.* Washington, DC: World Bank.

제6장 담수(Freshwater)

Abramovitz, Janet N. 1996. *Imperiled Waters, Impoverished Future: The Decline of Freshwater Ecosystems.* Worldwatch Paper 128. Washington, DC: Worldwatch Institute.

Abramovitz, Janet N. 1999. "The Profound Shift toward an Environmentally Sustainable Economy." In *The Pantanal: Understanding and Preserving the World's Largest Wetland.* Edited by Frederick A. Swarts. St. Paul, MN: Paragon House.

Anton, D. J. 1993. *Thirsty Cities: Urban Environments and Water Supply in Latin America.* Ottawa: International Development Research Centre.

Browder, John O., and Brian J. Godfrey. 1997. *Rainforest Cities: Urbanization, Development, and Globalization of the Brazilian Amazon.* New York: Columbia University Press.

Bunyard, Peter. 1987. "The Significance of the Amazon Basin for Global Climate Equilibrium." *Ecologist* 17, no. 4/5.

Castro, Gonzalo. 1995. *A Freshwater Initiative for Latin America and the Caribbean*. Washington, DC: World Wildlife Fund.

Connolly, Priscilla. 1999. "Mexico City: Our Common Future?" *Environment and Urbanization* 11(April).

De Onis, Juan. 1992. *The Green Cathedral: Sustainable Development of Amazonia*. New York: Oxford University Press.

Fearnside, Philip M. 1989. "Brazil's Balbina Dam: Environment versus the Legacy of the Pharaohs in Amazonia." *Environmental Management* 13, no. 4.

Global Water Partnership. 2000. *Water for the 21st Century: Vision to Action*. Stockholm: GWP.

Goodman, David, and Anthony Hall, eds. 1990. *The Future of Amazonia: Destruction or Sustainable Development*. New York: St. Martin's.

Goulding, Michael, Nigel J. H. Smith, and Dennis J. Mahar. 1996. *Floods of Fortune: Ecology and Economy along the Amazon*. New York: Columbia University Press.

Hardoy, Jorge E., Diana Mitlin, and David Satterthwaite. 2001. *Environmental Problems in an Urbanizing World: Finding Solutions for Cities in Africa, Asia, and Latin America*. London: Earthscan.

Hinrichsen, Don. 1998. *Coastal Waters of the World: Trends, Threats, and Strategies*. Washington, DC: Island.

Lemos de Sá, Rosa M. 1992. "A View of Hydroelectric Dams in the Amazon." *Tropical Conservation and Development Program Newsletter* 25(April).

Levy, Karen. 2002. Life Submerged: *The Environmental Impacts of Guatemala's Chixoy Dam*. Berkeley, CA: International Rivers Network.

Nishizawa, Toshie, and Juha I. Uitto, eds. 1995. *The Fragile Tropics of Latin America: Sustainable Management of Changing Environments*. Tokyo: United Nations University Press.

Pan American Health Organization. 1998. *Health in the Americas*.

Washington. DC: PAHO.

Revenga, Carmen, et al. 2003. *Watersheds of the World*(CD-ROM). Washington, DC: World Resources Institute.

Shiklomanov, Igor, coord. 1999. *World Water Resources at the Beginning of the 21st Century*. Paris: UN Educational, Scientific and Cultural Organization, International Hydrological Programme.

Smith, Nigel J. H. 2002. *Amazon Sweet Sea: Land, Life, and Water at the River's Mouth*. Austin: University of Texas Press.

UN Development Programme. 2002. *Central America and Panama: The State of the Region 2002*. New York: UNDP.

UN Economic Commission for Latin America and the Caribbean. 2000. *Water Utility Regulation: Issues and Options for Latin America and the Caribbean*. Santiago, Chile: UNECLAC.

UN Economic Commission for Latin America and the Caribbean and UN Environment Programme. 2001. "The Sustainability of Development in Latin America and the Caribbean: Challenges and Opportunities." Report prepared for World Summit on Sustainable Development, Rio de Janeiro, October 23-24.

UN Environment Programme. 2000. *GEO Latin America and the Caribbean Environment Outlook*. Mexico City: UNEP.

UN Environment Programme. 2002. *Global Environment Outlook 3(GEO-3)*. London: UNEP and Earthscan.

UN Food and Agriculture Organization. 2002. *The State of Food and Agriculture 2002*. Rome: FAO.

Water Centre for the Humid Tropics of Latin America and the Caribbean(CATHALAC). 1999. *Vision on Water, Life and Environment for the 21st Century—Central America and Caribbean*. Panama City, Panama: CATHALAC.

World Commission on Dams. 1999. "Second Regional Consultation of the WCD on Latin America, August 12-13, 1999, São Paulo, Brazil." Available at http://www.dams.org/kbase/consultations/latin(accessed April 2003).

World Health Organization and UN Children's Fund(UNICEF). 2000.

Global Water Supply and Sanitation Assessment 2000 Report. Geneva and New York: WHO and UNICEF.

World Resources Institute. 2001. *World Resources Report, 2000-2001*. Washington, DC: WRI.

World Water Council. 2000. *Water in the Americas for the Twenty First Century, July 26-28, 2000, Final Report*. Montreal: World Water Council.

World Wide Fund for Nature. 2003. *Global 200 Ecoregions*. Available at http://www.panda.org/about_wwf/where_we_work/ecoregions/global200/(accessed March 2003).

제7장 해양과 해안 지역(Oceans and Coastal Areas)

Berrill, Michael. 1997. *The Plundered Seas: Can the World's Fish Be Saved?* San Francisco: Sierra Club.

Browder, John O., and Brian J. Godfrey. 1997. *Rainforest Cities: Urbanization, Development and Globalization of the Brazilian Amazon*. New York: Columbia University Press.

Hardoy, Jorge E., Diana mitlin, and David Satterthwaite. 2001. *Environmental Problems in an Urbanizing World: Finding Solutions for Cities in Africa, Asia, and Latin America*. London: Earthscan.

Hinrichsen, Don. 1998. *Coastal Waters of the World: Trends, Threats, and Strategies*. Washington, DC: Island.

Intergovernmental Panel on Climate Change. 2001. *Climate Change 2001: Mitigation, Impacts, Adaptation, and Vulnerability: Summaries for Policymakers*. Geneva: IPCC.

Jenkins, Rhys, ed. 2000. *Industry and Environment in Latin America*. London: Routledge.

O'Riordan, Tim, and Susanne Stoll-Kleeman, eds. 2002. *Biodiversity, Sustainability and Human Communities: Protecting beyond the Protected*. New York: Cambridge University Press.

Population Action International. 2000. *People in the Balance: Population and Natural Resources at the Turn of the Millennium*. Washington, DC: PAI.

Sheppard, Charles, ed. 2000. *Seas at the Millennium: An Environmental Evaluation*. 3 vols. Oxford: Pergamon.

United Nations and World Health Organization. 2002. *World Health Report 2002*. New York: UN and WHO.

UN Centre for Human Settlements. 2001. *The State of the World's Cities Report 2001*. Nairobi: UNCHS.

UN Development Programme. 2002. *Latin America and the Caribbean: Meeting the Millennium Poverty Reduction Targets in Latin America*. New York: UNDP.

UN Economic Commission for Latin America and the Caribbean. 2001. "The Sustainablility of Development in Latin America and the Caribbean: Challenges and Opportunities, 2001." Report prepared for World Summit on Sustainable Development, Rio de Janeiro, October 23-24.

UN Environment Programme. 2000. *GEO Latin America and the Caribbean Environment Outlook*. Mexico City: UNEP.

UN Environment Programme. 2002. *Global Environment Outlook 3(GEO-3)*. London: UNEP and Earthscan.

UN Food and Agriculture Organization. 2001. *The State of the World's Forests 2001*. Rome: FAO.

UN Food and Agriculture Organization. 2002. *The State of World Fisheries and Aquaculture, 2002*. Rome: FAO.

Weber, Peter. 1993. *Abandoned Seas: Reversing the Decline of the Oceans*. Worldwatch Paper 116. Washington, DC: Worldwatch Institute.

Wilkinson, Clive, ed. 2000. *Status of Coral Reefs of the World: 2000*. Townsville: Australian Institute of Marine Science.

World Resources Institute. 2000. *World Resources 2000-2001: People and Ecosystems: The Fraying Web of Life*. Washington, DC: WRI.

제8장 에너지와 교통(Energy and Transportation)

Adler, Emanuel. 1988. "State Institutions, Ideology, and Autonomous Technological Development: Computers and Nuclear Energy in Argentina and Brazil." *Latin American Research Review* 23, no. 2: 59-90.

Alexander's Gas and Oil Connections. "Country Analyses" of Latin American Countries. 2002. Available at http://www.gasandoil.com/(accessed March 2003).

BP. 2002. *BP Statistical Review of World Energy 2002*. London: Group Media and Publications.

Energy Information Administration, U. S. Department of Energy. 2000. *International Energy Annual, 2000*. Washington, DC: Energy Information Administration.

Energy Information Administration. 2002. "Energy Overviews" of Latin American Countries. December. Available at http://www.eia.doe.gov(accessed March 2003).

Fulton, Lew, et al. 2002. *Bus Systems for the Future: Achieving Sustainable Transport Worldwide*. Paris: International Energy Agency.

Gleick, Peter H. 2000. *The World's Water, 2000-2001*. Washington, DC: Island.

Goodman, David, and Michael Redclift, eds. 1991. *Environment and Development in Latin America: The Politics of Sustainability*. Manchester and New York: Manchester University Press.

International Energy Agency. 1999. *World Energy Outlook, 1999 Insights: Looking at Energy Subsidies; Getting the Prices Right*. Paris: OECD.

International Energy Agency. 2002. *World Energy Outlook: 2002*. Paris: OECD.

Karl, Terry Lynn. 1997. *The Paradox of Plenty: Oil Booms and Petro-States*. Berkeley and Los Angeles: University of California Press.

National Research Council. 1996. *Transportation Options for Megacities of the Developing World*. Washington, DC: National Academy Press.

Nogueira, Uziel. 1989. "Latin America: The Energy Sector and the Foreign

Debt Crisis." *Towson State Journal of International Affairs* 24, no. 1.

Pumphrey, David L., et al. 1991. *Energy Policy in the Western Hemisphere*. Washington, DC: Woodrow Wilson Center.

Rask, Kevin. 1995. "The Social Costs of Ethanol Production in Brazil: 1978-1987." *Economic Development and Cultural Change* 43, no. 3.

Salazar-Carrillo, Jorge, and Robert D. Cruz. 1994. *Oil and Development in Venezuela during the Twentieth Century*. Westport, CT: Praeger.

Sperling, Daniel, and Eileen Clausen. 2002. "The Developing World's Motorization Challenge." *Issues in Science and Technology* 19(fall).

Sperling, Daniel, and Deborah Salon. 2002. "Transportation in Developing Countries: An Overview of Greenhouse Gas Reduction Strategies." Prepared for the Pew Center on Global Climate Change. Washington, DC. May.

Street, James H. 1982. "Coping with Energy Shocks in Latin America: Three Responses." *Latin American Research Review* 17, no. 3.

Teixera, Maria Gracinda C. 1996. *Energy Policy in Latin America: Social and Environmental Dimensions of Hydropower in Amazonia*. Brookfield, VT: Ashgate.

Tugwell, Franklin. 1975. *The Politics of Oil in Venezuela*. Stanford, CA: Stanford University Press.

Tulchin, Joseph, and Andrew Redman. 1991. *Economic Development and Environmental Protection in Latin America*. Boulder and London: Lynne Rienner.

UN Development Programme. 2000. *World Energy Assessment: Energy and the Challenge of Sustainability*. New York: UNDP.

UN Development Programme, UN Environment Programme, World Bank, and World Resources Institute. 2000. *World Resources 2000-2001: People and Ecosystems, The Fraying Web of Life*. Washington, DC: World Resources Institute.

UN Environment Programme. 2002. *Global Environment Outlook 3(GEO-3)*. London: UNEP and Earthscan.

VonLazer, Arpad, and Michele McNabb. 1985. "Inter-American Energy

Policy: Prospects and Constraints." *Journal of Interamerican Studies and World Affairs* 27, no. 1.

Wionczek, Miguel S., et al. 1988. *Energy Policy in Mexico: Problems and Prospects for the Future.* Boulder, CO: Westview.

Wirth, John D. 1985. *Latin American Oil Companies and the Politics of Energy.* Lincoln: University of Nebraska Press.

World Bank. 2002. *Cities on the Move: A World Bank Urban Transport Strategy Review.* Washington, DC: World Bank.

World Energy Council. 1993. *Energy for Tomorrow's World: The Realities, the Real Options, and the Agenda for Achievement.* New York: St. Martin's.

World Energy Council. 2001. *Energy Markets in Transition: The Latin American and Caribbean Experience.* London: World Energy Council.

Wu, Kang. 1995. *Energy in Latin America: Production, Consumption, and Future Growth.* Westport, CT: Praeger.

제9장 대기의 질과 대기환경(Air Quality and the Atmosphere)

Anderson, Stephan, and K. Madhava Sarma. 2003. *Protecting the Ozone Layer: The United Nations History.* London: Earthscan.

Baumert, Kevin A., et al. 2002. *Building on the Kyoto Protocol: Options for Protecting the Climate.* Washington, DC: World Resources Institute.

Chandler, William, et al. 2002. *Climate Change Mitigation in Developing Countries: Brazil, China, India, Mexico, South Africa, and Turkey.* Washington, DC: Pew Center on Global Climate Change.

Downie, David. 1999. "The Power to Destroy: Understanding Stratospheric Ozone Politics as a Common Pool Resource Problem." In *Anarchy and the Environment: The International Relations of Common Pool Resources.* Edited by J. Samuel Barkin and George Shambaugh. Albany: State University of New York Press.

Ezcurra, Exequiel, et al., eds. 1999. *The Basin of Mexico: Critical*

Environmental Issues and Sustainability. New York: United Nations.

Follegatti, Jose Luis Lopez. 1999. "Ilo: A City in Transformation." *Environment and Urbanization* 11, no. 2(October).

Friends of the Earth. 1997. *Forests and Climate Change*. Washington, DC: Greenpeace.

Goetze, Darren. 1999. "Triple Play." *Nucleus* 21(Spring).

Goldemberg, José, ed. 1998. *Issues and Options: The Clean Development Mechanism*. Washington, DC: UN Development Programme.

Hardoy, Jorge E., Diana mitlin, and David Satterthwaite. 2001. *Environmental Problems in an Urbanizing World: Finding Solutions for Cities in Africa, Asia, and Latin America*. London: Earthscan.

Intergovernmental Panel on Climate Change. 2000. *The Regional Impacts of Climate Change: An Assessment of Vulnerability*. Geneva: IPCC.

Intergovernmental Panel on Climate Change. 2001a. *Climate Change 2001: Mitigation, Impacts, Adaption, and Vulnerability: Summaries for Policymakers*. Geneva: IPCC.

Intergovernmental Panel on Climate Change. 2001b. *Climate Change 2001: The Scientific Basis*. Geneva: IPCC.

Jenkins, Rhys, ed. 2000. *Industry and Environment in Latin America*. London: Routledge.

Lemos, Maria Carmen de Mello. 1998. "The Politics of Pollution Control in Brazil: State Actors and Social Movements Cleaning Up Cubatão." *World Development* 26.

National Research Council. 1996. *Transportation Options for Megacities of the Developing World*. Washington, DC: National Academy Press.

Nature Conservancy. 1999. *Climate Action: Noel Kempff Mercado National Park(Bolivia)*. Washington, DC: National Academy Press.

Population Reference Bureau. 2002. *World Population Data Sheet 2002*. Available at http://www.prb.org/pdf/worldpopulationDS02_eng.pdf(accessed January 2003).

Preston, Julia. 1999. "A Fatal Case of Fatalism." *New York Times*, February 14.

"The Right to Drive or the Right to Breathe? Air Pollution in Latin America." 2002. *Economist*(March 9).

Ristroph, Elisabeth Barrett. 2000. "Law and Odour." *Alternatives* 26(Summer).

Romieu, Isabelle, Henyk Weitzenfeld, and Jacobo Finkelman. 1990. "Urban Air Pollution in Latin America and the Caribbean: Health Perspectives." *World Health Statistics Quarterly* 23.

Rotter, Jonathan, and Kyle Danish. 2000. "Forest Carbon and the Kyoto Protocol's Clean Development Mechanism." *Journal of Forestry* 98(May).

Simon, Joel. 1997. *Endangered Mexico: An Environment on the Edge*. San Francisco: Sierra Club.

Sperling, Daniel, and Deborah Salon. 2002. "Transportation in Developing Countries: An Overview of Greenhouse Gas Reduction Strategies." Prepared for the Pew Center on Global Climate Change. Washington, DC. May.

Stockholm Environment Institute. 1999. *Atmospheric Environment Issues in Developing Countries*. Stockholm: SEI.

UN Development Programme. 2000. *World Energy Assessment: Energy and the Challenge of Sustainability*. New York: UNDP.

UN Development Programme, UN Environment Programme, World Bank, and World Resources Institute. 1998. *World Resources 1998-1999*. Washington, DC: World Resources Institute.

UN Development Programme, UN Environment Programme, World Bank, and World Resources Institute. 2000. *World Resources 2000-2001: People and Ecosystems, The Fraying Web of Life*. Washington, DC: World Resources Institute.

UN Economic Commission for Latin America and the Caribbean and UN Environment Programme. 2001. "The Sustainablility of Development in Latin America and the Caribbean: Challenges and Opportunities." Report prepared for World Summit on Sustainable Development, Rio de Janeiro, October 23-24.

UN Environment Programme. 1998. *Production and Consumption of*

Ozone Depleting Substances 1986-1996. Nairobi, Kenya: UNEP Ozone Secretariat.

UN Environment Programme. 1999. *Caribbean Environment Outlook*. Kingston, Jamaica: UNEP.

UN Environment Programme. 2000a. *Action on Ozone, 2000*. Nairobi: UNEP.

UN Environment Programme. 2000b. *GEO Latin America and the Caribbean Environment Outlook*. Mexico City: UNEP.

UN Environment Programme. 2001. *GEO: Environmental Statistics for Latin America and the Caribbean*. Mexico City: UNEP Regional Office for Latin America and the Caribbean.

UN Environment Programme. 2002. *Global Environment Outlook 3(GEO-3)*. London: UNEP and Earthscan.

UN Food and Agriculture Organization. 2001. *State of the World's Forests 2001*. Rome: FAO.

World Conservation Union-IUCN and UN Environment Programme. 2002. *Carbon, Forests and People: Towards the Intergrated Management of Carbon Sequestration, the Environment and Sustainable Livelihoods*. Gland, Switzerland: IUCN and UNEP.

World Energy Council. 2001. *Energy Markets in Transition: The Latin American and Caribbean Experience*. London: World Energy Council.

World Health Organization. 1999. *Air Quality Guidelines*. Geneva: WHO.

제10장 환경 행동주의(Environmental Activism)

Christen, Catherine, et al. 1998. "Latin American Environmentalism: Comparative Views." *Studies in Comparative International Development* 33, no. 2(summer): 58-87.

de Campos Mello, Valérie. 2001. "Global Change and the Political Economy of Sustainable Development in Brazil." In *International Political Economy of the Environment*. Edited by Dimitris Stevis and

Valerier Assetto. Boulder, CO: Lynne Rienner.

DeVoss, David. "Mexico's City Limits." 1986. In *Bordering on Trouble: Resources and Politics in Latin America*. Bethesda, MD: Adler and Adler.

Ezcurra, Exequiel, et al., eds. 1999. *The Basin of Mexico: Critical Environmental Issues and Sustainability*. New York: United Nations Press.

Guha, Ramachandra. 2000. *Environmentalism: A Global History*. New York: Longman.

Haynes, Jeff. 1986. "Power, Politics and Environmental Movements in the Third World." In *Bordering on Trouble: Resources and Politics in Latin America*. Bethesda, MD: Adler and Adler.

Kaimowitz, David. 1997. "Social Pressure for Environmental Reform in Latin America." In *Green Guerrillas: Environmental Conflicts and Initiatives in Latin America and the Caribbean*. Edited by Helen Collinson. Montreal: Black Rose.

Lynch, Barbara. 2001. "Development and Risk: Environmental Discourse and Danger in Dominican and Cuban Urban Watersheds." In *International Political Economy of the Environment*. Edited by Dimitris Stevis and Valerier Assetto. Boulder, CO: Lynne Rienner.

Maguire, Andrew, and Janet Welsh Brown, eds. 1986. *Bordering on Trouble: Resources and Politics in Latin America*. Bethesda, MD: Adler and Adler.

Mosher, Lawrence. 1986. "At Sea in the Caribbean?" In *Bordering on Trouble: Resources and Politics in Latin America*. Bethesda, MD: Adler and Adler.

Nature Conservancy website, available at http://www.tnc.org(accessed March 2003).

Simonian, Lane. 1995. *Defending the Land of the Jaguar: A History of Conservation in Mexico*. Austin: University of Texas Press.

Szulc, Tad. 1986. "Brazil's Amazonian Frontier." In *Bordering on Trouble: Resources and Politics in Latin America*. Bethesda, MD: Adler and

Adler.
UN Economic Commission for Latin America and the Caribbean. 1991. *Sustainable Development: Changing Production Patterns, Social Equity and the Environment*. Santiago, Chile: ECLAC.
UN Environment Programme. 1992. *The Countries of Latin America and the Caribbean and the Action Plan for the Environment*. Lomas Virreyes, Mexico: UNEP.
Van der Heigden, Hein-Anton. 2001. "Environmental Movements, Ecological Modernization and Political Opportunity Structures." In *International Political Economy of the Environment*. Edited by Dimitris Stevis and Valerier Assetto. Boulder, CO: Lynne Rienner.
Von Humboldt, Alexander. 1811. *Political Essay on the Kingdom of New Spain*. Translated by John Black. London: Longman, Hurst, Rees, Orme, and Brown.
Williams, Marc. 2001. "In Search of Global Standards: The Political Economy of Trade and the Environment." In *International Political Economy of the Environment*. Edited by Dimitris Stevis and Valerier Assetto. Boulder, CO: Lynne Rienner.
Williams, Marc, and Lucy Ford. 1999. "The World Trade Organization, Social Movements and Global Environmental Management." In *Environmental Movements: Local, National, and Global*. Edited by Christopher Rootes. London: Frank Cass.
World Wildlife Fund website, available at http://www.wwf.org(accessed February 2003).

부록

Appendix-A1

- International Environmental And Developmental Agencies, Organizations, and Programs on the World Wide Web
- African-Eurasian Migratory Waterbird Agreement(AEWA)
  http://www.unep-wcmc.org/AEWA/index2.html
- Albertine Rift Conservation Society(ARCOS)
  http://www.unep-wcmc.org/arcos/
- Association of Southeast Asian Nations(ASEAN)
  http://www.asean.org.id/
- Biodiversity Planning Support Programme(BPSP)
  http://www.undp.org/bpsp/
- Birdlife International(BI)
  http://www.birdlife.net
- Botanic Gardens Conservation International(BGCI)
  http://www.bgci.org.uk/
- CAB International(CABI)
  http://www.cabi.org/
- Centre for International Forestry Research(CIFOR)
  http://www.cifor.org/
- Circumpolar Protected Areas Network(CPAN)
  http://www.grida.no/caff/cpanstratplan.htm
- Commission for Environment Cooperation(CEC) (North American Agreement on Environmental Cooperation)
  http://www.cec.org/
- Commission on Genetic Resources for Food and Agriculture(CGRFA)
  http://www.fao.org/ag/cgrfa/default.htm
- Commission for Sustainable Development(CSD)
  http://www.un.org/esa/sustdev/csd.htm
- Committee on Trade and Environment(CTE), World Trade Organization
  http://www.wto.org/english/tratop_e/envir_e/envir_e.htm

- Conservation International(CI)
  http://www.conservation.org/
- Consultative Group on International Agricultural Research(CGIAR)
  http://www.cgiar.org/
- Convention on Biological Diversity(CBD)
  http://www.biodiv.org/
- Convention on International Trade in Endangered Species of Wild Fauna and Flora(CITES)
  http://www.cites.org/
- Convention on Migratory Species of Wild Animals(CMS)
  http://www.unep-wcmc.org/cms
- European Centre for Nature Conservation(ECNC)
  http://www.ecnc.nl/
- European Community(EC)
  http://europa.eu.int/
- European Environment Agency(EEA)
  http://www.eea.eu.int/
- Forest Stewardship Council(FSC)
  http://www.fscoax.org/index.html
- Foundation for International Environmental Law and Development (FIELD)
  http://www.field.org.uk/
- Global Assessment of Soil Degradation(GLASOD)
  http://www.gsf.de/UNEP/glasod.html
- Global Biodiversity Information Facility(GBIF)
  http://www.gbif.org
- Global Coral Reef Monitoring Network(GCRMN)
  http://coral.aoml.noaa.gov/gcrmn/
- Global Forest Resources Assessment 2000(FRA 2000), UN Food and Agriculture Organization
  http://www.fao.org/forestry/fo/fra/index.jsp
- Global International Waters Assessment(GIWA), UN Environment Programme
  http://www.giwa.net/
- Global Invasive Species Programme(GISP)
  http://globalecology.stanford.edu/DGE/Gisp/index.html
- Global Resource Information Database(GRID), UN Environment Programme

http://www.grid.no

- Inter-American Biodiversity Information Network(IABIN)
  http://www.iabin.org/
- Intergovernmental Oceanographic Commission(IOC), UN Educational, Scientific, and Cultural Organization
  http://ioc.unesco.org/iocweb/
- Intergovernmental Panel on Climate Change(IPCC)
  http://www.ipcc.ch/index.html
- International Center for Agricultural Research in the Dry Areas(ICARDA)
  http://www.icarda.cgiar.org/
- International Centre for Living Aquatic Resources Management(ICLARM)
  http://www.cgiar.org/iclarm/
- International Centre for Research in Agroforestry(ICRAF)
  http://www.icraf.cgiar.org/
- International Cooperative Biodiversity Groups(ICBG)
  http://www.nih.gov/fic/programs/icbg.html
- International Coral Reef Action Network(ICRAN)
  http://www.icran.org
- International Coral Reef Information Network(ICRIN)
  http://www.environnement.gouv.fr/icri/index.html
- International Council for the Exploration of the Sea(ICES)
  http://www.ices.dk/
- International Council for Science(ICSU)
  http://www.icsu.org/
- International Food Policy Research Institute(IFPRI)
  http://www.ifpri.org/
- International Forum on Forests(IFF), Commission on Sustainable Development
  http://www.un.org.esa/sustdev/forests.htm
- International Fund for Agricultural Development(IFAD)
  http://www.ifad.org/
- International Geosphere-Biosphere Programme(IGBP)
  http://www.igbp.kva.se/
- International Institute of Tropical Agriculture(IITA)
  http://www.iita.org
- International Maritime Organization(IMO)
  http://www.imo.org/
- International Rivers Network(IRN)

http://www.irn.org/

- International Union of Biological Sciences(IUBS)
  http://www.iubs.org/
- Man and the Biosphere Program(MAB), UN Educational, Scientific, and Cultural Organization
  http://www.unesco.org/mab/index.htm
- Marine Stewardship Council(MSC)
  http://www.msc.org/
- Organization of African Unity(OAU)
  http://www.oau-oau.org/
- Organization for Economic Cooperation and Development(OECD)
  http://www.oecd.org/
- Ozone Secretariat Homepage
  http://www.unep.ch/ozone/
- Pan-European Biological and Landscape Diversity Strategy(PEBLDS)
  http://www.strategyguide.org/
- Program for the Conservation of Arctic Flora and Fauna(CAFF), Arctic Council
  http://www.grida.no/caff/
- Protocol Concerning Specially Protected Areas and Wildlife(SPAW)
  http://www.cep.unep.org/law/cartnut.html
- Ramsar Convention on Wetlands of International Importance(RAMSAR)
  http://www.ramsar.org/
- South African Development Community(SADC)
  http://www.sadc.int/
- South Pacific Regional Environmental Programme(SPREP)
  http://sprep.org.ws/
- Species Survival Commission(SSC), World Conservation Union
  http://iucn.org/themes/ssc/index.htm
- TRAFFIC(the joint wildlife trade monitoring programme of World Wid Fund for Nature and World Conservation Union)
  http://www.traffic.org
- United Nations Centre for Human Settlements(UNCHS)
  http://www.unchs.org
- United Nations Children's Fund(UNICEF)
  http://unicef.org
- United Nations Conference on Environment and Development(UNCED), Rio de Janeiro, June 1992

http://www.un.org/esa/sustdev/agenda21.htm

- United Nations Conference on Trade and Development(UNCTAD)
  http://www.unctad.org
- United Nations Convention to Combat Desertification(UNCCD)
  http://www.unccd.int/main.php
- United Nations Convention on the Law of the Sea(UNCLOS)
  http://www.un.org/Depts/los/index.htm
- United Nations Development Programme(UNDP)
  http://www.undp.org/
- United Nations Educational, Scientific, and Cultural Organization (UNESCO)
  http://www.unesco.org/
- United Nations Environment Programme(UNEP)
  http://www.unep.org/
- United Nations Food and Agriculture Organization(FAO)
  http://www.fao.org/
- United Nations Forum on Forests(UNFF)
  http://www.un.org/esa/sustdev/forests.htm
- United Nations Framework Convention on Climate Change(UNFCCC)
  http://www.unfccc.de/index.html
- United Nations Industrial Development Organization(UNIDO)
  http://www.unido.org/
- World Agricultural Information Centre(WAIC), UN Food and Agriculture Organization
  http://www.fao.org/waicent/search/default.htm
- World Bank(WB)
  http://www.worldbank.org
- World Commission on Dams(WCD)
  http://www.dams.org/
- World Commission on Protected Areas(WCPA), World Conservation Union
  http://www.wcpa.iucn.org/
- World Conservation Monitoring Centre(WCMC)
  http://www.unep-wcmc.org
- World Conservation Union(IUCN)
  http://www.iucn.org/
- World Health Organization(WHO)
  http://www.who.int

- World Heritage Convention(WHC)
  http://www.unesco.org/whc/index.htm
- World Resources Institute(WRI)
  http://www.wri.org/wri/
- World Summit on Sustainable Development(WSSD), Johannesburg, South Africa, September 2002
  http://www.johannesburgsummit.org/
- World Trade Organization(WTO)
  http://www.wto.org/
- World Water Council(WWC)
  http://www.worldwatercouncil.org/
- World Wide Fund for Nature(WWF)
  http://www.panda.org/
- WorldWatch Institute
  http://www.worldwatch.org/

Appendix-A2

- International Environmental And Developmental Agencies, Organizations, and Programs on the World Wide Web
- African-Eurasian Migratory Waterbird Agreement(AEWA)
  http://www.unep-wcmc.org/AEWA/index2.html
- Albertine Rift Conservation Society(ARCOS)
  http://www.unep-wcmc.org/arcos/
- Association of Southeast Asian Nations(ASEAN)
  http://www.asean.org.id/
- Biodiversity Planning Support Programme(BPSP)
  http://www.undp.org/bpsp/
- Birdlife International(BI)
  http://www.birdlife.net
- Botanic Gardens Conservation International(BGCI)
  http://www.bgci.org.uk/
- CAB International(CABI)
  http://www.cabi.org/
- Centre for International Forestry Research(CIFOR)
  http://www.cifor.org/

- Circumpolar Protected Areas Network(CPAN)
  http://www.grida.no/caff/cpanstratplan.htm
- Commission for Environment Cooperation(CEC) (North American Agreement on Environmental Cooperation)
  http://www.cec.org/
- Commission on Genetic Resources for Food and Agriculture(CGRFA)
  http://www.fao.org/ag/cgrfa/default.htm
- Commission for Sustainable Development(CSD)
  http://www.un.org/esa/sustdev/csd.htm
- Committee on Trade and Environment(CTE), World Trade Organization
  http://www.wto.org/english/tratop_e/envir_e/envir_e.htm
- Conservation International(CI)
  http://www.conservation.org/
- Consultative Group on International Agricultural Research(CGIAR)
  http://www.cgiar.org/
- Convention on Biological Diversity(CBD)
  http://www.biodiv.org/
- Convention on International Trade in Endangered Species of Wild Fauna and Flora(CITES)
  http://www.cites.org/
- Convention on Migratory Species of Wild Animals(CMS)
  http://www.unep-wcmc.org/cms
- European Centre for Nature Conservation(ECNC)
  http://www.ecnc.nl/
- European Community(EC)
  http://europa.eu.int/
- European Environment Agency(EEA)
  http://www.eea.eu.int/
- Forest Stewardship Council(FSC)
  http://www.fscoax.org/index.html
- Foundation for International Environmental Law and evelopment(FIELD)
  http://www.field.org.uk/
- Global Assessment of Soil Degradation(GLASOD)
  http://www.gsf.de/UNEP/glasod.html
- Global Biodiversity Information Facility(GBIF)
  http://www.gbif.org
- Global Coral Reef Monitoring Network(GCRMN)
  http://coral.aoml.noaa.gov/gcrmn/

- Global Forest Resources Assessment 2000(FRA 2000), UN Food and Agriculture Organization
  http://www.fao.org/forestry/fo/fra/index.jsp
- Global International Waters Assessment(GIWA), UN Environment Programme
  http://www.giwa.net/
- Global Invasive Species Programme(GISP)
  http://globalecology.stanford.edu/DGE/Gisp/index.html
- Global Resource Information Database(GRID), UN Environment Programme
  http://www.grid.no
- Inter-American Biodiversity Information Network(IABIN)
  http://www.iabin.org/
- Intergovernmental Oceanographic Commission(IOC), UN Educational, Scientific, and Cultural Organization
  http://ioc.unesco.org/iocweb/
- Intergovernmental Panel on Climate Change(IPCC)
  http://www.ipcc.ch/index.html
- International Center for Agricultural Research in the Dry Areas(ICARDA)
  http://www.icarda.cgiar.org/
- International Centre for Living Aquatic Resources Management(ICLARM)
  http://www.cgiar.org/iclarm/
- International Centre for Research in Agroforestry(ICRAF)
  http://www.icraf.cgiar.org/
- International Cooperative Biodiversity Groups(ICBG)
  http://www.nih.gov/fic/programs/icbg.html
- International Coral Reef Action Network(ICRAN)
  http://www.icran.org
- International Coral Reef Information Network(ICRIN)
  http://www.environnement.gouv.fr/icri/index.html
- International Council for the Exploration of the Sea(ICES)
  http://www.ices.dk/
- International Council for Science(ICSU)
  http://www.icsu.org/
- International Food Policy Research Institute(IFPRI)
  http://www.ifpri.org/
- International Forum on Forests(IFF), Commission on Sustainable Development

http://www.un.org.esa/sustdev/forests.htm

- International Fund for Agricultural Development(IFAD)
  http://www.ifad.org/
- International Geosphere-Biosphere Programme(IGBP)
  http://www.igbp.kva.se/
- International Institute of Tropical Agriculture(IITA)
  http://www.iita.org
- International Maritime Organization(IMO)
  http://www.imo.org/
- International Rivers Network(IRN)
  http://www.irn.org/
- International Union of Biological Sciences(IUBS)
  http://www.iubs.org/
- Man and the Biosphere Program(MAB), UN Educational, Scientific, and Cultural Organization
  http://www.unesco.org/mab/index.htm
- Marine Stewardship Council(MSC)
  http://www.msc.org/
- Organization of African Unity(OAU)
  http://www.oau-oau.org/
- Organization for Economic Cooperation and Development(OECD)
  http://www.oecd.org/
- Ozone Secretariat Homepage
  http://www.unep.ch/ozone/
- Pan-European Biological and Landscape Diversity Strategy(PEBLDS)
  http://www.strategyguide.org/
- Program for the Conservation of Arctic Flora and Fauna(CAFF), Arctic Council
  http://www.grida.no/caff/
- Protocol Concerning Specially Protected Areas and Wildlife(SPAW)
  http://www.cep.unep.org/law/cartnut.html
- Ramsar Convention on Wetlands of International Importance(RAMSAR)
  http://www.ramsar.org/
- South African Development Community(SADC)
  http://www.sadc.int/
- South Pacific Regional Environmental Programme(SPREP)
  http://sprep.org.ws/
- Species Survival Commission(SSC), World Conservation Union

http://iucn.org/themes/ssc/index.htm

- TRAFFIC(the joint wildlife trade monitoring programme of World Wid Fund for Nature and World Conservation Union)
  http://www.traffic.org
- United Nations Centre for Human Settlements(UNCHS)
  http://www.unchs.org
- United Nations Children's Fund(UNICEF)
  http://unicef.org
- United Nations Conference on Environment and Development(UNCED), Rio de Janeiro, June 1992
  http://www.un.org/esa/sustdev/agenda21.htm
- United Nations Conference on Trade and Development(UNCTAD)
  http://www.unctad.org
- United Nations Convention to Combat Desertification(UNCCD)
  http://www.unccd.int/main.php
- United Nations Convention on the Law of the Sea(UNCLOS)
  http://www.un.org/Depts/los/index.htm
- United Nations Development Programme(UNDP)
  http://www.undp.org/
- United Nations Educational, Scientific, and Cultural Organization (UNESCO)
  http://www.unesco.org/
- United Nations Environment Programme(UNEP)
  http://www.unep.org/
- United Nations Food and Agriculture Organization(FAO)
  http://www.fao.org/
- United Nations Forum on Forests(UNFF)
  http://www.un.org/esa/sustdev/forests.htm
- United Nations Framework Convention on Climate Change(UNFCCC)
  http://www.unfccc.de/index.html
- United Nations Industrial Development Organization(UNIDO)
  http://www.unido.org/
- World Agricultural Information Centre(WAIC), UN Food and Agriculture Organization
  http://www.fao.org/waicent/search/default.htm
- World Bank(WB)
  http://www.worldbank.org
- World Commission on Dams(WCD)

http://www.dams.org/

- World Commission on Protected Areas(WCPA), World Conservation Union
  http://www.wcpa.iucn.org/
- World Conservation Monitoring Centre(WCMC)
  http://www.unep-wcmc.org
- World Conservation Union(IUCN)
  http://www.iucn.org/
- World Health Organization(WHO)
  http://www.who.int
- World Heritage Convention(WHC)
  http://www.unesco.org/whc/index.htm
- World Resources Institute(WRI)
  http://www.wri.org/wri/
- World Summit on Sustainable Development(WSSD), Johannesburg, South Africa, September 2002
  http://www.johannesburgsummit.org/
- World Trade Organization(WTO)
  http://www.wto.org/
- World Water Council(WWC)
  http://www.worldwatercouncil.org/
- World Wide Fund for Nature(WWF)
  http://www.panda.org/
- WorldWatch Institute
  http://www.worldwatch.org/

Appendix B

ORGANIZATION FOR ECONOMIC
CO-OPERATION AND DEVELOPMENT(OECD)
MEMBER COUNTRIES AND THEIR DATES OF ENTRY

- Australia: June 7, 1971
- Austria: September 29, 1961
- Belgium: September 13, 1961
- Canada: April 10, 1961

- Czech Republic: December 21, 1995
- Denmark: May 30, 1961
- Finland: January 28, 1969
- France: August 7, 1961
- Germany: September 27, 1961
- Greece: September 27, 1961
- Hungary: May 7, 1996
- Iceland: June 5, 1961
- Ireland: August 17, 1961
- Italy: March 29, 1962
- Japan: April 28, 1964
- Korea: December 12, 1996
- Luxembourg: December 7, 1961
- Mexico: May 18, 1994
- Netherlands: November 13, 1961
- New Zealand: May 29, 1973
- Norway: July 4, 1961
- Poland: November 22, 1996
- Portugal: August 4, 1961
- Slovak Republic: December 14, 2000
- Spain: August 3, 1961
- Sweden: September 28, 1961
- Switzerland: September 28, 1961
- Turkey: August 2, 1961
- United Kingdom: May 2, 1961
- United States: April 12, 1961

찾아보기

【ㄴ】

【ㄷ】

【ㄹ】

【ㅁ】

【ㅂ】

【ㅅ】

【ㅈ】

【ㅊ】

【ㅋ】

【ㅌ】

라틴아메리카와 카리브: 녹색환경의 현재와 미래

초판 인쇄 2010년 8월 10일
초판 발행 2010년 8월 30일

지은이 ▪ Kevin Hillstrom & Laurie Colfier Hillstrom
옮긴이 ▪ 정경원 외
발행인 ▪ 박 철
발행처 ▪ 한국외국어대학교 출판부
130-791 서울시 동대문구 이문동 270
전화 (02)2173-2495~6
팩스 (02)2173-3363
홈페이지 http://press.hufs.ac.kr
전자우편 press@hufs.ac.kr
출판등록 ▪ 제6-6호(1969. 4. 30)
디자인 · 편집 ▪ (주)이환디앤비 (02)2254-4301
인쇄 · 제본 ▪ (주)동국문화 (02)718-5011

ISBN 978-89-7464-619-6 (세트)
ISBN 978-89-7464-620-2 94080 정가 18,000원

* 잘못된 책은 교환하여 드립니다.

〈한국외국어대학교 중남미연구소 라틴아메리카 총서 5〉